复旦中文学科建设丛书
出土文献与古文字研究卷

# 探寻中华文化的基因（一）

复旦大学出土文献与古文字研究中心 编选

商务印书馆
The Commercial Press

图书在版编目(CIP)数据

探寻中华文化的基因.一/复旦大学出土文献与古文字研究中心编选.—北京:商务印书馆,2017
(复旦中文学科建设丛书·出土文献与古文字研究卷)
ISBN 978-7-100-15476-5

Ⅰ.①探… Ⅱ.①复… Ⅲ.①出土文物-文献-中国-文集②汉字-古文字学-中国-文集 Ⅳ.①K877.04-53②H121-53

中国版本图书馆CIP数据核字(2017)第273949号

权利保留,侵权必究。

探寻中华文化的基因(一)
复旦中文学科建设丛书·出土文献与古文字研究卷
复旦大学出土文献与古文字研究中心 编选

商 务 印 书 馆 出 版
(北京王府井大街36号 邮政编码100710)
商 务 印 书 馆 发 行
苏州市越洋印刷有限公司印刷
ISBN 978-7-100-15476-5

2018年1月第1版  开本710×1000 1/16
2018年1月第1次印刷  印张26.5
定价:72.00元

# 前　言

　　复旦大学中文学科的开始,追溯起来,应当至1917年国文科的建立,迄今一百年;而中国语言文学系作为系科,则成立于1925年。1950年代之后,汇聚学界各路精英,复旦中文成为中国语言文学教学和研究的重镇,始终处于海内外中文学科的最前列。1980年代以来,复旦中文陆续形成了中国语言文学研究所(1981年)、古籍整理研究所(1983年)、出土文献与古文字研究中心(2005年)、中华古籍保护研究院(2014年)等新的教学研究建制,学科体制更形多元、完整,教研力量更为充实、提升。

　　百年以来,复旦中文潜心教学,名师辈出,桃李芬芳;追求真知,研究精粹,引领学术。复旦中文的前辈大师们在诸多学科领域及方向上,做出过开创性的贡献,他们在学问博通的基础上,勇于开辟及突进,推展了知识的领域,转移一时之风气,而又以海纳百川的气度,相互之间尊重包容,"横看成岭侧成峰",造成复旦中文阔大的学术格局和崇高的学术境界。一代代复旦中文的后学们,承续前贤的精神,持续努力,成绩斐然,始终追求站位学术前沿,希望承而能创,以光大学术为究竟目标。

　　值此复旦中文百年之际,我们编纂本丛书,意在疏理并展现复旦中文传统之中具有领先性及特色,而又承传有序的学科领域及学术方向。其中的文字,有些已进入学术史,堪称经典;有些则印记了积极努力的探索,或许还有后续生长的空间。

　　回顾既往,更多是为了将来。我们愿以此为基石,勉力前行。

陈引驰<br>2017年10月12日

# 出 版 说 明

本书系为庆祝"复旦大学中文学科百年"所策划的丛书《复旦中文学科建设丛书》之一种。该丛书是一套反映复旦中文百年学术传统、源流，旨在突出复旦中文学科特色、学术贡献的学术论文编选集。由于所收文章时间跨度大，所涉学科门类众多，作者语言表述、行文习惯亦各不相同，因此本馆在编辑过程中，除进行基本的文字和体例校订外，原则上不作改动，以保持文稿原貌。部分文章则经作者本人修订后收入。特此说明。

编辑部

2017 年 11 月

# 目　　录

释殷墟甲骨文里的"远""狱"(迩)及有关诸字 …………………… 裘锡圭　001
释甲骨文中的"役"字 ………………………………………………… 刘　钊　014
甲骨金文旧释"蠢"之字及相关诸字新释 ……………………………… 陈　剑　059
论周原甲骨和楚系简帛中的"囟"与"思"
　　——兼论卜辞命辞的性质 …………………………………… 陈斯鹏　104
释甲骨文中的"🜚"(冲) ……………………………………………… 金　赫　125
卜辞"中录"补证 ……………………………………………………… 苗　丰　132
"或"字补说 …………………………………………………………… 谢明文　136
说金文"贅"及相关之字 ……………………………………………… 邬可晶　158
释卜缶 ………………………………………………………………… 广濑薰雄　188
战国文字中的"许"县和"许"氏 ……………………………………… 周　波　196
乌氏扁壶与商鞅变法前的秦国量制 …………………………………… 葛　亮　206
六年冢子韩政戈补考 …………………………………………………… 石继承　230
楚铜贝"坙朱"的释读及相关问题 …………………………………… 刘　刚　242
汉君忘忘镜铭新研 ……………………………………………………… 蒋　文　253
从战国文字所见的类"倉"形"寒"字论古文献中
　　表"寒"义的"凔/滄"是转写误释的产物 ………………… 郭永秉　270
楚竹书《周易》释"盈"之字申说 …………………………………… 侯乃峰　292

| | | |
|---|---|---|
| 简牍人名(双名)释读札记 | 施谢捷 | 301 |
| 玺印人名研究(六则) | 田 炜 | 330 |
| 河南平舆出土两汉封泥拼缀十四则 | | |
| ——兼论封泥拼缀的标准 | 张传官 | 346 |
| 六十甲子衰分数术考 | 程少轩 | 374 |
| 读肩水金关汉简"马禖祝辞"小札 | 刘 娇 | 392 |
| 唐五代韵书与敦煌文献的解读 | 张小艳 | 398 |
| 魏晋南北朝石刻俗字考释 | 梁春胜 | 411 |

编后记 ······ 416

# 释殷墟甲骨文里的"远""迀"(迩)及有关诸字

裘锡圭

《屯南》著录的一版三、四期卜骨有如下二辞：

(1) 王其田**[迀]**，湄日亡𢦔(灾)。

(2) 其**[远]**田，湄日亡𢦔。　　　　　　　　　　　　　　　　　　屯南3759

二者前后相次，当是对贞之辞。(1)的"迀"字，按照卜辞一般文例似应是地名。但是此辞的"其田迀"跟(2)的"其远田"对贞，"远"显然不是地名(如是地名，应该说"其田远"或"更远田")，所以"迀"也有可能不是地名。有一条三、四期卜辞说：

(3) □其田于□(此处所缺一字当是地名)，其**[迀]**，[湄]日亡𢦔。

合28705

此辞"迀"字紧接"其"字之后，词性显然跟(2)的"远"字相同。据此可以推定(1)的"王其田迀"应该理解为"王其田，其迀"或"王其迀田"，"迀"不是地名，而是意义跟"远"相对的一个词。

在《后编》著录的一对三、四期卜辞里，也有彼此相对的"迀""远"二字：

(4) 于**[迀]**俚。

(5) 才(在)**[远]**俚。　　　　　　　　　　　　　　　　　　　　后下42·8①

---

① 此版即《合》30273，可与《后》下34·8(《合》30687)缀合。自《甲骨文编》以下多将"迀"字误摹为"依"。

"偋"字不识,但是从有关卜辞可以约略推知其意义:

  (6) 王其乍(作)偋于旅□邑□其受□     后下 4·8《合》30267

  (7) ☑其乍王偋于兹衍☑     宁 2·113

  (8) 丁卯王其▶牢偋,其宿。

  (9) 弜(勿)宿,其每。     粹 1199《合》27805

  (10) 于盂偋,不雨。     粹 779《合》30271

从上引卜辞看,偋似是性质跟后世的行宫相类的一种建筑。牢偋、盂偋是建筑在牢地、盂地的偋。牢和盂都是商王田游常到的地方。

  在上引那对卜偋之辞里,"狄偋"之前用"在"字,"筱偋"之前用"于"字。这很值得注意。商朝人卜问祭祀时日的卜辞,如果以"今"与"翌""来"对贞,往往在"今"字前用"叀"字①,在"翌""来"前用"于"字,如:

  (11) 叀今夕酒。

  (12) 于翌日[夕]酒。     甲 578《合》30842

  (13) 叀今日。

  (14) 于来日。     外 94《合》29734

如以"翌"与"来"对贞,往往在"翌"字前用"叀"字,在"来"字前用"于"字,如:

  (15) 其又(侑)大庚,叀翌日酒。

  (16) 于来日庚酒。     京津 4204《合》27167

总之,在卜问祭祀时日的时候,如果对贞的两条卜辞所用"介词"不同的话,一定是所卜时间较近的用"叀",较远的用"于"(《论集》编按:陈梦家在《综述》227 页已指出"卜辞近称的纪时之前加虚字'叀',远称者加虚字'于'")。上引卜偋之辞里"在"和"于"的关系,跟这类卜辞里"叀"和"于"的关系是相类的。由此可知筱偋和狄偋当有远近的不同。

  根据"筱""狄"二字的字形,结合上述卜辞文义上的线索来考虑,可以断定

---

① "叀"读为"惠",用法与"惟"相近,参看唐兰《天壤阁甲骨文存》第 30 片考释。

"徝"应该释作"遠"(远),"犾"应该释作西周金文借作"邇"(迩)字用的"犾"。

下面先讨论"徝"字。

三、四期卜辞里有写法跟"徝"很相近的𦎫字,简体作𦎫:

(17) 于𦎫亡囗

(18) 于蔑𠦪(擒)。

(19) 于𦎫𠦪。 屯南2061

按照汉字构造的原则来看,这个字应该是从"彳""𦎫(𦎫)"声的一个形声字。根据西周金文里的有关资料,可以知道这个字就是"遠"字。

这个字的声旁跟西周金文"睘"字的声旁相同。"睘""袁"古音极近。小篆"睘"字作𦎫,从"目""袁"声。西周金文"睘"字有以下一些写法(据《金文编》184页。《自选集》编按:见1985年版234页):

声旁作𦎫𦎫𦎫等形,跟上举那个甲骨文的声旁显然是一个字。西周前期铜器遽伯簋有如下一字(《金文编》79页。《自选集》编按:见1985年版98页):

旧释"還"(还),其实也是从"目""𦎫"声的"睘"字。前人把"又"和"衣"的下部合在一起看成趾形,因而误释。古文字从"彳"从"辵"通常没有区别,金文"遠"字就有从"彳"的写法(《金文编》83页。《自选集》编按:见1985年版104页)。所以上举那个甲骨文应该就是"遠"字。

探寻中华文化的基因(一)

"㣆"应该是从"彳""夌"声的形声字。如果研究一下"夌"字跟用作"遠"、"𡇼"二字声旁的 [字] 字的关系,就可以肯定"㣆"字也应该释作"遠"。

"夌"字见于属于第一期的关于甲骨来源的刻辞:

  (20) [字] 入五十。            乙7200《合》5884

  (21) [字] □              乙2650《合》18165

还见于下列三、四期卜辞:

  (22) 酱(䤈)庸才八,又口(肉?),其[字]。    粹518《合》31012

《甲骨文编》把它隶定为"叏",附于"又"部之末。①《粹编考释》认为这个字是"裘之异文",不可信。(《自选集》编按:《怀》1138 有残辞"□[字]□巛","夌"上一字尚残存底部,似是"其"字。)

在三、四期甲骨文里还有在"夌"上加"○"而成的一个字:

  (23) □来廼令[字]生(往)于□         合27756

这个字跟 [字] 无疑是一个字。甲骨文[字]或作[字]【编按:此例不确,应取消。陈剑指出[字]见《合》20333,实为卜、[字]二字,注④所引文误合为一字】,[字]或作[字],②与此同例。于省吾先生认为"○"是"圆"的初文,"袁"字本从"○"声。③其说可信。所以这个写作[字][字]等形的字,应该分析为从"夌""○"声。

在古文字里,形声字一般由一个意符(形)和一个音符(声)组成。凡是形旁包含两个以上意符,可以当作会意字来看的形声字,其声旁绝大多数是追加的。也就是说,这种形声字的形旁通常是形声字的初文。例如:"寶"(宝)字本作[字]

---

  ① 甲骨文里又有[字][字]等字,当是[字]字简体[字][字](《甲骨文编》,第356页)的异形。《甲骨文编》把它们跟"叏"字混在一起(第125页),是错误的。

  ② 看于省吾《甲骨文字释林》,第366页。

  ③ 《录遗》序。

（《甲骨文编》317 页），象屋中有贝、玉等宝物，后来加注"缶"声而作 ▆（《金文编》410—416 页。《自选集》编按：见 1985 年版 516—522 页）。"耤"字本作 ▆（《甲骨文编》202—203 页），象人踏耒而耕，后来加注"昔"声而作 ▆（《金文编》231 页。《自选集》编按：见 1985 年版 292 页）。如果不算那些在一般形声字上追加形旁而成的多形形声字，如"錳"（《金文编》270 页）、"䤾"（同上 240 页。《自选集》编按：见 1985 年版 846 页）之类，这条规律几乎可以说是毫无例外的。▆（▆）显然不是追加形旁而成的多形形声字，所以"夌"应该就是它的初文，"○"则是追加的声旁。由此可证"夌"和 ▆ 是一字的异体，"夌"也应该释作"遠"。

这里附带讨论一下"夌"字的本义。

三、四期甲骨文里还有一个很像是在"夌"上加"止"而成的字：

(24) □▆。　　　　　　　　　　　　　安明 1897【《合》30085】

(25) □▆□每。　　　　　　　　　　　合 31774

西周金文"遠"字所从的"袁"作 ▆（《金文编》83 页。《自选集》编按：见 1985 年版 104 页），"環"（环）字的声旁有的也不作"睘"而作 ▆（同上 21 页。《自选集》编按：见 1985 年版 25 页）。这种"袁"字所从的 ▆，显然是由上举那个甲骨文省变而成的。西周金文"寰"字的"袁"旁作 ▆（《金文编》427 页。《自选集》编按：见 1985 年版 537 页），小篆"袁"字作 ▆。这种"袁"字所从的 ▆（▆）又是由 ▆ 讹变而成的。①

---

① 战国古印有 ▆ 字（见《簠集》44 上"马帝寰"印【《玺汇》4086】。《古玺文编》收此字于附录第 456 页），应释为"寰"，其"袁"旁上部也是由 ▆ 或 ▆ 变来的。这个字省去了"袁"所从的"○"，战国古印文中的从"睘"之字也往往省去"睘"所从的"○"，彼此可以互证。

探寻中华文化的基因(一)

前面已经说过,按照古代形声字构造的通例来看,"夋"和"⿱囗夊"应该是一个字。根据同样的理由,上举那个甲骨文跟"袁"字也应该是一个字。"⿱囗夊"和"袁"都可以用作"遠"字和"景"字的声旁,二者也应该是一字的异体。所以"夋""𦥯""⿱囗夊""袁"实际上都是一个字。前二者是"袁"的表意初文,后二者是"袁"字加注声旁的形式。

"夋"上加"止"无义可说,𦥯字上部的"止"当是"又"的讹变之形。古文字中"又""止"二形往往相乱。例如金文"翻"字或作⿰羽⿱田又(《金文编》216页。《自选集》编按:见1985年版273页),下面的"又"写得像"止";"復"字或作⿱⿰彳复(同上87页。《自选集》编按:见1985年版111页),下面的⿱⿰(倒"止")讹变为"又"。甲骨文"毓"(育)字有一个作⿰每㐬的繁体(《前》2·11·3【合】38244),胡厚宣先生解释它的字形说:"右旁从两手持衣……象女人产子接生者持褓裸以待之。"①其说可信。在这个"毓"字所从的两手持衣形里,上面的那个"又"如果跟"衣"形上端斜出的那一笔结合在一起看,也很像"止"字。这是𦥯字上端的"止"形由"又"形讹变而成的明证。也有可能写刻这个字的殷史并没有把"又"误认为"止",只不过把"衣"形右上部的那一道斜画写得太长了一些,客观上造成"又""止"相混的后果。不过金文𦥯字的上部则确实已经讹变为"止"了。

在上举"毓"字的繁体里,两手持衣形表示要给婴儿穿衣服。"袁"的本义也应该是穿衣一类意思。结合字音考虑,"袁"应该是"擐"的初文。《左传·成公二年》"擐甲执兵",杜注:"擐,贯也。"《国语·吴语》"乃令服兵擐甲",玄应《一切经音义》十七引贾注:"擐甲,衣甲也。"《颜氏家训·书证》引萧该:"擐是穿着之名。""擐"和"袁"古音都属元部。"擐"是匣母字,"袁"是于母(喻母三等)字。于母

---

① 《殷代婚姻家族宗法生育制度考》,载《甲骨学商史论丛初集》。

古归匣母，直到《切韵》时代都还如此。"㩜"字的读音既跟"袁"字如此相近，字义又跟"袁"字表意初文所表示的意思相合，无疑就是表示"袁"字本义的后起字。

《说文·衣部》："袁，长衣皃。从衣，叀省声。"解说字义，分析字形，都不可信。①

甲骨文里所见的几个"袁"字，所用的都已经不是本义了。上引(20)(21)两条刻辞里的"袁"，按照这种刻辞的文例，应该是人名。(23)的"袁"从上下文看也应是人名。(20)(21)属第一期，(23)属三、四期，这两个"袁"大概不会指同一个人。不过商代往往用族氏作人名，第一期和三、四期的袁可能都是袁族人。(17)(19)的"遠"似是地名。"遠"从"袁"声，二字可通。这两条卜辞所说的遠也许就是袁族所居之地。上古时代，地名、族名、人名三者往往相因。这一点很多学者都已经指出来了。不过(17)(19)的"遠"是跟对贞卜辞(18)的"薅"为对文的。"薅"即"蓐"字(即"耨"之古字，与从"艹""辱"声之纯形声字有别)，亦即"农"字("蓐"、"农"古音阴阳对转，本由一字分化。《论集》编按：关于"薅"字，参看本集《甲骨文中所见的商代农业》)。也有可能"薅"指"农郊"而言(《诗·卫风·硕人》"说于农郊"，《毛传》："农郊，近郊。")，"遠"指"遠郊"而言。(22)"其袁"的意义尚待研究，也许应该读为"其遠"。(24)(25)两辞残缺过甚，"袁"字的意义也难以确定。不过从残文或同版卜辞来看，这两条应该是田猎卜辞，"袁"有可能是地名，也有可能应该读为"遠"。

正由于"袁"字经常被用来表示本义之外的其他意义，所以后人又造了一个"㩜"字来表示它的本义。这种现象在汉字发展的过程里是极为常见的。"㩜"字的声旁"睘"，本以"㩜"的初文"袁"为声旁。这跟"疆"字的声旁"畺"以"疆"的

---

① 但是甲骨文又有 字(《甲》3576【《合》22274】)，金文"寰"字的"袁"旁和小篆"袁"字所从的 ( )，有没有可能并非 的讹形，而是由 变来的呢？也许 的本义就是"长衣皃"， 是它的加声旁的后起形式，跟由 (㩜)字变来的 本非一字，后来这两个字由于形、音皆近混而不分， 为 所吞并，就跟"晨"为"晨"所吞并一样。这是一个没有多少根据的设想，姑志于此以待研究。

### 探寻中华文化的基因(一)

初文"畺"为声旁,"廩"字的声旁"稟"以"廩"的初文"靣"为声旁,是同类的现象。

下面再讨论"埶"字。

上引(5)的 ⿰木土 字,《甲骨文编》隶定为"埶"(408页)。其实这个字的左旁的下部明明是"土"字,甲骨文"立"字的下部从来不这样写。"土"上的"↑"应该是"木"(木)旁之省。在甲骨文里,木 和 ψ 在用作表意偏旁时可以通用。这是大家都很熟悉的现象。其实 木 旁不但可以写作 ψ,而且有时还可以写作 ↑。例如"莫"字既可以写作 䒑䒑 ,也可以写作 䒑 (《甲骨文编》24页);"朝"字既可以写作 卓,也可以写作 卓 (同上20页)。甲骨文有 林 字(《佚》292【《合》29092】),就是《说文》"㪔"字所从的"㪔"。①金文"散"字多从 卄 (《金文编》223页。《自选集》编按:见1985年版283页), ↑↑ 也是 林 的简写,并非"竹"字。所以"埶"字没有问题应该释作"埶"。《甲》1519有 ⿰木人 字,《甲骨文编》隶定为"埶"(408页),其实也是"埶"字。有一条三期残辞说:

(26) 庚午卜贞:王其田 ⿰木人 □　　　　　　　　　　合28577

"田"下一字也应释作"埶"。(《论集》编按:《英》2302"王其田 埶 湄日亡不雨","田"下一字也是"埶"。此辞"亡"下似原脱一"戋"字。)

"埶"字屡见于西周金文,是一个从"犬"从"埶"省声的字。"埶"是"蓺"的本来写法,后来繁化为"蓺",古书多写作"藝"。"埶""爾"(尔)古音相近(《尚书·尧典》"归格于藝祖"之"藝",今文作"禰"),所以克鼎和番生簋都假借"埶"字为"柔远能邇"的"邇"(迩)。②上引(1)(2)、(4)(5)两对卜辞都以"埶"与"远"为对文,"埶"字用法与金文"埶"字相同,也应读为"邇"。"远偋"和"埶(邇)偋"可能

---

① 参看于省吾《殷代的交通工具和驲传制度》,《东北人大人文科学学报》1955年第2期。
② "柔遠能邇"为周代成语,见《尚书》的《文侯之命》《尧典》和《诗·大雅·民劳》。关于金文"埶"字假借为"邇"的问题,参看孙诒让《克鼎释文》(见《籀庼述林》卷七)、王国维《克鼎考释》(见《海宁王静安先生遗书·内编·观堂古金文考释五种》)、郭沫若《两周金文辞大系考释·大克鼎》。

分别指离王都较远和较近的倗。"王其田遠"和"其㚔（邇）田"，当是占卜王应在遠处还是在近处田猎的对贞之辞。

下面附带讨论一下甲骨文里的"埶"字以及可能跟"㚔"是一字异体的"㚔"字。弄清它们的各种繁简不同的写法，能使我们更加相信"㚔"是"㚔"的简写。

甲骨文有"埶"字：

(27) □□［卜］旁贞：▨□于宫□（生？）。十二月。

前 6·13·2《合》7928

(28) □午卜古贞：□▨木。

邺二下 38·7《合》5749

罗振玉认为此字像"两手持木植于土上"，可能是"树蓺"的"蓺"字（《殷虚书契待问编》6·3 上）。其说可信。古文字从"又"从"廾"往往无别。金文 ▨（奉）字也可以写作 ▨，①"对"字异体有作 ▨ ▨ 等形的，也有作 ▨ ▨ 等形的（《金文编》119—122 页。《自选集》编按：见 1985 年版 157—158 页），都是例子。金文"埶"字作 ▨ ② ▨（《金文编》137 页。《自选集》编按：见 1985 年版 178 页）等形。它们和甲骨文"埶"字的关系，跟"弄"和"㺇"、"莽"和"甈"的关系是一样的。从"埶"字在卜辞里的用法来看，把它释作"埶"也很合适。(28)说"埶木"，等于我们现在说"种树"。《甲骨文编》不取罗氏释"蓺"之说，把这个字隶定为"坴"（520 页），是审慎过了头。（《论集》编按：西周金文亦有"埶"字，见《集成》2437 ▨ 虎鼎。）

甲骨文还有 ▨ ▨ ▨ 等字：

(29) 贞：王其出（有）▨，［生］。

(30) □不其生。

乙 3251《合》5908

---

① "㺇"字见召伯虎簋。此字当释"奉"，《金文编》误收于"对"字下。看杨树达《小子相卣跋》《积微居金文说》，第 167 页）及《六年琱生簋跋》（同前，第 269 页）。

② 见盠方彝、盠尊（郭沫若《文史论集·盠器铭考释》所附图版 16、19—22）。宋人著录的中诸器铭文"埶"字与此略同，见《历代钟鼎彝器款识》卷十南宫中鼎二、三及卷十一召公尊。

(31) ☐▨☐　　　　　　　　　　　　　　乙3541【《合》9554】

(32) ☐▨，不其生。　　　　　　　　　乙3534【《合》9555】

它们显然都是"埶"字的异体。从(29)(30)(32)诸辞的文义来看,把它们释作种埶之"埶"也是合适的。【编按:陈剑指出,(31)所从出的《乙》3541,蔡哲茂已将其与《乙》3362缀合,"埶"下可补出"生"字,见《中西学术名篇精读·裘锡圭卷》,上海:中西书局,2015年6月,218页陈注12。】他辞或以"乎(呼)耤,生"与"不其生"对贞(《丙》233【《合》904】),文例跟这几条卜辞相类。

《乙》3622【《合》18730】有▨字,也有可能是"埶"的异体,可惜此辞已残,无法核对辞义。【编按:陈剑指出,《乙》3622已有学者将其与他片缀合,所举之字(以下以△代之)所在之辞已完整可读,是卜问"△"是否会"害云"的,从辞义看,"△"似非"埶"之异体,见上条所引书219页陈注13。今按:最近作者有《试释殷墟卜辞的"禜"字》一文,将此字改释为"禜",其文将刊载于《古文字研究》第32辑。】

以上所引的"埶"字都见于第一期卜辞。"埶"字的这些异体说明它所从的"収"可以省作"又","木"可以省作"▨"。

三、四期甲骨文里有写作▨的"埶"字:

(33) 其冒(罟),①于东方▨,毕(擒)。

(34) 于北方▨,毕。　　　　　　　　　　　　　　　　　　屯南2170

"埶"、"设"二字古音相近,②可以通用。武威汉墓所出《仪礼》简多以"埶"为"设"。③上引卜辞里的"埶"字也应该读为"设",是设置捕兽之网的意思。三、四

---

① 王国维释甲骨文字▨为"罟"(《尔雅·释器》"麋罟谓之罟"),《综类》以▨、▨为一字,皆可信。"矛""目"二字古音阴入对转。"冒"所从的"目"既代表麋鹿一类野兽的头,又兼作声旁。

② 古音"埶"属祭部,"设"属月部。二字之间存在着严格的阴入对转的关系。"埶"可读作"势"。"势""设"声母相同。

③ 今本《仪礼》"设"字,武威简本多作"埶"。《武威汉简》编者校语说:"埶今本作设,疑是執(即藝所从)字。"(《特牲》第7简校语)今按汉隶"埶"字及"埶"旁作"執"者习见,如老子铭"埶"(势)字、丁鲂碑"蓺"字与北海相景君铭"藝"字所从的"埶"旁等(参看《隶辨》)。武威简"埶"字没有问题就是"埶"字。

期甲骨文里还有从"冒"从"𠬪"的一个字：

(35) ☑王[字形]冒，单。

(36) 先王[字形]冒，单。 屯南778

(37) ☑王[字形]冒，单。 京津4499【《合》28821】

这应该是"埶冒"之"埶(设)"的专字。(37)此字后无"冒"字，也可以看作"埶(设)冒"二字的合文。

三、四期卜辞里又有一个写作[字形][字形][字形]等形的字。①郭沫若考释这个字说：

奚即金文狱字……狱实奚之省。奚当从犬望声，望者㚔之异，从臼与从廾同意。是则奚若狱当是獗之古文矣。(《粹》991片考释)

甲骨文有时对从"臼"与从"廾"不加区别。②郭沫若把"奚"字所从的"望"释作"埶"，认为"奚"和"狱"是一个字，大概是可信的。第三期甲骨文有[字形]字(《京津》4885【《合》27823】)，依郭说应即"埶"字，可惜辞已残缺，文义不明。

前面举过的几个"奚"字，上部或作[字形]，所从的"圶"省作[字形]，更可证[字形]字确实是"狱"的简写。

三、四期甲骨文里还有两个被前人释作"狂"的字，也有可能是"狱"字的异体：

(38) 王[字形]田，湄日不冓(遘)大凤(风)☑ 甲615【《合》29236】

(39) 王[字形]田，湄日不遘大凤，亡𢦔。 后上14·8【《合》29234】

上引这两条卜辞是为同一件事占卜的同文卜辞。③这两条卜辞里的"王"下之字，

---

① 见《甲骨文编》，第407页。上举末一形据《合》29332校正。"奚"字所从的"望"尚有作[字形]者，见《合》29330"奚"字残文。
② 看于省吾《甲骨文字释林》，第232、235、302等页。
③ 《甲》615【《合》29236】和《后》上14·8【《合》29234】两片卜骨上的其他卜辞，内容也彼此相同。所以可以肯定(38)(39)是同文卜辞。

探寻中华文化的基因(一)

一般都释作"狂"(狂),读为"往",实不可信。前面说过,第一期甲骨文里的❦可能是"望"的简写,(38)❦字的左旁也很可能是"望"的简写。所以这个字有可能也是"狱"字的异体。(39)跟(38)是同文卜辞,此辞"王"下一字跟❦字无疑是一个字。它的左旁的上部讹变成"止"形。这跟前面讲过的"袁"字的情况如出一辙。《人文》2104"夒"字所从的"望"作❦,下部的写法跟这个字左旁的下部很相似。(38)(39)说"王狱田",前引(2)说"其狱田","狱"、"狱"二字用法相似。看来"狱"是"狱"字异体的可能性是很大的。《论集》编按:《后》上 14·8 即《合》29234,此版上与上引第 39 辞对贞的卜辞为"癸未卜:翌日乙王其❦囗"。"其"下一字即从"彳""❦"声的"遠"字。此盖以"王其遠[田]"与"王狱田"对贞,与第 1、2 两辞以"王其田遠"与"其狱田"对贞相类。)

"夒"字在卜辞里一般用作地名,如"田夒"(《合》29330、29331、29335)、"弜田夒"(《合》29335、29336、29339)、"叀夒田"(《合》29333、29334、《屯南》2531)、"射夒囗"①(《合》28806、28807)等辞里的"夒"。《合》28376 说:"囗逐❦麋,亡戈,卓。"颇疑"麋"上一字也是"望"的异体,在此用为地名,与"夒"指同一地。【编按:陈剑指出,"麋"上一字实为卜辞屡见的用为地名的"叡"字(此为一般所用隶定形,字本从"首"不从"目"),与"執"无关,见上条所引书 222 页陈注 14。】至于卜辞里的"狱"、"狱"等字,一般都用作"遐"的假借字,只有(26)"王其田狱"的"狱"似是地名。但是从(1)"王其田遠"的文例来看,这个"狱"字读为"遐"的可能性,也还是很大的。如果"夒"确实就是"狱"字的话,当时人可能是有意分用"狱"字的繁体和简体——"夒"和"狱""狱",来表示不同的意义的。【编按:陈剑指出,"狱"在卜辞中亦偶有用为地名之例(见《屯南》341),"故'分用'只是大的趋势,不可绝对看死,因为本来就是一字"(见上条所引书 222 页陈

---

① 此处所缺一字当是兽名。

注15）。】

1967年初稿，1982年9月据《屯南》等书的新资料改写

**《论集》编校追记：**

《怀》1648【《合补》10491】有如下两辞【编按：陈剑指出，周忠兵已将《怀》1648与《合》33231缀合，下引第一辞"兆"字正位于《合》33231上。见周忠兵《历组卜辞新缀十一例》之第十一组，中国社会科学院历史研究所先秦史研究室网站2008年12月26日】：

丙辰□：王其令皿叟于▢东[兆]。

才（在）▢东兆莫叟。

后一辞"东"上一字应是"赽"字。前一辞"东"上一字应是"远"字，所从之"袁"即"爰""夋"之异构。此以"于遠东兆"与"在赽（迩）东兆"对贞，前文（4）（5）两辞以"于遠偟"与"在赽偟"对贞，文例相同。

原载《古文字研究》第十二辑（中华书局1985年版），又载《古文字论集》《裘锡圭自选集》《裘锡圭学术文集·甲骨文卷》（据《裘锡圭自选集》收入），今据《裘锡圭学术文集·甲骨文卷》收入，并增补了作者在复旦大学出土文献与古文字研究中心网站发表的《〈裘锡圭学术文集〉补正表二》中的按语。

# 释甲骨文中的"役"字

## 刘 钊

### 一、甲骨文"役"字的形体分析

甲骨文的历组卜辞中有如下诸辞：①

(1A) 辛□贞：□伐□

(1B) 癸卯贞：又升伐于河九羌，沉三牛，卯三牢。

(1C) 其以🖊。　　　　《合集》34236(《粹》1541)＋《合集》32082②

(2A) 己酉[卜]：召方□

(2B) 己酉卜：其骰人□召□

(2C) 弜骰人。

(2D) 丙辰贞：于□告□🖊。　　　　《殷墟小屯村中村南甲骨》228

(3A) □卯贞：□

(3B) 丙辰贞：其□商🖊□　　　　《合集》32925(《甲骨续存》上2216)

(4A) 王其□舟。

---

① 以下释文隶释用宽式。
② 此版缀合见莫伯峰《新缀历组卜辞二则》，http://www.xianqin.org/blog/archives/1550.html；又见黄天树主编《甲骨拼合集》，第203则，学苑出版社2010年版，第226页。

(4B) 不受禾。

(4C) 辛未贞:不降🗆。

(4D) 庚午贞:🗆　　　　　　　　　　　《合集》33263(《粹》901)

(5A) 🗆祷禾。

(5B) 癸卯贞:于生月祷禾于🗆。

(5C) 🗆🗆贞:不降🗆。

(5D) 🗆未贞:今来翌受[禾]。

(5E) 🗆祷禾于🗆。①　　　　　　　　《甲骨卜辞新获》②15

(6A) 甲寅卜:其帝方一羌、一牛、九犬。

(6B) 乙卯卜:不降🗆。　　　　　　　　《合集》32112

(7A) 丁巳贞:其宁🗆于四方,其三犬。

(7B) 其宁🗆,其五十犬。

(7C) 甲子贞:王令先嘒父衍工。

(7D) 其🗆　　　　　　　　　　　　　《殷墟小屯村中村南甲骨》363

(8A) 壬子卜:又于伊尹。

(8B) 丁巳卜:🗆弗入王家。

(8C) 🗆其入王家。

---

① (5B)、(5E)两条卜辞"祷禾于"下一字残,仅存上部和右上部,从残留字形形态和文例推勘,我的学生李霜洁向我指出该残字应该就是"兮"或"匌"字。"兮"或"匌"在卜辞中用为"神祖"名,记录的应该是同一个词。如《合集》32212:"乙亥卜:来甲申酒禾,祷于兮,燎。"《英》2450:"庚寅贞:其祷禾于兮,燎十小牢,宜十大牢。○癸卯贞:叀今夕酒,祷禾于兮。"《合集》34195+34534:"癸丑贞:其祷禾于岳。○🗆[其祷]禾于兮。"《英》2428:"🗆酒,祷禾于匌。"《屯南》1300:"🗆辰贞:匌🗆禾🗆。"通过以上诸辞的参照,可以证明李霜洁的说法应该是正确的。

② 沈之瑜《甲骨卜辞新获》,《上海博物馆馆刊》第3期,上海古籍出版社1986年版,第157—179页;又收入宋镇豪、段志宏主编《甲骨文献集成》第六册,四川大学出版社2001年版,第244—249页;又收入陈秋辉编《沈之瑜文博论集》,上海古籍出版社2003年版,第158—180页。

探寻中华文化的基因(一)

(8D) □岳□　　　　　　　　　　　　　　　　　《屯南》332

(9A) 甲子贞:大邑受禾。

(9B) 不受禾。

(9C) 甲子卜:不联雨。

(9D) 其联雨。

(9E) 甲子贞:大邑有入在𢀛。

(9F) 戊辰卜:侑艮妣己一女,妣庚一女。

(9G) 庚□翌□　　　　　　《合集》32176(《粹》720＋899＋1220)

(10A) 庚辰[卜]:于土𢀛(求)宜大牢。①

(10B) 庚辰卜:不降𢀛。

(10C) 不降火。

(10D) 不降。

(10E) 辛巳卜:寻毛于𢀛。

(10F) 辛□宁□于□　　　　　　《合集》34711(《安明》2343)

(11) 己卯卜:有𢀛(繼)。　　　　　　　　　　　《屯南》4553

(12A) 癸丑贞:今秋其降𢀛。

(12B) 降𢀛。

(12C) 丁□贞:□角□

(12D) 叀乙卯。

(12E) 允征𦎫。　　　　　　　　　　　　　　　《合集》34712

(13A) □牛□

---

① 该条卜辞"土"字后一字残,周忠兵先生向笔者指出该字应为"求"字。

(13B) □申贞：🜨于□又羌，燎牢□羌，燎牢。

(13C) 庚申贞：又乇自上甲，汎六示□，小示羊。

(13D) 己未□不降🜨。

(13E) 其降🜨。　　　　　　　　　　　　　　《屯南》3594

(14A) □弗擒。

(14B) □今生二[月？]降🜨。①

(14C) □□贞：其又父丁岁五[牢]□

(14D) 丙寅[贞]□　　　《屯南》3099+《屯南》3237+《屯南》3317②

(15A) □来岁帝其降🜨。在祖乙宗，十月卜。

(15B) □[来]岁帝不降🜨。

(15C) 辛酉贞：于来丁卯又父丁岁。

(15D) □王其又小尹之。

(15E) 辛酉贞：癸亥又父[丁]岁五牢。不用。

(15F) □在庭。　　　　　　　　　　　　　　《屯南》723

在上引诸辞中有一个一直未被正确释读的字，我们可按其形体将其大致分为如下五式：

1. 🜨(1C)　🜨(2D)　🜨(3B)

2. 🜨(4C)　🜨(5C)　🜨(6B)　🜨(7A)　🜨(7B)

3. 🜨(8B)　🜨(8C)　🜨(9E)　🜨(10B)　🜨(11)

---

① 此条卜辞中有无"月"字疑莫能定，暂从孙亚冰先生《"衍"字补释》（《古文字研究》第28辑，中华书局2010年10月版，第77—82页）一文释文补。

② 本版缀合见肖楠《〈小屯南地甲骨〉缀合篇》，《考古学报》1986年第3期，第265—305页。

4. ✦(12A)　✦(12B)　✦(13D)　✦(13E)　✦(14B)

5. ✦(15A)　✦(15B)

下面试对上列形体逐式进行分析：

1式作"✦"(1C)、"✦"(2D)、"✦"(3B)，从"彳"从"人"从"止"，(1C)和(3B)所从的"人"形的躯干部分写成直线，没有曲折，与常见的"人"形有别，这是历组卜辞字形峭直方折的具体体现，也是因为"人"形与"彳"旁组合后，为了将"人"形与"彳"旁的直线线条相对称和呼应而做出的改变。历组卜辞的刻手在刻写"人"字时，有将"人"形的躯干刻写成直线的习惯，如历组"兕"字作"✦"(《合集》32886)，又作"✦"(《合集》31984)，所从"人"形已经有些变直；叟字作"✦"(《合集》32035)，又作"✦"、"✦"、"✦"(《屯》9+25)，所从象人形的"匕"字的下部已完全写成直线，便是例证。① 从"✦"(2D)和以下诸式中的"✦"(4C)、"✦"(6B)、"✦"(15A)、"✦"(15B)诸形看，其从"人"的特征还是非常明显的。该式形体所从的"止"写在"彳"和"人"之间的下部。从"彳"从"人"的组合与甲骨文部分疑为"永"字的结构相同。三个形体中(1C)、(2D)为正书，(3B)为反书。

2式作"✦"(4C)、"✦"(5C)、"✦"(6B)、"✦"(7A)、"✦"(7B)，仍然从"彳"从"人"，但不再从"止"而是从"又"，"又"或写在"人"形之前(4C、5C、6B)，或写在"人"形之后(7A、7B)。从"又"在"人"形之后的形体组合与甲骨文"及"字构形相近。古文字中的"止"字和"又"字在表示某种动态意象时其作用有时并无不同，如甲骨文"释"字作"✦"(《合集》5906)、"✦"(《合集》550)，又作"✦"(《合

---

① 这两个例证的字形蒙王子杨先生提示。

集》5922)、"▯"(《合集》5923),既可从"廾",又可从"𠬞"。①古文字中有时个别字从"𠬞"不从"廾",可能只是出于字形或笔划布局的考虑。如甲骨文搓字作"▯"(《花东》3)、"▯"(《合集》21567),又作"▯"(《合集》21887)、"▯"(《合集》21888),也是既可从"廾",又可从"𠬞"。②当象两只手形的部分写在对称的两个笔划外边时就写成从"廾",而写在两个对称的笔划里边时,出于布局匀称的考虑,为了使两只手形与两边两个对称的笔划相接,就写成从"𠬞"。"𠬞"与"廾"本都象两只手形,"又"象一只手形,古文字中从"廾"的字常常有从"又"的异体,两者的不同只是繁简体的不同。既然已知"𠬞"与"廾"有时可以通用,因此1式从"𠬞"就相当于从"廾",所以1式从"𠬞"和2式从"又"的关系其实就是繁简体的关系,或是由1式从"𠬞"省成2式从"又",或是由2式从"又"增繁为1式从"𠬞"。从古文字演变的一般规律看,显然第一种可能性更大。

3式作"▯"(8B)、"▯"(8C)、"▯"(9E)、"▯"(10B)、"▯"(11),形体来源于1式,变化如下几点:一是将1式上部的所谓"永"字所从的"人"形省成一竖笔或近似一竖笔,即将人的手臂形省去,从而使上部变成"▯"(9E)、"▯"(10B)状,这与《小屯南地甲骨》2150片中的"祱"字作"▯"所从的所谓"永"字旁中的"人"形也省成一竖笔是同样的变化,可以比照。(9E)、(10B)、(11)三形

---

① "释"字孙诒让释"择"(见《契文举例》,齐鲁书社1993年版,第110页)。对孙诒让释此字为"择"的评价见裘锡圭《谈谈孙诒让的〈契文举例〉》,《裘锡圭学术文集》第6卷,复旦大学出版社2012年版,第41—47页。裘锡圭先生认为此字可能是典籍中训为"解开"之义的"释"的本字(见裘锡圭《说殷墟卜辞的"奠"——试论商人处置附属者的一种方法》,原载《历史语言研究所集刊》六十四本三分(1993年),后收入《裘锡圭学术文集》第5卷,复旦大学出版社2012年版,第169—192页)。以此字为例指出"𠬞""廾"可通的分析见刘钊《释"▯"诸字兼谈甲骨文"降永"一辞》,《殷墟博物苑苑刊》(创刊号),中国社会科学出版社1989年版,第169—174页;又见姚萱《殷墟花园庄东地甲骨卜辞的初步研究》,线装书局2006年版,第202页。

② "搓"字考释见姚萱《殷墟花园庄东地甲骨卜辞的初步研究》,线装书局2006年版,第199—213页。作者后来又改变了看法,认为该字应该是古书中表示"纠绞"义的"缪""摎"等字的表义初文,见姚萱《非王卜辞的"瘥"补说》,《河北大学学报》2012年第4期,第108—113页。

属于历一类,因为历一类和历二类在相当一段时间并存,所以从历二类的"㇆"(1C)形省成历一类的"㇆"(9E)、"㇆"(10B)、"㇆"(11)形并不奇怪。二是所从的"又"字由写在"彳"和"人"之间的下部移到了"彳"形下部夹角延长线的两端。三是如(8B)、(8C)所从之"彳"向左翻转了一定角度作"人"(8B)、"人"(8C),不认真分析已不容易看出字本是从"彳"。(11)所从的"又"形左边的"又"形有些漫漶,不甚清楚,右边的"又"形上部好像还有一个笔划,或是跟下边将要提到的4式的"㇆"(12A)、"㇆"(12B)左边一样,也象手上拿有某种物体的形象,疑莫能定。(9E)(10B)(11)三个形体所从的"又"形写成两歧的形状,与常见的写成三歧的"又"形不同,这也是历组卜辞字形的一个特点①,即象"手"形的"又"、"奴"、"爪"、"臼"等偏旁,常常写成两歧的形状,如下举诸例:

㇆《合集》35301　㇆《合集》32012　㇆《合集》32854　㇆《合集》31979

㇆《合集》32053　㇆《合集》32289　㇆《合集》34256　㇆《合集》33291

㇆《屯》717　㇆《合集》32420　㇆《合集》32786　㇆《合集》32722

㇆《合集》34256

4式作"㇆"(12A)、"㇆"(12B)、"㇆"(13D)、"㇆"(13E)、"㇆"(14B),其中的(12A)和(12B)从反书的"彳"和"人",从两歧或正常写法的倒书的"又"拿一"丿"形物体的形状。与1、2、3式所从的"又"和"又"写在下边且方向朝上不同,4式的(12A)和(12B)所从象手拿一"丿"形物体的部分是写在字的上边,方向朝

---

① 周忠兵先生曾在《读契札记三则》一文中指出:"历一类'又'字作偏旁时多被刻作'㇆'形,如'受'作'㇆'(《合集》32176)、'尹'作'㇆'(《合集》33318)、'置'作'㇆'(《合集》32014)、'再'作'㇆'"(《合集》32420)等等。"见张光明、徐义华主编《甲骨学暨高青陈庄西周城址重大发现国际学术研讨会论文集》,齐鲁社2014年版,第326—330页。

下,所以很容易被忽略。如果将其颠倒过来,即呈"✧""✧"状,就很容易看明白了。①

4式中的(13D)、(13E)和(14B)的情况有些复杂,需要特别加以解释。

(13D)和(13E)所在的骨版如下：

右下"己未……不降✧"的"✧"字学术界都将其视为一般的所谓"永"字,如《小屯南地甲骨》一书索引部分就将其摹作"✧"。从拓本看,此字左侧漫漶不清,一时弄不清楚反书的所谓"永"字与"降"字的界限究竟应该划在哪里。经反复斟酌,我们推测该形体应作"✧"形,此字左侧的两部分残存笔划则应属于

---

① 孙亚冰先生在《"衍"字补释》(《古文字研究》第28辑,中华书局2010年版,第77—82页)一文中将本文考释的甲骨文"✧"(12A)、"✧"(12B)等字释为"衍",认为"✧"(12A)、"✧"(12B)之形左侧所从为"引"字,即"衍"字加"引"字为声。按此说非是。她在文章中引以为证的"引"字作"✧"(《合集》32343)、"✧"(《合集》32892)、"✧"《屯南》3865)、"✧"、"✧"(《屯南》322),与"✧"(12A)、"✧"(12B)二形所从的"✧""✧"差别不小,尤其与"✧"形差别更大,根本不可能是一字。又《屯》1111有个用为地名的字作"✧",不知与"✧"(12A)、"✧"(12B)是否有关系,存此备考。此字蒙王子杨先生提示。

"降"字。以该骨版此条卜辞稍左上对贞的"降"字为参照,"⿰"形左侧的"⿰"形应即"降"字上部残留的部分,即如下图所示上部框线内的笔划:

为求资料的准确,笔者请中国社会科学院考古研究所严志斌先生亲自目验该片甲骨实物并作摹本如下:

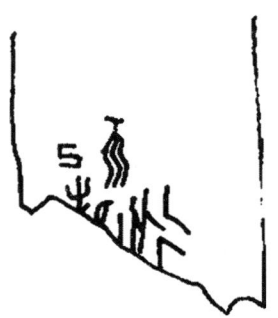

其所作摹本与我们对"⿰"字形态的构拟非常接近。因此我们认为"⿰"字的形态已经基本可以确定。"⿰"字中的"⿰"形就是写在上边且方向朝下的呈两歧状的"又"形,其写法与甲骨文中如"⿰"(《合集》31066)、"⿰"(《合集》32721)、"⿰"(《合集》30693)、"⿰"(《合集》29330,下残)等字上部所从倒书的"又"形非常接近。因"⿰"字左下残缺,所以"⿰"字的具体写法存在两种可能,即既可能与"☒"(12A)、"☒"(12B)形态相同,从倒书的"又"拿有一物体形,也可能是"☒"(12A)、"☒"(12B)的减省之形,即没有手中所拿之物,而只从倒写的"又"字之形。位于同版的对贞之辞的"☒"字(即13E)其写法应该与"☒"字相同,可惜因左边残泐,无法提供具体形态的信息。不过仅据"☒"形左边残泐后所剩的空间判断,仍然可以基本断定"☒"形应该是"☒"(12A)、"☒"(12B)形之省,不大可能与"☒"(12A)、"☒"(12B)形相同。

从构形理据上说,"☒"形与2式的"☒"(4C)、"☒"(5C)、"☒"(6B)、"☒"(7A)、"☒"(7B)诸形其实并无不同,只是所从的"又"形一个朝下写在"人"字的上边,一个朝上写在"人"字的下边而已。

(14B)的"☒"字《小屯南地甲骨》一书在索引中摹作"☒",将其当作一般的反书的所谓"永"字,但在肖楠所著《〈小屯南地甲骨〉缀合篇》一文的摹本中,却又将该字摹作"☒",可是释文中又摹作"☒",漏掉了"人"形中向右下倾斜的一横笔,前后矛盾,变化无常。① 此片拓本在《小屯南地甲骨》一书中作:

---

① 肖楠《〈小屯南地甲骨〉缀合篇》,《考古学报》1986年第3期,第265—305页。

探寻中华文化的基因(一)

肖楠《〈小屯南地甲骨〉缀合篇》一文所附缀合后的拓本作：

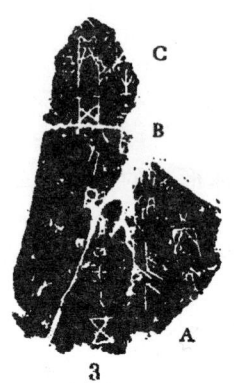

从后一拓本看，"![]"形左上似有一呈两歧的倒写的"又"形。为求资料的准确，笔者请中国社会科学院考古研究所严志斌先生亲自目验该片甲骨实物并作摹本如下：

可见倒写的"又"形是存在的，因此该字显然应该摹作"![]"，与(13D)作"![]"结构相同。

5式作"![]"(15A)、"![]"(15B)，从"彳"从"人"，与甲骨文中部分疑是"永"字的写法相同。①但从字形和辞例综合考虑，这一写法应该是以上4式各类写法的减省之形，即省去"癶""又"形的简体，而不会是所谓的"永"字。古文字中从"又"形的形体，经常可以省去"又"形，这是大家熟知的规律，所以"[字形]""[字形]""[字形]""[字形]""[字形]"诸形省去"又"形作"[字形]"（15A）、"[字形]"（15B），一点也不奇怪。省后的"[字形]"（15A）、"[字形]"（15B）形应该是该字最为关键的主体部分。②

从以上对该字历组五式写法的分析，可知在一个组别中，同一个字居然可以有如此多不同的写法，这一字形的个案凸显了甲骨文的某种原始性和甲骨文形体的复杂程度。

## 二、甲骨文"役"字考释历史的回顾与评价

1988年，笔者在一篇题为《释"[字形]""[字形]"诸字兼谈甲骨文"降永"一辞》的文章中，第一次提出：根据"[字形]"（15A）、"[字形]"（15B）、"[字形]"（14B，当时尚不知此形体还从

---

① 裘锡圭先生在《释"侃""衍"》一文（原载《鲁实先先生学术讨论会论文集》，台湾万卷楼图书有限公司1993年版，第6—12页；又载《人文论丛》2002年卷，武汉大学出版社2003年版，第328—335页；后收入《裘锡圭学术文集》第1卷，复旦大学出版社2012年版，第378—386页）中，指出宾组贞人"[字形]"之名不但可以写作"[字形]"（《英》126），而且还可以写作"[字形]"（《合集》12342)，后者跟周代金文"永"字的常见写法相合，无疑可以释为"永"。"[字形]"（15A）、"[字形]"（15B）与宾组贞人"[字形]"字结构相同，是否就一定得释为"永"呢？笔者认为也不一定。一是两者组别不同，二是两者用法不同，"[字形]"（15A）、"[字形]"（15B）只是"[字形]""[字形]""[字形]""[字形]"诸形不常见的省形，与宾组贞人"[字形]"只是偶尔同形而已。况且也不能完全排除宾组贞人"[字形]""[字形]"不是一个字，且不是指一个贞人，而是指二或三个贞人的可能。另外，即使宾组贞人"[字形]"确实是"永"字，也不排除"[字形]"（永）与"[字形]"（15A）、"[字形]"（15B）为不同的两个字，但在早期使用同一字形的可能。

② 赵鹏先生在给笔者的回信中指出："案：窃以为'[字形]'可能是这个字最不可缺失的部分，比如'戥'（宾组）、'或'（历组）与'戈'（历草），窃以为'戈'应该是代表了'戥''或'的读音部分。"

倒写的"又"形)三个形体的写法和辞例,通过比勘可以认定上引甲骨文"㱃"(4C)、"㱃"(5C)、"㱃"(1C)、"㱃"(3B)、"㱃"(12A)、"㱃"(12B)、"㱃"(㱃)(11)、"㱃"(10B)、"㱃"(9E)、"㱃"(8B)、"㱃"(8C)、"㱃"(13D)、"㱃"(13E)诸字也应该是"永"字的异体。文章认为甲骨文中的"降永"的"永"典籍训为"长""久","长""久"义与"美善"义义本相因,因此"久"也应有"美善"义,"帝降永"犹甲骨文言"帝降若"。①

1991年8月出版的《甲骨文与殷商史》第三辑刊有王贵民先生的《说"降永"》一文,文章也指出"㱃"(4C)、"㱃"(10B)、"㱃"(12A)、"㱃"(12B)"㱃"(6B)、"㱃"(3B)、"㱃"(1C)诸字应为"永"字的异体,认为"降永"就是"降永命"或"降永年"的意思,还认为"永"字没有带上中心词,可能本身担负某个中心词"年"或"命"的任务,这种省略在当时可能流行。②

2004年,刘桓先生在《殷契存稿》一书中的"释降永"条中,读"降永"的"永"为"咏",谓"丰收时人们的歌咏,当即称为'永',此处用为名词,与做动词用的'我永'之'永'其意相因。丰收被视为'帝降永',即'天降咏',意为上帝降下可歌咏之事"。③

2010年,孙亚冰先生发表《"衍"字补释》一文,受裘锡圭先生《释"衍""侃"》一文启发,将前引甲骨文分成五式的那个字改释为"衍",认为卜辞"降衍"的"衍"本义为衍溢、满出,在"降衍"一词中指洪涝灾害。④

---

① 刘钊《释"㱃"、"㱃"诸字兼谈甲骨文"降永"一辞》,《殷墟博物苑苑刊》(创刊号),中国社会科学出版社1989年版,第169—174页。
② 王贵民《说"降永"》,《甲骨文与殷商史》第三辑,上海古籍出版社1991年版,第89—97页。王文在字形摹写和引用《合集》片号上有一些错误,见孙亚冰:《"衍"字补释》《古文字研究》第28辑,中华书局2010年版,第77—82页)一文注⑨。
③ 刘桓《释降永》,《殷契存稿》,黑龙江教育出版社2004年版,第114—115页。
④ 孙亚冰《"衍"字补释》,《古文字研究》第28辑,中华书局2010年版,第77—82页。

孙亚冰先生在文章中提出了一个很重要的观点,即根据司礼义(Paul L-M. Serruys)规则——在一对正反对贞的卜辞里,如果其中一条卜辞用"其"字,而另一条不用,则用"其"的那条所说的事,一般都是贞卜者所不愿看到的,由此断定(1A—即本文之15A—笔者注)"帝其降▨"、(5C—即本文之8C—笔者注)"▨其入王家"、(14B—即本文之13E—笔者注)"其降▨"都是贞卜者所不愿意看到的,那么此字所表达的意思肯定不属于吉利的范畴。(12A—即本文之7A—笔者注)、(12B—即本文之7B—笔者注)中有"宁▨",宁是止息的意思,甲骨文中凡是被宁的都是不好的事情。

2012年,刘桓先生在《补释甲骨文寻、瞑二字并释"降永"》一文中,根据上引孙亚冰先生文章中指出的司礼义规则,改变了自己将"永"读为"咏"的观点,将"降永"的"永"改读为"殍"或"殃",读"降永"为"降殍"或"降殃",读"宁永"为"宁殍"或"宁殃"。①

我们认为在今日看来,以上所列的释法和读法都是不能成立的。

笔者最初将该字释为"永",是以"▨"(15A)、"▨"(15B)一形作为定点的,将其他如"▨"(1C)、"▨"(5C)、"▨"(7A)、"▨"(8C)、"▨"(12A)、"▨"(12B)、"▨"(13D)、"▨"(14B)等从"攵"或"又"的形体都视为"▨"(15A)、"▨"(15B)一形的增繁。可是如今看来,首先"▨"(15A)、"▨"(15B)这样的形体是否一定是"永"字都是问题,更何况在该字上列的五式形体中,除"▨"(15A)、"▨"(15B)这两个形体外,其他形体都从"攵"或"又",而目前已知甲骨文中疑似为"永"字的形体中,却无一例是写成从"攵"或"又"的,包括金文中明确为"永"字的形体,也没有一例是写成从"攵"或从"又"的。既然可以认为"▨"(1C)、"▨"(5C)、"▨"

---

① 刘桓《补释甲骨文寻、瞑二字并释"降永"》,《古文字研究》第29辑,中华书局2012年版,第129—136页。

(7A)、"[字]"(8C)、"[字]"(12A)、"[字]"(12B)、"[字]"(13D)、"[字]"(14B)等从"屮"或"又"的四式写法是"[字]"(15A)、"[字]"(15B)一形的增繁,也就可以反过来认为"[字]"(15A)、"[字]"(15B)一形是"[字]"(1C)、"[字]"(5C)、"[字]"(7A)、"[字]"(8C)、"[字]"(12A)、"[字]"(12B)、"[字]"(13D)、"[字]"(14B)等从"屮"或"又"的四式写法的减省。因为古文字中从手形的一类形体,经常可以将手形省去。从上列五式该字字形看,"[字]"(1C)、"[字]"(5C)、"[字]"(7A)、"[字]"(8C)、"[字]"(12A)、"[字]"(12B)、"[字]"(13D)、"[字]"(14B)等从"屮"或"又"的四式写法的数量远比"[字]"(15A)、"[字]"(15B)一形写法的数量多,占据主流写法的地位,所以"[字]"(15A)、"[字]"(15B)一形是"[字]"(1C)、"[字]"(5C)、"[字]"(7A)、"[字]"(8C)、"[字]"(12A)、"[字]"(12B)、"[字]"(13D)、"[字]"(14B)等从"屮"或"又"的四式写法的减省的可能性当然更大。

最为关键的是将该字释为"永"字后,卜辞中"降永"一辞不能得到妥善的解释。"永"字的词义很单纯,作为形容词如果作定语,后边跟有"年"或"命"组成"永年"或"永命",以"永年"或"永命"作为"降"的宾语才属正常。否则"降永"就是"降长久"的意思,"长久"是指什么长久呢? 如此显得语义很不圆满。在有"降永"一语的卜辞中并没有出现"年""命"等字眼,"降永"的"永"正如王贵民先生文章中所说,没有带上中心词"年"或"命"。而光是一个"永"字,是不能表达"永年"或"永命"的意思的。刘桓先生将"永"读为"咏",从文字层面看没有问题,可上天怎么会降"歌咏"呢? 典籍也从来不见类似的表述,这从义理上看也匪夷所思。这一说法估计连刘桓先生本人也没有自信,所以又将"帝降永"解释成"上帝降下可歌咏之事",无形中"歌咏"被偷偷地置换成了"可歌咏之事",既迂曲,又有增字解经之嫌。刘桓先生后来同意孙亚冰先生通过司礼义规则将"降永"的"永"归属于不吉利范畴的认识,从而改变旧说,将"降永"的"永"读为

"羍"或"殃"。将"降永"的"永"读为"羍"或"殃",与将"降永"之"永"读为"咏"一样,从文字层面上看相通没有问题,但是从文意上看也并不好,原因是前引卜辞(7A)"丁巳贞:其宁[永]于四方,其三犬"和(7B)"其宁[永],其五十犬"两条卜辞的内容,属于有具体的祭法和用牲数量用于祭"[永]"的卜辞,从甲骨文的惯例来看,这说明"[永]"应该是一种具体的"灾殃"和"祸患",这一点也与用于指广泛意义上的"灾殃"和"祸患"的"殃"字不符。

当然,如果前边所列甲骨文具有五式写法的那个字本来就不是"永"字,则上引读"降[永]""降[永]""降[永]""降[永]""降[永]""降[永]""降[永]""降[永]""降[永]""降[永]"诸辞为"降永""降咏"或"降殃"等说法,就更是无从谈起了。

孙亚冰先生文章中指出的司礼义规则非常重要,这说明在此之前将所谓"降永"的"永"字理解成属于正面的吉利一类的意思,是正好理解反了,这决定了所谓"降永"的"永"字的语义方向,对这一点需要特别予以肯定。可是她将该字释为"衍",认为卜辞所谓"降衍"的"衍"本义为衍溢、满出,在所谓"降衍"一词中指洪涝灾害的说法,从字形到读法都很难成立①,不得不辩。

首先,她在分析形体时说:

[字]既可释为"永",也可释为"衍",释"永"讲不通,应释为"衍"。[字]与[字]的关系类似于[字](《屯南》2150)与[字](《合集》4590)的关系,前二者所从的[字]、[字]分别是后二者所从的[字]、[字]像水道,中间没有水流,[字]则像水流在水道中(裘先生指出"永"字从的"丨"、"丨"本像水流),但[字]的对边没有丨。[字]与[字]是异体字,[字]与[字]也是异体字。[字][字]应该都是[字]的繁写。

---

① 孙亚冰先生近来又发表《论甲骨文"衍"字的一种省写》(载《近现代出土文献研究视野与方法国际学术研讨会论文集》,台湾政治大学中国文学系主办,2014年5月17日)一文,认为甲骨文中部分"水"字和"川"字也应该是"衍"字之省。笔者认为此说不可信。

为何"𢒙"不能释为"永"，就一定得释为"衍"呢？这一认识过于绝对化。裘锡圭先生认为"衍"字作"𣲎"是从"彳"的，中间的"𠂊"象水流形，孙亚冰先生却认为"𢒁"象水道，"𣱩"象水流在水道中，可是"𣱩"所从的"𠆢"形是一个整体，要么象水道，要么象水流，怎么能将其割裂，说"𠄌"象水道，"𠂊"象水流呢？说"𣱩""𣱪""𣱫"诸形都应该是"𢒙"的繁写，可是却没有解释既然"𢒙"字为"衍"字，那么作为"衍"字繁写的"𣱩""𣱪""𣱫"所从的"𠂇"或"又"在字中是表示什么，起什么作用的呢？无论从什么构形理据考虑，都很难将"手"形与"水道"或"水流"联系到一起并妥善地解释"手"形与"衍"字构形的关系。

裘锡圭先生在文章中只是推测"永"和"衍"这两个词本来是用相同的字形来表示的，但同时又强调倾向于对"衍"和"永"加以区别。从裘锡圭先生文章所得出的结论看，"永"和"衍"无论在字形还是用法上都是不同的。笔者认为孙亚冰先生可能在某种程度上误会了裘锡圭先生文章的意思。裘锡圭先生在文章中指出：

> 我们认为在殷墟甲骨文里，"永"和"衍"这两个词本来是用相同的字形来表示的，后来出现了分化倾向，一般以"𢒙""𣲎"等表示"永"，"𣱩""𣱪"等表示"衍"，这一分化在殷末应已完成。"𣱫王"、"王𣱫"的"𣱫"当释为"衍"，读为"侃"(衍)。"𣱩"可能是"衍"的异体，但也不能排除是另一个可以跟"衍"通用的字的可能性。"𣱬"(包括"𣱭"、"𣱮"等形)是表示"衍"的假借义的分化字，到西周时代省变成为"侃"字。

可见裘锡圭先生释为"衍"的字，主要是指无名组卜辞"𣱫王"和"王𣱫"一类辞例里写作"𣱫""𣱩""𣱬""𣱭""𣱮"等形的字，与在历组卜辞所谓"降永""宁永"一类辞例里写作"𢒙""𢒚""𢒛""𣲎""𣲏""𣲐""𣲑"等形的字毫无关系。裘锡圭先生在文章中并未提到过"㚔""㚔""㚔""㚔""㚔""㚔""㚔""㚔"诸字,可见他可能既不认为这些字是"永"字,更不认为这些字是"衍"字。从形体上看,衍字"㚔""㚔""㚔""㚔""㚔"诸形所从的"人"形之后的"点"形和"口"旁或"丁"旁,是"㚔""㚔""㚔""㚔""㚔""㚔""㚔""㚔"诸形所不具备的,同时"㚔""㚔""㚔""㚔""㚔""㚔""㚔"诸形所从的"卪"或"又"形,又是"㚔""㚔""㚔""㚔""㚔"诸形所不具备的。"㚔""㚔""㚔""㚔""㚔""㚔""㚔""㚔"诸字所在的卜辞都是历组卜辞,裘锡圭先生指出历组卜辞里有如下一条:

(16)□子贞:牧告散□南,㚔王,登众,受□。  《屯南》149

文中"㚔王"的"㚔"就是裘锡圭先生释为"衍",读为"侃"的那个字。又《合集》32297+34280 也是一版历组卜辞①,辞曰:"戊寅卜,其㚔母,雨。"文中"㚔"字也是裘先生释为"衍"的那个字。一样是历组卜辞,"衍"字作"㚔""㚔",与"㚔""㚔""㚔""㚔""㚔""㚔""㚔""㚔"诸字形体上绝然不同。所以很显然,"㚔""㚔""㚔""㚔""㚔""㚔""㚔""㚔"诸字与甲骨文中已释的"衍"字在形体和用法上都大为不同,"㚔""㚔""㚔""㚔""㚔""㚔""㚔""㚔"诸字绝不可能是"衍"字。

另外最为关键的,是将该字释为"衍"字后,甲骨文中的"降衍""宁衍"一语很难讲通。首先,"降某""宁某"这类句子,"某"大都为名词。可"衍"为动词,放到"降某"的句子中很不合适。因为"衍"字从水,因此"衍"字的形本义

---

① 本版卜辞缀合见林宏明《醉古集:甲骨的缀合与研究》,拓本与摹本第 325、326 页,释文及考释第 172 页,台湾万卷楼图书有限公司 2011 年 3 月版。

是"水的流布",但是其词本义却并非专指水的流布,而是所有有形与无形的物质的流布都可以称为"衍"。这正如"生"字的形本义象"屮"的生长,可是其词本义却显然并非专指"屮"的生长,而是一切物质的生长都可以称为"生"一样。在解释词义时,不能用形本义来取代词本义。不能因为"衍"的形本义是"水的流布",就说"降衍""宁衍"中的"衍"的词义就一定是指水的流布。换个角度说,只有一个"衍"字是不能得知其一定是指水的流布的。其次,虽然"衍"字有衍溢、满出之意,却也不会只用一个"衍"字来指代洪涝灾害,"衍"字在典籍中也从无类似的用法。其三,退一步说,即便假设"衍"字可以指代洪涝灾害,那"衍"字之前也应该有"水"或河流名一类中心词才能成立,这就同孙亚冰先生文中谈到一样涉及指水漫衍的"羑"字,前边一定要有"水"或"洹"等中心词一样。否则光是一个"羑"字,也同样是不可能用来表示"水漫衍"的。其实如果暂时抛开该字在卜辞中应该是指一种具体的"灾殃"和"祸患"这一点不管,即使该字可以释为"衍",也应该是陈剑先生提出的读为"愆"的读法更好。①

当然,通过本文的论证,可知"㣤""㣤""㣤""㣤""㣤""㣤""㣤""㣤"诸字并不是"衍"字,如此将此字读为"衍""愆""谴"等字的意见也就不能成立了。

那么这个字到底是什么字呢?笔者经过重新深入思考,通过字形比较和辞例推勘,最后认定这个字就是"役"字,在卜辞中应该释为"役",读为"疫"。"㣤""㣤""㣤""㣤""㣤""㣤""㣤""㣤"诸形皆从"彳"从"人","㣤""㣤""㣤"

---

① 陈剑先生读"衍"为"愆"的意见,见孙亚冰《"衍"字补释》(《古文字研究》第 28 辑,第 77—82 页)一文附记。笔者认为在假设该字释为"衍"字成立的情况下,读为"谴"比读为"愆"更好。"愆"与"谴"音义皆通。《汉书》卷二七《五行志》上:"乱君亡象,天不谴告,故不可必也。"(班固《汉书》,中华书局 1964 年版,第 1325 页);《白虎通义》卷六"灾变"说:"天所以有灾变何?所以谴告人君,觉悟其行,欲令悔过修德,深思虑也。"(陈立《白虎通疏证》,中华书局 1994 年版,第 267 页)《春秋繁露》卷八"必仁且智"三十:"灾者,天之谴也;异者,天之威也。谴之而不知,乃畏之以威。"(苏舆《春秋繁露义证》,中华书局 1992 年版,第 259 页);《后汉书》卷二帝纪第二"显宗孝明帝"下有"鲁哀祸大,天不降谴"(范晔《后汉书》,中华书局 1965 年版,第 106 页)句,"降衍"就是"降谴"。

"♦""♦""♦""♦""♦"诸形又从"丮"或"又",有的"又"形上还拿有某种物体,似将施加于人。很显然,从"彳"或是表示一种比较虚的动态意象,或是从"彳"从"人",会"人走在路上",表示"行役"之义。此字最减省之形作"♦""♦","行役"之义仍然清楚,字形表义的功能可以自足。从"丮"或"又"施加于人,或是"又"形上拿有某种物体施加于人,应该表示的是"役使"之义,"行役"和"役使"两个意思是相关联的,"行役"是役使的目的。"♦""♦""♦""♦""♦""♦""♦""♦"诸形从"丮"或"又"表示"役使"之义,这一构形与甲骨文"为"字作"♦"(《合集》15186)、"♦"(《合集》15180),从"又"表示用"手"役使"象"的立意如出一辙。

### 三、古文字中已知的"役"字

甲骨文中有如下一字:

♦《合集》20283  ♦《合集》3909  ♦《合集》17939  ♦《合集》10131  ♦《合集》13658 正  ♦《合集》8138 正  ♦《合集》5363  ♦《合集》8139  ♦《合集》17940  ♦《英》809 正

字从"人"从"殳",旧或释为"役"。《说文·殳部》:"役,戍边也。从殳、从彳。♦,古文役从人。"①释上引甲骨文字为"役",显然是因为其与《说文》"役"字古文"役"结构相同。李孝定先生在分析"♦"字时说:"役,许训戍边,是其本义当为行役,故字从'彳'。今从人于行役之义无涉。以文字结构之法推之,从殳从

---

① 许慎《说文解字》,中华书局1963年版,第66页。

人其本义当为朴击,无由得有行役或戍边之义也。虽其文与许书役之古文作伇者相同,似仍不能释为役字。盖许书转写多讹,且其古文亦不尽可据也。仍以隶定作伇,收为说文所无字为是。"①其对"🈳"字构形的分析很有理据。甲骨文该字从辞例来看,读为"役"或以"役"为声的字似皆不可通。其中《合集》13658正说:"甲子卜,殻贞:疾🈳不延。""贞:疾🈳其延。"饶宗颐先生读"疾🈳"为"疾疫",谓:"'疾疫不延'即卜传染病之蔓延与否也。"②"疾疫"是成词,其用法也见于早期典籍,又有"延"字做支撑,读来似乎文从字顺,所以这一说法很有诱惑性,被学术界不少人所信从。可是甲骨文时代不太可能已经出现"疾疫"这样的复合词,尤其是陈汉平先生曾指出,通过比勘甲骨文"疾目不延""疾目其延"一类辞例,"知🈳字于卜辞中所指乃人身肢体之某一部位",这是非常正确的。③因此"疾🈳"读为"疾疫"并不成立。"🈳"字到底是什么字,学术界目前还没有合适的意见。

《合集》6033正(《丙编》110,宾组)有字作"🈳""🈳"(右边残泐),在卜辞中用为人名,《殷墟甲骨刻辞类纂》释文释为"役"。我们认为该字右边所从既不是"人"字,也不明其结构,故释为"役"不可信。④

从古文字演变规律看,在秦汉之前的古文字中,"彳"旁和"人"旁除了极个别的有短时段内的讹混例子外,一般情况下绝不相通,不能想像甲骨文的"役"字可将"彳"旁改为"人"旁作"伇"。那么能否是役字本为从"人",后来变为从"彳"的呢? 这也不可能,因为我们看古文字从"人"的字,似乎没有后来变为从"彳"的。从"彳"讹混为从"人"应该是秦汉之后的文字现象,尤其在汉代隶书中

---

① 李孝定《甲骨文字集释》,台湾"中研院"历史语言研究所1965年版,第1027页。
② 饶宗颐《殷代贞卜人物通考》,香港大学1959年版,第115—116页。
③ 陈汉平《古文字释丛》,文化部文物局古文献研究室编《出土文献研究》,文物出版社1985年版,第219—238页。不过陈汉平先生释此字为"殷",亦不可信。
④ 此字形蒙邬可晶先生提示。

比较常见，如在汉代简帛中，从"彳"的"德"字、"復"字、"往"字可以写成从"人"作如下之形：

德　[图] 马王堆帛书《老子》甲本148　　[图] 马王堆帛书《老子》甲本卷后古佚书343

復　[图] 银雀山汉简《孙子兵法》95

往　[图] 马王堆帛书《老子》甲本165①

役字既可从"彳"作：

[图] 马王堆帛书《老子》甲本卷后古佚书317

[图] 马王堆帛书《老子》乙本卷前古佚书153上

[图] 银雀山汉简《孙子兵法》98

又可从"人"作：

[图] 马王堆帛书《老子》甲本卷后古佚书318

[图] 马王堆帛书《战国纵横家书》128

[图] 马王堆帛书《老子》甲本卷后古佚书269

《说文》所收古文包含有不同时代和不同性质的资料，据张富海先生研究，汉代人所谓的"古文"并不单纯，其中大部分是六国文字，小部分是非六国文字。在非六国文字中，有少量西周铜器铭文中的字形，有汉代小学家考订为古文的字形，甚至有编造拼凑的字形。②从汉代简帛资料中役字既作"役"，又作"伇"来看，我们推测《说文》从"人"作的所谓"役"字古文，其实就是来源自汉代的写法而被许慎收入到《说文》中的。既然已知役字古文"伇"是汉代才出现并流行的

---

① 此字也有可能是"隹"字。
② 张富海《汉人所谓"古文"之研究》，线装书局2007年版，第331页。

探寻中华文化的基因(一)

字形,因此据"役"字字形上推甲骨文,认为甲骨文 ![字] 字也是"役"字的说法,就显然变得不可靠了。

目前已知战国文字中的"役"字和"疫"字作如下之形:

![字]《殷周金文集成》4688"上官豆":"富子之上官隻(获)之画□鋘鉼十,台(以)为大之从鉼,莫其居。"

![字]《郭店楚墓竹简》"五行"45:"耳目鼻口手足六者,心之也。"

![字]《上海博物馆藏战国楚竹书》二"容成氏"3:"思(使)百官而月青(请)之。"

![字]《上海博物馆藏战国楚竹书》二"容成氏"16:"疠不治,妖祥不行。"

![字]《上海博物馆藏战国楚竹书》六"孔子见季桓子"26:"仰天而叹曰:!不奉□,不味酒肉。"

![字]《清华大学藏战国楚简》一"耆夜"10:"蟋蟀在堂,车其行。"

![字]《清华大学藏战国楚简》二"系年"101—102:"晋自(师)大疫虞(且)饥,飤(食)人。"

上官豆的"役"字是刘洪涛先生首先考释出来的,他同时还对上引其他战国文字中的"役"字形体有过分析。①因为上引"役"字除《上海博物馆藏战国楚竹书》六"孔子见季桓子"26之例外,其他五例"役"字都有典籍同文对照或基本

---

① 刘洪涛《释上官登铭文的"役"字》,http://www.gwz.fudan.edu.cn/SrcShow.asp?Src_ID=1409;又见其《论掌握形体特点对古文字考释的重要性》,北京大学博士学位论文,2012年(指导教师:李家浩教授),第224—229页。陈剑先生跟我说,他在给学生讲《古文字形体源流》课时亦曾提到该字应释为"役"。

可卡死的辞例，故释为"役"可以说毫无问题。我们认为这些战国文字中的"役"字应该有更久远的来源，他们所从的"❋""❋""❋""❋""❋""❋"就是"役"字，下部加上"止"旁是一种繁化。《说文》说"疫"字从"役"省声，上引"疫"字作"❋"，所从的"役"字之省就没有累加"止"旁。古文字中"彳"旁和"辵"旁可以相通，是众所周知的规律，如金文德字作"❋"（王孙钟）、又作"❋"（王孙钟），征字作"❋"（大保簋）、又作"❋"（征盨），後字作"❋"（令簋）、又作"❋"（曾姬无恤壶），复字作"❋"（复尊）、又作"❋"（散盘），律字从"辵"作"❋"（□律鼎）等。在战国文字中，这种现象也非常常见，如"往"字作"❋"（郭店楚简《老子》丙本 4）、又作"❋"（郭店楚简《尊德义》31），得字作"❋"（《古陶文汇编》5·429）、又作"❋"（《古陶文汇编》4·75），亟字作"❋"（《侯马盟书》67∶20）、又作"❋"（《侯马盟书》92∶23），寽字作"❋"（《侯马盟书》3∶21）、又作"❋"（《侯马盟书》156∶25）等皆是。古文字中从"彳"旁的字常常可以再加上"止"旁，"彳"旁和"止"旁结合构成"辵"旁，变为从"辵"。所以有些字是本来从"彳"，后来通过增加"止"旁才变成从"辵"的，这体现了形体发展变化的一个过程。前引几个战国文字的"役"字绝大部分学者都将其隶定为"设"，这是不合适的。因为这样隶定既属于切分不当（字本为从"役"从"止"，不是从"辵"从"殳"），又埋没了形体发展变化过程的信息。

前引去掉"止"旁的"役"字作"❋""❋""❋""❋""❋""❋"诸形，这应该就是"役"字的早期构形。字从"彳"从"❋""❋""❋""❋""❋""❋"。从后文论证的结论可知，"❋""❋""❋""❋""❋""❋"加上"疫"字所从之

"👤"诸形其实并不是"殳"字,就是说"役"字本来并不是从"殳"作的,所以除"👤"形为省去"又"形的减省形体外,其他几个"👤""👤""👤""👤""👤"形体还可以再切分为从"又"从"👤""👤""👤""👤""👤"诸形。"👤""👤""👤""👤""👤"几个形体再加上"👤"形,从笔顺和笔势看,很显然还可以再分成两部分,即以"👤""👤""👤""👤""👤""👤"诸形中的"👤""👤""👤""👤""👤""👤"诸形为主体部分,在其上分别加上"👤""👤""👤""👤""👤""👤"诸形。从古文字构形演变的规律看,"👤""👤""👤""👤""👤""👤"诸形或是属于与"👤""👤""👤""👤""👤""👤"主体部分诸形的音义有关的连带部分,或是可能是在"👤""👤""👤""👤""👤""👤"主体部分诸形上附加的一种饰笔。从后世"役"字形体的写法来看,"又"形与"👤""👤""👤""👤""👤""👤"主体部分诸形的组合,最后演变成了"殳"旁,形体中不再出现"👤""👤""👤""👤""👤""👤"部分。这说明"👤""👤""👤""👤""👤""👤"这些形体不是主体,而是主体的附属,后来在形体发展演变中的某一阶段被省略掉了。仅从这一点来看,"👤""👤""👤""👤""👤""👤"诸形中的"👤""👤""👤""👤""👤""👤"诸形是饰笔的可能性也非常的大。其中"👤"形所加饰笔呈弯曲状,"👤"形所加饰笔类似,"👤"形所加饰笔还稍有一点弯度,并与主体"👤"形交接在一起,"👤""👤""👤""👤"四形所加饰笔变弯为直,"👤"和

"㫃"形为了对称,在主体"厂"和"卜"形的上下各加了一个饰笔,"㫃"字近似一竖笔的笔划与三横划的细节不甚清楚,看去似在"厂"形下加了两横饰笔。

对于以上分析的战国文字中的"役"字,赵平安先生曾有专文进行讨论,他通过分析"📷""📷""📷""📷"诸形,指出"从上面几个可靠的早期役的写法看,它是由辵和📷两部分构成的。结构上和小篆从彳从殳正好相应。辵和彳作偏旁往往通用,二者比较容易认同。📷和殳差异较大,关系不明,需作进一步的探索。"还指出"'📷',我们认为应理解为从又持㫃之形。"①

我们认为这一说法恐难成立。首先赵平安先生文中将清华简"耆夜"的"役"字摹作"📷",而实际作"📷",将郭店简的"役"字上部摹作"📷",而实际作"📷",所摹形体与实际形体之间有不小的差距;其次从"役"字所从的"📷""📷""📷""📷""📷""📷""📷"诸形看,显然不可能得出象"旗㫃"形的结论,因为其作为证据的"📷""📷"形中的"📷"和"📷"部分,三横中的两横都和左边的一竖笔不相接,而且从笔顺来看,也不是先写一竖笔,再写三横笔,而是先写"厂""卜"形,再写上下两横的,所以"📷"形的上下两横比中间的主体"厂"形的笔划要细。仅从这一点来看,"📷"和"📷"形也不可能是象"旗㫃"之形。

我们认为前引战国文字役字作"📷""📷""📷""📷""📷""📷"诸形中的"📷""📷""📷""📷""📷""📷"诸形就是"人"形之变。古文字中的"人"

---

① 赵平安《说"役"》,原载《语言研究》2011 年第 3 期;后收入作者《金文释读与文明探索》,上海古籍出版社 2011 年版,第 78—83 页。

探寻中华文化的基因(一)

形,是很容易变成类似"厂"旁的"⌐""人""ㄴ""ㄱ""ㄴ"诸形的,如甲骨文和金文中的"庢""疒""嵒""雁"诸字最初都是从"人"作的,但最后其所从之"人"形都演变成了"厂"旁或类似"厂"旁的形状:

　　　　(《合集》29578)　　(《合集》10290)　　(师袁簋)　　(克鼎"赘"字)　(师酉簋"釐"字)

　　　　(《合集》12671)　　(《合集》13652)　　(昆疕王钟"疕"字)　(师瘨簋"瘨"字)　(国差䑂"疣"字)

　　　　(《合集》17599反)　　(《合集》15515反)　　(多友鼎"严"字)

(虢叔钟"严"字)　(中山王䚈壶"严"字)

　　　　(应叔鼎)　　(应侯钟)　　(师汤父鼎)

既然"𠂆""𠂇""𠂉""𠂊""𠂋""𠂌"诸形中的"乀""亠""丶""丨""一""二"部分可能是饰笔,则将其去掉,形体就会作"𠂆""𠂇""𠂉""𠂊""𠂋""𠂌"形,其中的"𠂊""𠂉""𠂇""𠂆""𠂋"部分,最后讹混成了"殳"旁,字形于是最后定型演变为从"彳"从"殳"的"役"字。

在古文字中,除了作为会意字的一部分表示某种具体意向的"殳"和"攴"旁外,有很多"殳"和"攴"旁都是后加的意思比较虚的动态符号。作为动态符号,"殳"和"攴"在文字构形中没有区别,故常常相通,如下列战国文字中的一些字:

　　　　(《郭店楚墓竹简》"尊德义"4)　　(《郭店楚墓竹简》"语丛一"43)

　　　　(《信阳楚简》2·13)　　(《古玺汇编》5594)

　　　　(王孙诰钟)　　(王子午鼎)

　　　　(《包山楚简》74)　　(鄂君启节车节)

## 释甲骨文中的"役"字

☐（王孙诰钟）　☐（鄂君启节车节）

☐（《曾侯乙墓竹简》115）　☐（鄂君启节舟节）

☐（《包山楚简》81）　☐（《郭店楚墓竹简》"语丛一"67）

☐（《侯马盟书》1∶40）　☐（《云梦秦简·法律答问》75）

☐（《郭店楚墓竹简》"老子乙"13）　☐（鄂君启节舟节）

☐（《包山楚简》105）　☐（石鼓文·汧殹）

☐（《侯马盟书》156∶21）　☐（《侯马盟书》156∶24）

从"攴"与从"殳"的通用，有时在多系文字中有体现，如上引楚文字中的"教""畏""命""攻""败""政"，三晋文字中的"杀"字等；有时在一系文字中有突出的表现，如从"攴"的字在秦文字中有很多都写作从"殳"；有时在某一系的某一宗材料中有集中表现，如上引楚文字鄂君启节中从"殳"的诸字。

在战国文字中，"攴"旁经常写得"杖"形和"手"形相脱离，"杖"形写得和"人"形很接近，如下列楚文字中的"杀"字：

☐（《包山楚简》135 反）　☐（《包山楚简》137）

☐（《郭店楚墓竹简》鲁穆公问子思 5）　☐（《郭店楚墓竹简》鲁穆公问子思 6）

☐（《郭店楚墓竹简》尊德义 3）　☐（《包山楚简》135）

其所从的"攴"旁作"☐""☐""☐""☐""☐""☐"，与战国文字"役"字构形中的"☐""☐""☐""☐"诸形形体非常地接近。上官豆的"☐"则与三晋文字中的"攴"字非常接近。这一对比说明，战国文字中的"役"字虽然本不从"攴"，但其所从的"☐""☐""☐""☐""☐"诸形，是很容易讹混演变成"攴"字的。

探寻中华文化的基因(一)

战国文字中的"殳"旁有时也写得像是上从"人"下从"又"的结构,如下列形体:

投 ▨(《古陶文汇编》9·96)

杀 ▨(庚壶) ▨(《侯马盟书》156:24)

凿 ▨(《侯马盟书》156·23) ▨(《侯马盟书》156·19)

畏 ▨(王子午鼎)

败 ▨(鄂君启节舟节)

上引"杀"字、"凿"字和"畏"字所从的"殳"旁的写法与战国文字中的"及"字作"▨"(《侯马盟书》3:10)、"▨"(中山王鼎)的写法几乎已经没有差别。而"及"字的结构从开始就正是从"人"从"又"的。这说明"▨""▨""▨""▨""▨"诸形讹变演化为"殳"的可能性也是存在的。再加上在古文字中"攴"旁和"殳"旁可以相通,所以即使"▨""▨""▨""▨""▨"诸形最初讹混演变成了"攴"旁,也可因为"攴""殳"相通,从而最终变成"殳"旁的。

论述至此,我们的结论已经呼之欲出了,我们认为本文考释的甲骨文"▨"(1C)、"▨"(2D)、"▨"(3B)、"▨"(4C)、"▨"(5C)、"▨"(6B)、"▨"(7A)、"▨"(7B)、"▨"(8B)、"▨"(8C)、"▨"(9E)、"▨"(10B)、"▨"(11)、"▨"(12A)、"▨"(12B)、"▨"(13D)、"▨"(13E)、"▨"(14B)、"▨"(15A)、"▨"(15B)诸字就是"役"字,其中从"彳"从"人"从"又"写成"▨"(7A)、"▨"(7B)形的形体后来演变成"▨""▨""▨""▨""▨"诸形,后在某一阶段又加上饰笔,到战国文字作"▨""▨""▨""▨""▨"诸形,又加上动符"止"旁,于是就演变成了战国文字写成"▨""▨""▨""▨""▨""▨"诸形的"役"字。最后

形体中的"✶""✶""✶""✶""✶"诸形讹混演变成"攴"或"殳"字,最终定格于"殳"字。再去掉饰笔,去掉累加的"止"旁,正式变成后世从"彳"从"殳"的"役"字。

邬可晶先生向笔者提供了"役"字形体演变的另一种思路,即战国文字"役"字作"✶"、"✶"形所从的"尸"和"卩",就是从甲骨文"✶"(3B)"✶"(12A)"✶"(12B)"✶"(13D)"✶"(13E)"✶"(14B)诸形中所从的"✶""✶""✶""✶""✶""✶"形变来的,而另外"✶""✶""✶""✶""✶""✶"诸形所从的"✶""✶""✶""✶"则是反写的"彳"旁之省。到战国时,在"役"字所从的"✶""✶""✶""✶""✶""✶"诸形变成"✶""✶""✶""✶""✶""✶"诸形后,才另加"辵"旁写成了"✶""✶""✶""✶""✶""✶"诸形。这是非常有启发性的意见。①

不过,目前我们将甲骨文"✶"(1C)、"✶"(2D)、"✶"(3B)、"✶"(4C)、"✶"(5C)、"✶"(6B)、"✶"(7A)、"✶"(7B)、"✶"(8B)、"✶"(8C)、"✶"(9E)、"✶"(10B)、"✶"(11)、"✶"(12A)、"✶"(12B)、"✶"(13D)、"✶"(13E)、"✶"(14B)、"✶"(15A)、"✶"(15B)诸字与战国文字的"役"字相联系,虽然从构形演变角度讲可以成立,不过形体上的过渡仍然存在着缺环。我们寄希望于不久的将来能在西周春秋文字中发现甲骨文与战国文字之间过渡形态的"役"字,到那时,"役"字的整体演变的细节才能最后确定。

---

① 《殷墟花园庄东地甲骨》191号有字作"✶",谢明文先生认为可能与战国文字"役"字作"✶""✶""✶""✶""✶"诸形有关。暂揭示于此,待考。

## 四、甲骨文"役"字的读法和相关解释

以上考释了甲骨文中的"役"字。前边所论主要是形体上的证明,将此字释为"役"是否成立,关键还要看其在卜辞中能否读通。我们认为"役"字在卜辞中应读为"疫"。《说文·疒部》:"疫,民皆疾也。从疒役省声。"①《汉书》卷二十三"刑法志":"谚曰:'鬻棺者欲岁之疫。'"颜师古注:"鬻,卖也。疫,疠病也。鬻音育。疫音役。"②《逸周书·武称》"伐乱,伐疾,伐疫",朱右曾《逸周书集训校释》读"疫"为"役"③。《释名·释天》:"疫,役也,言有鬼行役也。"④《银雀山汉墓竹简(贰)》"阴阳时令、占候之类"七《五令》:"罚令者,抶盗贼,开诇诈伪人而杀之,以助臧(藏)地气,使民毋疾役(疫)。"⑤《银雀山汉墓竹简(贰)》"阴阳时令、占候之类"十二[占书]:"春赢(雷)会旦,为大襄(穰),为乱,为役(疫)。夏赢(雷)会昼,为几(饥),为……□为兵气。赢(雷)□□会莫(暮),为役(疫)。凡赢(雷)之日,毋以事君入室及营军,皆大凶。"⑥《马王堆汉墓帛书(壹)》"老子乙本卷前古佚书"《称》:"疾役(疫)可发泽,禁也。"⑦阜阳汉简《春秋事语》:"晋平公问于叔向曰:'民役(疫)岁饥,翟人攻我,我将奈何?'"⑧前引《上海博物馆藏战国楚竹书》二"容成氏"16"疠"的"役"字也读为"疫"。以上例证皆可以证明"役"可以通为"疫"。

各种传染病和瘟疫,是古今中外常见的流行病,在汉代被列为"七死"之一。⑨在

---

① 许慎《说文解字》,中华书局1963年版,第156页。
② 班固《汉书》,中华书局1964年版,第1110页。
③ 朱右曾《逸周书集训校释》,台湾世界书局2011年版,第33页。
④ 任继昉《释名汇校》,齐鲁书社2006年版,第37页。
⑤ 《银雀山汉墓竹简(贰)》,图版102页,一九〇八号,释文226页,文物出版社2010年版。
⑥ 同上,图版118页,二一〇一至二一〇三号,释文242页。
⑦ 《马王堆汉墓帛书(壹)》,图版一五三上,释文82页,文物出版社1980年版。
⑧ 见韩自强《阜阳汉简〈周易〉研究》,图版171页,二八号,释文181页,上海古籍出版社2004年版。
⑨ 《汉书》卷七十二《鲍宣传》载鲍宣《上哀帝书》曰:"酷吏殴杀,一死也;治狱深刻,二死也;冤陷亡辜,三死也;盗贼横发,四死也;怨雠相残,五死也;岁恶饥饿,六死也;时气疾疫,七死也。"

中国古代,因为战争频仍,荒年不断和医疗水平的低下,致使各种传染病频见多发,以致典籍常载,史不绝书。如仅《宋书》卷三十四"五行志"下就记载了二十三次大的传染病的暴发:

魏文帝黄初四年三月,宛、许大疫,死者万数。

魏明帝青龙二年四月,大疫。

青龙三年正月,京都大疫。

吴孙权赤乌五年,大疫。

吴孙亮建兴二年四月,诸葛恪围新城。大疫,死者太半。

吴孙皓凤皇二年,疫。

晋武帝泰始十年,大疫。吴土亦同。

晋武帝咸宁元年十一月,大疫,京都死者十万人。

晋武帝太康三年春,疫。

晋惠帝元康二年十一月,大疫。

元康七年五月,秦、雍二州疾疫。

晋孝怀帝永嘉四年五月,秦、雍州饥疫至秋。

永嘉六年,大疫。

晋元帝永昌元年十一月,大疫,死者十二三。河朔亦同。

晋成帝咸和五年五月,大饥且疫。

晋穆帝永和九年五月,大疫。

晋海西太和四年冬,大疫。

晋孝武帝太元五年五月,自冬大疫,至于此夏。多绝户者。

晋安帝义熙元年十月,大疫,发赤班乃愈。

义熙七年春,大疫。

宋文帝元嘉四年五月,京都疾疫。

孝武帝大明元年四月,京邑疾疫。

大明四年四月,京邑疾疫。①

---

① 沈约《宋书》,中华书局 1974 年版,第 1009—1010 页。

探寻中华文化的基因(一)

　　古人认为发生疫病的主要原因是四时乱序,寒温不节,阴阳失调,所以在指导一年四季行事的《月令》中,也有关于"疫"的警示。《礼记·月令》里就说如果孟春行秋令,"则其民大疫";如果季春行夏令,"则民多疾疫";如果仲夏行秋令,"则民殃于疫";还提醒人们要"土事毋作,慎毋发盖",否则也会"民必疾疫"。①

　　在古代占卜贞问的问题中,常常会有关于"疫"的内容,如《史记·龟策列传》就有"卜岁中民疫不疫。疫,首仰足肣,身节有强外;不疫,身正首仰足开"的记载。②整个《龟策列传》中,共有二十一次关于"疫"的卜问,可见其在古人心目中的重要地位。因此上引甲骨文涉及到"役(疫)"的卜问,应该说正是这种传统和习惯的反映。

　　古人认为"疫"来自上帝,来自天。③《后汉书》卷三○下"郎顗、襄楷传"载襄楷《上桓帝疏》说:"京房《易传》曰:'河水清,天下平。'今天垂异,地吐妖,人厉疫,三者并时而有河清,犹春秋麟不当见而见,孔子书之以为异也。"④古人认为一些星宿就是掌管"疫"的,如宋洪兴祖《楚辞补注》卷二"东皇太一"下引《天文大象赋》注云:"又曰:太一一星,次天一南,天帝之臣也。主使十六龙,知风雨、水旱、兵革、饥馑、疾疫。占不明反移为灾。"⑤《史记·天官书》和《汉书·天文志》都提到"氐为天根,主疫"⑥。《晋书·天文志》:"亢四星,天子之内朝也,总摄天下奏事,听讼理狱录功者也。一曰疏庙,主疾疫。星明大,辅纳忠,天下宁。"⑦古人还认为一些星宿的特殊移动或变化,会预示着"疫"的出现,《汉书·天文志》引《星传》曰:"月南入牵牛南戒,民间疾疫。"⑧《晋书·天文志》:"(安帝义熙

---

① 上引《礼记》文分别见孙希旦《礼记集解》,中华书局1989年版,第420、438、455、494页。
② 司马迁《史记》,中华书局1959年版,第3242页。
③ 殷人认为疾病来自上天,即逝去的祖先作祟所致,《合集》13855有"贞亡降疾"(宾三)可证。此条材料蒙赵鹏先生提示。
④ 范晔《后汉书》,第1080页。
⑤ 洪兴祖《楚辞补注》,中华书局1983年版,第57页。
⑥ 司马迁《史记》,第1297页;班固《汉书》,第1276页。
⑦ 房玄龄等《晋书》,中华书局1974年版,第299页。
⑧ 班固《汉书》,第1296页。

十一年)闰月丙午,填星又入舆鬼。占曰:'为旱,大疫,为乱臣。'"①又:"(穆帝)六年正月丁丑,彗星又见于亢。占曰:'为兵丧、疾疫。'"②而这类占卜,又常常会得到事后的应验,如《宋书·天文志》:"孝建二年五月乙未,荧惑入南斗。十月甲辰,又入南斗。大明元年夏,京师疾疫。"③又:"孝建三年四月戊戌,太白犯舆鬼。占曰:'民多疾。'明年夏,京邑疫疾。"④又:"泰始四年六月壬寅,太白犯舆鬼。占曰:'民大疾,死不收。'其年,普天大疫。"⑤

古人认为除了一些星宿的特殊移动或变化会预示着"疫"的出现,还认为有些古怪动物的出现也跟将发生"疾疫"有关,如《山海经·东山经》说:"有鸟焉,其状如凫而鼠尾,善登木,其名曰絜钩,见则其国多疫。"⑥又:"有兽焉,其状如牛而白首,一目而蛇尾,其名曰蜚,行水则竭,行草则死,见则天下大疫。"⑦《山海经·中山经》说:"有鸟焉,其状如鸮,而一足彘尾,其名曰跂踵,见则其国大疫。"⑧又:"有兽焉,其状如汇,赤如丹火,其名曰狪,见则其国大疫。"⑨

前文所引甲骨文有(4C)"辛未贞:不降𤰞",(5C)"□□贞:不降𤰞",(6B)"乙卯卜:不降𤰞",(10B)"庚辰卜:不降𤰞",(12A)"癸丑贞:今秋其降𤰞",(12B)"降𤰞",(13D)"己未□不降𤰞",(13E)"其降𤰞",(14B)"□今生二[月?]降𤰞",(15A)"□来岁帝其降𤰞。在祖乙宗,十月卜",(15B)"□[来]岁帝不降𤰞"等诸辞,其中的"不降𤰞""不降𤰞""不降𤰞""不降𤰞""不降𤰞""不降𤰞"就是"不降役(疫)","其降𤰞""其降𤰞""其降𤰞"就是"其降役(疫)","降𤰞""降𤰞"

---

① 房玄龄等《晋书》,第386页。
② 同上,第393页。
③④ 沈约《宋书》,第749页。
⑤ 同上,第756页。
⑥ 袁珂《山海经校注》,巴蜀书社1993年版,第132页。
⑦ 同上,第139页。
⑧ 同上,第197页。
⑨ 同上,第206页。

就是"降役(疫)"。《墨子》卷三"尚同"说:"故当若天降寒热不节,雪霜雨露不时,五谷不孰,六畜不遂,疾菑戾疫、飘风苦雨,荐臻而至者,此天之降罚也,将以罚下人之不尚同乎天者也。"①已明确指出"戾疫"为"天之降罚",《三国志·魏志》"魏武帝纪"注引《魏书》载魏武帝《赡给灾民令》说:"去冬天降疫疠,民有凋伤,军兴于外,垦田损少,吾甚忧之。"文中的"天降疫疠",正可作为甲骨文"帝其降役(疫)"的注脚。②

关于前引甲骨文(1C)"其以&"中的"以",孙亚冰先生在文章中说:"'其以&'可与《合》12898'癸亥卜,永[贞]……其以[艰]。/贞:祀舞,不以艰'和《合》12896'……兹雨以敜'以及《合》5658正'王占曰:不吉,其以齿'对照,'以'有带来、导致的意思。"③这一意见可供参考。

前引甲骨文(2D)"丙辰贞:于□告□&"一例,可能说的是向商王或祖先神祇报告疾疫的事。这与甲骨文中的"告秋""告敜"近似。④

前引甲骨文(3B)"丙辰贞:其□商&□"文中"商"即"大邑商"的"商",乃地名,或认为即指商丘。"商役(疫)"是说商地发生了疫情。

前引甲骨文(15A)"□来岁帝其降&。在祖乙宗,十月卜",(15B)"□[来]岁帝不降&"二辞,文中时称是用"岁"来表示,这与历代史书中"今岁有疠疫""岁中有疾疫""岁中民疾疫""岁饥民疫""疫岁之巫""是岁大疫""自改年及是岁,连大疫""是岁夏,大疫""是岁,大旱疫""连岁疾疫""天灾岁疫""仍岁疾疫"等也用"岁"这一时称来记录"疫"可谓一脉相承。

---

① 孙诒让《墨子间诂》,中华书局2001年版,第82页。
② 陈寿《三国志》,中华书局1959年版,第51页。
③ 孙亚冰《"衍"字补释》,《古文字研究》第28辑,第79页。
④ "告秋"是指报告蝗灾。见郭若愚《释龘》,《上海师范学院学报》1979年第2期,第152—154页。

前引甲骨文(11)"己卯卜:有𤰞(疫)"文中的"有役(疫)"是说有(发生)疫病或疫情。《史记·天官书》"氐为天根,主疫。"《索隐》引宋均云:"疫,病也。三月榆荚落,故主疾疫也。然此时物虽生,而日宿在奎,行毒气,故有疫也。"①《全上古三代秦汉三国六朝文》卷三"魏三"载武帝《与荀彧书追伤郭嘉》中说"又人多畏病,南方有疫,常言'吾往南方,则不生还'。"②典籍中常言"民有疾疫"或"岁中有疾疫","民有疾疫"或"岁中有疾疫"的"有疾疫",即甲骨文的"有役(疫)"。

前引甲骨文(8B)"丁巳卜:𤰞弗入王家"和(8C)"𤰞其入王家",是关于传染病或瘟疫是不是会进入"王家"的卜问。"王家"即"王的居处"。③古人的观念常常将某种灾异疾病归结为是"鬼"在作祟,并常常为某一种灾异起一个"鬼"的名字来命名,如"魃"为旱鬼,"霓"为雨鬼,"虇"为雷鬼,"𩴪"为热病鬼,"蛊"为蛊鬼,"魇"为恶梦鬼等,"疫"也被当做"鬼",称为"疫鬼"。古人认为"疫鬼"常常会潜入人的居处并躲在角落里害人,所以每年岁末需要用方相氏做法来驱除室内的疫鬼。《汉官六种》"汉旧仪"补遗卷下载:"昔颛顼氏有三子,生而亡去为疫鬼。一居江水为疟鬼,一居若水为罔两蜮鬼,一居人宫室区隅,善惊人小儿。于是以岁十二月使方相氏蒙虎皮,黄金四目,玄衣丹裳,执戈持盾,帅百吏及童子而时傩,以索室中,而殴疫鬼。"④说的就是这一观念下的巫术法事。云梦睡虎地秦简《诘咎》篇中有三段都提到"疫鬼":

  一宅中毋(无)故而室人皆疫,或死或病,是=(是谓)棘(瘠)鬼在焉,正立而埋,其上旱则淳,水则干。屈(掘)而去之,则止矣。

  一宅之中毋(无)故室人皆疫,多梦眜死,是=(是谓)㐅(乳)鬼埋焉,其

---

① 司马迁《史记》,第1297—1298页。
② 严可均校辑《全上古三代秦汉三国六朝文》,中华书局1958年版,第1069页。
③ 见孙亚冰"衍"字补释注㉖,《古文字研究》第28辑,第77—82页。
④ 孙星衍等辑《汉官六种》,中华书局1990年版,第104页。相关类似记载又见《续汉志》补注、《通典·礼》、《文选·东京赋》注、《太平御览》"时序部"等。

探寻中华文化的基因(一)

上册(无)草如席处,屈(掘)而去之,则止矣。①

人册(无)故一室人皆疫,或死或病,丈夫女子堕须羸发黄目,是案=〈是=案〉(是谓案)人生为鬼,以沙人一升挃其脊臼,以黍肉食案人,则止矣。②

就是对"疫鬼"进入人的居室,教人如何"索室驱疫"的记录。

前引甲骨文(9E)"甲子贞:大邑有入在𢆉中的"大邑"就是"大邑商","在"字孙亚冰先生引郭沫若的相关论述为证读为"灾"。③古音"在"在从纽之部,"灾"在精纽之部,声为一系,韵部相同,自然可以相通。《屯》1128是一版历组卜辞,文曰:"辛丑贞,王其兽(狩),亡才。""亡才"即读为"无灾"。④楚简《容成氏》用"才"为"灾",《从政》用"孛"为"灾",《鲍叔牙与隰朋之谏》用"忎"为"灾",《周易》用"灻"为"灾",楚简《三德》、马王堆帛书《名理》《观》用"材"为"灾",张家山汉简《盖卢》、银雀山汉简《孙子兵法·谋攻》《晏子》用"戈"为"灾",都是"才"与"灾"相通的证据,而"在"即从"才"声,所以"在"当然可以读为"灾"。不过从甲骨文的词汇状况和商代的语言实际来看,甲骨文中不大可能有"灾疫"这样的词,典籍中"灾疫"一词也出现得偏晚,所以"在疫"读为"灾疫"不可行。为此笔者请教沈培先生,沈培先生认为这类"有×在×"的句式,表示的是"有什么在什么方面"的意思,具体到"大邑有入在疫"这一句,大概表达的是"大邑有某种东西进入,这种东西属于'疫'这个方面"的意思。所以"大邑有入在疫"就是说大邑商有传染病或瘟疫进入。

前引甲骨文(6A)"甲寅卜:其帝方一羌、一牛、九犬",(6B)"乙卯卜:不降

---

① 此文中"乳"字的考释见赵平安《释睡虎地秦简中一种古文写法的"乳"字》,《汉语言文字研究》第一辑,上海古籍出版社2015年版,第217—220页。
② 睡虎地秦墓竹简整理小组编《睡虎地秦墓竹简》,文物出版社1990年版,图版第104—107页。本文释文与原释文有不同。
③ 孙亚冰《"衍"字补释》(《古文字研究》第28辑,第77—82页)一文中说:"它辞有'有从在雨''亡从在雨'(《合》33273,即《粹》259,该版与《英藏》2443可以缀合,与《屯南》1062成套),郭沫若说'在雨'之'在'当读为灾。"笔者认为郭沫若的这一说法不可信。
④ 该条卜辞读"才"为"灾"蒙王子杨先生提示。

",(7A)"丁巳贞:其宁🔲于四方,其三犬",(7B)"其宁🔲,其五十犬"几句格外重要,因为这几句的内容涉及殷商时代对"疫"的禳除方式,需要和传世典籍认真对照。首先,(6A)说"帝方",(7A)说"宁役(疫)于四方",都涉及"方"字。"帝方"就是"帝于方"。①古人认为"疫"是一种"气",其来源的方向不定,有时某一方向上的风会带来"疫",如《史记·天官书》说:"而汉魏鲜集腊明正月旦决八风。风从南方来,大旱;西南,小旱;西方,有兵;西北,戎菽为,小雨,趣兵;北方,为中岁;东北,为上岁;东方,大水;东南,民有疾疫,岁恶。"②《论衡·变动篇》说:"天官之书,以正月朝,占四方之风。风从南方来者旱,从北方来者湛,东方来者为疫,西方来者为兵。"③"疫"可能从四方的任何一方来,所以禳除"疫"时也要顾及到四方,《全上古三代秦汉三国六朝文》卷十二载"明堂月朔令"说:"季春之月朔令曰:宣库财,和外怨,抚四方,行柔惠,止刚强,九门磔禳,出疫于郊,以禳春气。"④张衡《东京赋》:"煌火驰而星流,逐赤疫于四裔。"⑤《史记·封禅书》:"磔狗邑四门,以御蛊菑(灾)。"《索隐》曰:"案:《左传》云'皿虫为蛊'。枭磔之鬼亦为蛊。故《月令》云'大傩,旁磔',注云:'磔,禳也。厉鬼为蛊,将出害人,旁磔于四方之门。'故此亦磔狗邑四门也。《风俗通》云:'杀犬磔禳也。'"⑥上引典籍中的"九门""四门"都是指一座城的四面,也即"四方","四裔"是指四方边远之地,也是"四方",《周礼·夏官·大司马》说:"方相氏掌蒙熊皮,黄金四目,玄衣朱裳,执戈扬盾,帅百隶而时傩,以索室驱疫。大丧,先柩,及墓,入圹,以戈击四隅,驱方良。"⑦宋王与之《周礼订义》引郑锷说:"熊之为物猛而有威,百兽畏之,蒙熊皮所以为威也。金,阳刚而有制,用为四目,以见刚明,能视四方疫疠所在,

---

① 《合集》14370(宾三)说"[壬]申卜,贞:方帝宁䖵。九月。"可供参照。此条材料蒙赵鹏先生提示。
② 司马迁《史记》,第1340页。
③ 黄晖《论衡校释》,中华书局1990年版,第653页。
④ 严可均校辑《全上古三代秦汉三国六朝文》,第87页。
⑤ 同上,第767页。
⑥ 司马迁《史记》,第1360页。
⑦ 孙诒让《周礼正义》,中华书局1987年版,第2493—2495页。

无不见也。"①《周礼·夏官·大司马》文中的"以戈击四隅"的"四隅"也是指"四方",《淮南子·原道》:"经营四隅,还反于枢。"高诱注:"隅,犹方也。"②"四方"有时又扩展为"五方",《齐民要术》卷二"小豆七"下引《龙鱼河图》曰:"岁暮夕,四更中,取二七豆子,二七麻子,家人头发少许,合麻、豆着井中,咒敕井,使其家竟年不遭伤寒,辟五方疫鬼。"③从上引甲骨文(7A)"丁巳贞:其宁▮于四方,其三犬"来看,向"四方"禳除"疫"的习俗,有着悠久的历史和传统。

因为中国古代"疫"的频发,所以历代都对"除疫"非常重视,如《后汉书》卷六十四"吴祐、延笃、史弼、卢植、赵岐传"载卢植上"封事谏",指出:"案今年之变,皆阳失阴侵,消御灾凶,宜有其道。谨略陈八事:一曰用良,二曰原禁,三曰御疠,四曰备寇,五曰修礼,六曰遵尧,七曰御下,八曰散利。"④即将"御疠"列为"八事"之一,"御疠"的"疠"即"疫疠"之"疠"。传世典籍中记载的对"疫"的禳除,一个办法是祭祀,即用"禜"祭的方式,一个办法是用巫术的方法,即岁末用"傩"的方式来"索室驱疫"。典籍中还记载了历代一些禳除"疫"的方术,如《山海经·东山经》载箴鱼"食之无疫疾",三足鳖"食之无蛊疫",有鸟名"青耕",可以"御疫"。⑤《荆楚岁时记》有"吞鸡子赤豆各七枚"可"辟瘟气"及喝"赤豆粥"可"禳疫"的记载。《荆楚岁时记》又引《肘后方》说:"旦及七日,吞麻子小豆各十七枚,消疾疫。"⑥《抱朴子·黄白》篇说:"以青羊血丹鸡血涂一丸,悬都门上,一里不疫;以涂牛羊六畜额上,皆不疫病,虎豹不犯也。"⑦《全上古三代秦汉三国六朝文》卷十八"魏十八"《说疫气》载:"此乃阴阳失位,寒暑错时,是故生疫。而愚民

---

① 王与之《周礼订义》,《景印摛藻堂四库全书荟要》,第48册,世界书局1988年版,第222页。
② 何宁《淮南子集释》,中华书局1998年版,第22页。
③ 缪启愉《齐民要术校释》,中华书局1982年版,第85页。
④ 范晔《后汉书》,第2117页。
⑤ 上引《山海经》文分别见袁珂:《山海经校注》,第122、205、203页。
⑥ 宗懔著、宋金龙校注《荆楚岁时记》,山西人民出版社1987年版,第12页。
⑦ 王明《抱朴子内篇校释》(增订本),中华书局1988年版,第292页。

悬符厌之,亦可笑也。"①《荆楚岁时记》说:"五日以艾结一人形,悬于门户上,以辟邪气。以五彩丝系于臂上,辟兵厌鬼,且能令人不染瘟疫。"②《抱朴子·遐览》篇提到《五岳真形图》可以"辟瘟疫气",谓:"其经曰,家有三皇文,辟邪恶鬼、温疫气、横殃飞祸。"③《博物志》卷二载有汉武帝时西域献可辟疫气之香,治愈长安疫病的故事。《水经注疏》卷二十一朱《笺》曰:"《神仙传》,尹轨,字公度,博学五经,尤明天文星气河洛谶纬。晚乃学道,常服黄精华,日三合许。年数百岁,腰佩漆竹筒十数枚,中皆有药,言可辟兵疫。"④传世医书中有不少治疗"疫"的方剂,《肘后备急方》卷二收有"治瘴气疫疠温毒诸方""度瘴散辟山瘴恶气若有黑雾郁勃及西南温风皆为疫疠之候方""太乙流金方"(谓"辟天行疫疠")、"治温毒发斑大疫难救黑膏""辟瘟疫药干散",附《外台秘要》"辟瘟方",卷七收有"柏枝散"(谓"疾疫流行预备之")、"屠苏酒"(谓"令人不病温疫")、"食自死六畜诸肉中毒方",卷八收有"裴氏五毒神膏疗中恶暴百病方"(谓"效方并疗时行温疫诸毒气毒恶核金疮等")、"治牛马六畜水谷疫疠诸病方",《齐民要术》卷六收有"治牛马病疫气方"和"治牛疫气方"。《神农本草经》谈到"升麻"可以"辟温疫瘴邪蛊毒","木香"可以"辟毒疫温鬼","徐长卿""主鬼物百精蛊毒,疫疾邪恶气,温疟"。《名医别录》中品卷第二谓"犀角""主治伤寒,温疫,头痛,寒热,诸毒气",下品卷第三谓"獭肝""治疫气、温病"等等。除此而外,最早的佛经目录《出三藏记集》卷四收有《人民疾疫受三归经》一卷和《灌顶召五方龙王摄疫毒神咒经》一卷,也跟"除疫"有关。

《后汉书·礼仪志中》"大傩"条下说:

> 先腊一日,大傩,谓之逐疫。其仪:选中黄门子弟年十岁以上,十二以下,百二十人为伥子,皆赤帻皂制,执大鼗。方相氏黄金四目,蒙熊皮,玄衣

---

① 严可均校辑《全上古三代秦汉三国六朝文》,第1153页。
② 宗懔著、宋金龙校注《荆楚岁时记》,第104页。
③ 王明校释《抱朴子内篇校释》(增订本),第336页。
④ 郦道元注,杨守敬、熊会贞疏《水经注疏》,江苏古籍出版社1989年版,第1741页。

朱裳,执戈扬盾。十二兽有衣毛角。中黄门行之,冗从仆射将之,以逐恶鬼于禁中。夜漏上水,朝臣会,侍中、尚书、御史、谒者、虎贲、羽林郎将执事,皆赤帻陛卫。乘舆御前殿。黄门令奏曰:"侲子备,请逐疫。"于是中黄门倡,侲子和,曰:"甲作食凶,胇胃食虎,雄伯食魅,腾简食不祥,揽诸食咎,伯奇食梦,强梁、祖明共食磔死寄生,委随食观,错断食巨,穷奇、腾根共食蛊。凡使十二神追恶凶,赫女躯,拉女干,节解女肉,抽女肺肠。女不急去,后者为粮!"因作方相与十二兽舞。欢呼,周遍前后省三过,持炬火,送疫出端门;门外驺骑传炬出宫,司马阙门门外五营骑士传火弃洛水中。①

《后汉书》梁刘昭注引《东京赋》注曰:"卫士千人在端门外,五营千骑在卫士外,为三部,更送至洛水,凡三辈,逐鬼投洛水中,仍上天池,绝其桥梁,使不复度还。"②从上引典籍所述,可知逐疫鬼是要将疫鬼投到水里,这可能跟疫鬼居于水中有关,《论衡·订鬼篇》说:"颛顼氏有三子,生而亡去为疫鬼:一居江水,是为虐鬼;一居若水,是为魍魉鬼;一居人宫室区隅沤库,善惊人小儿。"③可见疫鬼是居住在水中的。上引甲骨文(1B)说"癸卯贞:又升伐于河九羌,沉三牛,卯三牢",(1C)"其以🪓","以役(疫)"和祭"河"在一版中出现,不知道与上引典籍所描述的"投疫于水"的逐疫习俗是否有某种联系。

从前引甲骨文(6A)"甲寅卜:其帝方一羌、一牛、九犬",(6B)"乙卯卜:不降🪓",(7A)"丁巳贞:其宁🪓于四方,其三犬",(7B)"其宁🪓,其五十犬"等几条卜辞,可见用于禳除"疫"的牺牲经常是"犬",这与典籍的记载正相符合。《淮南子·说林》说:"譬若旱岁之土龙,疾疫之刍狗,是时为帝者也。"④典籍记载用"大傩"仪式"逐疫","逐疫"就要"磔禳"。《全上古三代秦汉三国六朝文》卷十二载"明堂月朔令"说:"季春之月朔令曰:宣库财,和外怨,抚四方,行柔惠,止刚强,

---

① 范晔《后汉书》,第3127—3128页。
② 同上,第3129页。
③ 黄晖《论衡校释》,第935页。
④ 何宁《淮南子集释》,第1169—1170页。

九门磔攘,出疫于郊,以禳春气。"①而"磔禳"的对象,大都指"犬"而言(偶尔会用到"鸡"),《风俗通义·祀典》说:"太史公记:'秦德公始杀狗磔邑四门,以御蛊菑。'今人杀白犬以血题门户,正月白犬血辟除不祥,取法于此也。"所谓"磔"即上引《后汉书·礼仪志中》的"赫女躯,拉女干,节解女肉,抽女肺肠"。《礼记·月令》:"九门磔攘,以毕春气。"孙希旦《集解》:"磔,磔裂牲体也……磔牲以祭国门之神,欲其攘除凶灾,御止疫鬼,勿使复入也。"②甲骨文中如《合集》22239"乇门"和《合集》22246"帝乇燎门"两条卜辞,就是有关殷商时代磔牲并悬于门这一习俗的记载。③

前引甲骨文是用"宁"的方法来禳"疫","宁"是"安定""止息"的意思。卜辞中另有"宁风""宁雨""宁疾""宁秋""宁敀"等语,文中"宁"的用法相同。典籍记载禳"疫"是用"禜"祭,《周礼·春官·大祝》云:"掌六祈以同鬼神示,一曰类,二曰造,三曰襘,四曰禜,五曰攻,六曰说。"④《左传》昭公元年:"山川之神,则水旱疫疠之灾,于是乎禜之。日月星辰之神,则雪霜风雨之不时,于是乎禜之。"⑤《说文·示部》:"禜,设绵蕝为营,以禳风雨、雪霜、水旱、疠疫于日月星辰山川也。"⑥典籍记载"禜"祭用于"风""雨""疠疫",这与甲骨文"宁"字用于"宁风""宁雨""宁疾""宁役(疫)"正好对应。《初学记》卷二引《三礼义宗》曰:"雩,祈雨之祭。禜,止雨之祭。"⑦《三礼义宗》谓"禜"为"止雨之祭",可见"禜"亦有"止"义,这一点与"宁"的义训也相同。我们怀疑甲骨文中的"宁"和传世典籍中的"禜"表示的是一个意思,两者可能是同源词,体现的是不同时代的差异。《说文》说"禜"是用以禳"风雨、雪霜、水旱、疠疫"之祭,把"禜"替换为"宁",用为"安定""止息"

---

① 严可均校辑《全上古三代秦汉三国六朝文》,第87页。
② 孙希旦《礼记集解》,第436—437页。
③ 见于省吾《甲骨文字释林》,中华书局1979年版,第167—172页。
④ 孙诒让《周礼正义》,第1986页。
⑤ 杨伯峻《春秋左传注》,中华书局1990年版,第1219—1220页。
⑥ 许慎《说文解字》,第8页。
⑦ 徐坚等《初学记》,中华书局1962年版,第40页。

的意思,从文意上看也很合适。古音宁、祭很近,祭在匣纽耕部,宁在泥纽耕部,韵部相同,声亦可通。如"能"在泥纽,熊在匣纽,"念""含"皆从"今"声,而"念"在泥纽,"含"在匣纽,均是其证。

将甲骨文中的"宁"一词对应为典籍中的"祭",将甲骨文中的"宁风""宁雨""宁疾""宁秋""宁敔""宁𢆉"等比照于《说文·示部》"祭,设绵蕝为营,以禳风雨、雪霜、水旱、疠疫于日月星辰山川也"中的"禳风雨、雪霜、水旱、疠疫",再仔细涵泳本文所释甲骨文"役(疫)"字所在的诸辞,则"宁𢆉"的"𢆉"字唯有"疫"字堪当。这一语义场的限定,也加大了本文将甲骨文𢆉字释为"役",读为"疫"的可信度。

前引甲骨文中有如下几句:

(4B) 不受禾。

(4C) 辛未贞:不降𢆉。

(5A) ☑祷禾。

(5B) 癸卯贞:于生月祷禾于☒。

(5C) ☑☑贞:不降𢆉。

(5D) ☑未贞:今来翌受[禾]。

(5E) ☑祷禾于☒。

(9A) 甲子贞:大邑受禾。

(9B) 不受禾。

(9E) 甲子贞:大邑有入在𢆉。

都是"不受禾""祷禾""受禾"一类卜问收成好坏的内容与卜问"役(疫)"同版。前边提到的孙亚冰先生的论文因为释"役"为"衍",所以认为卜问收成好坏与卜问"役(疫)"在一起,是因为"洪水泛滥,河水暴涨漫溢,就会给农业和居处带来灾害"。既然我们知道所谓的"衍"字应释为"役",读为"疫",就明白这两者之间的联系不该如此解释。"不受禾""祷禾""受禾"与"役（疫）"在一起占卜，是因为古代收成的好坏直接关系到会不会出现"疾疫"。如果因为干旱造成粮食减产或歉收，则很容易出现饥馑，而紧随饥馑而来的常常就是"疾疫"，所以历代史书中常常将"饥馑"和"疾疫"连称为"饥馑疾疫"，或谓"饥寒疾疫""水旱螟虫，民人饥疫""连年饥馑，加之以疾疫""饥疫总至""饥疫荐臻""饥疫相仍""大饥且疫"等。

上引孙亚冰先生的文章附记中曾提到陈剑、赵鹏两位先生都指出"衍"（即本文所释的"役"）字与甲骨文中的"敊"字一个在历组，一个主要在宾组，少量在自组、历组，从其分布组类和辞例看，很可能表示的就是同一个词。既然"役"（疫）与"敊"表示是同一个词，那么"敊"字在卜辞中能否也用为"疫"呢？将"敊"字读为"疫"，按之相关卜辞，绝大部分也非常文从字顺，所以这一推测说不定也有成立的可能。只是"敊"读为"疫"的字形依据和字词关系还不清楚。不过，邬可晶先生认为"役（疫）"和"敊"虽然用法和词性很接近，却不一定记录的就是一个词，他在一篇名为《释敊》的未刊稿中，将"敊"字读为"凶"，认为"敊"在卜辞中既可用为泛指的表示"忧祸""凶艰"的"凶"，又可用为专指"饥荒"义的"凶"。关于"役（疫）"字和"敊"字的关系问题，我们暂时揭示如上，留待今后进一步的研究和证明。

本文考释的结论如果可信，就不光解决了"役"字的早期构形和形体演变的问题，而且发现了中国最早的有关传染病的记录，将古人认识和预防传染病的历史大大提前，因此，其在中国医疗史和传染病史上的意义，显然要高于文字学上的意义。

2014年6—7月写于上海国权后路复旦大学书馨公寓索然居

附识：本文写作之初，曾与沈培、陈剑两位先生讨论相关问题，得到不少有益的启发。初稿写成后，曾请冯胜君、白于蓝、赵鹏、蒋玉斌、周忠兵、王子杨、邬可晶、谢明文、张传官、李霜洁诸位审看,复蒙赵鹏、周忠兵、王子杨、邬可晶、谢明文、张传官、李霜洁诸位指正和提示,在此一并致以衷心的感谢。

原载《出土文献与古文字研究》第六辑,上海古籍出版社 2015 年版

# 甲骨金文旧释"蠢"之字及相关诸字新释

陈 剑

一

商周金文习见一个研究者一般释为"蠢"的字,殷墟甲骨文中也颇为多见。① 此字最繁之形可严格隶定作"蠹",其声符部分"朋"也曾单独出现。②"蠹"字的省变之形很多,隶定下来有"蠹""蠹""蠹""蠹""蠹"和"蠹"多种异体,其中的"廾"又或讹作"凡"形,"肉"或讹作"舟"形等。下面分别举出一些代表形体。

A. 朋：![字形] 索爵(《殷周金文集成》③14.9091)  ![字形] 师𩰚簋(8.4311)

B. 蠹：![字形] 黽妇姑鼎(4.2137)  ![字形] 长子卣(《考古》2000 年第 9 期第 18 页图一三)  ![字形] 员方鼎(5.2695)  ![字形] 赞母鬲(3.0611)  ![字形] 鲁内小臣床生鼎(4.2354)  ![字形] 师䏧父鼎(《考古》1996 年第 11 期第 978 页图一:2,刘雨、卢岩《近出殷周金文集录》2.300)  ![字形]、![字形] 周厉王𫓧簋(8.4317)  ![字形] 师望盨

---

① 周原甲骨文中也曾出现一次(岐山凤雏村 H11:1),作祭祀动词,其"鼎"形和左上方的"廾"形尚可见,右上部分残去。

② 研究者多将"蠹"视为原始形体,把"朋"看作其省体。我认为"朋"是一个独立的表意字,"蠹"则应分析为从"鼎"从"朋"得声。详后文。

③ 以下简称《集成》。后文注金文出处凡径出册数和编号的,皆见于《集成》。

探寻中华文化的基因(一)

(9.4354.1,增从手形)

C. 鼑:〖图〗《甲骨文合集》(以下简称《合集》)15878 〖图〗《合集》30999 〖图〗《合集》15872 〖图〗《合集》34632 〖图〗王作右簋(6.3460) 〖图〗旂父鼎(4.2144) 〖图〗、〖图〗顯卣(10.5389.1、5389.2) 〖图〗君夫簋盖(8.4178)

D. 鼑、鼑:〖图〗《合集》38243 〖图〗《合集》37549 〖图〗厝方鼎(5.2614) 〖图〗鲁侯狱鼎(3.0648) 〖图〗阑监引鼎(4.2367)

E. 鼎:〖图〗、〖图〗《花东》236 〖图〗《合集》15883 〖图〗《合集》25224 〖图〗《合集》23572 〖图〗《屯南》1474 〖图〗王作亲王姬鼎(3.0584) 〖图〗大师小子师望簋(6.3682)

F. 鼎:〖图〗《合集》15882 〖图〗《合集》25223 〖图〗敔簋(8.4166)

G. 鼎:〖图〗《合集》27226 〖图〗《合集》32603 〖图〗《合集》30995 〖图〗《合集》9419 正(《甲编》2102) 〖图〗段簋(8.4208) 〖图〗寓鼎(5.2756)

结合字形与辞例两方面来看,研究者公认,以上诸形除 G 类"鼎"之外无疑皆为一字异体。G 类"鼎"形是否与"鼑"等形为一字研究者的看法或有分歧,详后文。"𣂑"字所在的索爵云"索(索)諆(其)作有羔日辛𣂑彝",师𤣥簋云"用作朕文考乙仲𣂑簋"①,"𣂑"字皆用为器名修饰语,与金文一般从"鼎"的"鼑"等字的常见用法相同。殷墟卜辞"鼑""鼑"两形皆从"匕"不从"刀",按"刀"旁与"匕"旁易混,如殷墟甲骨文"牝"和"羝"字所从的"匕"有不少讹作"刀"形(看《甲骨文编》第 34 页),又如殷墟甲骨文多见的"剢(剥)"字②,《合集》6536 两形变作〖图〗、

---

① 本文引用甲骨金文释文尽量从宽,不一一严格隶定。
② 关于"剢(剥)"字参看拙文《金文"彖"字考释》,收入拙著《甲骨金文考释论集》,线装书局 2007 年版,第 266—267 页。

[囗],其"刀"旁倒写,就很容易与"匕"旁相混了(参看后文对大盂鼎"𱎫"形的讨论)。B类"鼒"字第一形所在的黿妇姑鼎,同人所作有黿妇姑方鼎(4.2137)、黿妇姑甗(3.0891),一般认为其时代在商末,可见殷人所用文字中也有"鼒"字。据此结合上文所说卜辞"鼒""鼎"两形皆从"匕"不从"刀"可以推测,殷墟卜辞里可能也存在最繁形体的"鼒"形中"刀"作"匕"的"鼒"字,但现有材料中尚未见到。"鼒"或"鼒"形很早就有"鼒""鼒""鼎""鼎"和"鼎"等各种不同写法,其讹省变化颇为剧烈复杂,犹如卜辞从"知"从"册"的[囗]字,也往往省变作[囗]、[囗]、[囗]、[囗]、[囗]、[囗]等多种字形,有的彼此之间还差别颇大①,都是完全可以理解的。

宋人已将金文的"鼒"字及其省体径释为"鬻",清末研究金文的学者承之,多引字典辞书、古书"鬻""鬺""䰞"和"湘"诸字为说,将其训为"煮",或读为"将"训为"奉"等。②"鼒"字不见于《说文》,《玉篇·鼎部》:"鬻,煮也。亦作鬺。"《说文·鬲部》:"鬻,煮也。从鬲、羊声。"《集韵》平声阳韵尸羊切商小韵:"鬺,《说文》'煮也。'或作鬻、䰞、𩱧。"《史记·封禅书》:"禹收九牧之金,铸九鼎,皆尝亨鬺上帝鬼神。"《史记·孝武本纪》作"皆尝鬺烹上帝鬼神",《汉书·郊祀志上》作"皆尝鬺享上帝鬼神",颜师古注:"鬺、亨一也。鬺亨,煮而祀也。《韩诗·采苹》曰:'于以鬺之,唯锜及釜。'亨音普庚反。"所引《韩诗》今本毛诗《召南·采苹》作"于以湘之",毛传:"湘,亨(烹)也。"近年专门讨论金文此字的有陈英杰先生,其文云:

---

① 参看李学勤《谈叔夨方鼎及其他》,原载《文物》2001年第6期,收入其《中国古代文明研究》,华东师范大学出版社2005年版,第83—84页。又詹鄞鑫《释甲骨文"知"字——兼说商代的旧礼与新礼》,收入其《华夏考——詹鄞鑫文字训诂论集》,中华书局2006年版,第369—375页。

② 参见周法高主编《金文诂林》第七册第4440—4454页0932号引潘祖荫、张孝达、徐同柏、刘心源、于省吾、杨树达、高鸿缙、王国维等诸家之说,香港中文大学,1975年。又,宋代杜从古《集篆古文韵海》2.13"鬺"字下收一[囗]形。此书收字形不注出处,据其自序云"今辄以所集钟鼎之文、周秦之刻……"可知收有部分铜器铭文。此形当即据当时人(此书自序末署宣和元年,即公元1119年)对金文"鼒"字的通行释读收入,并非另有可靠根据。

䵼,从鼎从肉从匕从爿,爿亦声,象以匕取肉载于俎之形,以会烹煮之义。金文中有四义:1.煮也;2.䵼祭,荐熟肉以祭,"盟䵼"祭名连用,盟为血祭;3.相当于文献中训"奉将"、"行也"之将;4.族氏名。第二义乃金文中常用义,修饰器名的"将"字均用此义。①

这大概可以作为目前学界对金文此字一般看法的代表。

殷墟甲骨文发现后,早期研究者如罗振玉、王国维等就已援引金文所谓"䵼"字为说,后人多从之。②虽然大家对甲骨金文"䵼"字某些不同辞例的说解还略有出入,但对其字当释为"䵼"则很少见人提出异议。

## 二

下面由西周金文中用为"肆"和"逸、佚"之字,与传抄古文中的"古文逸"字和春秋金文、战国楚简中与之为一系的字,跟春秋早期秦兵器中的"逸"字,来看释"䵼"之说的问题。这些字形研究者分别都已经有过很多论述,将它们全部联系起来放到一起考察,有些问题就暴露出来了。为便于比较、看得清楚起见,先将本小节讨论要涉及的字形都列在下面,再分别交代其用法等。

H. 西周金文有关诸字:[字形] 卯簋盖"䵼"(8.4327) [字形] 多友鼎"䵼"(5.2835) [字形]、[字形] 繁卣"䵼"(10.5430.1、10.5430.2) [字形] 师𤊾簋"敓"(8.4311) [字形]、[字形] 向簋"䵼"(7.4033、7.4034) [字形]、[字形]、[字形] 叔𠱝方尊(11.5962)、方彝(16.9888.1、16.9888.2)"𠱝"[字形] 大盂鼎"𠱝"(5.2837)

I. "古文逸"及与之为一系的诸字:[字形] 三体石经《多士》"𣸣(逸)" [字形] 三体石经《无逸》"𣸣(逸)" [字形]、[字形] 三体石经《多方》"𣸣(逸)"③ [字形]《上博

---

① 陈英杰《金文释词二则》之一"将",华东师范大学中国文字研究与应用中心编《中国文字研究(第五辑)》,广西教育出版社 2004 年版,第 140—141 页。
② 参见于省吾主编《甲骨文字诂林》第三册,中华书局 1996 年版,第 2730—2735 页。
③ 以上三体石经字形皆采自施谢捷先生未刊稿《魏石经古文汇编》。承作者惠赠并允引用,谨志谢忱。

(三)·周易》简 58"㥜" [图]者汈钟"㥜"(1.0120~0132) [图]《上博(一)·性情论》简 28"㥜" [图]《上博(五)·三德》简 4"㥜" [图]《上博(五)·三德》简 11"㥜" [图]《上博(六)·天子建州》乙本简 9"㥜"(甲本简 10 略同,不甚清晰,此不录) [图]新蔡简乙四:85"㥜" [图]信阳简 2.18"燊"

J. 秦兵器"逸"字:[图](图)秦子戈"㥜"(17.11352) [图][图](图)澳门珍秦斋藏两件秦政伯丧戈"㥜"(《社会科学战线》2005 年第 3 期彩色图版、《珍秦斋藏金(秦铜器篇)》42、43 页) [图]秦子矛"逸"(18.11547.2) [图]珍秦斋藏秦子戈"逸"(《考古与文物》2003 年第 2 期 82 页图三、《珍秦斋藏金(秦铜器篇)》第 38 页) [图]秦子矛"逸"(17.11353)

先来看 H 类西周金文中用为"肆"和"逸、佚"的有关诸字:

(1) 卯簋盖:……赐汝瓒(?)章(璋)三(四)穀(穀),宗彝一㥜(肆)宝。赐汝马十匹、牛十……

(2) 多友鼎:赐汝圭瓒一、汤(瑒)钟一㥜(肆)、镐鎣百钧。

(3) 繁卣:(公)赐(繁)宗彝一㥜(肆)、车、马两。

(4) 师𡭴簋:赐汝……干五锡、钟一㥜(肆)五金。敬乃夙夜,用事。

(5) 大盂鼎:汝勿𥏨(逸、佚)余乃辟一人。

前 4 器"肆"字之释系从李学勤先生之说。李先生以为多友鼎的"㥜"字"即三体石经'逸'字古文,以音近假为'肆'",举疐簋铭和上引繁卣铭为证,谓"本铭汤钟一肆即一套编钟"。① 其说现已为大多数学者所接受。疐簋(8.4159):"公赐疐宗彝一㥜(肆),赐鼎二,赐贝五朋。"所谓"宗彝一肆",指一套、一列铜器,"或是大

---

① 李学勤《论多友鼎的时代及意义》,原载《人文杂志》1981 年第 6 期,第 87—92 页。收入其《新出青铜器研究》,文物出版社 1990 年版,第 129 页。

小相次的一类铜器,或是大小相等的一类铜器,或是数类相关铜器的组合"。①
"肆"作为一套编钟或编磬的集合单位词出土文献和古书均多见,春秋洹子孟姜
壶(15.9730)有"鼓钟一肂(肆)",邵䲘钟(1.0225~0237)有"大钟八肂(肆)",古
书有"歌钟二肆"(《左传》襄公十一年、《国语·晋语七》),即《周礼·春官·小
胥》"凡县钟磬,半为堵,全为肆"之"肆",旧注多训此类"肆"字为"列"。

卯簋盖的"三(四)"字原漏,补于"瓒(?)"与"章"字之间右侧,又"臂"上的
"一"字常被研究者忽略,加上"宗彝一臂宝"的结构显得比较特殊,故研究者引
用此铭时断句、释文出入颇大。按毛公鼎铭说"赐汝秬鬯一卣、祼圭瓒宝、朱市
悤(葱)黄(衡)","宗彝一臂宝"的说法可与"祼圭瓒宝"相印证。师獸簋的"敪"
字当分析为从"攴"从"臂"或"臂"省声。不少研究者引用师獸簋铭时在"钟一
敪"与"五金"之间加顿号或逗号,将二者看作两种物品,不确。张亚初先生指
出,公臣簋(8.4184~4187)云"赐汝马乘、钟五金",叔尃父盨(9.4454~4457)云
"叔尃父作郑季宝钟六金、尊盨四、鼎七",与师獸簋铭的"钟一敪五金"一样,"五
金""六金"皆应与上文连读,是表示钟的数量词,"金"系钟的代称。②其说正确可
从。"钟一肆五金"即编钟一套共五件。

大盂鼎之字旧有"勉""克""勉""毘"③"劂(钊)"④"闭"⑤等多种释法。李学
勤先生云:

> 大盂鼎"㲚"也当读为"逸",文献或作"佚",《一切经音义》云"荡之也"。

"余乃辟一人"即"余一人",犹云孤、寡,天子自称。因此,大盂鼎此句是说

①　陈梦家《西周铜器断代(三)》"舀毁"下,《考古学报》1956年第1期,第73页。又陈梦家《西周铜器断代》"舀毁"下,中华书局2004年版,第81页。

②　张亚初《金文新释》之(一),《第二届国际中国古文字学研讨会论文集》,香港中文大学中国语言及文学系,1993年10月,第293—295页。

③　参见李孝定、周法高、张日升编著《金文诂林附录》,香港中文大学,1977年,第1906—1911页。

④　蔡哲茂、吴匡《释金文"㝬""㚔""㝬""㗊"等字兼解〈左传〉的"逸鼎"》,《"中央研究院"历史语言研究所集刊》第五十九本第四分,1991年12月,第927—955页。下引蔡哲茂、吴匡先生说亦见此文。

⑤　黄德宽主编《古文字谱系疏证》,商务印书馆2007年版,第3149页。

不要使寡人陷于逸乐。和大盂鼎同样写法的字又见于一组尊和方彝，系人名……①

其说文从字顺，极为可信。②"逸""佚"相通古书习见，"肆"亦与之古音极近可以相通，如《谷梁传》庄公二十二年《春秋》经文"肆大眚"，《传》文说："肆，失也。"《公羊传》经文作"肆大省"，《传》解释说："肆者何？跌也。"《释文》："肆，本或作佚。"故金文用为"肆"的"𦥑"字，其省体"𪕍"又可用为"逸、佚"。李学勤先生所说的"一组尊和方彝"即前文所引叔𪕍方尊和叔𪕍方彝。大盂鼎"𪕍"形的右半，蔡哲茂、吴匡先生已经指出，实际上应该看作倒写的"刀"旁更为准确，其形正介于向智簋"智"所从一般的"刀"旁跟繁卣"𦥑"和叔𪕍方尊、方彝"𪕍"所从一般的"𠤎"旁之间。另外，现藏德国柏林东亚艺术博物馆的西周早期的"叔㲋簋"，器主之名所谓"㲋"字作 ③，蔡哲茂、吴匡先生以之与叔𪕍方尊、大盂鼎之"𪕍"为一字，也很可能是正确的，其形略有讹变。又小盂鼎（5.2839）第 16 行也有"𪕍"字作 ，李学勤先生亦释为"逸"。④可惜其上下文颇残，用法不明。

再来看 I 类"古文逸"及与之为一系的诸字。

新蔡简乙四：85"𪕍"字用为人名，可不论。春秋金文者汈钟铭云"叀（惠）𪕍（逸）康乐"；上博简诸例，《性情论》简 28"居尻（处）谷（欲）𪕍（逸）葛（易）而毋曼（慢）"，《三德》简 4"毋享𪕍（逸）安救利"，《三德》简 11"毋𪕍（逸）其身而多其言"，《天子建州》"聚众不语急（逸）"，都没有问题系用为"逸"。者汈钟铭、《性情

---

① 同前引李学勤《论多友鼎的时代及意义》。

② 李裕民先生也曾论证大盂鼎等一组字所从为"兔"而非"象"，谓大盂鼎之"𪕍"字"为雌兔之专字"，"在此似可读作逸……意指你不要放佚不尽心辅佐我"。按其说对于"雌兔之专字"何以能读作"逸"并无举证，对铭文之意的理解亦不确。见李裕民《古字新考》之第二节，《古文字研究》第十辑，中华书局 1983 年版，第 113—117 页。

③ 钟柏生、陈昭容、黄铭崇、袁国华编《新收殷周青铜器铭文暨器影汇编》第二册，第 1238 页 1841 号，2006 年 4 月。

④ 李学勤《小盂鼎与西周制度》，原载《历史研究》1987 年第 5 期，收入《当代学者自选文库·李学勤卷》，安徽教育出版社 1999 年版，第 292 页。

论》简28的"㑞"字,研究者亦多引三体石经古文"逸"字为说。①《天子建州》的"㥯"字当分析为从"心"从"㑞"省声,是在假借字"㑞"上加注意符"心"、又省去"卩"形而成的安逸、逸乐、逸豫之"逸"的本字。②其声符部分省为只作"兔",与后文所论"逸"字本身情况相同。

信阳简 2.18"欒"字两见:"乐人之器:一欒坐栫(前一栈)钟,③少(小)大十又三……一欒坐[□]磬],少(小)大十又九。""欒"字前一形的右上部分已经完全看不清,后一形如前所举。此字旧多释为"盘"或"桨",皆与字形不合。李守奎先生隶定作"欒"④,可从。其右上角"兔头"形的右面略有残泐,写法也跟楚简其他"肙(兔)"所从的"兔头"形略有不同。但将其字形与用法结合起来考虑,释为"欒"读为"肆"应该是最合适的。信阳一号楚墓的前室出土编钟十三枚,发掘报告指出与简文"小大十又三"的记载相符。⑤据陈双新先生研究,西周晚期独立的一套编钟即"一肆"的数量已达8件,春秋战国时代编钟一肆最多有14件,而12、13件均属常见。⑥简文"一肆"编钟的数目与这一情况也是相合的。

王国维对三体石经《尚书·多士》"诞淫厥逸"的古文"逸"字有详细的说解,常为研究者所引用:

---

① 参看以下诸文:郭沫若《者汈钟铭考释》,《考古学报》1958年第1期。何琳仪《者汈钟铭校注》,《古文字研究》第十七辑,中华书局1989年版,第152页。李天虹《〈性情论〉文字杂考》,收入其《郭店竹简〈性自命出〉研究》附录四,湖北教育出版社2003年版,第256—257页。李学勤《释性情论简"逸荡"》,原载《故宫博物院院刊》2002年第2期,收入其《中国古代文明研究》,第269—271页。陈秉新《上海博物馆藏战国楚竹书(一)再补释》,《南方文物》2004年第4期,第72—73页。又陈秉新《上海博物馆藏战国楚竹书》文字考释之再商榷》之第五则,《湖南省博物馆馆刊》第2期,岳麓书社2005年版,第287—288页。
② "聚众不语逸"的"逸",原注释理解为"过失",恐不准确。聚众常为举事,将有劳苦,故在此场合不言安逸、逸乐。
③ "栫(前)"读为"栈"见李家浩《信阳楚简"乐人之器"研究》,《简帛研究(第三辑)》,广西教育出版社1998年版,第1—3页。
④ 李守奎编著《楚文字编》,华东师范大学出版社2003年版,第357页。
⑤ 河南省文物研究所《信阳楚墓》,文物出版社1986年版,第21页。
⑥ 陈双新《两周青铜乐器铭辞研究》,河北大学出版社2002年版,第21—36页。

《集韵》"逸"古作𨓰，即此字。夊者 [图] 之讹，力者 [图] 之讹，王者 [图] 之讹也。《尚书》中逸、泆诸字，古本多作肙，或作佾。《多士》"大淫泆有辞"，《释文》云："泆，音逸，又作佾，注同。马本作肙，云'过也'。"《多方》"大淫图天之命肙有辞"，与《多士》"大淫泆有辞"句例相同，是伪孔本亦间作肙。又如《盘庚》"予亦拙谋作乃逸""其发有逸口"，日本所存未改字《尚书》"逸"皆作佾，薛季宣《书古文训》本亦然。考肙、佾本一字，《说文》无"佾"字，盖以为肙之俗字，从 [图] 从 [图] 在古文并无区别。然则马本作肙，与作佾之本固无异。此 [图] 字盖本从水从肙，转讹而为 [图]，犹 [图] 字之又转讹而为𨓰也。①

"古文逸"的右上之形我们现在已经知道当是"兔"字②，至于其与"肙"字关系的问题，详文末。除此点外王说均甚可信。《上博（三）·周易》的"𨓰"字，何琳仪、程燕先生指出其形左所从"氵"残去，复原之后全字与三体石经"逸"之古文吻合。今本作"曳"，"'曳'，喻纽月部；'逸'，喻纽质部；月、质韵部颇近"③。张富海先生谓："'逸''曳'音近相通，犹《仪礼·士相见礼》'曳踵'之'曳'，武威简《士相见礼》作'肆'。"④石经古文"逸"字的右旁下半，吴承仕和章太炎以及上引王国维说均已谓其从"水"旁，李学勤先生也根据楚简文字说："正始三体石经

---

① 王国维《魏石经残石考》，第 24 页，收入《王国维遗书》第六册，上海书店出版社 1983 年版，第 173—174 页。又参看商承祚《〈石刻篆文编〉字说（二十七则）》，《古文字研究》第五辑，中华书局 1981 年版，第 221 页。

② 章太炎已曾将其释为"兔"，分析说"上端乃兔头，从肉者，犹龙、能、豚之从肉耳"，见章太炎《新出三体石经考》，收入《章太炎全集（七）》，上海人民出版社，1999 年 5 月，第 527—528 页。下引吴承仕和章太炎说亦见于此。

③ 何琳仪、程燕《沪简〈周易〉选释》，"简帛研究"网站，2004 年 5 月 16 日，http://www.jianbo.org/admin3/list.asp?id=1194。何琳仪、程燕《沪简〈周易〉选释》，《江汉考古》2005 年第 4 期，第 77—78 页。又何琳仪、程燕、房振三《沪简〈周易〉选释（修订）》，《周易研究》2006 年第 1 期，第 6 页。

④ 张富海《汉人所谓古文研究》，北京大学中文系博士学位论文（指导教授：裘锡圭），2005 年 4 月，第 137 页。

探寻中华文化的基因（一）

《尚书·无逸》'逸'字古文，现在看来应隶定为'㺇'。①皆可从。近年有研究者以为系"去"旁②，或以为系"谷"之形讹③，恐皆不可信。按楚简文字中横写在下方的"水"旁有作曲折之形、与"㇒㇒"颇为相类者，如郭店《尊德义》简 1 的 ▨ 形、《性自命出》简 30 的 ▨ 形等。现在据《上博（三）·周易》字形，完全可以肯定"㇒㇒"确实是横写的"水"形中间断裂而成的。"㺇"字当分析为从"水"从前引金文"𦨶"省声，吴承仕和章太炎、郭沫若都曾据上引《尚书》"逸""屑"等字的异文又作"泆"，认为从意符"水"的"㺇"字就是"泆"字的异体④，也应该是正确的。

者汈钟、楚简的"脱"字，和"㺇""㺇"两字中的"脱"形，其右下皆作"肉"形，很容易使人觉得是从多友鼎 ▨ 一类字形讹变而来的，即其右半 ▨ 形省存"兔头"，再与其下的"肉"形结合而成。⑤其实不然。楚简"脱"形右半，如前引《性情论》简 28 的 ▨，与楚简"肙（兔）"字（见《上博（一）·孔子诗论》简 23 "兔蒩（罝）"之"兔"和简 25 "又（有）兔"之"兔"）形体可以说完全相同。《上博（一）·孔子诗论》简 8《诗经》篇名"小宛"之"宛"作 ▨（鵷—鵷），其下所从两"兔"省去兔头形而存所谓"肉"形（从三兔不省的"鱻（鱻）"字见于《上博（二）·容成氏》简 38、《上博（六）·平王问郑寿》简 3），这也可以证明楚简

---

① 李学勤《释〈诗论〉简"兔"及从"兔"之字》，原载《北方论丛》2003 年第 1 期，第 56 页。收入其《中国古代文明研究》，第 228 页。但他的《释〈性情论〉简"逸荡"》一文引及《释〈诗论〉简"兔"及从"兔"之字》，写作在后，其第 269 页又谓石经字形下多出的几笔"可能是饰笔，也或许是增从'水'旁"。
② 刘国胜《郭店楚简释字八则》之"一、释逸"，《武汉大学学报》1999 年第 5 期，第 42 页。
③ 李天虹《释"㺇"、"鵔"》，《古文字研究》第二十四辑，中华书局 2002 年版，第 401 页。
④ 郭沫若《金文丛考·丘关之釜考释》，收入《郭沫若全集·考古编·第五卷》，科学出版社 2002 年版，第 712 页。又郭沫若：《两周金文辞大系》，考释第 222 页子禾子釜下，科学出版社 1957 年版。
⑤ 如前引陈秉新先生《〈上海博物馆藏战国楚竹书（一）〉再补释》一文第 72 页说楚简和石经古文"▨（兔）"形是金文 ▨ 形"右旁 ▨ 的合书"；下注所引曹锦炎先生《释兔》一文第 191 页注 13 又说："据多友鼎 ▨ 来看，也不排除由 ▨ 讹变为 ▨ 的可能性。"

"悗"等字中的"兔"字下方所从之"肉"与金文"䏙"字中单独的"肉"形无关。"悗"形右半,其实是由❋形右半省去了其下的"肉"旁而作"❋"类形的"兔"变来的。曹锦炎先生曾指出石经古文右上所从是"兔"字,说"兔作❋,是由于兔作❋下部加饰笔而讹变成的"。①前引李学勤先生将"古文逸"的右上隶定作"兔"而非"䏙",都是很正确的。

下面来看秦兵器的"逸"字。

前引秦子戈、矛诸器铭文大同小异,皆作"秦子作造中辟('中辟'或作'左辟''公族')元用,左右市(?)鈦用逸宜"②。秦政伯丧戈铭末亦云"市(?)鈦用逸宜",另有秦兵卜淦□高戈云"卜淦□高作铸,永宝用逸宜"③。所谓"秦子",研究者说法不一,但其时代均不出春秋早期。秦政伯丧戈和卜淦□高戈,研究者亦定其时代为春秋早期。诸器中"逸"字用法皆同,但"用逸宜"到底当如何解释也

---

① 曹锦炎《释兔》,《古文字研究》第二十辑,中华书局 2000 年版,第 187 页。不过他谓《古玺汇编》1831、1492、2083 等作❋类形的"豫"字都从"兔",释为"公兔"合文则非。不少学者曾指出古玺这些字形及蔡侯钟铭一个增从"土"旁之字皆当释为"豫",见以下诸文:刘钊《古文字构形研究》,吉林大学古籍整理研究所博士学位论文,1991 年,第 267、557—559 页;《古文字构形学》,福建人民出版社 2006 年版,第 155 页;312—313 页;何琳仪《古玺杂识续》,《古文字研究》第十九辑,中华书局 1992 年版,第 478—480 页。陈汉平《金文编订补》,第 358—360 页,及第 360 页引李学勤先生之说,中国社会科学出版社 1993 年版。曹锦炎、李学勤、李天虹等先生又改释楚简文字"豫"为"夒",亦恐不确。见以下诸文:曹锦炎《楚简文字中的"兔"及相关诸字》,谢维扬、朱渊清主编《新出土文献与古代文明研究》,上海大学出版社 2004 年版,第 112—115 页;前引李学勤《释〈诗论〉简"兔"及从"兔"之字》;前引李天虹《释"夒""獿"》。按六国文字包括楚文字中"兔"与"象"多已讹混难分,已有学者指出,如张新俊《上博楚简文字研究》,第 82—83 页,吉林大学古籍研究所博士学位论文(指导教师:吴振武教授),2005 年 4 月。因为有这一层缘故,曹锦炎先生以❋(豫)之右半立论说由"❋""❋"到"❋"(䏙—兔)"的字形变化,仍然是可取的。

② 另有香港私家藏两件秦子戈,铭文一作"秦子作造左辟元用,左右市(?)鈦用逸宜",一作"秦子作造公族元用,左右市(?)鈦逸宜"("逸"前无"用"字)。见张光裕:《新见〈秦子戈〉二器跋》,"屈万里先生百岁诞辰国际学术研讨会"论文,2006 年 9 月 15—16 日,台北。其所附图发表的照片不清楚,后一件的摹本作"逸"形。

③ 张懋镕、刘栋《卜淦□高戈考论》,《考古与文物》1990 年第 3 期,第 65—67 页。拓本见第 66 页,其上字形不甚清楚,但结构确是"逸"。

还是众说纷纭尚无定论。因其与本文所论关系不大,诸家之说不再详细引述。①

秦政伯丧戈"逸"字作"㣈",其字形很重要。"㣈"是从秦子戈的"𤿞"(17.11352)过渡到"逸"的中间环节,其字可以分析为从"彳"从"𤿞"省声,实为在"𤿞"字基础上添加意符"彳",又省去"䒑"而成(也可以说"彳"挤占了"䒑"的位置)。"㣈"形再省去"肉",即成中山𡊄螽壶(15.9734)的"㣯(逸)"字 ;再添加"止"旁,即成为后世通行的"逸"(当然,"逸"字的形成也可以说是"㣈"形添加"止"旁、"止"旁又挤占了"肉"旁的位置而成,而不必一定要经过一个"㣯"形的中间环节),字形上就显得跟"𨑊"完全没有关系了(参看下一小节所论"𨑊"字)。曾经有不少研究者试图证明前文所说"𤿞"等字所从的是"象"而非"兔",实际上正如学者多已指出的,"兔"和"象"很早就已经难以在形体上强分。通过以上对"逸"字字形演变的分析,也可以进一步肯定"𤿞"等字所从的确实是"兔"。

《说文·兔部》:"逸,失也。从辵、兔,兔谩訑善逃也。"殷墟甲骨文有"𡘹"字,王襄曾"疑逸字",唐兰先生释为"逸",谓"逸本象逐兔,引申为兔之奔逸",李孝定先生从唐说。②"𡘹"释为"逸"实不可信。裘锡圭先生指出,"𡘹"字本是为"逐兔"造的,"原来也应该是可以用来表示'逐兔'的",它应当从大多数学者的看法看作"𨒋(逐)"字异体。③讨论"逸"字时这个不可靠的"𡘹"字应该首先排除掉。④以前大家讨论"逸"字时,多仅据"逸"形为说。或从《说文》解释为从"辵"从

---

① 可参看较晚出的以下三文对其前诸说的征引和评述。梁云《"秦子"诸器的年代及有关问题》,北京大学中国考古学研究中心、北京大学震旦古代文明研究中心编《古代文明(第5卷)》,文物出版社2006年版,第301—311页。王辉、萧春源《新见铜器铭文考跋二则》之一"珍秦斋藏秦子戈",《考古与文物》2003年第2期,第81—85页。又题为《珍秦斋藏秦子戈考跋》重刊于《珍秦斋藏金(秦铜器篇)》,澳门基金会2006年版,第153—158页。黄锡全《介绍新见秦政伯丧戈矛》,《社会科学战线》2005年第3期,第153—157页。
② 《甲骨文字诂林》,第842—843页。
③ 裘锡圭《从文字学角度看殷墟甲骨文的复杂性》,韩国淑明女子大学校中国学研究所《中国学研究》第10辑,1996年8月,第144页。
④ 另外,陕西岐山周公庙遗址新出龟甲卜辞中,有一个字研究者或摹释为从"辵"从"兔"之"逸"。其形很不清楚,义亦不明,释"逸"实甚可疑。

"兔"会意,或以"从辵兔声"为说,但"兔"与"逸"读音相差很远,研究者又有种种解释。① 现在我们知道了后代的"逸"字其实经历了一个演变过程,并非一开始就是简单的从"辵"和"兔"两个偏旁的字,在分析其字形结构时就应该与"臀"等字联系起来考虑了。参见下一小节所论。

以上所论的"臀""胬"和"智"诸形,显然与"卿"有密切的联系。其除去"兔"形后所余下的部分,与"鼏""鼎"和"鼏"诸形除去"鼎"形后所余下的部分完全相同。"胬"和"智"形中"刀"与"匕"形的交替,也跟"鼏"和"鼎"的变化平行。而"肄"和"逸、佚"的读音,却跟所谓"鼏"相差甚远。由此可见,所谓"鼏"字的释读必须重新考虑。

## 三

下面再来看进一步将"卿""鼏"一系字与"臀"一系字联系起来的两个中间环节。

将前举"臀""胬"和"智"诸形结合起来看,可以合理推测其最繁的完整形体应当作"臀"。而在 1981 年陕西长安县沣东花园村墓葬(M15)出土的西周前期金文中,正有"臀"字,作如下之形:

戎佩(?)玉人卣(10.5324)　　戎佩(?)玉人尊(11.5916)　　麃父卣(10.5348;11.5930 麃父尊铭文同,其中此字走形太甚,不录)

第二形戎佩(?)玉人尊之字,或以为其中间所从的动物之形的下方有"分叉"的尾形,以此作为其中间所从当为"象"而非"兔"的证据。其实,对比另外两形,可知其所谓"分叉"的尾形亦当系"肉"形之小讹。"臀"字所在的铭文如下:

---

① 如张振林先生以古代汉语中的"急读"和"缓读"现象来解释,以为"逸"字从"兔"声而读"夷质切",当是因为"兔"字缓读断裂语音产生分离、保存了缓读断裂的后音的缘故。见张振林《〈说文〉从辵之字皆为形声字说》,中国文字学会、河北大学汉字研究中心编《汉字研究》第一辑,学苑出版社 2005 年版,第 273—278 页。又参看下一小节所引张世超先生之说。

(6)戎佩(?)玉人卣、尊:戎佩(?)玉人父宗彝䙴。

(7)麃父卣、尊:麃父作妣迁从宗彝䙴。

李学勤先生说"䙴"字"即三体石经'逸'字古文",将二者联系起来可从。但谓其是"族氏"则恐不可信。①张亚初先生将其均隶定作"䙴",括注"肆"②,于义较长。"宗彝肆"即前引卯簋盖、繁卣和量簋的"宗彝一肆"。(6)(7)分别都是尊、卣同铭,正即各自铭文所记同时所作成套酒器中的两件。③上古汉语中当单位量词之前的数词是"一"时,"一"常可省去不说。西周金文之例如"马匹"(吴虎簋、守宫盘、御正卫簋、㝬簋等)、"矢束"(㝬簋、不其簋等)、"丝束"(智鼎、守宫盘等)、"帛束"(五年琱生簋、大簋盖等)、"秬鬯卣"(彔伯或簋)等等,皆与"宗彝肆"的说法相类。函皇父盘铭(16.10164)云"函皇父作琱娟(妘)⋯⋯鼎簋一具⋯⋯"也可与"麃父作妣迁从宗彝肆"相印证。

"䙴"字显然当分析为从"兔"从"册"两个偏旁,以我们对古文字构造的一般感觉来说,其中的"册"应该系起表音的作用,而很难看作意符。④"䙴"字在铭中用为"肆",与前文所论其省变之体"䙴""䙴"和"䙴"等用为"肆""逸、佚"相合。这就说明,独立的"册"字、从"鼎"从"册"得声的"䙴"字及其各种省变之体,其读音也应该与"肆""逸、佚"相同或很接近。

"䙴"字以"册"为声符虽可肯定,但其为什么从"兔",一时还难以说得很清楚。简单的办法,是将"兔"看作意符。至于"䙴"为什么从意符"兔",其本义是什么、它最初是为哪个词造的等问题,就只好承认已经难考、只能付之阙如了。⑤如果此说属实,"逸"字追根溯源,就当分析为从"䙴""䙴""䙴"省声。其最终保

---

① 李学勤《论长安花园村两墓青铜器》,《文物》1986年第1期,第35页。
② 张亚初《殷周金文集成引得》,中华书局2001年版,第702页。
③ 前引戎佩(?)玉人尊(11.5916)字形的上端似还多出一横,或许本来就是"一䙴(肆)"两字。
④ 黄盛璋先生将"䙴"字与上文逗开单作一字读,释作"将(䵼?)",显然也是以"䙴"字中的"册"为声符,据传统说法释"册"为"䵼"而来的。见黄盛璋《长安镐京地区西周墓新出铜器群初探》,《文物》1986年第1期,第41页。
⑤ 作为一种可能,"䙴"也许就是逃逸、奔逸的"逸"的本字,故以善逸的"兔"为意符。

存下来的"兔"旁,是本身又是形声字的原始声符"㲋"中的意符部分,"逸"字中实际上就没有表音的偏旁了。在众多"省声字"中,有的其声符部分本身就是一个形声字,如果"省声"时将其声符中表音的部分省去,全字剩下的偏旁实际就都跟整个字的读音无关了,这种情况是不乏其例的。如"梳"从"疏"(从"疋"声)省声,"酥"从"稣"(从"鱼"声)省声等等。

  另一种考虑,是设想"㲋"字中的"兔"也表音,系在"卿"字上加注的声符,但"兔"字不念其透母鱼部的本音。张世超先生近年将古文字中用为"一"的一些字跟"逸"字联系起来,对"㲋"和"逸"字从"兔"提出了一种新的解释。他认为,中山王嚳壶用为"一"之⿱字的左半所从,和鄂君启节与战国楚简常见的用为"一"之⿱字,皆"象一动物奔逸之状,当为'逸'字古文异体"。金文中常见的偏旁"兔",《说文》的解释和字形分析有问题,它"象兔奔逸之形",也是"读如一"的古"逸"字。"㲋"和"逸"字所从之"兔"当为声符,即"原始'逸'字""兔"形的简化。①他对⿱、⿱字的分析是否正确还有待研究。从前面所举西周金文中众多从"兔"的"㲋""鼣""𦧧"和"𱦫"等字来看,要说其中的"兔"皆由"兔"简化而来,恐怕也很困难。不过,兔为善奔逸的动物(即《说文》"逸"字下所说"兔谩訑善逃也"),在早期古文字"一形多用"情况较为普遍的时候,"兔"字确实是有可能同时被用来表示"逸"这个词的。在"㲋"字中,"兔"字代表的读音就是"逸",是在"卿"字上加注的声符,这种可能性似乎确实难以完全排除。如果此说属实,则"逸"字的形成虽然经过了较为剧烈的省改过程,但其最终保留下来的"兔"旁部分本来还是标示读音的。

  不管"兔"是纯粹的意符还是声符,都不影响我们上述分析后得出的"卿"当与"肆""逸、佚"诸字读音相同或极为接近的结论。

---

① 张世超《释"逸"》,华东师范大学中国文字研究与应用中心编《中国文字研究》(第六辑),广西教育出版社2005年版,第8—10页。

再来看下面一例：

（8）卫鼎（5.2733，西周中期）：卫肈作厥文考己仲宝䵼鼎，用祷寿、丏永福……

此铭旧著录的各种拓本"宝"下之字大多很不清晰，《集成》所收拓本尤甚。研究者或将其径释为"䵼"，或将其与其下的"鼎"字合为一字释为"鼒"。唐兰先生曾隶释作"𠂤（䵼）"，并谓"此与索角同"。①遍查旧著录此铭诸书，以《中日欧美澳纽所见所拓所摹金文汇编》4.205 所收拓本最好（下列第一形）。此器现藏于台北故宫博物院，近年新出版的《故宫西周金文录》重新著录了此鼎的拓本，并附有彩色照片。②诸形相较，尤其是从照片观察，可以清楚地看出它确实是作我们所隶定的"䵼"形：

其字形与前引用为"肆"的"䵼"全同，用法则与金文常见的所谓"䵼鼎"之"䵼"、亦即本文隶定作"䵼"之字相同。由此可以更进一步证明，甲骨金文"𠂤"及"䵼"一系字，其读音必定与"䵼"及"䵼"一系字相同或极为接近。它们同从"𠂤"得声或省声，所以偶尔有通用的现象。

研究者其实也早已将"䵼"一系字跟"䵼"一系字联系起来考虑了。如刘心源、郭沫若都曾释卯簋"䵼"字为"将"，刘心源谓"将即䵼字"，郭沫若谓"将宝者命卯以所锡之器物为宝"。③刘钊、陈汉平先生也曾联系更多的材料，据"䵼"释为"䵼"的传统说法，释"䵼"为"䵼"或"祼将"之"将"，将其中的"兔"释为"象"，分析为迭加的声符。④《金文形义通解》已经将卯簋、多友鼎、向智簋、庶父尊、卣、戎佩

---

① 唐兰《论周昭王时代的青铜器铭刻》，《古文字研究》第二辑，中华书局1981年版，第39、40页。
② 国立故宫博物院编辑委员会编辑《故宫西周金文录》，照片见第81页第47号，拓本见第225页，台北"国立"故宫博物院，2001年。此承苏建洲先生代为查阅扫描，谨志谢忱。
③ 刘、郭说均参见《金文诂林附录》，第1971页。
④ 刘钊《古文字构形研究》，第33—34页。刘钊《〈金文编〉附录存疑字考释（十篇）》第十则"释象"，《人文杂志》1995年第2期，第107—108页。又刘钊《古文字构形学》，第86页。陈汉平《金文编订补》，第439—443页。

(?)玉人尊、卣诸字都收在"羉"(羉)字下,卯簋从郭沫若说释"将宝"解释为"执持",多友鼎之字则解释作"叚为堵,钟磬之列也。"①凡此种种,皆因旧释"羉"之说太为深入人心。现在我们面对上文所举丰富的证据,就不应该再抱着释"翢"为"羉"的传统旧说的成见,怀疑"臀(肆)""臀(肆)"和"鈌(逸、佚)诸字之释了,而应该反过来考虑,将所谓"羉"字往与"肆、逸、佚"诸字读音相同或相近的方向改释。

四

根据上文对"翢"字读音的结论,进一步分析其字形,探讨其造字意图,也可以对其读音得出合理的解释。

很多研究者都曾指出,"翢"形左方、"羉"字左上所从的"爿",系"俎案"的侧视之形。如王国维云:"许书篆文几字与古文 ⊟ 字,皆作从正面视形;然金文作 ⊟、⊟ 或 ⊟、⊟ 二形,皆作从侧面视形。""古 ⊟ 字象匕肉于鼎之形,……则其右之 ⊟ 象俎明矣。"②吴其昌《殷墟书契解诂》第261页云"羉"字"其朔义谓以匕扱取鼎中之肉而置之于几上也","《仪礼》之俎,盖即古文羉字所从之几也。"罗振玉《古器物识小录》云:"古鼎铭往往云'作羉彝',羉字从 ⊟ 从肉从匕,盖象以匕取肉于大鼎而分纳于旅鼎中。⊟ 则俎形,殆取牲体时暂置俎上以去其湆。"等等。我们知道,"爿"在古文字中既是"床"字的象形初文,又可以表示"俎"。于省吾先生说:"甲骨文偏旁中的 ⊟ 字,象床形,故疒(疾)字从之。但 ⊟ 字也象祭

---

① 张世超、孙凌安、金国泰、马如森撰著《金文形义通解》,日本中文出版社1996年版,第1761—1767页。
② 王国维《说俎》,《观堂集林》卷三18页,中华书局1959年版,影印本第157、158页。又收入《王国维遗书》,第一册,第171、172页。

探寻中华文化的基因(一)

祀时用以陈列肉类的几案形,故纛字从之。"①从形制来说,"床"跟用以切肉、盛载牲体的"俎",都是作由两足或四足支起一狭长的平板之形,其侧视之形皆作 ⊤⊤ 或 ⊤⊤,书写时竖立即成 ⊨ 或 ⊨。卜辞"疒(疾)"字以人躺在床上、旁有小点表示出汗来会意,本应作 [图],为书写方便而竖写腾空作 [图]。索爵"刖"字之形本也应倒过来作 [图],与"疒(疾)"字正可类比。从读音来说,"俎"与"床"声母相近,韵部鱼阳阴阳对转,它们在语源上也有密切关系,应该是关系很近的亲属词。②关于"俎""且"和"丬"诸形,后文讨论"宜"字时还有论述,请参看。

　　研究者分析"纛"字字形时,多以"鼎""匕"相配为说,据"匕"形立论,前文所引诸家之说已经看到不少例子。也有不少研究者据"刀"立论,如孙诒让云金文诸纛字"依字当从'鼎'从'牆'省声",释"刖"为"古文牆字",谓:"依诸字偏旁推之,古文牆字疑当从'肉'从'刀'。盖以刀剢肉作醢牆,故从刀。小篆省刀,金文刖字遂不可通矣。"③于省吾先生云"纛"字"右上从刀,用以割肉";④孙常叙先生说所谓"纛"字云:"其全形为'[图]',简书作'[图]'。像取肉于鼎,载之于俎,以刀斫之之意。"⑤我认为,从前文所论以"刖"字为声旁的"嚠"字,结合后文对"剮/剢""则"的论述,可知"刖"本是独立成字的,并非"纛"字的简化;"纛"字中"鼎"是形声字的意符,未必与"刖"构成图形式的表意字。"刖"字中的"刀""肉"与"丬(俎)"三个偏旁应该同时考虑,三者结合构成一幅整体的图画,就

---

① 于省吾《甲骨文字释林·释爿》,中华书局1979年版,第422页。
② 参见章太炎《文始》之五"鱼阳类",收入《章太炎全集》(七),第301—302页。陆宗达《"且"和它的同源词释证》,收入《陆宗达语言学论文集》,北京师范大学出版社1996年版,第458—463页。又参看《金文形义通解》,第1763页、第1289页"纛"字下、第3293页2501号"俎"字下。
③ 孙诒让《名原》下,戴家祥校点,齐鲁书社1986年版,第10页。
④ 前引于省吾《甲骨文字释林·释爿》,第423页。
⑤ 孙常叙《〈天亡簋〉问字疑年》,收入《孙常叙古文字学论集》,东北师范大学出版社1998年版,第59页。

象以刀在俎上割肉之形。再结合其读音考虑,可知"刐"就是古书中表示"分割牲体"义的"解肆"之"肆"的本字。"鼐"字以"鼎"为意符,而分割肆解牲体确实与烹煮盛放牲体的"鼎"有密切关系,"刐"字的用法又与之相同,所以"鼐"应该就是"刐"字的繁体。①古书"解肆"义的"肆"字用例如下(和"肆"有关之语句下划线,以清眉目):

《周礼·地官·大司徒》:"祀五帝,奉牛牲,羞其肆。享先王亦如之。"郑玄注:"……玄谓进所肆解骨体,《士丧礼》曰'肆解去蹄'(按当作"四肆去蹄")。"陆德明《释文》:"肆,解肆也。"贾公彦疏:"羞,进也;肆,解也。谓于俎上进所解牲体于神坐前。"孙诒让《正义》:"据《大宗伯》、《典瑞》注义(剑按见后文引),则肆者为凡解牲体之通名,豚解、体解皆谓之肆。"②又《小司徒》:"凡小祭祀,奉牛牲,羞其肆。"

《诗经·小雅·楚茨》:"济济跄跄,絜尔牛羊,以往烝尝。或剥或亨,或肆或将。祝祭于祊,祀事孔明。"郑笺:"……有解剥其皮者,有煮熟之者,有肆其骨体于俎者,或奉持而进之者。"陆德明《释文》:"有肆,他历反,解肆也。"

《礼记·郊特牲》:"腥肆、爓、腍祭,岂知神之所飨也,主人自尽其敬而已矣。"郑玄注:"治肉曰肆。"孔颖达《正义》:"肆,剔也。"《礼记集解》:"腥,腥肉也。肆,剔也。《士丧礼》:'特豚,四鬄,去蹄,两胉,脊。'盖豚解有七体:殊左右肩、髀而为四,又两胉一脊而为七也。腥肉用豚解之法解之,故曰'腥肆'。"③

---

① 另外,殷墟甲骨文还有"从刀从肉"作 𠚣(《合集》33211字)的"刟"字,战国楚文字中有作偏旁的"刟"形,如包山简数见的从"刟"从"古文催(崔)"(亦即"衰"字的声旁部分)的 𣂪(132反)及其繁体 𣂫(166)、𣂬(193),和又从"邑"旁的 𨛒(77)等,以及安徽寿县朱家集所出楚王铜器中数见的 𣂭(4.1807)等。"刟"与"刐"相较,缺乏从"爿(俎)"形偏旁组合的限制,可能二者并无关系。姑记于此以备考。
② 孙诒让《周礼正义》,王文锦、陈玉霞点校,中华书局1987年版,第765页。
③ 孙希旦《礼记集解》,沈啸寰、王星贤点校,中华书局1989年版,第719页。

探寻中华文化的基因(一)

"㓦"字字形所表示的意义和其读音，正跟上引古书"解肆"之"肆"这个词相合。①《周礼·夏官·小子》有"羊肆"："小子掌祭祀羞羊肆、羊殽、肉豆。"郑玄注："玄谓肆读为鬄。羊鬄者，所谓豚解也。"段玉裁以为郑玄注中"鬄当作剔，从刀易声"，孙诒让从之。②"羊肆"的"肆"显然当与前引"羞其肆"的"肆"义同，郑玄释为"解"之义是，读为"鬄"或"剔"之说则不可从。上引《小雅·楚茨》释文及后引《周礼·春官·大宗伯》释文皆音"肆"为"他历反"，即以"鬄"字之音为其音。《集韵》入声锡韵他历切逖小韵承之，谓"剔，解也。古作劈，或作肆。"现在我们知道，训为"解"这个意义的"肆"虽确为假借字，但其所代表的词在古文字中自有其表意本字，而且其读音确实就与"肆"相同，当然就不必再相信读为"鬄"或"剔"之说了。

金文"䰜"字或用为族氏名、人名，此不具论。③从金文绝大多数有实在意义的"䰜"字的用法来看，也可以证明将其与上引古书中肆解之"肆"联系起来是合理的。古书"肆"用作祭名、祭祀动词，旧注多以为系由"肆解牲体以祭"引申而来。例如：

《周礼·春官·典瑞》："四圭有邸，以祀天、旅上帝。两圭有邸，以祀地、旅四望。祼圭有瓒，以<u>肆先王</u>，以祼宾客。圭璧，以祀日月星辰。"郑玄注："郑司农云：'……以<u>肆先王</u>，灌先王以祭也。'玄谓<u>肆解牲体以祭，因以为名</u>。"

---

① 陈秉新先生曾引金文多友鼎、卯簋盖等之字释《性情论》简28的"逸"字为"逸"，此可从。但他将诸字隶定为从"象"，又谓"以陈象肉于几床(侧视)之上取义，即肆祭之肆的本字"。虽然也已经将金文"䰜"跟古书与祭祀有关的"肆"字相联系，但理解肆祭之"肆"之义为"陈列"，并以此来分析说解字形，皆与我们的看法不同。见前引陈秉新《〈上海博物馆藏战国楚竹书(一)〉再补释》，陈秉新《〈上海博物馆藏战国楚竹书〉文字考释之再商榷》之第五则。又《古文字谱系疏证》第四册第3356页(质部，由陈秉新撰写)则隶定金文诸字作从兔之"䰜"，谓"会陈兔肉于几床之意。《玉篇·长部》：'肆，陈也；列也。'䰜乃其古字。"又同页说向䈞之"䈞"字云："从刀、从兔、从肉，疑会以刀解兔肉之意。……(引《周礼·春官·大宗伯》、《春官·典瑞》郑玄注为说)疑䈞即象解牲体之形。后世用肆为借字。"此则可参。

② 孙诒让《周礼正义》，第2389页。

③ 用为族氏名的"䰜"旧或据释"䰜"之说读为"蒋"，以为即《左传》僖公二十四年"凡、蒋、邢、茅、胙、祭，周公之胤也"的蒋国，现在看来当然也是不对的。

《周礼·春官·大祝》:"大祝掌六祝之辞,以事鬼神示……凡大禋祀、肆享、祭示,则执明水火而号祝。"郑玄注:"禋祀,祭天神也。肆享,祭宗庙也。"孙诒让《正义》:"云'肆享,祭宗庙也'者,'肆'与《大宗伯》'肆献祼'、《典瑞》'肆先王'之肆义同,亦谓解牲体也。"①

《诗经·周颂·雝》:"天子穆穆,於荐广牡,相予肆祀。"郑笺:"天子是时则穆穆然,於进大牡之牲,百辟与诸侯又助我陈祭祀之馔,言得天下之欢心。"《诗序》:"《雝》,禘大祖也。"与上引"肆享,祭宗庙也"相合。

《尚书·牧誓》:"今商王受惟妇言是用,昏弃厥肆祀弗答。"伪孔传:"昏,乱。肆,陈。答,当也。乱弃其所陈祭祀,不复当享鬼神。"《史记·周本纪》:"今殷王纣维妇人言是用,自弃其先祖肆祀不答。"《集解》引郑玄曰:"肆,祭名。答,问也。"

《周礼·春官·大宗伯》:"大宗伯之职……以肆献祼享先王,以馈食享先王,以祠春享先王,以禴夏享先王,以尝秋享先王,以烝冬享先王。"郑玄注:"肆者,进所解牲体,谓荐孰时也。献,献醴,谓荐血腥[时]("时"字据孙诒让《周礼正义》第1335页说补)也。祼之言灌,灌以郁鬯,谓始献尸求神时也。"陆德明《释文》:"肆,他历反,解骨体。"

这类祭祀义的"肆"字,旧注也有不少训为"陈"的,即"陈馔以祭"。如上引《雝》郑笺(谓"陈祭祀之馔")、《牧誓》伪孔传,以及《太平御览》卷八百零六《珍宝部》引《典瑞》"以肆先王"马融注云"肆,陈。陈牲、器以祭也"等。孙诒让已经指出,所谓"陈馔以祭""陈牲、器以祭""是内外大小群祀之常法,不宜与献祼并举",故训为"陈"之说不可从。②

甲骨金文"𩰫"字大多数也用作"祭祀""享祀"意。高鸿缙先生《颂器考释》第22页曾云"金文𩰫训祭,各铭文字俱甚从顺"。③下引甲骨金文诸例,确实大多

---

① 孙诒让《周礼正义》,第2020页。
② 同上书,第1335页。
③ 《金文诂林》第七册,第4448页。

可径以"祭"义为解，已经看不出与"分解牲体"有关。先说金文。金文有"享鼏"或"鼏享"：

(9) 鲁侯狱鬲(3.0648)：鲁侯狱作鬻，用享鼏厥文考鲁公。

(10) 应公鼎(5.2553、5.2554)：应公作宝尊彝，曰奠："以乃弟用夙夕鼏享。"

(11) 曆方鼎(5.2614)：曆肇对元德，孝友唯型。作宝尊彝，其用夙夕鼏享。

以上三器时代均属西周早期。王国维谓"鼏""当即《诗·小雅》'或肆或将'、《周颂》'我将我享'之'将'字，匕肉于鼎有进奉之意，故引申而为进为奉"。用此意以说解应公鼎、曆方鼎之"鼏享"。①后人多从其说。按照我们的看法，"享鼏"或"鼏享"正即前引《周礼·春官·大祝》的"肆享"。

(12) 剌艮鼎(4.2485，西周早期)剌艮肇("艮肇"二字原写作合文)作宝尊，其用盟(盟)鼏(肆)宽妨曰辛。

前引陈英杰先生文已云"'盟鼏'祭名连用，盟为血祭"，对"盟"的理解可从。它器或言"明享""盟享"，见于禹簋(《文物》1999年第9期第84页图二)、伯姜鼎(5.2791)、服方尊(11.5968)等；"盟祀"或"明祀"春秋金文多见。"鼏(肆)"与"盟""享""祀"均义近。

(13) 盂方鼎(《文物》1997年第12期第31页图六：1、2)：盂鼏(肆)文帝母曰辛尊。

李学勤先生云："'鼏'，意为享献。'鼏文帝母曰辛尊'，说明方鼎是向文帝母曰辛奉祀所用之器。"②除了所谓"鼏"字的释读，其对文意的理解可从。铭文系标明此器是盂用以祭祀其曰名为"辛"的嫡母之器。③

---

① 朱芳圃《甲骨学·文字篇》7.7 引，《甲骨文字诂林》，第 2731 页。
② 李学勤《谈盂方鼎及其他》，《文物》1997年第12期，第 55—57 页。
③ 上注所引李学勤先生文将"文帝母"的结构理解为"文帝/母"，以殷墟卜辞多见的"示壬母妣庚"等例之，认为即"文帝"之配；"文帝"指文丁，谓"在甲骨文中则作文武丁、文武或文武帝。文武丁既可称文丁，文武帝也可简为文帝"；推断其时代"最可能是商末的"，器主是文丁之子，帝乙、箕子的兄弟行。按此说恐难信。"文帝母"的结构当理解为"文/帝母"，"文"即金文多见的文考、文母之文，"帝母"犹西周金文数见的"帝(字或作"啻")考"(商尊、商卣"帝司"之"帝"用法亦同)，亦即"嫡母""嫡考"。"文帝母"即美称其为"文"的"嫡母"，系在母亲之"母"之前加了两个修饰语。

(14) 中方鼎(5.2785)：中對王休命鼏(肆)父乙尊。

或在"中对王休命"下逗开，文意难通。"鼏(肆)父乙尊"即用来肆祭父乙的尊鼎。羌鼎(5.2673)说"羌对扬君令(命)于彝，用作文考寏叔鼏(肆)彝。"太保簋(8.4140)铭末说"(太保)用兹彝对命"，晋侯铜人铭末说"侯易(扬)王于丝(兹)"①，皆可与"对王休命鼏(肆)父乙尊"相印证。

(15) 顯卣(10.5388、5389，西周早期)：顯作母辛尊彝，顯赐妇[⿱]，曰："用鼏(肆)于乃姑[⿱](祼)。"

"顯"与"妇[⿱]"当是夫妇，"母辛"即妇[⿱]之"姑"。"[⿱](祼)"当是宗庙建筑名，殷墟卜辞作"[⿱]""[⿱]"等形的"祼"及其简体"[⿱]"常用作宗庙建筑名，前者也可以增从表示房屋的意符"广"作[⿱]类形(《合集》8297、23477、25909(25977 重出，不全)、《怀特》1268 等，看《类纂》第 412 页)，与此增从"宀"同意(卜辞也偶见增从"宀"者，如《合集》16412[⿱])。②殷墟卜辞"鼏""鼏"之祭有的也跟宗庙建筑"[⿱](祼)"有关，详后文。

(16) 曶鼎(5.2838)：曶用兹金作朕文考宭伯鼏(肆)牛鼎，曶其[万年]用祀。

研究者每以"煮"解此铭"鼏"字，谓此器即用以煮牛之鼎，似乎对于释"鼏"为常训为"煮"的"鼏"之说是一个很有力的证据。③其实不然。"鼏(肆)牛鼎"当理解为"鼏(肆)/牛鼎"而非"鼏(肆)牛/鼎"，"鼏(肆)牛"不应连读理解为动宾关系。函皇父鼎(5.2548)云"函皇父作琱娟(妘)尊兔鼎"，"尊兔鼎"跟"鼏(肆)牛

---

① 苏芳淑、李零《介绍一件有铭的"晋侯铜人"》，《晋侯墓地出土青铜器国际研讨会论文集》，上海书画出版社 2002 年版。

② 参看贾连敏《古文字中的"祼"和"瓒"及相关问题》，《华夏考古》1998 年第 3 期。

③ 参看于省吾《双剑誃吉金文选》下一第 10 页应公鼎铭，中华书局 1998 年版，第 249 页。杨树达著、中国社会科学院考古研究所编辑《积微居金文说(增订本)》，第 171—172 页"应公鼎跋"，中华书局 1997 年版。又分别见《金文诂林》第七册，第 4446、4447—4448 页。

鼎"极为相类,同样也当理解为"尊/兔鼎"而非"尊兔/鼎"。函皇父诸器(5.2745鼎、8.4141—4143 三件簋、又 16.10164 盘)记所作诸器有"豕鼎",史兽鼎(5.2778)所记赏赐物有"豕鼎一",伯庸父鼎(5.2535)自名"羊鼎",以及上引函皇父鼎自名"(尊)兔鼎",都跟"牛鼎"相类,谓用以盛煮豕(肉)、羊(肉)、兔(肉)和牛(肉)之鼎。①"鼏(肆)牛鼎"当理解为"用于肆祭的牛鼎"。

(17) 段簋(8.4208,西周中期):唯王十又四祀,十又一月丁卯,王鼎毕蒸(烝)。戊辰,曾(赠)。王赐(蔑)段曆,念毕仲孙子,令龏饥逭(馈)大则于段。敢对扬王休……

(18) 寓鼎(5.2756,西周中期):唯二月既生霸丁丑,王在莽京鼎(肆)□。戊寅,王蔑寓曆。……

段簋"鼎"字旧多误释为"鼎(贞)"或"鼎(在)",李孝定先生已指出其鼎上所从之形"非'卜'亦非'才',释'鼎'释'鼎'并有可商"②。《金文编》第 575 页收入 1364 号"真"字下,寓鼎"鼎"字亦多释为"真",皆与字形不合。"真"字上从"倒人"形(颠陨之"颠"的表意初文,即《说文》"古文殄"字),③与"匕"形明显有别。

文章开头已经提到,"鼎"与所谓"鼏"是否为一字研究者看法不同。殷墟卜辞"鼎"字,罗振玉、王国维、吴其昌、饶宗颐、严一萍等皆以为与所谓"鼏"系一字。但《甲骨文字集释》第 7 册第 233 页李孝定先生按语谓"与鼏非一字也",《甲骨文字诂林》第 2730 页"鼎"字下姚孝遂先生按语谓"释'鼏'不可据。卜辞'鼎'为祭名,多以'兕'为牲"。《类纂》第 1064 页将"鼎"与"鼏(鼏)"分立为 2747、2748 两号字头。金文"鼎"字仅见于上引两例,正好又皆非习见的所谓"鼏彝"或单称"鼏"的铜器自名;再加上金文确定的所谓"鼏"字的写法如"鼎""鼏""鼏"又都从"刀"而不从"匕",确实容易使人对"鼎"是否与"鼏"等形为一字

---

① 参看张亚初《殷周青铜鼎器名、用途研究》,《古文字研究》第十八辑,中华书局 1992 年版,第 277—278 页。
② 《金文诂林附录》,第 1896—1897 页。
③ 参看唐兰《释真》,收入《唐兰先生金文论集》,紫禁城出版社 1995 年版,第 31—33 页。

心存疑虑。我们反复考虑，觉得还是系一字的可能性大。一方面，后文会引到卜辞"鼎"跟"鼏"都有与"舌"、与"祼"有关的辞例；另一方面，试看以下两辞：

(19)《合集》1306：乙丑卜，宾，贞：唐㣇岁，不我鼏，亡来艰。

(20)《合集》9419 正(《甲编》2102)：癸丑卜，□，贞：唐㣇□鼎□

(20)"鼎"字屈万里先生《殷虚文字甲编考释》释为"鼏"。岛邦男《殷墟卜辞综类》397.1，《类纂》第1064页则皆收在"鼎"字下。细审其形(见本文开头 G 类字形中所举)，释"鼎"可信。(20)虽残，但因"唐㣇"连言的辞例很少见，[①]完全可以推断它跟(19)当系同文卜辞。是"鼏"与"鼎"为一字之证。另外《合集》15874也有残辞存"唐""鼏"两字，不知是否与《合集》1306同文。(19)(20)两辞"鼏"与"鼎"字用法较为特别，其义待考。

寓鼎"鼎(肆)"字当用作祭祀动词，应该问题不大。段簋的"鼎"字则似容易想到两种可能。一是将"鼎"理解为"在""去往""到""至"一类意义的动词。旧释"鼎"为"鼏(在)"，或释为"真"而读为"至"，[②]就属于此类理解。"王鼎毕登(烝)"的"毕"系地名，古书记载文王、武王、周公皆葬于毕。周王于毕地举行祭祀的如《史记·周本纪》："九年，武王上祭于毕。"《集解》："马融曰：毕，文王墓地名也。"段簋的器主"段"系出自毕公之"毕仲"的后人，故周王在毕地举行烝祭后对段有所赏赐。但这样设想，"鼎"究竟当读为何字难以确定，也跟它及其异体"鼏"通常的用法不合，恐不可取。另一种可能，是仍将"鼎"理解为祭祀动词。对比西周早期高卣(10.5431)："唯十又二月，王初饔旁，唯还，在周，辰在庚申，王饮西宫，登(烝)。"可知"王鼎毕登(烝)"也可能应在"毕"下断开，"登(烝)"字单作一字读，与下文"曾(赠)"单作一字读同(上文所说将"鼎"理解为"在""至"一

---

[①]《类纂》第1379—1382页"唐"字条下字所收只有《合集》3501 正(仅残存"唐㣇"两字)和上引《合集》1306 两条(《合集》9419 正失收)。

[②]《金文形义通解》，第2033页1515号。

类意义的设想,"登(烝)"字也可以单作一字读,不过这两种断句法并无实质性的不同)。据高卣"王饮西宫"的说法,"王鼎(肆)毕"也可能就是"王在毕地举行肆祭"之意。如果说对"王鼎(肆)于毕"能否只说"王鼎(肆)毕"还有疑问的话,再考虑到毕地系文王、武王的墓地所在,则"毕"也完全可能应看作祭祀对象,"王鼎毕"就可以理解为"王对毕举行肆祭"之意。这样讲的好处是"鼎(肆)"就跟"鼏(肆)"常见的用法统一了,似更为可取。

金文习见的器名自称"鼏(肆)彝",多见于鼎和簋,也出现于鬲、甗、盨、簠、盘、盂、爵、壶、卣和缶等各类器物。"鼏(肆)彝"应是多种彝器的共名,与"宗彝""尊彝""旅彝"相类。将"鼏"释为"肆"以笼统的"祭祀"义来理解,也是合适的。前引"鼏(肆)享""盟鼏(肆)"近义连用,金文器名自称也有"享彝"(15.9408 鲁侯盂盖)、"盟(盟)彝"(4.2018 子作鼎盟彝鼎)、"盟镬"(4.2110 邁(?)鼎)和"明(盟)尊彝"(3.0566 戒鬲)等,皆可与"肆彝"相印证。至于铜器自名又多单称为"鼏(肆)",就好比"尊彝"或"尊+某类器名"、"旅彝"或"旅+某类器名"也可以只说"尊""旅",是大家都熟悉的金文器名中常见的现象。研究者对"鼏彝"所指的器物有种种解释,但均难以将其所关涉的各种器类完全概括进去。如张政烺先生曾说:"鼏彝是周代彝器之类名,与宗彝对言,如《宗妇鼎》'为宗彝、鼏彝'。宗彝指酒器,《曾姬无恤壶》言'用作宗彝尊壶'是也。鼏彝指烹煮及容盛食品之器,《微繺鼎》称'鼏彝尊鼎'、《尌仲簠》称'鼏彝尊簠'是也。"①按如上所举,称"鼏彝"的也包括不少酒器。陈梦家先生曾说"宗彝是盛酒器的卣、尊、方彝和壶","将彝是(1)烹饪器的鼎、鬲、甗;(2)温酒器的角、盂;(3)盛食器的殷、盨、簠。金文将彝之将从鼎,所以烹饪器多为将器"。②按如前所举,陈说"鼏彝"未及水器的盘等,而盛酒的卣也有称"鼏彝"的,不尽属"宗彝"。河南淅川和尚岭二号楚

---

① 张政烺《周厉王胡簋释文》,《古文字研究》第三辑,中华书局1980年版,第110页。收入《张政烺文史论集》,中华书局2004年版,第535页。
② 前引陈梦家《西周铜器断代(三)》"彔殷"下,《考古学报》1956年第1期,第70页。又陈梦家《西周铜器断代》"彔殷"下,第80页。

墓出土的鄘子受钟自名"鼏彝歌钟"①,可见乐器钟竟也属于"鼏彝"之列,更是出人意表。钟铭"鼏彝"的"鼏",当然也是不能释为"鬻"而以"煮"或者"奉"(读为"将")义来解释的。其实,"鼏彝"以及"宗彝""尊彝""旅彝"等铜器类名,其各自所包括的铜器种类可能本来就是随着时代不同而变化的,因此难以用一个统一的标准来概括区分。即使在某一时期和地域这些类名各自所包括的铜器种类较为明确固定,但"鼏(肆)""尊"和"旅"等字恐怕也已经与其最初比较具体的词义脱节,故难以据其原本的词义来概括其类名所包括铜器的范围。

金文有些并非器名修饰语、也不用为"祭祀"义的"鼏"字,读为"肆"而以"肆"的其他字义来解释也可通。如以下(21)、(22)两例:

(21) 小克鼎(5.2796—2802):克作朕皇祖厘季宝宗彝,克其日用鼏(肆)朕辟鲁休,用丏康劻、纯佑、眉寿、永命、灵终……

徐中舒先生释"鼏"为"鬻",谓金文"日遟之遟(按见于史颂鼎、簋"日遟(将)天子覠命"),日用鬻之鬻,皆当读如《诗·敬之》'日就月将'之将。毛《传》'将,行也',言奉行也。'日遟天子覠命'者,言日奉行天子之大命,'日用鼏朕辟鲁休'者……言日用奉行吾君之鲁休命也……"②按"遟(将)命"与"鼏休"意义有区别,二者不能牵合。西周早期麦方尊(11.6015)虽有"侯见于宗周……唯归,遟(将)天子休,告亡叏(憨)③",但其义也与此"鼏朕辟鲁休"不同。其中"遟(将)"字当训为"奉持",铭文记井侯受周王的赏赐而归,奉持天子的休美,庙告于先人没有不好之事发生。黄德宽先生将麦方尊的"遟(将)"理解为"大"或"美",谓

---

① 赵世纲《鄘子受钟与鄂国史迹》,《江汉考古》1995年第1期,47—51转第33页。河南省文物考古研究所编《淅川和尚岭与徐家岭楚墓》,大象出版社2004年版,第48—104页。
② 徐中舒《金文嘏辞释例》,原载《中央研究院历史语言研究所集刊》第六本第一分,商务印书馆1936年版。收入《徐中舒历史论文选辑》上册,中华书局1998年版,第555—556页。
③ "叏(憨)"字的释读参见拙文《甲骨金文旧释"尤"之字及相关诸字新释》,原刊于《北京大学中国古文献研究中心集刊》第4辑,北京大学出版社2004年版,第74—94页。收入拙著《甲骨金文考释论集》,第59—80页。

"将天子休""亦即称美天子的赏赐";从旧释"鼺"为"鼍(将)"之说,把"将天子休"跟"将朕辟鲁休"牵合①,亦不可信。古书"肆"字常训为"陈","克其日用肆朕辟鲁休"承上作器之语而言,犹言"克每天用(此器)以陈列展示我的君主的厚大的休荫"。西周早期的 [字] 方彝(16.9892)说"用作高文考父癸宝尊彝,用䢅(绅—申)文考剌(烈)",《商周青铜器铭文选(三)》注释谓"䢅"字"声假为陈"②,其对文意的理解似可从。"申"字本身也有"表明、表达"义,如《礼记·郊特牲》:"大夫执圭而使,所以申信也。"亦即"申明""三令五申"之"申"。"肆"字也多训为"申",肆、申、陈质真对转,音义皆近。总之,[字] 方彝云作器"以申文考烈",与小克鼎云用所作之器"以肆朕辟鲁休",二者颇可相印证。

(22) 周厉王㝬簋(8.4317):㝬作鼺(肆)彝宝簋,用康惠朕皇文剌(烈)祖考……㝬其万年鼺(肆)实朕多御,用祈寿、匄永命……

张政烺先生断句释读作"㝬其万年,鼺实朕多御",解释说:"鼺,读为将,资也。《说文》:'实,富也。'《小尔雅·广诂》:'实,满也。'即今言充实或满足。"③研究者多从其说。张亚初先生将所谓"鼺"字断属上读,谓"'鼺'为一般意义上的祭祀,'御'为特定的祭祀——御祭。御祭是除病痛、祛不祥的禳祓之祭……"④如其说,按照我们的解释,"㝬其万年鼺(肆)"似可以跟㝬鼎"㝬其[万年]用祀"、吕伯簋(7.3979)"其万年祀厥祖考"一类的说法对比。但问题在于,同人所作的㝬钟(1.0260)铭末云"㝬其万年,畯保四国",五祀㝬钟(2.0358)铭末说:"㝬其万年,永畯尹四方,保大命,作疐(氏)在下,御大福其各。"对比南宫乎钟(1.0181)说:"天子其万年眉寿,畯永保四方。"《诗经·大雅·江汉》云:"虎拜稽首:'天子

---

① 黄德宽《说逞》,《古文字研究》第二十四辑,中华书局2002年版,第273页。
② 马承源主编《商周青铜器铭文选(三)》,文物出版社1988年版,第97页。
③ 前引张政烺《周厉王胡簋释文》,《古文字研究》第三辑,第114页。《张政烺文史论集》,第539页。
④ 张亚初《周厉王所作祭器㝬簋考——兼论与之相关的几个问题》,《古文字研究》第五辑,第158页。

万年。'"或簋(8.4322)说："……用作文母日庚宝尊簋,俾乃子或万年,用夙夜尊享孝于厥文母。"看来此铭的"歒其万年"确实也应该如张政烺先生之说单作一句读,"鬒(肆)"字属下为读,与"实"系两动词连用,其共同的宾语为"御祭"之"御"。《礼记·表记》："子曰：后稷之祀易富也。其辞恭,其欲俭,其禄及子孙。"郑玄注："富之言备也。以传世之禄、恭俭者之祭易备也。""富祀"与"实御"有相近之处,可以对比体会。"肆"常训为"陈",《说文》训为"极陈",《尔雅·释言》："肆,力也。"郭璞注："肆,极力。""肆极"与"尽力"义相因。①如此说,"肆实朕多御"似可勉强翻译作"尽力陈列、充实满足我的众多御祭"。

下面来看殷墟卜辞"鼏""鬒""鼎"和"鼒"诸形。卜辞"鬒"形出现最多,大都见于宾组和无名组卜辞;"鼏"形次之,主要见于无名组卜辞;"鼒"形只见于黄组卜辞;"鼎""鼎"出现较少,所在卜辞亦多残。它们的主要用法皆为祭名或祭祀动词。贞卜"鼏咒"的见于《合集》30995、32603、32718等,作用牲法,可能与祭祀中分解牲体有关。卜辞其他作祭祀义的"鬒"等字大多已看不出与"分解牲体"或"进所解牲体"义有关,难以进一步详考。有关卜辞不必全引,下面举一些例子来看。

(23)《合集》27288：惠兹祖丁鬒(肆),受佑。○吾鬒(肆)惠伊,受佑。

(24)《合集》27523：弜☒○惠鼏(肆)。○其吾妣庚。

以上两辞"鬒"与"鼏"都跟"吾"有关。

(25)《合集》27529：辛酉卜：其彶妣庚,其鼏(肆)。

(26)《屯南》2345：其作鼏(肆)在二䍌(祼),王受佑。○于宗,有正,王受佑。○惠鼏(肆)用祝,有正,王受佑。○弜鼏(肆)用祝。

(27)《花东》236：庚卜：丁飨鼎(肆)。○庚卜：丁弗飨鼎(肆)。

(28)《屯南》2276：王其飨于庭。○弜飨于庭,鬒(肆)尊䍌(祼),有正。

---

① 参看郝懿行《尔雅义疏》,上之二第42—43页,中国书店(据咸丰六年刻本影印)1982年版。

探寻中华文化的基因(一)

○其作豐,有正。○弜作豐。

(29)《合集》31180+31045(蔡哲茂先生缀合,《甲骨缀合集》第66组):

弜侑[于]庭,鼏(肆)尊灵(祼)。○其作豐,有正,王受佑。○弜作豐。

(30)《合集》25223:□未卜,喜(?)贞:岁丁(?)鼏(肆)。

(31)《合集》27447:父甲夕岁鼏(肆),惠□

(32)《合集》30728:于夕酒。○□岁鼏(肆)尊,王受佑。

《合集》25223残辞亦"岁"与"鼏"见于同辞,《合集》23572残辞亦"鼏"与"尊"见于同辞。"岁鼏(肆)""岁某鼏(肆)"可能是"为某人的肆祭而举行岁祭"之意,也可能系岁祭、肆祭接连举行。

(27)"丁飨鼏(肆)",(28)、(29)所谓"飨于庭","飨"的对象也是"鼏(肆)",皆系"为肆祭而举行飨礼"之意。(28)、(29)系贞卜"鼏(肆)"祭是在"庭"为其举行飨礼好,还是在"灵(祼)"中尊进好。尊进于"灵(祼)"的"鼏(肆)",与(26)作于"二灵(祼)"的祭祀"鼏(肆)",都跟前引金文(15)䕃卣的"鼏(肆)于乃姑□(祼)"的"鼏(肆)"可能系同一种祭祀。

"鼍"字皆见于黄组卜辞。《合集》38243辞末有"遘祖辛鼍",严一萍先生曾据此谓第5期的所谓"鼍祭"已经具有"统""系"的规律组织。①《合集》37549有"宾鼍",《合集》38712、35350皆有残辞仅存一"鼍"字,前者其同版上方残辞为"□酉卜,贞:[王]宾□,亡㕟"②,后者其同版上方之辞为"己丑卜,贞:王宾伐,亡㕟。"可知这两字所在之辞当亦为"王宾鼍"之贞。黄组卜辞还有一个"鼍"字(《类纂》1025页第2650号),作如下之形:

《合集》38703　　《合集》38705　　《合集》18529　　《合集》38704

---

① 严一萍《鼍祭祀谱》,《中国文字》第十一卷第45册,台湾大学文学院古文字研究室编印1972年版,第5017—5026页。

② 此及下引卜辞"㕟"字的释读参见前引拙文:《甲骨金文旧释"尤"之字及相关诸字新释》。

⚂《合集》38706　⚂《合集》38707

余永梁《殷虚文字考》曾说"盘"字"与鬻言之鬻同谊，从皿与从鼎同意。其与鬻同字与否，则未可定矣。"①近年李旼姈先生对此说又有申论，肯定"盘"与所谓"鬻"系同字。②"盘"字所在之辞完整的仅《合集》38703、38704同文两条："贞：王宾盘，亡咎。"其余多仅残存"王""盘"两字，《合集》38709有一辞残存"贞""盘"二字，同版另一残辞为"甲申☒宾☒"。结合起来考虑，这些残辞当亦皆为"王宾盘"之贞，与上文所说黄组"王宾鬻"之贞相同。据以上所说字形、辞例两方面的情况，以"盘"字与所谓"鬻"为一字很可能是正确的。殷墟卜辞还有一个"盇"字，《类纂》第1034页立为2677号字头，仅收《合集》31813一条残辞，存"生""盇"两字。此字还见于《合集》22507（《甲编》2418习刻），研究者亦或以为与"鼎"等形为一字。③按《合集》31813原形作 ⚂，其下与"皿"不类，很可能本来就是从"鼎"的。

## 五

约在两年多以前，我将自己对"剏""鬻"等字改释为"肆"的意见提出，向裘锡圭先生请教。裘先生指示我，"剏"当与甲骨金文"劅/刵""卽"和跟"孅"有关诸字联系起来考虑。按此提示考察有关资料后，我认为裘先生的意见是完全正确的。下面就分别叙述。先说金文中的"叠""孅"和"劅"诸字，其形如下：

⚂ 歸叔山父簋"叠"（7.3797～3801）　⚂ 齐縈姬盘"孅"（16.10147）

---

① 《甲骨文字诂林》，第三册第2643页。
② 李旼姈《甲骨文字构形研究》，第117—118页，又第158页，政治大学中国文学系博士学位论文（指导教授：蔡哲茂），2005年7月。
③ 严一萍《释⚂》，《中国文字》第二卷第8册，台湾大学文学院古文字研究室编印，第853—880页。

探寻中华文化的基因(一)

〇、中〇苏甫人盘(16.10080)、匜(16.10205)"嬯" 〇齐嬯姬簠"嬯"(7.3816) 〇〇嬯妊壶"嬯(嬯)"(15.9556.1、9556.2) 〇嬯妊车辖"嬯(嬯)"(18.12030) 〇劙妁壶"劙"(15.9555) 〇晋公盆"劙"(16.10342;同铭"妇"字：〇)

除最末一例外，其余诸形在铭文中都是用于女子之名。有的明确系表示某种亲属称谓，如齐嬯姬盘云"齐嬯姬之嬯"。研究者大都认为皆当释读为"姪"。①《汗简》卷五女部引《义云章》"姪"字作"〇"，是其佳证。"疊"字及作偏旁的"疊"后世多作"疊"，《说文·晶部》："疊，杨雄说以为：古理官决罪三日，得其宜乃行之。从晶，从宜。亡新以为：疊从三日太盛，改为三田。"《玉篇·女部》收"嬯"字，以为同"姪"，《类篇·女部》同。《集韵》入声屑韵徒结切姪小韵："姪，《说文》兄之女也。或作嬯。"虽然有个别研究者如郭沫若对释"姪"之说或有不同看法，但正如陈昭容先生所指出的："青铜器铭文中的'嬯'字，都附在女姓之前"，如"嬯改襄"(上引苏甫人盘、匜)、"嬯姬"(上引齐嬯姬簠、归叔山父簠)、"劙妁"、"嬯妊"，"与姓结合作为妇女的私名，这个字释为亲属称谓的'姪'，应该是不成问题的。"②

晋公盆之字一般释为"嬯"或"嬯"。于省吾先生以金文及《汗简》"嬯"即"姪"字为证，谓"嬯""姪""秩"字通，释读为"秩秩"，可信。其说解云："《诗·小戎》'秩秩德音'传：'秩秩，有知也。'《巧言》'秩秩大猷'传：'秩秩，进知也。'《宾之初筵》'左右秩秩'笺：'秩秩如也。'《假乐》'德音秩秩'传：'秩秩，有常也。'笺：

---

① 参见《金文诂林》卷12第1590号"嬯"字条下阮元引吴侃叔(东发)、阮元、吴式芬、方浚益、刘心源等诸家说，第6866—6868页。参看陈昭容《两周婚姻关系中的"媵"与"媵器——青铜器铭文中的性别、身份与角色研究之二》之"七、青铜器铭文中的姪娣媵"之"(一)以姪为媵"，《"中央"研究院历史语言研究所集刊》第七十七本第二分，2006年6月，第230—234页。

② 上注所引陈昭容先生文，第232页。

'秩秩,清也。'传笺言知即古智字。……《诗》言秩秩德音,又言德音秩秩,均以秩秩形容德音,此言秉德秩秩,词例语义并相仿也。"①仔细观察字形,对比上举同铭"妇"字所从的"女"旁,可知此所谓"嬗"或"孅"形的右方并非从"女"旁,而当为从"刀"。联系嚻妫壶的"嚻"字,可以推测其"刀"形和左下"且"形间多出的笔画应该是"俎"旁中的"仌"形写到右边的变体,全字亦当隶定为"嚻"。不过,这一点对于读为"秩秩"的释法并无影响。

"叠"和"姪""秩"声母相近,"叠"是葉部字,"姪""秩"是质部字。我们知道,葉部跟缉部、质部跟月部分别都关系极为密切,而"葉/缉"与"质/月"部之间,又分别都有不少相通的例子。"叠"之与"姪""秩"的关系,大概与"枼/葉"之与"世""法"之与"废""盍"之与"盖""合"之与"会""执"之与"贽、挚"、"习"之与"彗"等字相类。因此,"叠"和从"叠"声的"孅"与"姪""秩"相通,并不难理解。但"叠"字何以写作从"晶"从"宜",为什么又可以写作"嚻"形,还需要联系甲骨金文中的"卹"字及其异体"刚/割"和"則"进一步探讨。说到这里,需要先简单交代一下我对"且""俎"和"宜"三字关系的看法。这三个字尤其是"俎"和"宜"之间曾经长期纠缠不清,我赞同于豪亮等先生将"俎"与"宜"彻底分开的意见。②现综合众多研究者的讨论,简述如下。③

---

① 于省吾《双剑誃古文杂释·释嬗孅》,第 4—5 页。《金文诂林》卷 12 第 1590 号"孅"字条下第 6871—6872 页引。

② 于豪亮《说俎字》,《中国语文研究》(香港中文大学)第二期,1981 年。收入《于豪亮学术文存》,中华书局 1985 年版,第 77—81 页。于豪亮先生释出本文后引三年瘨壶之"俎"字,"认为金文中自有俎字",与"宜"非一字。孙稚雏、伍仕谦先生也释三年瘨壶之字为"俎",主张与"宜"字分开,但其说不如于说详细。见孙稚雏《天亡簋铭文汇释》,《古文字研究》第三辑,中华书局 1980 年版,第 177 页。伍仕谦先生文见下注。

③ 参看以下诸文:伍仕谦《微氏家族铜器群年代初探》,《古文字研究》第五辑,第 114 页。收入陕西省周原考古队、尹盛平主编《西周微氏家族青铜器群研究》,文物出版社 1992 年版,第 202 页。王人聪《释西周金文的"俎"字》,《第二届国际中国古文字学研讨会论文集》,香港中文大学中国语言及文学系,1993 年 10 月,第 265—272 页。收入其《古玺印与古文字论集》,香港中文大学文物馆专刊之九,2000 年,第 258—262 页。王人聪《郑大子之孙与兵壶考释》,《古文字研究》第二十四辑,中华书局 2002 年版,第 233—239 页。曾宪通《古文字资料的释读与训诂问题》之论述"宜""俎"二字部分,收入其《古文字与出土文献丛考》,中山大学出版社 2005 年版,第 116—118 页。

探寻中华文化的基因(一)

《说文·且部》:"且,荐也。从几,足有二横,一其下地也。"古文字"且"实象正面俯视的长方形俎面之形,即王国维《说俎》所谓"象(俎)自上观下之形",并不从"几";其中间的二横为俎面上的横格、阑界,也并非足间之横。①"且"就是"俎"字初文,古文字中用为"祖"系出于假借。②我们看殷墟自组肥笔类(或称"自组大字类")卜辞的"且"字,其上端常常写作方形或略带圆弧的近似方形,下端横笔的左右也不出头,作 ▯(《合集》19850)、▯(《合集》19858＝《乙编》9000)、▯(《合集》20045＝《乙编》9091)、▯(《合集》20980 正＝《乙编》9103)等形,同类写法之形又见于《合集》19761、19844、19851 正、反、19857、19871、19931、20045 等。林沄先生曾经有一个看法,"认为王室的卜用甲骨上刻写卜辞,恐怕就是以自组大字为起点。这是因为自组大字的书体很像毛笔字,应该是在甲骨上刻字的最原始形态"③。由此看来,上举"且"字之形是现有古文字资料中时代最早的,也接近于日常毛笔写法。可见"且"字的原始形态确实应当就是长方形俎面加上界阑之形。其上端或写作弧形,逐渐变为尖形,跟"今""食""令""念"

---

① 唐兰先生引林义光曾谓"二横者俎上之横,非足间之横也",唐兰先生亦谓"且"字之形"非从几"、象"于俎上施横格也"。见唐兰《殷虚文字二记》,《古文字研究》第一辑,中华书局 1979 年版,第 58 页。另外,殷墟甲骨文也有个别的"且"字中间没有横笔,如《合集》709 反 ▯、《合集》22056 ▯ 等。殷墟甲骨文有一个作 ▯(《合集》21054)、▯(《怀特》1518)形的人名用字,日本学者池田末利先生曾释为上从"且"下从"口"(据松丸道雄、高嶋谦一编:《甲骨文字字释综览》,第 421 页引,东京大学东洋文化研究所丛刊第 13 辑,1993 年)。可能当时"且"字确实有一类只画出俎面、中间不加横笔的写法。《说文》小徐本"且"字下较大徐本多出"▯,古文以为(段注以此"以为"二字为衍文)且,又以为几字。"此 ▯ 形一般认为系"且"省去了中间的横笔,前引唐兰先生文认为就是承上引殷墟甲骨文那类字形变来。由于在商周金文中众多的"且"字及"且"旁里还没有看到过中间无横笔的写法,战国文字中的"古文且"与上引殷墟甲骨文那类字形是否有字形承袭的关系,似还需要更多材料的证明。至于古文又以"▯"形为"几"字,则系"几"字将下方表示几足之跗的两短横笔连成一长横笔,与"古文且"偶然同形,《说文》遂误认为一字。此点参看李家浩《包山 266 号简所记木器研究》,收入《著名中年语言学家自选集·李家浩卷》,安徽教育出版社 2002 年版,第 236 页。又前引张富海《汉人所谓古文研究》,第 176 页。

② 参看上注所引唐兰先生文。

③ 林沄《小屯南地发掘与殷墟甲骨断代》,原载《古文字研究》第九辑,中华书局 1984 年版,第 124 页。收入《林沄学术文集》,中国大百科全书出版社 1998 年版,第 110 页。

与"合"等字中的"倒口"之形的演变平行,是文字书写中发生的变化,不能作为解释其所象之物的根据。以前郭沫若曾有"且实牡器之象形"之说①,影响很大;詹鄞鑫先生又提出"且"字象"倒覆的陶罐形"之说,因为陶罐曾普遍作为祖先神灵所依附的神主,故以陶罐之形作为"且(祖)"字。②其说皆据上端作尖形的"且"字立论,恐实皆求之过深。

金文"俎"字及从"俎"之字作如下之形:

□、□ 三年瘐壶(15.9726、9727;赏赐物品"羔俎"、"麂俎") □、

郑太子与兵壶(《古文字研究》第二十四辑,第234—236页;用为"祖") □

小臣传簋(8.4206) □、□ 戜方鼎(5.2789) □ 中山王鼎(5.2840;

15.9735中山王方壶略同;皆用为"祖")

上举数形,"俎"的左旁或右旁笔画表示俎足之形,如果再算上跟它相连的"且"形边上的竖笔,实即前文所引王国维所说"廾、丅乃自其侧观之"。这部分笔画加上表示俎面及其上横格的"且"形,"俎"字全形实为俎案侧视与俯视之形的结合。俎足部分演变过程中与右旁分离,即讹变为俎字中之"仌"形。《说文·且部》"俎,礼俎也。从半肉在且上。"即据已讹变的"仌"形误说。殷墟甲骨文中作"屋子里有床"之形的"宿(寝)"字或作如下之形:③

□《花东》294 □《合集》135正甲(《乙编》6492) □《合集》135正乙(《乙编》6491+6679)

其"宀"下所从系"爿(床)"字繁体,同时画出俯视而见的长方形"床面"和侧视而见的"床足"之形,其与"丅(爿—床)"的关系,正跟"俎"字与象俎之侧视形的

---

① 郭沫若《甲骨文字研究·释祖妣》,收入《郭沫若全集·考古编·第一卷》,科学出版社1982年版,第19—64页。
② 詹鄞鑫《神灵与祭祀中国传统宗教综论》,江苏古籍出版社1992年版,第130—132页。
③ "宿"字释为"寝"见裘锡圭《文字学概要》,商务印书馆1988年版,第158页。

"👋"的关系相类。

甲骨金文中的"剬/刵"及其异体"𠚣"作如下之形（又"𠚣"字之形已见上举）：

〔图〕《合集》35657 、〔图〕《合集》27465 〔图〕《合集》31002 〔图〕、《合集》32547 〔图〕《屯南》1128 〔图〕剬鼎（4.2072） 〔图〕《合集》29405 〔图〕《合集》32697 〔图〕《英藏》2356 〔图〕《合集》307 〔图〕《合集》35896 〔图〕《合集》15429 〔图〕《合集》31003 〔图〕《乙编》8688（《合集》35501）

上引《合集》29405、32697"剬/刵"字所从"宜"形中省去一个"肉"旁，《英藏》2356、《合集》307"剬/刵"字所从"宜"形中的肉形省作两点。卜辞"宜"字也多有作同类省略形的，如《合集》14396〔图〕、《合集》34596〔图〕、《合集》33292〔图〕、〔图〕等。这些写法，都很容易再进一步省略就变成从"且"了。"俎"为"且"之繁体，故"𠚣"又变为从"俎"作"𠚣"。由此看来，前引金文"𪊖"字当分析为从"晶"从"𠚣"声，实即从"剬/刵"声。"𪊖"字应当有更原始的从"晶"从"剬/刵"声作"𪊖"的写法，但现有古文字资料中尚未见到。《广雅·释诂一》《集韵》入声帖韵达协切牒小韵、《类篇·刀部》有"𪊖"字，皆训为"刺也"。但"𪊖"字不见于《说文》，不知其是否与古文字中最初的从"晶"从"剬/刵"声之"𪊖"字有关。"𪊖"字省略"刀"旁，即成为"疊"字；金文"疊"字假借为"姪"（前引歸叔山父簋），又加了意符"女"旁作"嬞"（当然，"嬞"字也可以直接分析为从"女"从"𪊖"省声）；前引嬞妊壶、嬞妊车輨"嬞(嬞)"字之形所从的"疊"下半作"且"，可以看作从"𠚣"省声。从"𠚣"形的"𪊖"字，是将与之用法相同但已颇有省变的"嬞""嬞(嬞)"和"疊"一系字跟"𠚣"和"剬/刵"字联系起来的关键的中间环节。总之，由金文"𪊖""疊"和"嬞"诸字之用为"姪"或"秩"，追根溯源，综合分析以上字形关系我们可以得出结论："剬/刵"字的读音当与"姪""秩"相同或极为接近。

"剬/刵"和"𠚣""𠚣"当为一字，研究者多无异议。但因大家多未将其跟金文"𪊖""疊"和"嬞"诸字联系起来考虑，故或以为与"宜"同字，或以为从"宜"声而读为"宜",或以为系"俎"字繁体。①现在看来均不确。商承祚先生《殷虚文字类编》卷十四第二页列"刏"于"俎"字下,云:"从刀者,疑亦俎字,象操刀割肉也。"其释"刏"为"俎"字不确,但说解字形为"象操刀割肉"则可取。更准确地说,"剛/刏"字"象操刀于俎案上割肉"。"剛/刏"或省为"刵",就好比"采"字本从"枽（葉）"作❦,省为从"木"作❦,其表意性均已遭到一定程度的破坏,但省略后的"以刀向俎""以爪捋木（树）"之形,仍不难从中体会其造字本义。我们知道,独立的"宜"字,其本义为"肴",系以俎案上画出两肉块之形表意,肉块之间被作一横或两横的阑界隔开。"剛/刏"字则应当将"刀""且（俎）"和"(俎案上的)两肉形"三个组成部分整体看作一个图形式的表意字,其左半不必看作"宜"字。在图形式表意字中,同类的例子可以举出很多。比如,"陟"字右半作一前一后的正反两"止"形的部分,不必看作"步"字；作❦形的"飨"字表意初文"鄉/卿",其所从偏旁与"即"字无关；从"艸"形之字往往也作从双"木"之形,双"木"不必看作森林之"林"字；卜辞"叙（穀）"字作以"又（手）"或"双手"奉"木"于神主之前的❦、❦形,前一形中的"又（手）持木"之形与独立的"从又（手）持木"作❦的"权（尌）"字无关；②❦或将双手倒写作❦,其上半也不能拆出来单独分析,它也跟作❦(《古文四声韵》入声黠韵引《古老子》)、❦(郭店《老子》乙本简15)的"古文拔"字无关,不能据之以释❦为"柭"；卜辞"❦"字（《合集》118,地名）或作"❦"(《合集》9594,人名),后者右半系"斤"旁下增从"奴"形的繁体,也跟独立的"兵"字无关。同理,"剛"字也应该整体看作图画式的表意字,不能单独将除去"刀"的部分看作殷墟甲骨文中作"❦""❦"形的"从肉、爿（床）声"的"牂（酱）"

---

① 《甲骨文字诂林》第四册,第3337—3338页。前引于豪亮先生《说俎字》文亦谓矛方鼎"剛"字"从俎从刀,应即刀俎之俎字"。

② "权（尌）"字之释见裘锡圭《释尌》,《龙宇纯先生七秩晋五寿庆论文集》,台北学生书局2002年版,第189—194页。

字。"刵/刐""刞"二形系一字异体,前引嬨妊壶、嬨妊车輨"嬨"形左下从"且"不从"宜",其中"宜"与"且"的交替,可以说也在一定程度上增强了坚持"宜"、"俎"一字说的学者的信心。①其实,一方面,组成图形式表意字的偏旁的变化,有的是义近形符的换用,有的是形体省简造成的混同,都难以作为其系同一字的坚强证据。另一方面,如上所论,"刵"字中的"𠀇"形,实际上根本就不能看作"宜"字。我们不能据"刵/刐""刞"一字说"宜"与"且/俎"同字,就好比不能据"𠀇""𠀇"一字说"兵"与"斤"为同字。明白了这一点,有关纠葛就可以涣然冰释了。齐嬨姬簠"嬨"形左下略有讹变,其俎面中的阑界和肉形变得近似"乍"形。或据之立论,以为"俎""宜"一字说之证("乍"与"且""俎"古音极近),并以此来推断"嬨"字的读音,恐亦难信。②

前文已经交代了"册"字中作俎案侧视形的"𠀇"跟"俎"字和"且"字的密切关系。很显然,"册"字的字形和造字意图,跟"刵"是相通的,二者可以说如出一辙。"册"与"刵"的读音也很接近。从"册"省声之字可用为"佚""泆",从"刵"省声之字可用为"秩",同从"失"声,可证。"册"和"刵"在形、音、义三方面显然都有着密切的联系。但由于材料的限制,它们之间在文字学上的关系还难以说得很精确。在决定其间关系之前,我们先来看看"刵/刐""刞"和"册"诸字在甲骨金文中的用法。

金文小臣传簋("伯册父")、𢦏方鼎("王册姜")的"册"字和刵鼎的"刵"字均为人名用字。殷墟甲骨文"刵/刐"和"刞"字多与祭祀有关。《合集》307"刐羌百",《合集》308"刐百羌","刐"作为用牲法,可能即其字形所表现的"分割牲体"之义。《殷契佚存》427 雕花骨柶记事刻辞:"辛巳,王刐武丁𨽻(其中"隹"形原倒写,下同)☐彔(麓),获白兕。丁酉☐。"《合集》35501 记事刻辞云"王曰刞大乙

---

① 如前引唐兰先生《殷虚文字二记》第 60 页引"嬨"与"嬨"为据,以为"可为且、俎与㝊为一字之确证"。
② 《金文形义通解》第 2908、2909 页,又张世超《吴王光剑铭与中国古代的武德》,《吉林大学古籍研究所建所二十周年纪念文集》,吉林文史出版社 2003 年版,第 32—33 页。

纍于白菉(麓)";《合集》27465"刉父甲纍"两见,《合集》32547"刉祖乙纍"两见,《合集》35657亦有"刉祖乙纍",《屯南》647云"刉毓父丁纍"。卜辞或贞卜"取唐纍"、"取祖乙纍"(看《类纂》第664页"纍"字下"取纍"条),上举"刉某某纍"与之结构相同,当即"为对某人的纍祭而举行/进行'刉'"之意。《屯南》1128:"己巳贞:其纍祖乙,眔父丁。〇弜眔父丁,刉。"当理解为将对祖乙举行纍祭,贞卜是否对父丁也一并举行,或是不要对父丁举行纍祭,但为对祖乙的纍祭而举行/进行"刉"。"纍"字虽尚不能确释,但其当为以田猎所得、战争所俘获的禽兽向祖先献祭,这一点是可以肯定的。"刉某某纍"的祭祀,可能也跟将所献祭的牺牲加以分解有关。卜辞有"生纍"之贞(看《类纂》第664页"纍"字下"生纍"条),如"生纍自唐"(《合集》1332)、"生纍于唐"(《合集》1977)、"祖乙其生纍"(《合集》32545)等,应即将田猎所得、战争所俘获的禽兽活着献祭之意,似可与"刉某某纍"相印证。《合集》29405:"王其刉敝鹿。大吉。擒。"此"刉"字似用为田猎手段。杨树达、李孝定先生均读为"徂"训为"往"①,不可信。《英藏》2356:"☐卜:王其刉祷,惠☐","刉"亦用为祭祀动词。

从以上辞例与前引"纍"字各种辞例的比较来看,"劌/刉""即"系列之字与"册""纍"系列之字,还没有坚强证据能证明其有完全相同的用法,因此似不好完全看作系一字异体。它们的关系可以通过与"亡(芒)"与"方"、"注"与"铸"、"折"与"制"等几组字来类比体会。"亡"本是锋芒之"芒"的表意初文,"方"字是"亡"字的变体,但二者很早就已经分化为了两个不同的字,在现有古文字资料中也已经看不到它们有相同的用法了。②卜辞有 〿、〿、〿 诸形(《类纂》1027页2159号字头"益"),裘锡圭先生指出,其字象双手持一器皿向另一器皿中注水之形,就是"注"的表意初文。《合集》29687"铸"字 〿 从之(其余部分与《合集》

---

① 杨树达《卜辞求义》,第15页,《杨树达文集》之《积微居甲文说·耐林庼甲文说·卜辞琐记·卜辞求义》,上海古籍出版社2006年版。李孝定说见《甲骨文字诂林》第四册,第3337页引。
② 参看裘锡圭《释"无终"》,收入《裘锡圭学术文化随笔》,中国青年出版社1999年版,第66—68页。

6057 正[字]当为一字)。卜辞"铸"字又作[字](《英藏》2567;金文作"盥"形的"铸"字多见,此形中间所从偏旁看不清楚,难以判断是否亦为"火"),其除去中间所从偏旁后所余的"盥"形部分,即将[字]类形"注"字偏旁的位置加以改变而成。"注"与"铸"在语源上也有密切关系。二者古音相近,"铸器时的主要工作就是把熔化的金属注入器范,'铸'应该就是由'注'孳生的一个词"。①关于"折"与"制",裘锡圭先生指出,古文字作[字]、[折]形的"折"字"象以斤砍断树木",作[字]、[字]形的"制"字"所象的应该是以刀截割木材",其左半之形与上引"折"字两形左半有关。"'制''折'二字不但形义相近,而且上古音极为接近。……总之,'制''折'二字形音义的关系是十分密切的。它们所代表的词很可能有亲属关系。"②"注"与"铸"、"折"与"制",均属既在形音义三方面皆有密切关系、但又不好说为严格的一字异体的情况。此外,前文所论作[字]形的繁体的"爿(床)"(取自前引《合集》135 正乙"宀(寝)"字并作水平翻转)跟作[字]形的"俎"字,其间关系也是属于这种情况。

据以上所论可以推测,"刵/刖"与"册"有可能最初系一字异体,但很早就已经分化,现有古文字资料中其主要用法已经不同,也看不到完全相同的辞例,其间关系与"亡(芒)"之与"方"相近。③也可以解释为像"注"之与"铸"、"折"之与"制"、繁体的"爿(床)"之与"俎"那样的,本不是同一字的异体,但在语源上有亲属关系(音、义皆极近)、字形结构方式和造字意图都很接近的一对字。总之,无论如何,将"刵/刖"一系字与"册"一系字合证,对于"册"及"嚚"等字释读为"肆"是有力的支持。同时,反过来也可以说,通过"册(肆)"字之释,才使得"刵/刖"

---

① 裘锡圭《殷墟甲骨文字考释(七篇)》,第"7、释'注'",《湖北大学学报》1990 年第 1 期,第 55—57 页。又参见陈梦家《中国文字学》,中华书局 2006 年版,第 101 页。
② 裘锡圭《说字小记》之"3、说'制'",收入其《古文字论集》,中华书局 1992 年版,第 641—642 页。
③ 以"亡(芒)"为方向之"方"纯系出于假借,是其仍略有不同之处。

及"叠"等字的形音义真正得到了正确的理解。

## 六

最后附带谈谈关于"屑/屟"字的来源问题。

《说文·尸部》:"屑(屟),动作切切也。从尸、肖声。"《说文·人部》新附:"佾,舞行列也。从人、肖声。""屑(屟)"字马王堆汉墓帛书作 ▨(《五十二病方》第173行),①与小篆无别,更早的古文字中则未见。《说文·肉部》:"肖,振肖也(段注依《玉篇》改为'振胅也')。从肉、八声。"《说文·十部》:"胅,(胅)响,布也。从十、从肖(小徐本作'从十、肖声',段注从小徐本)。"研究者曾举出的古文字里目前能找到的与"肖"、"胅"有关的字形如下:②

▨《古陶文汇编》4.70  ▨(▨)曾侯乙墓简172  ▨(▨)曾侯乙墓简26  ▨《古陶文汇编》4.49

上举"肖""胅"两形皆燕国陶文,后者用作人名,前者用法尚有疑问。曾侯乙墓竹简之字用为车名,尚难以确释。原注释说:"《汗简》卷上之二肉部引《尚书》'类'字作▨,与简文'罿'所从'陦'相似,当是一字。26号简'罿'作'罼',从'邑'。"③其所引《汗简》古文"类"字当用为《尚书·尧典》"肆类于上帝"之"类",实系"膟"之形讹。《说文·肉部》:"膟,血祭肉也。"④简文两字所从的"陦"与《汗简》古文"类"当无关系。曾侯乙墓竹简62有"阩车"合文▨,原注释说:"'阩',应即'陦'的异体。"⑤天星观楚简遣策有"阩车"("阩车"原也作合文),⑥应即"阩

---

① 参看陈松长编著《马王堆简帛文字编》,文物出版社2001年版,第357页。
② 除以下所举外,西周金文胎作父辛卣盖(10.5361)的器主名▨字,也曾有个别研究者将其上半释为"肖"。此形一般认为当分析为"从月益声"。
③ 裘锡圭、李家浩《曾侯乙墓竹简释文与考释》注释43,《曾侯乙墓》,文物出版社1989年版,上册第508页。
④ 参看黄锡全《汗简注释》,武汉大学出版社1990年版,第179页。
⑤ 《曾侯乙墓》,上册第518页注释133。
⑥ 滕壬生《楚系简帛文字编》,湖北教育出版社1995年版,第1121页。

车"。如果"阞"与"阣"确为一字异体,则"阞"与"𠕋"读音相差颇远。还有,以上字形应该都是从"月"而非从"肉"的。①总之,上举字形的释读,其来源与结构分析等都还是没有解决的问题,其与《说文》"𠕋"和"胙"字的关系难以证明,对于我们讨论"屑(屑)"字起不了多少作为证据的作用。同时还要考虑到,"𠕋"字古书不用,《说文》从之之字只有"屑(屑)/㑛"和"胙",而"胙"与"𠕋"、"屑(屑)/㑛"古音并不密合,它很可能应该是另有来源的,与"𠕋""屑(屑)/㑛"无关。这样看来,"𠕋"字就很像是《说文》为了分析"屑"字而从中强行拆分出来的。在早期古文字中是否存在独立的"𠕋"字,"屑(屑)"是否应分析为从"𠕋"声,都是颇成问题的。

除了信从《说文》之说,研究者对于"屑"字的来源和结构分析,主要还有以下两类意见。

一类是以金文"肩"字为"屑"字的前身,如陈秉新先生。②西周金文"肩"字见于师𩛥鼎(5.2830)、遹簋(3.0948)和梁其钟(1.0187~0192)等,字从"尸"得声,铭中多用为语助词"夷"。③战国子禾子釜(16.10374)有一个写作 形的字(《金文编》第1207页附录下第231号),陈秉新先生将其右上所从与"肩"联系,将全字释为"䊱"字繁体。按金文"肩"字皆从"月"不从"肉",虽说"月"形易讹作"肉"形,但这样讲总是转了一道弯。"肩"与"屑(屑)"虽然读音也接近,但其用法看不出多大关系,将它们联系起来难以保证其必然性。

另一类看法是将"屑"字与石经"古文逸"字联系起来考虑。如前引王国维说石经古文"逸"字"盖本从水从屑",似以除去"水"旁后的"㲇"形即为"屑",将"㲇"形中的"𠂉"旁看作"屑"形中"尸"旁的讹变。吴承仕将"古文逸"字分析为"从狋、𠕋声",谓其右上从"𠕋""犹㑛、屑之从𠕋也"。又如,郭沫若将石经"古文

---

① 关于战国文字中"月"旁和"肉"旁的区分参看刘钊:《古文字构形学》,第150—151页。
② 陈秉新《金文考释四则》之第二则,《容庚先生百年诞辰纪念文集(古文字研究专号)》,广东人民出版社1998年版,第456—459页。又参见黄德宽主编《古文字谱系疏证》,第三册,第2983—2984页(脂部,由陈秉新撰写)。
③ 于豪亮《陕西省扶风县强家村出土虢季家族铜器铭文考释》,原载《古文字研究》第九辑,收入《于豪亮学术文存》,第13页。

逸"字右上部分径隶定作"屑",将者汈钟铭"逸"字右半径隶定作"屑",谓石经"古文逸"字从"屑"声,上引子禾子釜之字则从"屑省声"。①

我倾向于后一类看法,赞同将"屑"与"古文逸"字的右上部分联系起来考虑。但从字形演变来说,"屑/屑"字当系承袭秦系文字变来,其来源应与秦文字的"腏"或"㒥"字中的"㒥"联系,而非六国文字里"古文逸"字一系的"逸""㒥"诸形所从的"㫃(兔)",虽然"㫃(兔)"形的下半也有"肉"形。秦子戈 、 两形中的"㒥",如果其兔头形省变为"尸",下面代表兔身的两笔变为"八"形,加上其下的"肉",就跟"屑"形相对应了。这类位于全字中间作"人"形的两笔变作"八"形的情况常见,如"夋""㚄""㚒"和"㚇"等字皆是。又"兜"字下半代表兜身的两笔变作"儿"形,也可以类比。上引秦子戈两形以及前举西周金文卯簋盖、多友鼎"腏"字等,其所从的"兔"都没有"尾"形(前举多友鼎之 ),与普通的"兔"字不同,很值得注意。这一特点,加上其下的偏旁"肉"又写在代表兔身的"人"形两笔之间,也许就是导致最终破坏"兔"字而造成上述演变的原因之一。

更为重要的理由,是从字词间的关系来考虑。我们看前引王国维说石经"古文逸"字,已经说明了"屑/屑"跟"逸""㒥"诸字常作异文的密切关系。"㒥""屑/屑"本为一字,古代乐舞的行列称"㒥",即《论语·八佾》"八佾舞于庭"之"佾"。舞者的集合单位词称为"佾",宗彝、钟鼓的集合单位词称为"肆",共同的意义都是"列",其音义都极为接近,它们最初应该就是同一个词,至少是关系极近的亲属词。②作名词"一列""一行"义的"肆"和"佾",应当都得义于常训为"陈""陈列"的动词"肆"。从这个角度看,说"屑(屑)/佾"字是从金文里跟古书的"肆"对应的"腏"字中将"㒥"形割取出来单独成字、讹变分化而来的,显得很自然。不过我们也得

---

① 前引郭沫若《金文丛考·丘关之釜考释》,郭沫若《者汈钟铭考释》。又《两周金文辞大系》考释第222页子禾子釜下。

② 参看张振林《商周铜器铭文之校雠》,《第一届国际暨第三届全国训诂学术研讨会论文》,台北"国立"中山大学中国文学系、中国训诂学会主编,1997年,第767—768页。又前引陈双新《两周青铜乐器铭辞研究》,第25—26页。

探寻中华文化的基因(一)

承认,此说目前在字形演变上还存在较大的缺环。尤其是前面所说"兔头形省变为'尸'"的设想,不但尚没有字形的中间环节,也难以举出同类的演变作为旁证。希望以后能继续发现资料,以进一步证明或是推翻我们的推测。

## 七

本文的主要论点可以简单总结如下。

甲骨金文"刖"字和其繁体"䚇"以及"䚇"的各种省变之形,旧释为"叠",皆当改释为"肆"。"刖"字象以刀分割俎案上的肉之形,是古书"肆解牲体"之"肆"的表意本字。古书"肆"也常用为"祭祀"义,甲骨金文绝大多数"䚇(肆)"字与"祭祀"义有关。甲骨金文"剮/劊"字及其省变之体"削""剐",也象以刀割解俎案上的肉之形,与"刖"形音义皆近。后世通行的"叠"字当分析为从"晶"从"剮/劊"省声。

金文表示"一套、一列(铜器)"义、与古书"肆"和"俌"字相当的"𩰫"字及其异体,当分析为从"兔"("兔"可能本来也是音"逸"、作声符的)从"刖"省声。"逸"字是在"𩰫"字的基础上,经过"𫝀"的中间环节逐步省变而来的。与"逸"关系密切的"屑/屑"字可能就来源于"𩰫"或"𫝀"字中的"兔"形。

附卫鼎"𩰫"字放大图:

附识：本文的前身系写成于 1996 年 6 月的一篇未刊稿，曾蒙赵平安师批评指正。此稿写作中裘锡圭师多予启发，文成后又审阅并是正多处。谨志谢忱。

2007 年 11 月写完

2007 年 12 月 22 日改定

原载《出土文献与古文字研究》第二辑，复旦大学出版社 2008 年版

# 论周原甲骨和楚系简帛中的"囟"与"思"
## ——兼论卜辞命辞的性质

陈斯鹏

## 一、引　　言

周原甲骨卜辞中常见一个写作"△"形的字。对此,学术界曾经有过几种不同的考释意见,或释"更",或释"西",或释"西",后来都被证明是不合适的①,已少有坚持者。唯李学勤、王宇信先生释为《说文》之"囟"字②,于字形最为切合,并为战国文字"思"字写法所证实,至今多为学者所信从。然"囟"字在卜辞中应作何训释,则仍存在分歧。就目前所见,大概有如下四种意见:

(一) 李学勤、王宇信先生认为"囟"应读为"思"或"斯",义同"惟"。③

(二) 李学勤先生后来又认为"囟"读为"斯",训为"其",同于"尚",是义为"庶几"的命令副词;并推断"斯……"或"尚……"这样以命令副词开首的句子不是问句,由此得出西周卜辞都不是问句的结论。④

---

① 有关考辨可参夏含夷《试论周原卜辞△字——兼论周代贞卜之性质》,《古文字研究》第17辑,中华书局1989年版;张玉金《关于周原甲骨文的"囟"字及其命辞语言本质问题》,载所著《甲骨卜辞语法研究》,广东高等教育出版社2002年版,第70—76页。

②③ 李学勤、王宇信《周原卜辞选释》,《古文字研究》第4辑,中华书局1980年版。

④ 李学勤《续论西周甲骨》,《中国语文研究》第7期,1985年;又《竹简卜辞与商周甲骨》,《郑州大学学报》1989年第2期。

（三）夏含夷先生以"囟""思"为古今字，谓"思"是动词，即愿的意思，所以周原卜辞的性质是卜人向鬼神表示一种希望，为的是祈求鬼神的赞同和帮助。①

（四）张玉金先生读"囟"为"斯"，谓"囟"绝大多数出现在假设复句后一分句之首，训为"则"，意思是"那么、就"。少数出现在单句之中，训为"乃"，意思是"就"。并认为这两种情况句末都可以标问号。②

后来，我们发现卜筮类楚简中也经常出现"囟"字，写法与周原甲骨文完全相同，字或作"思"。李学勤先生率先将之与周原甲骨卜辞联系起来，读为"斯"，谓意义同于"尚"。③曾宪通先生则认为"思"是句首发语词。④其实，在楚系简帛文献中，"囟"及与之相当的"思"还多处出现，学者们间或论及，或解为语词，或作"思愿"字解。很明显，大家对楚文字中"囟"字的解释，基本上都是受到先前关于周原甲骨文"囟"字的讨论的影响。

笔者拜读诸家论著，多受教益，然终觉有未惬人意处。总的来说，无论对周原卜辞，还是对楚系简帛的讨论，都存在着对材料的考察有欠周全等不足，结果是很难对相关文例都作出合理的解释。虽然有个别学者也曾经就个别的材料，作了精当的释读，但也因为缺乏对相关问题的全面考察分析，更缺少深入论证，终于没能真正解决问题。

所以，本文试图尽可能全面地分析"囟"和"思"的用例，主要通过文例比勘和文义检验的方法，证之典籍，给它们一个较为合理的解释。因为楚系简帛方面的材料比较丰富，可供比照的资料也较多，容易使问题更加明朗化，所以本文将先从此入手进行论述，然后再讨论卜辞的情况。又由于有好几位学者在讨论

---

① 夏含夷《试论周原卜辞囟字——兼论周代贞卜之性质》，《古文字研究》第17辑，中华书局1989年版。

② 张玉金《关于周原甲骨文的"囟"字及其命辞语言本质问题》，载所著《甲骨卜辞语法研究》，第70—76页。

③ 李学勤《竹简卜辞与商周甲骨》，《郑州大学学报》1989年第2期。

④ 曾宪通《包山卜筮简考释（七篇）》，载香港中文大学中文系编集《第二届国际中国古文字学研讨会论文集》，1993年。

"囟"字的时候,都触及到"卜辞命辞的性质"这样一个大问题,本文最后也将附带就此谈点个人意见。

## 二、楚系简帛中的"囟"和"思"

### (一)

让我们先看看最为人关注的卜筮简的情况。为便于理解和讨论,先引一组完整的简文如下(为方便打印,本文引用古文字材料时,凡争议不大或不影响本文讨论者,释文尽量从宽):

(1)大司马悼愲将楚邦之师徒以救郙之岁,荆尸之月,己卯之日,陈乙以共命为左尹舵贞:出入侍王,自荆尸之月以就集岁之荆尸之月,尽集岁,躬身尚毋有咎?(卦画,略)占之:恒贞吉,少有忧于宫室。以其故敚之。举祷宫行一白犬、酉飤;囟攻叙于宫室。五生占之曰:吉。(包山228—229)①

例(1)实际上记录了两次占卜。到"少有忧于宫室"为止是第一次占卜,卜问出入侍王是否有咎,结论是"恒贞吉,少有忧于宫室"。其下为第二次占卜,是针对上面的结果,提出一个除凶求吉的方案,卜问此方案是否可行、有效。不难看出,"囟攻叙于宫室"和"举祷宫行一白犬、酉飤"一样,是这个方案的一部分。类似的以"囟"字开头的句子还有:

囟攻解于盟祖,且叙于宫室。(包山211)

囟攻解于不辜。(包山217)

囟攻祝,归佩绲、冠带于南方。(包山231)

囟攻解于岁。(包山238)

囟攻解于祖与兵死。(包山241)

囟攻解于水上与溺人。(包山246)

---

① 本文引用包山楚简材料根据湖北省荆沙铁路考古队《包山楚简》,文物出版社1991年版。

  囟攻解日月与不辜。(包山 248)

  囟□□于宫室。(望山 1.117)①

  囟礻(攻)解于盟诅与强死。(天星观)②

  囟攻解于强死。(同上)

  囟攻解于盟祖。(同上)

"囟"字也可以加"心"旁而成"思":

  思攻解于人愚。(包山 198)

  思攻解于下之人、不壮死。(望山 1.176)

  □思攻□。(望山 1.177)

  简文中的"囟""思"后常接"攻解""攻祝""攻叙"等语,已有学者指出"攻""祝"即《周礼·春官·大祝》所载"六祈"中的"攻"和"说","叙"读为"除";此数语皆责让作祟鬼神,解除灾患之意③。

  值得注意的是"囟"与"思"的通用。《说文》云:"囟,头会脑盖也。……膟,或从肉宰。"又云:"思,容也。从心囟声。"以"思"为形声字。而朱骏声则不以为然,他说:"按从心从囟会意。思者,心神通于脑,故从囟。"④朱氏指出"思"与"囟"在意义上的联系是有道理的。但《说文》"囟声"之说恐怕也不能轻易否定。按之古音,"囟"、"思"属心纽双声,韵部"囟"在真部,"思"在之部,看似有一定距离。然而"囟"之或体作"膟",《说文》谓"从肉宰",恐不可从,因为"宰"之于"囟",于义无取,实当分析为"从肉,宰声"。而"宰"就是之部字。又,《集韵》"囟"字又有或体作"胢",当从司声,也可归之部。可见,"囟"之古音确通于之部。《论语·子路》"切切偲偲"的"偲",定州汉简本作"詳",也是之、真相通之

---

① 望山楚简材料根据湖北省文物考古研究所、北京大学中文系编《望山楚简》,中华书局 1995 年版。

② 天星观楚简材料根据滕壬生《楚系简帛文字编》(第 726 页)"由"字条所引(个别释文有出入),湖北教育出版社 1995 年版。该书误释"囟"为"由",而第 791 页"囟"字条所录望山简二文则恐非"囟"字。

③ 李学勤《竹简卜辞与商周甲骨》,《郑州大学学报》1989 年第 2 期。曾宪通《包山卜筮简考释(七篇)》,载香港中文大学中文系编集《第二届国际中国古文字学研讨会论文集》,1993 年。

④ 朱骏声《说文通训定声》,中华书局 1984 年版,第 171 页。

证。再如"宰"字,《说文》当作会意字,有学者认为"辛"兼表声①,也是不无道理的。之、脂(包括支)的分立,总的来说是对的,故自段玉裁提出以来,为绝大多数音韵学家所接受。然文献中多有之、脂相通现象②,说明二者有相近之处。真部为脂部对应的阳声韵,故之、真其实应可看作一种旁对转的关系。现就楚简材料来看,"囟""思"应是记录同一个词,这更能证明二者读音应该相同或极相近似。《说文》"緦"字古文从糸省从囟,以"囟"代"思"作声符,正与楚简的情况相合,也可证"囟""思"音通。③因此,"思"字应分析为"从囟从心,囟亦声"。

既理清了"囟"和"思"的关系,现在来看它们在简文中究竟记录哪个词。试比较下引简文:

(2)……以其故敓之,举祷于绝无后者,各肥豬,馈之;命攻解于渐木立(位),且徙其处而桓(树)之。尚吉?乂占之曰:吉。(包山249—250)

与例(1)的后半部分相较,例(2)在占辞之前多出"尚吉"二字。上面说过,每组简的后半部分也是一次占卜记录。一般前一条卜辞在陈述所卜之事后,都有"尚无有咎"之类的话,所以后一条卜辞的完整形式本来也应如此。例(2)正好证实了这一点。例(1)及其他各组自当视为省略。显然,例(2)中与例(1)"囟攻叙于宫室"相应的是"命攻解于渐木位,且徙其处而树之",而不是"尚吉"。因此,我们自然就不能够把"囟"看作是和"尚"相当的一个词了。同时,也可以看出把"囟""思"理解为祈愿、希冀也不合适,因为它们的后接部分无法被理解为占卜人所期望的积极结果,而只是为了驱灾而设想的禳祓方案,那实际上是不得已而为之的事。

"囟"与"命"地位相当,这是例(1)、例(2)比较显示出来的一个重要事实。这意味着简文中的"囟"和"思"所表示的极可能是一个意义和"命"相当的词。果如此,则"囟"、"思"为发语词的可能性也不会太大,因为一般来说,"命"是作

---

① 参何琳仪《战国古文字典》,中华书局1998年版,第87页。
② 参黄绮《论古韵分部及支、脂、之是否应分为三》,载所著《解语》,河北教育出版社1988年版,第187—226页。
③ 此例蒙龙宇纯先生提示,谨致谢忱。

为一个实义词使用的。从另一方面看，上古汉语所谓"发语词"的"思"，其例基本上不出于《诗》，其作用未必纯为发语，恐怕更重要的是齐足音节，协调乐感。①所以，用在卜筮记录这样实用性很强的文体，似乎不太适合。再者，如是发语词，为何只出现在"攻解……"一类句子中呢？这也是不好回答的。

例(2)中"命攻解于渐木位，且徙其处而树之"一句，意思是命人对"渐木位"进行攻解，并且把它从原来的处所迁走，树于他处。"渐木位"，曾宪通先生读为"暂木位"，谓"大概指的是一些临时用牌位安置的神灵"。②古汉语中"命"可以直接带所命之事，但意思是命人做某事，如《左传·襄公二十三年》："既献，臧孙命北面重席，新樽絜之。"与简文句式相同。

循此，和"命"相应的"囟"或"思"应该读为"使"。"使"和"命"是一对同义词，互相替换自然再合适不过；而"思""使"同属之部，声母皆为齿音，古音极近，当可相通。"囟"既与"思"音通，自然也可读"使"。用"囟""思"来记录"使"这个词，完全出自音近假借，与"囟""思"的本义无关。

其实，《楚帛书》中早已出现类似用法的"思"：

(3) 炎帝乃命祝融以四神降，奠三天□，思敫奠四亟(极)。(帛书甲6)③

刘信芳先生已直接读"思"为"使"④，堪称卓识。可惜刘先生并没有加以论证，未能引起学者的重视。帛文"使敫奠四极"即"使四神敫奠四极"之意，宾语承前而省。例

---

① 以往认为"思"作发语词的例子有：《诗·小雅·车舝》"闲关车之舝兮，思娈季女逝兮"，《大雅·文王》"思皇多士，生此王国"，《大雅·思齐》"思齐大任，文王之母；思媚周姜，京室之妇"，《大雅·公刘》"于橐于囊，思辑用光"，《大雅·思文》"思文后稷，可配彼天"，《鲁颂》"思乐泮水，薄采其芹"等。参王引之《经传释词》，江苏古籍出版社 2000 年版，第 78 页。杨树达《词诠》另举《书·皋陶谟》"予未有知，思日赞赞襄哉"和《左传·昭公二十六年》"思肆其罔极"二例为证。但此二例都有问题，前一例依《尚书正义》的解释，"思"字应属上读，且"日"作"曰"；后一例从上下文义看，"思"当训"欲"，说参杨伯峻《春秋左传注》(修订本)，中华书局 1990 年版，第 1478 页。

② 曾宪通《包山卜筮简考释(七篇)》，载香港中文大学中文系编集《第二届国际中国古文字学研讨会论文集》，1993 年。

③ 本文引用《楚帛书》材料根据饶宗颐、曾宪通编著《楚帛书》，中华书局香港分局 1985 年版。

④ 刘信芳《楚帛书论纲》，载《华学》第二辑，中山大学出版社 1996 年版，第 54 页；又《子弹库楚墓出土文献研究》，台北艺文印书馆 2002 年版，第 35 页。

(1)中的"囟(使)攻除于宫室","使"后也不出现所使之人,不过却不是承前省略,而是不需指明〔例(2)中"命"的情况同此,参上〕。这种情况古汉语中很普遍,例如:

> 北戎伐齐,齐侯使乞师于郑。(《左传·桓公六年》)

> 卫人使告于陈。(《左传·文公元年》)

《孟子·万章上》有两句话前后相应:

> 汤使人以币聘之。

> 汤三使往聘之。

足证"使做某事"等于"使人做某事"。可见,"使攻除于宫室"就是使人对宫室进行攻除的意思。因为这里说的只是设想中的禳祓方案,关键是要占卜其可行与否,使何人去恐怕并不重要,况且也还没到确定人选的地步,所以自然毋需出现具体所使之人了。上引同类句子的理解皆仿此。

由简文可知,像这类的禳祓,左尹舵是不亲往的,而是他手下有一些专门从事这类活动的人为他服务。《诅楚文》云:

> 有秦嗣王,敢用吉玉宣璧,使其宗祝邵鼛,布憿告于不显大神厥湫/巫驼/巫咸……①

可见,秦王告神用的虽是自己的名义,但也不亲主其事,而是命专职人员完成。这和简文所言正相类似,其中用"使"一词,也可参证。

另外,最近公布的新蔡葛陵楚墓竹简有残文:"思为之求四羍义(牺)"(乙四143)②,"思"疑也应读为"使",盖使人为坪夜君求四羍牺之意。

以往讨论楚简"囟"字,一般局限于上举卜筮简,下面这些法律文书中的文例不大受到注意:

> (4) 夏尸之月己酉之日,囟一职狱之主以致命;不致命,阩门有败。(包山128)

---

① 《诅楚文》材料可参郭沫若《石鼓文研究、诅楚文考释》,科学出版社1982年版。
② 河南省文物考古研究所编著《新蔡葛陵楚墓》图版一五三,大象出版社2003年版。

(5) 子郙公誸(属)①之于舍之歔客,囟断之。舍之歔客不为其断,而倚执仆之兄䋣。(包山 134—135)

(6) 鄝司败某于告汤公竞军言曰:执事人誸(属)鄝人……之狱于鄝之正,囟圣(听)之。(包山 131+136)②

(7) 囟㰈之栽(仇)叙于㰈之所訐(证)。(包山 138 反)

这几个"囟"也都应该读为"使",义同"命",都是表示上级对下级或官对民的派遣、命令。相关的简文中,"囟"也可替换为"命"。比如,和例(4)相类的有"命一执事人以致命于鄝"(包山 135 反),"命上之职狱为鄝人舒㰈盟其所命于此箸之中以为訐"(包山 139 反)等。例(5)是说子郙公将案件交附给"舍之歔客",令其审断。包山 135 反:"君命速为之断。"包山 137 反:"命速为之断。"又《左传·昭公十四年》:"韩宣子命断旧狱。"皆用"命",与用"使"正同。例(6)"使听之"是说使鄝正审理此案。例(7)中"叙"读"除",按字面理解,就是"命令与㰈有仇者从㰈所举证的人中除去",也就是命令这些人退出作证的意思。同简并说明这样做的理由是"与其栽(仇),有悁不可訐(证)"。陈伟先生已注意到包山简中"囟"与"命"相当的现象,并曾怀疑"思(引者按:陈氏将"囟"字也迻释为"思")或为使字的假借"③,但后来却一方面说它"为表祈使的动词",一方面又认为"思"与《诗·大雅·文王》郑注"思,愿也"等训释近似④,看来仍然未能完全摆脱夏含夷说的影响,认识似乎还有欠清晰。

新公布的上海博物馆藏楚简中有如下文字:

(8) 受(纣)……于是唬(乎)作为九成之台,视(实)⑤盂炭其下,加缳(圜)木于其上,思民道之,能述(遂)者述(遂),不能述(遂)者,内(入)而死,不从命者从而桎梏之。(《容成氏》42+44)⑥

---

① 读"属"之说参陈伟《包山楚简初探》,武汉大学出版社 1996 年版,第 30 页。
② 此处简文的拼接根据陈伟《包山楚简初探》,第 227 页。
③ 陈伟《包山楚司法简 131—139 号考析》,《江汉考古》1994 年第 4 期,第 69 页。
④ 陈伟《包山楚简初探》,第 31—32 页。
⑤ "视"字原释文读为"寘",也通。
⑥ 本文引用《容成氏》材料根据马承源主编《上海博物馆藏战国楚竹书(二)》,上海古籍出版社 2002 年版。此处简文的拼接根据陈剑《上博简〈容成氏〉的拼合与编连问题》,"简帛研究"网站(03/01/09)。

这是关于"炮烙之刑"的比较详细的描写。刘向《列女传》有相关描述可供参照：

> 纣乃为炮烙之法，膏铜柱，加之炭，令有罪者行其上，辄堕炭中，妲己乃笑①。

此文《荀子·议兵》杨倞注引作：

> 炮烙，为膏铜柱，加之炭上，令有罪者行焉，辄堕火中，纣与妲己大笑②。

简文中的"思民道之"，《列女传》作"令有罪者行其上"或"令有罪者行焉"，"思"显然也当读"使"为宜。如此，简文"不从命者从而桎梏之"云云才有了呼应。道，李零先生读"蹈"③；笔者认为可以不必改读，道者，由也。"使民道之"，就是让老百姓沿着圜木走下去。近见孟蓬生先生也认为本例以及下面讨论到的例(10)、例(11)等三处的"思"字当读为"使"④，最近又有陈伟先生也赞同读本例的"思"为"使"⑤，可见认识正在拉近。

《容成氏》第3号简又云：

> (9) 凡民俾敝⑥者，教而悔(诲)之，饮而食之；思役百官而月青(请)之。

"思役百官而月青之"一句，李零先生释为"愿其听用于百官而月月请谒之"⑦，以"愿"释"思"，读"青"为"请"。其实，前后两个分句说的是两件事，前面讲对民之"俾敝"者如何如何，后面是说对百官如何如何，而句子的主语则应是同篇第1号简所举的诸位上古传说中的帝王。"思役"应当读作"使役"。《广韵·止韵》："使，役也。""使役"为同义复合词，《尹文子·大道下》："赏罚不滥，使役以时。"葛洪《抱朴子·仙药》："遨游上下，使役万灵。""青"读为"请"，可从；然义当为朝

---

① 《景印文渊阁四库全书》第448册，台湾商务印书馆1986年版，第65页。
② 此据王先谦《荀子集解》，中华书局1988年版，第283页；"妲"原作"姐"，当误，今径改之。
③ 李零《〈容成氏〉释文考释》，载马承源主编《上海博物馆藏战国楚竹书(二)》，上海古籍出版社2002年版，第284页。
④ 孟蓬生《上博竹书(二)字词札记》，"简帛研究"网站(03/01/14)。
⑤ 陈伟《竹书〈容成氏〉零识》，载香港中文大学中文系编集《第四届国际中国古文字学研讨会论文集》，2003年，第299页。
⑥ 有关"敝"字的考释详另文。
⑦ 李零《〈容成氏〉释文考释》，载马承源主编《上海博物馆藏战国楚竹书(二)》，上海古籍出版社2002年版，第253页。

请。《史记·魏其武安侯列传》:"太后除窦婴门籍,不得入朝请。"《尔雅·释诂》:"请,告也。"简文意谓,使役百官并让其每月前来朝请,汇报工作。

以上讨论的是楚简帛书中由"囟""思"记录的"使",作为动词,表示派遣、命令、叫让、役使等意义,动作性较强。

(二)

楚系简帛中还有一些由"囟""思"记录的"使",动作性较弱,一般是指使成或容许某种结果。例如:

(10) 禹然后始为之虐(号)旗,以辨其左右,思民毋惑。(《容成氏》20)

(11) 智(知)天之道,智(知)地之利,思民不疾。(同上49)

"思"并当读为"使","使民毋惑""使民不疾",就是使得人民不惑不疾之意。这样的句式,文献常见,毋烦赘举。类似的还有:

(12) 天地名字并立,古(故)忱(过?)其方,不囟(使)相【当。天不足】于西北,其下高以强;地不足于东南,其上【□□□】。(郭店《太一生水》12—13)①

(13) 共工夸步十日四寺(时),□□神则闰四□,毋思(使)百神风雨晨禕乱乍(作)。(帛书甲7)

(14) 乃逆(?)日月,以传相土(?),思(使)有宵有朝,有昼有夕。(帛书甲8)

例(12)"不使相当"犹言"使不相当",其后二句即对"不相当"的具体描述。近见陈伟先生释本例的"囟"为"思",并据包山简一些文例,谓"楚简中'思'有令、使一类意思"②,庶几近之,然犹未达一间也。例(13)、例(14)中的"思",过去多视为语词,句读和文意理解都有问题,刘信芳先生已读"使"③,甚是。例(13)"毋使"古书又作"无使"。

---

① 材料见荆门市博物馆《郭店楚墓竹简》,文物出版社1998年版。
② 陈伟《郭店竹书别释》,湖北教育出版社2003年版,第31页。
③ 刘信芳《楚帛书论纲》,载《华学》第二辑,中山大学出版社1996年版,第55页;又《子弹库楚墓出土文献研究》,第49页。

九店楚简中有一篇被称为《告武夷》的文字：

(15)【□】敢告□䋣之子武夷："尔居复山之岊(址)，不周之埜(野)，帝胃(谓)尔无事，命尔司兵死者。今日某将欲飤，某敢以其妻□妻(赍)女(汝)【聂】币、芳粮，以諹(量)犊(赎)某于武夷之所。君向受某之聂币、芳粮，囟某来归飤故(?)□(?)。"(九店43—44)①

"妻(赍)""諹(量)犊(赎)"二处的释读参周凤五先生说②。这是向司兵死之神武夷求赎兵死者的鬼魂归受飨食的祷告之文。"向"，旧释"昔"，按此字郭店简多见，为"向"字无疑③。"向"疑读"飨"，义为歆飨、受食。"囟"过去多作希望解，实当读为"使"。末句意谓：您好好享用某(让其妻献上)的芳粮，收下某(让其妻献上)的聂币，让某(的鬼魂)可以回来接受飨食。

在卜筮简中还有少数这种用法的"囟"：

(16) 以其故敚之。举祷……；举祷……；举祷……；……；囟(使)左尹  
　　　䑈践复处。囟(使)攻解于岁。(包山236—238)

这里两个"囟(使)"意思略有区别，后一个上文已解释过，现在要讨论的是前一个。"囟(使)左尹䑈践复处"一句紧接在祭祷计划之后，实为祷愿之辞。包山200号简在相同的位置有"志事速得，皆速赛之"一语，也是祷愿之辞，可相印证。"践"古有循守义。《论语·先进》"不践迹"，何晏《集解》引孔安国曰："践，循也。"又《孙子·九地》"践墨随敌，以决战事"，《吕氏春秋·知分》"践绳之节，四上之志"，韩愈《荐士》诗"行身践规矩"等，"践"也用循守义。"复"指恢复、康复。"处"可训"常"，《吕氏春秋·诬徒》"若晏阴喜怒无处"，高诱注："处，常也。"又或可训"安"，《礼记·檀弓下》"何以处我"，郑玄注："处，安也。"由动词意义的"安"，引申之而有安好之义。《诗·小雅·裳裳者华》"我心写兮，是以有誉处

---

① 材料见湖北省文物考古研究所、北京大学中文系编《九店楚简》，中华书局2000年版。  
② 周凤五《九店楚简告武夷重探》，"第一届古文字与出土文献学术研讨会"论文，台北，2000年11月。  
③ 参看张光裕主编《郭店楚简研究》第一卷《文字编》，台北艺文印书馆1999年版，第114页。

兮。"《集传》："处，安也。"古"居""处"音义俱通，古语"居然"即安然之意，并可参证。所以，"囟（使）左尹沱践复处"是说：让左尹沱恢复如常，保持原来的安康①。

日本学者大西克也先生曾从语法结构的角度对上面讨论的例（15）、例（16）以及例（7）进行了分析，认为此三例的句型和"使"字句一致而不合乎心理动词的句型，因而倾向于读"囟"为"使"。但大概是出于谨慎，他认为"最后的结论还得靠今后新资料的挖掘"②。按大西氏所论颇有参考意义，至少可以从另外一个角度证明把"囟"作"思愿"字解是不合适的。

《楚系简帛文字编》"甶"字条下引有一段残文，现试为点读如下：

（17）至新（亲）父，句（苟）囟（使）紫之疾速瘥（秦家嘴1.3）③

简文显然不完整。根据秦家嘴99.10有"□祷之于五世王父、王父训（顺）至新（亲）父母"④等文例推之，"至新（亲）父"之前应另有文字，原当是"……祷之于……顺至亲父"这样的祭祷方案。《楚系简帛文字编》"牂"字条下引同是秦家嘴1.3有"紫牂（将）睪（择）良月良日牂（将）速赛"一句⑤，应可与例（17）联缀。"苟使紫之疾速瘥，紫将择良月良日将速赛"，也是祷愿之辞；既有祷求，又有许诺，和上面提到的"志事速得，皆速赛之"正同。而更可相印证的还是新见《秦骃玉版》⑥的最后一句：

句（苟）令小子骃之病日复，故告大□大将军，人壹□，□王室相如。

---

① 李家浩先生认为例（15）（16）均与为病人招魂有关，说见所著《九店楚简"告武夷"研究》，载《著名中年语言学家自选集·李家浩卷》，安徽教育出版社2002年版，第318—338页；理解上和本文颇有不同，读者可以参阅。
② 大西克也《楚简语法札记（二则）（初稿）·从语法的角度谈"甶（思）"的含义》，"纪念徐中舒先生百年诞辰暨中国古文字学国际学术研讨会"论文，成都，1998年10月。该部分论述后来略有修订，并以《包山楚简"囟"字の训释をめぐつて》为题发表在东京大学《中国语中国文学研究室纪要》第3号（2000年4月）。笔者写作本文初稿时未注意到此二文，近蒙大西先生远道以二文寄赠，谨志此申谢。
③ 滕壬生《楚系简帛文字编》，第726页。
④ 同上注第241页"父"字条。
⑤ 同上注第261页。
⑥ 摹本及照片见李零《秦骃祷病玉版的研究》一文所附，载《国学研究》第六卷，1999年。

玉版用"令","令","使"同义,正可证明简文"囟"读"使"不误。"病日复"可与例(16)"践复处"、例(17)"疾速瘥"相参证。另外,"故"当读为"固",是自然、必定的意思。

近见新蔡楚简有残文"思坪夜君城适瘳速瘥"(零 189)①,"思"也应读作"使"。此当为祷求神明令坪夜君城之病速愈之语,辞例与例(17)极为相近。

例(15)、例(16)、例(17)虽都是祷辞,但祷愿之意却未必要通过其中的某个词来承载。如果说例(15)、例(16)的"囟"还有可能被误解为作"愿"解的"思"的话,那么对于例(17)来说,就恐怕连这种可能性也不会太大了。因为在这里"苟愿……"是明显讲不通的。

## 三、周原甲骨文中的"囟"

既已论证了楚系简帛中的"囟"和一些"思"应读为"使"②,似乎暗示着周原甲骨中的"囟"也有读"使"的可能。然而,这无疑需要检验和论证。

周原甲骨文中的"囟"多数出现于命辞。例如:

(18) 癸巳彝文武帝乙宗,贞:王其邵□成唐,䵼御,服二女,其彝:血牪三豚三,囟有正?(H11:1)③

(19)【□□】□文武【□□】王其邵帝【□】天□,典册周方白【□□】,囟正、亡左【□□】王受有祐?(H11:82)

(20) 一戜,囟亡咎?(H11:28)

(21) ☑□告于天,囟亡咎?(H11:96)

(22) 祠自蒿于壴,囟亡𡇒?(H11:20)

---

① 河南省文物考古研究所编著《新蔡葛陵楚墓》图版一六五,大象出版社 2003 年版。
② 就目前所见的楚系简帛材料来看,"囟"都读为"使",而"思"则还有很多是读如字的。另外,楚系简帛中"使"这个词也并非全由"囟"或"思"来记录,还有很多是用"史"字记录的。大致而言,在应用文体中,基本上用"囟"或"思",而抄写书籍文章则多用"史",对此,笔者拟另文探讨。
③ 本文引用周原甲骨材料根据曹玮编著《周原甲骨文》,世界图书出版公司北京公司 2002 年版。

(23) 贞:王其□用胄,叀□胄乎桒□,囟不每(悔)王□(?)?(H11:174)

(24) 自三月至于三月＝唯五月,囟尚?(H11:2)

"有正""正"也见于殷墟卜辞,有吉、顺义。"亡咎""亡眚"即《周易》的"无咎""无眚",无灾之意。"悔"义同"咎","不悔王□(?)"与殷卜辞的"不隹帝咎王"(《合集》902反)相类。"尚"疑读"当",《正字通》:"当,事理合宜也。"可见,"囟"字带出的词语都是表积极意义的。

就在卜辞中的位置而言,上举周原卜辞"囟……"都用在命辞的末尾,就所占卜之事贞问吉凶。若与殷墟卜辞相较,它相当于"有正""正""亡咎""亡尤""亡囚""若"等等;若与楚简相比,它相当于"尚吉""尚毋有咎"等等。若着眼于前者,则容易使人觉得"囟"字可有可无,应是一个无实义的虚字;如注重后一种情况,则又容易让人作出"囟"同于"尚"的假设。这大概就是本文"引言"部分所列举的(一)、(二)二说的由来。从表面上看,这都有一定的道理。但根据上文的分析,所谓用作"发语词"的"思"恐怕属于《诗》的特色语言,用在卜辞中恐不合适。就其虚词用法而言,也与"惟"不尽相同。李学勤、王宇信先生谓"思"义同"惟",以《诗·小雅·我行其野》"不思旧姻",《白虎通义》引"思"作"惟"为证①。但其实那是它们动词意义层面上的关系。至于"囟……"和"尚……",表面上虽相类似,但也不能断定它们必然是同样的结构,而其中的"囟"和"尚"就必然是同义词。而更重要的是,如张玉金先生所指出,读"囟"为"斯"虽有一定的依据,但"斯"训为"庶几"则缺乏古文献的证据。②可见,此二说不能不受到怀疑。而张玉金先生认为"囟(斯)……"表示在假设条件下的结果,以例(18)来说,张先生的理解是:如果王如何如何,那么就会"有正"。这样,"王如何如何"就变成"有正"的条件了,这恐怕也不太合理。

---

① 李学勤、王宇信《周原卜辞选释》,《古文字研究》第4辑,中华书局1980年版。
② 张玉金《关于周原甲骨文的"囟"字及其命辞语言本质问题》,载所著《甲骨卜辞语法研究》,第70—76页。

探寻中华文化的基因(一)

其实,单看这几条命辞,倒是可以把"囟"读为"斯"的,不过,要作"此""如此"来解。仍以例(18)为例,解释为"王要如何如何,这样是否'有正'",未尝不可。

然而,结合其他一些因素考虑,还是以读"囟"为"使"更加合理。"使",理解为使成或容许某种结果,和本文第二部分之(二)所讨论的"使"相同,可译为"让""令"。请论证之。

从殷墟卜辞可知,古人认为凶咎灾祸是由天帝神鬼降下,所以有"(帝)降囚""降病""降不若""降堇"等说法。同理,凡吉祥安顺也如此。例如:

我其已宾乍,帝降若?

我勿已宾乍,帝降不若?①(《通纂》367)

"若"与"不若"皆为"帝"所赋予。又如自然现象也是如此:

丙寅卜,争贞:今十一月帝令雨?

贞:今十一月帝不其令雨?(《合集》5658 正)

贞:帝其及今十三月令雷?(《合集》14127 正)

值得注意的是,这里用"令",正与"使"义近。所不同的是,"降若""令雨"云云一般前面都有一个主语"帝",而周原卜辞"使有正"等前面则一律不出现类似成分。关于这个"帝",郭沫若先生这样解释:

以上……均有帝字,或称上帝。凡风雨祸福、年岁之丰啬、征战之成败、城邑之建筑,均为帝所主宰,足证殷人已有至上神之观念。惟据《山海经》而言,至上神之帝即帝俊。则卜辞之帝亦当即夒若高祖夒也。②

殷人心目中有一具体的主宰天地祸福的"帝",而周人却有所不同。试看:

□□商,其舍若?(H11:115)

"舍"义为"赐予""给予",金文习见。这里"舍若"实即同于"降若",但它就没有

---

① 断句参唐钰明《卜辞"我其已宾乍帝降不若"解》,《中山大学学报》1986 年第 1 期。
② 郭沫若《卜辞通纂》,科学出版社 1982 年版,第 367—368 页。

一个如"帝"之类的具体发出者,与殷墟卜辞形成鲜明的对比。"使有正"等语的情况正也如此。我们不妨作如是理解:周人是向一个抽象的主宰者或者一种广泛而抽象的神力卜问吉凶的,"舍若""使有正""使亡咎"的发出者(也即主语)就是这抽象的主宰者或神力,所以不需要出现。其实,文献也有可资证明者。《周易·损》六四爻辞云:

  损其疾,使遄有喜,无咎。

"损其疾""使遄有喜""无咎"的使成者,其实也是一种抽象的主宰者或神力,故无须名之。这或许正反映出周人的信仰特点。这个抽象的主宰者或神力,可能就是"天"。周人崇"天",众所周知,而"天"是无所不在,无时不在,无形无体的;而殷人心目中的"帝"则源于祖先崇拜,是较为具象的①。爻辞中"使遄有喜"正与卜辞"使有正"等如出一辙,这对于读"囟"为"使"是一个有力的支持。例(18)是问:王要如何如何,(天意)让(他/这事)"有正"吗/吧?余皆仿此。

  个别卜辞比较特殊,需要稍作分析。如:

    (25) 今穮(?)王囟(使)克往密?(H11:136)

"囟"字之前出现"王"字,与上引诸例稍异。窃以为有两种可能:一是"王使"为一个词,指王之使臣;二是"王使克往密"乃"使王克往密"的倒装。

  "囟"还出现在占辞中。例如:

    (26) 卟曰:竝囟克事。(H11:6)

"卟"字周原甲骨数见,以前多据《说文》训为"卜问",将"卟曰"句也看作命辞,造成不少误解。裘锡圭、朱歧祥两位先生则都认为此字与殷卜辞的"固"字有关,相关文字应属占辞。②特别是裘先生,先后两次撰文深入论证,令人信服。竝,过去多以为人名,实并无根据。裘先生曾怀疑"竝"有可能是副词③,甚是。"竝囟

---

① 参看许倬云《西周史》(增订本)第三章第四节,生活·读书·新知三联书店2001年版。
② 裘锡圭《释西周甲骨文的"卟"字》,载香港中文大学中文系编集《第三届国际中国古文字学研讨会论文集》,1997年;又《从殷墟卜辞"王占曰"说到上古汉语的宵谈对转》,《中国语文》2002年第1期。朱歧祥《周原甲骨研究》,台北学生书局1997年版,第7—8页。
③ 同上注裘氏第一文。

克事"就是"竝使克事",意思是让所卜之事都能成功。H11:6可与H11:32缀合。H11:32残存"□囟克事"四字,当是与H11:6相应的命辞,可连读为:"☑□,囟克事?卧曰:竝囟克事。"

这条占辞的认定,同时也可以否定"囟"训"愿"的说法,因为占辞是观察兆象或筮象之后作出的判断或预测,不可能是表示祈愿。

## 四、关于卜辞命辞的性质

关于卜辞命辞性质的讨论,是三十年来甲骨学界的一个大论争。命辞性质其实也就直接指向占卜的性质,这可以说是甲骨学的一个根本性问题。笔者支持绝大多数卜辞命辞为问句的传统观点。①这里不可能也不准备进行全面讨论,只是就本文所涉及者,略谈两点看法。

### (一)"囟""尚"的意义与卜辞命辞性质的关系

从上文所论可知,无论是在周原甲骨,还是在楚系简帛中,"囟"(包括与之通用的"思")都不能够作"愿"解,想以此改变对命辞性质的认识显然是行不通的,现可不论。这里要说的是,即使把周原卜辞中的"囟"解作"庶几",也不能证明"囟"字句不是问句。《左传》《国语》所载卜辞和楚卜筮简中的"尚",传统训为"庶几",应该不错,但恐怕不是表示命令,而是表示揣度。这一类句子,如果把它们理解为问句也是完全没有困难的。"尚吉"就是"应该吉利吧","尚毋有咎"就是"差不多没有祸咎吧"。同理,如果认定"囟"等于"尚",则"囟"字句也完全可以这样理解。又假如"囟"读为"斯",作"此""如此"解,"斯亡咎"同样可以理解为"这样没什么不妥吧"。

---

① 可参看以下论著:陈炜湛《论殷墟卜辞命辞的性质》,载《纪念张世禄先生学术论文集》,上海教育出版社1994年版;张玉金《论殷墟卜辞中的语气问题》,《古汉语研究》1995年第3期;唐钰明《甲金文词义辨析两则·贞、卜辨》,载香港中文大学中文系编集《第三届国际中国古文字学研讨会论文集》,1997年;朱歧祥《殷墟卜辞的命辞是问句考辨》,载《容庚先生百年诞辰纪念文集》,广东人民出版社1998年版。

本文认为"囟"应读"使"。"使"本身显然含有使令的意义,但这也丝毫不会影响"使亡咎"等等之为问句。"使得不出麻烦吗?""让顺利吧?"同样不会有理解障碍。

可见,如果不能先从占卜活动本身去否定其"决疑"的性质,不能从大量的文献中去否定"贞"字的"卜问"义,而试图从"囟"或"尚"的释义来论命辞的性质,恐怕不是一种有效的方法。

(二)占卜者的心理期待与命辞的语言形式的关系

按常理,人们进行占卜活动,表面上是想知道吉凶祸福或者作出某种选择,但内心一般都会有某种心理期待,特别是当涉及吉凶祸福的时候。这种心理期待无疑是指向积极意义的,这是再自然不过的事情。周原卜辞和竹简卜辞命辞的末尾问休咎时,一般都用积极意义的词语,正是卜问者心理期待的外化。形式上的疑问和内心的期待指向,二者并无矛盾。

夏含夷先生认为"尚"是希冀的意思,并引《仪礼正义》"云'尚,庶几也'者,《说文》同,盖愿望之辞"等为证。①但其实"尚"在命辞中只是表达一种揣度。就以例(1)"躬身尚毋有咎"来说,我们知道占卜者内心是希望"毋有咎"的,但不能直接解释为"希望自身没有差错",而应理解为"自身差不多没有差错吧"。一般情况下,人们当然只往好的方面"揣度",另如"尚吉"、"尚毋有恙"、"尚速瘥"、"尚毋死"(以上包山卜筮简)、"尚无及期"(《左传·文公十八年》)、"余尚得天下"(《左传·昭公十三年》)、"尚大克之"(《左传·昭公十七年》)等等,所谓希冀、愿望,实际上都是语言背后的心理期待,而非语言形式层面的东西,古人或有"愿望之辞"之说,正是未辨此间关系所致。其实,就是例(15)、例(16)、例(17)那样明显的祷愿之辞,都不一定要出现"愿"之类的字眼,更何况卜辞命辞呢?要之,卜辞命辞中的"尚……"应理解为"差不多/应该……吧",形式上仍然

---

① 有关考辨可参夏含夷《试论周原卜辞☒字——兼论周代贞卜之性质》,《古文字研究》第 17 辑,中华书局 1989 年版。

是问句。因此,以卜辞"尚……"是非问句为基础而推论周原卜辞、甚至殷墟卜辞的命辞也是非问句,自然是可疑的。

同样值得怀疑的是,张玉金先生以"尚……"为祈使句①,并试图以此为基础,说明卜辞命辞经历由疑问句到祈使句的变化。② 实际上,卜辞命辞的性质决定于占卜活动本身的性质,也即由占卜的特殊语境所规定的。只要占卜活动的性质不变,命辞为问句的性质也不会变。殷墟卜辞存在大量正反对贞和一正一反的反复贞问,而周原甲骨、楚简及《左传》《国语》所载卜辞则基本上只朝积极方向发问,这种变化最多只能说明人们趋吉和避讳的心理更加自觉和强烈,同时把主观的心理期待表露得更加直接明显,而不会改变命辞语言形式上的性质。

**补记:**

本文初稿曾在"第四届国际中国古文字学研讨会"(香港中文大学,2003年10月)上宣读。此次刊表,有所修订,并增加若干新材料。投稿以后,又有一些新的发现,故补记于此。

在新公布的楚简文字资料中,"囟"和"思"字明显应该读为"使"的有如下数例:

  a. 囟(使)邦人皆见之。(《昭王毁室昭王与龚之脾》10)

  b. 凡贵人囟(使)处前位一行,后则见亡。(《曹沫之阵》24)

  c. 厚食,思(使)为前行。(同上30)

  d. 明日将战,思(使)为前行。(同上31)

  e. 陈功上贤,能治百人,史(使)长百人;能治三军,思(使)帅。(同上36)

  f. 故帅不可思(使)眷,眷则不行。(同上38)

---

① 按,即使"尚"是希望、希冀的意思,"尚……"似乎也还和一般理解的祈使句不太一样。
② 张玉金《关于古文献中卜辞命辞语言本质及其语气问题》,载所著《甲骨卜辞语法研究》,第76—82页。

g. 毋思（使）民疑。（同上 52）

h. 重赏薄刑，思（使）忘其死而见其生，思（使）良车良士往取之耳。思（使）其志起，勇者思（使）喜，葸者思（使）悔，然后改司。（同上 54—55）

以上资料均见于《上海博物馆藏战国楚竹书（四）》（上海古籍出版社 2004 年版）。另外，《上海博物馆藏战国楚竹书（三）》（上海古籍出版社 2003 年版）中有如下一例：

i. ☐子，有臣万人道汝，思老其家。（《中弓》3）

"思"字很可能也应该读为"使"，录此备考。

近日重读新蔡楚简，又检得如下一例：

j. ☐☐疾，亟囟郼亥敓于五世☐（新蔡乙四 27）

"五世"以下虽残，但同批竹简有"就祷三世之殇"（乙四 109），可资比较。"敓"即包山简的"祝"。"郼亥"当为人名，"郼"见于包山简，为地名，此用作姓氏，盖属于以地为氏。"囟"仍应读作"使"。"亟"读同"亟"，训"急"。与此简文例相似的有：

☐筮，悡忻（祈）福于犬☐（新蔡零 448）

"悡忻（祈）福于犬"和"亟囟（使）郼亥敓于五世☐"一样，都属于禳祓方案。"亟"加"心"旁以表义，同样应读作"亟"（关于楚简中"亟"的释读请参阅陈伟先生《郭店楚简别释》，载《江汉考古》1998 年第 4 期）。二例可互相印证。而"亟囟（使）郼亥敓于五世☐"一句的释读，意义实颇重大。很明显，就其在卜筮记录文本中的地位而言，此句和本文例(1)中的"囟（使）攻叙于宫室"，以及例(2)中的"命攻解于浙木位，且徙其处而树之"是相当的。例(1)及例(2)的"囟（使）"、"命"后面都没有出现人名；以前发现的许多由"囟"或"思"开头的同类句子，情况也基本上类似。而这里"囟"后带出人名"郼亥"，此人当即"敓于五世☐"的具体执行者，整个句子无疑是一个兼语句，这充分证明将卜筮简中同样用法的"囟"和"思"读作使令动词"使"是合适的。再加上"囟"可以用副词"亟"来修饰，就更加充分地证明了将卜筮简中同样用法的"囟"和"思"看成发语词或其他含义的虚词都是不合适的。

最近读到沈培先生《周原甲骨文里的"囟"和楚墓竹简里的"囟"或"思"》一文（载中国文字学会、河北大学汉字研究中心编《汉字研究》第一辑，学苑出版社2005年版）。该文有许多新的贡献，比如指出传世古书中也有一些"思"字应读为"使"，这是值得重视的。同时，该文有部分观点和本文不同，请读者参考。

原载《文史》2006年第1辑

# 释甲骨文中的"❂"(冲)

金 赫

## 一、"❂"的字形及其用法

《甲骨文编》和《新甲骨文编》中,"车"字条里有"❂""❂""❂""❂""❂""❂""❂""❂"等几种繁简的写法。甲骨文"车"字作为象形字,直接反映出了商代车的全貌。按"车"的结构来看,其主要部件有軛、衡、辀、舆、轮、轴等。"❂"形正好具备了一辆车的各部件。"车"的各种形体中,"❂"与一般"车"字写法截然不同。不过《文编》和《新文编》都将此字释作"车",收在"车"字条里。"❂"字中间有"❂"形,这就是与"车"字其他形体显然不同的特点。我们推测此字是为了表示一种特殊战车而加上一个象形偏旁"❂"来造的表意字。

在卜辞里,"❂"字的用法也跟其他"车"字的用法显然不同。现在在我们能看到的甲骨卜辞里,"❂"字只出现于宾组卜辞。下面我们看"❂"字的辞例。

(1) 癸丑卜,[争]贞:自今至于丁巳,我㞢(蔑)①❂。

---

① 陈剑先生把"㞢"训为古书中的"灭",读为"蔑"。参看陈剑《甲骨金文"㞢"字补释》,《甲骨金文考释论集》,线装书局 2007 年版,第 99—106 页。

探寻中华文化的基因(一)

　　　　王占曰：丁巳我毋其戋（翦）。于来甲子戋（翦）。

　　　　旬㞢（有）一日癸亥，[车]弗戋（翦）。之夕[向]（向）①甲子，允戋（翦）。

　　　　癸丑卜，争贞：自今至于丁巳，我弗其戋（翦）[𢀖]。　　　　《合》6834 正

　　(2) □日□亥[车]允□　　　　　　　　　　　　　　　　《合》11451

上引的(1)是属于宾组典宾类的卜辞②，其内容是有关商王征伐"[𢀖]"地的。占辞说："来甲子日，会翦灭[𢀖]地。"验辞说："过十一天后的癸亥日，[车]没有翦灭。那天晚上到下一天甲子这段时间，果然翦灭了。"(2)也是属于典宾类，这版既小又残得很多，但看上去很可能是为跟(1)同一件事而占卜的卜辞。张秉权先生将"[车]"释为"车"字，其用法为一个"人名"或者"方国名"。③姚孝遂先生还曾经指出过此字与车形有别，但姚文没有具体说明"[车]"到底是什么字。④岛邦男先生也注意到此字与"车"有别。⑤我们怀疑此字不是"车"，其用法也不能认为"人名"或者"方国名"。按字形结构来说，"[车]"可能是象车上有大撞木之形。"[车]"字中间的"[木]"形即能够打破敌城的一种锐利的器具，具体象形的实物就是古代"冲车"。笔者向刘钊师请教时，刘师向我指出："中国古代有冲车，可以将此字直接读为'冲'。"笔者认为此说可信。

　　根据我们的推测，如果将"[车]"字释为"冲"，卜辞(1)的"[车]"有可以看做名

---

① 参看裘锡圭《释殷虚卜辞中的""""等字》，原载《第二届国际中国古文字学研讨会论文集》（香港中文大学中国语言及文学系，1993）；收入同作者《裘锡圭学术文集》第1卷，复旦大学出版社2012年版，第391—403页。

② 本文的分类标准皆从黄天树的分类法。参看黄天树《殷墟王卜辞的分类与断代》，科学出版社2007年版。

③ 张秉权《殷墟文字丙编考释》，台湾"中央"研究院历史语言研究所，1957年，第6—13页。

④ 于省吾主编《甲骨文字诂林》"车"条姚孝遂按语，中华书局1999年版，第3178页。

⑤ 岛邦男编《殷墟卜辞综类》，汲古书院1977年版，第465页。

词"冲车"之{冲₁}和动词"冲击"之{冲₂}两种用法的可能性。

"✡弗戋(翦)"的"✡",如果看做名词{冲₁}的话,"✡"为主语,"弗戋(翦)"为述语。我们觉得假定为名词的"✡",可能是指职官名,即战争中主要担任冲击敌城的任务的职官。这跟卜辞"马""射""戍"等字表示职官名的情况一样。如果将"✡"看做动词{冲₂}的话,"旬虫(有)一日癸亥,✡弗戋(翦)"应改为"旬虫(有)一日癸亥✡,弗戋(翦)",意思是说"过十一天后的癸亥日冲击了敌方,没有翦灭"。我们倾向于后一种看法。

陈剑先生向笔者指出:"敌对的对象'✦',不是像'羌'那样来犯的敌国,而是一个固定的城邑。从这一点来考虑,'冲'的对象就是它的城邑,而不是冲击敌方来战争的。"我们认为陈先生的看法很有道理。这可以提高我们将"✡"字释为"冲"的可靠性。

甲骨文中的"✡",无论用为名词还是用为动词,"✡"字能不能释为"冲"的问题最关键。下面我们讨论卜辞"✡"字与古文献上出现的"冲"字的关系。

## 二、古文献上的证据

中国古代有各种攻城的方法,其中有"冲",就是用来打破城门的手段。《墨子·备城门》有禽滑厘向子墨子问城守之法的对话,其对话中提到了十二种攻城手段。详细内容如下:

禽滑厘问于子墨子曰:由圣人之言,凤鸟之不出,诸侯畔殷周之国,甲兵方起于天下,大攻小,强执弱,吾欲守小国,为之奈何? 子墨子曰:何攻之守? 禽滑厘对曰:今之世常所以攻者:临、钩、冲、梯、堙、水、穴、突、空洞、蚁傅、轒辒、轩车,敢问守此十二者奈何?①

---

① 孙诒让撰《墨子间诂》,中华书局 2010 年版,第 489—490 页。

探寻中华文化的基因（一）

上面十二种攻城手段中"冲"所指的是"冲车"。①看高诱注，我们可以更详细地理解古代冲车的原貌如何。《淮南子·览冥》："攻城滥杀，覆高危安，掘坟墓，扬人骸，大冲车，高重京。"高诱注："冲车，大铁着其辕端，马被甲，车被兵，所以冲于敌城也。"②高诱对冲车所描述的"大铁着其辕端"这句话，正好与甲骨文中"🝔"字的形体完全一致。

"冲"是一个古代用以冲击敌阵或敌城的战车，用为动词就是突击敌城或敌阵的意思。在古书里有不少当"突击"讲的"冲"字。例如：

《诗经·大雅·皇矣》："以尔钩援，与尔临冲，以伐崇墉。"

《左传·昭公十三年》："晋荀吴自着雍以上军侵鲜虞，及中人，驱冲竞，大获而归。"

《庄子·秋水》："梁丽可以冲城，而不可以窒穴，言殊器也。"

《韩非子·八说》："干城距冲，不若埋穴伏橐。"

《孙子兵法·虚实》："进而不可御者，冲其虚也。"

《战国策·齐策八》："使轻车锐骑冲雍门。"

《六韬·敌武》："敌人逐我，发我车骑冲左右。"

《吕氏春秋·贵卒》："吾丘鸠衣铁甲操铁杖以战，而所击无不碎，所冲无不陷。"

上引诸文"冲"的宾语，除了《诗经·大雅》以外，大部分是所突击的对象，就是敌军。《说文·车部》有"𨏉"字，说："𨏉，陷敶车也。从车、童声。"杨树达先生在《释𨏉》一文中解释𨏉字说：

《说文》十四篇上车部云："𨏉，陷阵车也，从车、童声。"经传多假冲字为𨏉。《诗·大雅·皇矣篇》云"与尔临冲"，定公八年《左氏传》云"主人焚冲"，皆其例

---

① 《诗经·大雅·皇矣》："以尔钩援，与尔临冲，以伐崇墉。"毛传："钩，钩梯也，所以钩引上城者。临，临车也。冲，冲车也。墉，城也。"参看《毛诗正义》，《十三经注疏》上册，上海古籍出版社1997年版，第523页。

② 参看张双棣撰《淮南子校释》上册，北京大学出版社1997年版，第704页。

也。按轒之为言撞也。《后汉书·光武纪》云"冲輣撞城",是轒有撞之用也。撞字亦或假冲字为之。《战国策·齐策》云"使轻车锐骑冲雍门",所谓轻车,轒车之类也。①

从杨先生的解释,我们可以知道"冲"是"轒"的假借字。②

### 三、"㈠"与"㈡"的关系

在另外版卜辞里,我们注意到了一个可以跟《合》6843 正联系起来的辞例。《合》1027 正上出现的"㈡"字跟(1)的"㈠"字应该有密切关系。在这里我们讨论卜辞"㈠"与"㈡"两个字的关系。

宾组一类卜辞中,有在不同的日子为跟(1)同一件事而占卜的卜辞。

(3) 戊午卜,㱿贞:我其呼㈢囲,戋(翦)。

戊午卜,㱿:我㈣,戋(翦)。　　　　　《合》1027 正

《合》1027 正和《合》6834 这两版之间有密切关系。首先,从干支上看,壬子、癸丑、丁巳、戊午、己未、癸亥、甲子都很接近。再次,从事类上看,此两版都有与"缶""囲"的战争。因此我们能够肯定他们是为同一件事而占卜的卜辞。

《文编》和《新文编》都将"㈡"字收在附录。徐中舒先生疑为"㈡"是一个人名。③但是按语法结构来说,"㈡"为动词,"囲"为其宾语,更加合理。"㈡",从"㈤"、从"㈥"。如果将"㈡"所从的"㈥"形跟"㈠"所从的"㈥"形比较分析,两者

---

① 杨树达《积微居小学述林全编》上册,上海古籍出版社 2007 年版,第 28—29 页。
② "冲"为"轒"的假借字,清代学者毕沅也已经指出过。孙诒让撰《墨子间诂》,第 490 页。
③ 徐中舒《甲骨文字典》,四川辞书出版社 1989 年版,第 42—43 页。

探寻中华文化的基因(一)

很可能都像一种能够打破城门或城墙的锐利之器具。"✦"字上面所从的"△",可以看做甲骨文中像楼台或城墙形的"△"(高)、"△"(墉)等字所从的偏旁"△"形。而且,"✦"的方向正好朝着"△"的正面。既然如此,我们可以说"✦"是象用"✦"来打破城墙或城门之形的表意字,也可以考虑"✦"与"✦"这两个字之间有着通用字关系的可能性。我们认为"✦"字很可能表示打破城墙或城门的动词。这样看来,"✦"跟(1)"✦"的用法非常相似,语法地位也很相近,只不过(1)的"✦"后面省略了宾语"△",(3)的"✦"正好没有省略宾语"△"。

大家都知道甲骨文不同类组之间有不同的用字习惯。陈剑先生在《殷墟卜辞的分期分类对甲骨文字考释的重要性》里,强调过确定异体字和通用字的时候,一定要根据"字形"与"辞例"这两个方面。①用类组的观点来解释不同类组的用字习惯时,一般是不同的字形在特定的类组多次固定使用。本文研究的此两个字,仅仅各一例,能确定的只有两条卜辞是同一事类的关系。我们觉得"✦"和"✦"是不同的两个字表示同一个词"冲"的通用字的可能性很大。不过其例子只有这一条,无法完全确定。希望以后用更多的证据来确定此两个字之间的关系。

总之,甲骨文的"✦"字,从字形和用法来看,跟一般"车"字有明显的区别。"✦"是像古代冲车之形的表意字,可以释为"冲",其用法为动词,即古代攻城手段之一"冲"。"✦"是象用"✦"来打破城墙或城门之形的表意字,也作为动词,跟"✦"字表示的很可能是同一个词{冲}。

---

① 陈剑《殷墟卜辞的分期分类对甲骨文字考释的重要性》,《甲骨金文考释论集》,线装书局 2007 年版。

下面举一个收在北宋军事著作《武经总要前集》的撞车图,以供参考:

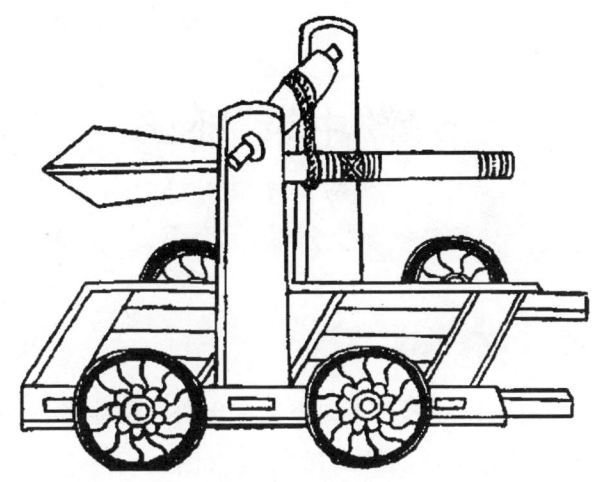

《武经总要前集》卷十二①

附识:小文初稿承蒙刘钊、夏含夷、徐在国、王子杨、谢明文、葛亮、刘刚诸位先生的审阅指正,一并表示衷心感谢。

本文曾经发表在2012年韩国济州大学举行的第4届韩中日汉字文化国际论坛上。后来正式载于《汉字研究》第7辑,庆星大学校韩国汉字研究所,2012年。

---

① 此图是宋人所画的撞车图,时间上离商代有很大的距离。本文只为帮助读者的理解,以供参考。本图引于《中国兵书集成》编委会编:《中国兵书集成·第三册》,解放军出版社、辽沈书社1987年版,第565页。此外,考古发现的汉代文物中有一些学者认为可能是古代冲车的部件,就是汉景帝阳陵出土的"攻城破门器"之前锋和铜镦。参看史党社、田静《中国古代之"冲"小考》,《考古与文物》2010年第4期。

# 卜辞"中录"补证

苗 丰

卜辞有"中录"一语(图一),黄天树先生指出一类是地名,另一类"可能是表示夜半的一个时称",表示时称时或写作"中渌"(图二)。①

图一:《合》13375

---

① 黄天树《殷墟甲骨文所见夜间时称考》,《黄天树古文字论集》,学苑出版社 2006 年版,第 185—188 页。

卜辞"中彔"补证

图二:《合》14013

从读音和词义两方面考虑,卜辞表示时称的"中彔",也许可以读为见于《诗经》的"中冓"和"中垢"。

李家浩先生释出西周晚期伯㪤父簋中的地名"冓",指出记有同一战役的翏生盨和噩侯驭方鼎中与之相当的地名写作"角",李家浩先生对二者相通做了解释。这是"冓"与"角"直接相通的例证。① "彔"与"角"几乎同音,以他们为声旁的字,都有见母和来母两种,即音韵学者所说的复辅音声母,韵部则都在屋部,典籍也有通用例证。所以"彔"与"冓"可以相通假。

"中彔"在卜辞中为夜间时称,而"中冓"古注正是"中夜"。相关材料如下:

1.《诗经·鄘风·墙有茨》"中冓之言,不可道也"

王先谦《诗三家义集疏》引用了下面两则材料:

《经典释文》引《韩诗》云:"中冓,中夜。"

《汉书·文三王传》:"……太中大夫谷永上疏曰:'……是故帝王之意,不窥人闺门之私,听闻中冓之言。''中冓'晋灼注语曰:'鲁诗以为夜也'。"

王先谦进一步说:"据此鲁、韩意同,'冓'当为'宿'之借字。《广雅·释诂》:'宿、昔、闇、暮,夜也'。《玉篇·宀部》:'宿,夜也。诗曰:中宿之言,中夜之言

---

① 李家浩《读金文札记两则》,《古文字研究》第28辑,中华书局2010年版,第246—248页。

也.'又云:'寴,本亦作蕭'。……《大雅·桑柔》'维彼不顺,征以中垢',传'中垢,言闇冥也'与'中冓'义合,盖'垢''冓',古字通也。"①

2.《大雅·桑柔》"维彼不顺,征以中垢"

王先谦引《韩诗外传五》"以明扶明则升于天,以明扶闇则归其人。两瞽相扶,不伤墙木,不陷井穽,则其幸也。诗云'惟彼不顺,往以中垢',闇行也。陈乔枞云:'参之笺说,'往'疑'征'之讹'。愚案,陈说是也。'中垢'言闇冥,与《墙有茨》'中冓'音义皆同。"②

"征以中垢"本来的意思应该就是在"中垢"这个时段出外行走,夜里啥也看不见,可能撞墙或掉坑里,《韩诗外传》用"两瞽相扶"作比。

《大雅·桑柔》一般说是周厉王之时的诗,可见到西周末这个词还活着。《墉风·墙有茨》一般说是春秋前期卫人刺上所作,此诗出自殷商故地,可能因为方言的关系这个词在这里得以流传得更久一些。这个词在传世文献中似乎只见于《诗经》,大概也和《诗经》多有口语成分有关。《汉书》中的用法应该是引用《诗经》,不能反应到了汉代这个词还活在口语中。

据黄德宽先生介绍,在安徽大学藏竹简《诗·鄘·墙有蒺藜》(即《墙有茨》)中,传世文献中记载的"中冓"写作"中𣎵"(见河南大学黄河文明与可持续发展研究中心 2016 年 9 月 19 日报导,http://www.hhwm.org/news/586)。

如此看来,记录夜间时称这个词的用字习惯也是非常稳定的,这可能是因为文本抄写是先秦文献传播的主要途径。秦火之后,西汉今文经师无法看到真正古本(鲁诗虽称"古文",但至少我们今天看到的鲁诗此处未能体现其存古的价值),只能根据口耳相传的内容重新写定文本,转写作了"中冓"或"中垢",用字习惯才发生改变。

关于"中录"一词的结构,黄天树先生指出:"……'中录'之'录',是一个表

---

① 王先谦《诗三家义集疏》,中华书局 1987 年版,2009 年重印,第 220 页。
② 同上,第 950 页。

示夜间的时称。""'㮐'之'中'表示夜间之中点,等于'中日'之'中'表示白天之中点一样。"但黄天树先生对所引合 20964＋21310 的"……乙巳'㮐'雨"一例,认为"㮐"可能是"中㮐"之省。①

郭永秉先生在《清华简〈尹至〉"㮐至在汤"解》一文中,认为合 20964＋21310 的"……乙巳㮐雨"之"㮐"并不是"中㮐"之省,而认为"'㮐'大概和'夜''夕'一样,是一种泛指的时称。"②《清华大学藏战国竹简(壹)·尹至》简一:"隹(惟)尹自顕(夏)逯(徂)白(亳),㮐至才(在)汤。……"(图三)之"㮐"与卜辞之"㮐"用法相同。

陈剑先生也告诉我他很早就认为卜辞"中彔"当读为"中莫",二者结构相同,"中日"最早就是太阳在中的意思,随后慢慢抽象化、虚化。"中莫"之"莫"是个很古老的词,现在还不能像"中日"之"日"这样落实。

图三:《清华大学藏战国竹简(壹)·尹至》简一(部分)

附识:小文于 2012 年 3 月 25 日发表于复旦大学出土文献与古文字研究中心网站,当时得到中心诸位师友指教与鼓励,使我纠正了不少错误,笔者十分感谢他们。此次在原文基础上作了进一步改写,感谢周波先生的耐心指教与帮助,感谢任攀先生提供的信息与帮助。

2016 年 12 月 31 日于澳门氹仔居所

---

① 黄天树《殷墟甲骨文所见夜间时称考》,《黄天树古文字论集》,第 185—188 页。
② 郭永秉《清华简〈尹至〉"㮐至在汤"解》,《古文字与古文献论集续编》,上海古籍出版社 2015 年版,第 248—253 页。

# "或"字补说

## 谢明文

### 一、有关字形及相关研究情况的简单介绍

商代金文、甲骨文等古文字资料中有许多旧被释作"戉"的字,由于它出现的次数比较多,但字形的变化并不大,所以我们仅选取一部分字形揭示如下:

商代金文:🗦《集成》00846　🗦《集成》05466　🗦《续殷》下53.9　🗦《集成》05101　🗦《集成》07216　🗦《叶家山》①056　🗦《集成》06224

西周金文:🗦《集成》05411

商代陶文:🗦《殷墟选粹》②269号R000107:2　🗦《殷墟选粹》269号R000107:1　🗦《殷墟选粹》270号R000490　🗦《古陶文汇编》15页1.64

商代甲骨文:

师组:🗦《合》21522　🗦《合》20861(字形选自《乙编》385)

---

① 湖北省博物馆、湖北省文物考古研究所、随州市博物馆《随州叶家山——西周早期曾国墓地》,文物出版社2013年版。
② 李永迪《殷墟出土器物选粹》,"中央研究院"历史语言研究所,2009年。

午组：▯《合》22043＋《合》22095（蒋玉斌缀）①

宾组：▯《合》175　▯《合补》1964

历组：▯《合》32962　▯《屯》附12

无名组：▯《合》28838　▯《合》28125

黄组：▯《合》35913　▯《合》36532　▯《合补》11235

▯《合补》11242　▯《辑佚》②689　▯《辑佚》690＋《合》36182

为行文方便，下文用"△③"指代上述这类旧被释作"戉"的字。

金文中的"△"，林沄先生反对释作"戉"，指出金文中的"△"是不同于钺的另一种兵器，宜入附录④。

李学勤先生曾经讨论了《辑佚》689上的卜辞，对其中的"△"字发表了如下意见：

　　辞内的"或"字，须专门说明。金文"或"字在"戈"旁之左设一圆形，其

---

① 《〈甲骨文合集〉缀合拾遗》（第九十三组），先秦史网站，2010年12月22日。http://www.xianqin.org/blog/archives/2217.html。

② 段振美等编著《殷墟甲骨辑佚——安阳民间藏甲骨》，文物出版社2008年版。

③ 滕州前掌大村南"于屯"村北墓地出土一件爵（M305.2），铭文有三字，发表者释作"子又囗"。（山东省文物考古研究所：《海岱考古》第3辑，科学出版社2010年版，第338、345页）发表者未释的那个字，原作▯，其实是"己"字，只不过是有渤痕的干扰而已。被发表者释作"又"的那个字原作▯，与黄组卜辞中"△"作▯相近，应即一字。

西周金文中，父丁爵（《集成》08901）中的族名▯，一般释作"帜戈"。守卣（《近出》597）中的族名▯，《流散》146、《近出》597、《通鉴》13284、《铭图》13217释作"斗戈"，其中守卣中所谓的"戈"字作▯，右上角显然还有一个圈，应是我们讨论的"△"字。祖癸觚（《集成》07301）中族名作▯，一般释作"帜戉"，而所谓的"戉"作▯，也是我们讨论的"△"。比较上述父丁爵、守卣、祖癸觚的族名，它们应是同一族名，父丁爵铭文中的所谓"戈"也应看作是"△"之省讹，而守卣中的"乱"乃"帜"之省，旧释作"斗"是不正确的。

④ 林沄《〈新版〈金文编〉正文部分释字商榷〉》第187条，中国古文字学会第八届年会论文，1990年。

上下或周围有小直笔。这样写的"或",也就是"国"字,只上溯至周初,在殷商没有发现。黄组卜辞这个字,于"戈"旁左有小圈,上引《合》36532、《合补》11242等都很明确。新出现的这片卜辞,小圈缺刻(引者按:从《辑佚》689的照片"🗚"来看,小圈并未缺刻),而可与对看的《合补》11235圈虽小,然清晰可见。这些字旧均释"戉",但与周代的"戉"字有异,和同期从"戉"的"岁"字也不相干,我认为实应释作"或"字,即读为"国"①。

李说发表后并没有引起学界足够的重视。如后出的关于甲骨文的重要工具书《甲骨文校释总集》②、《新甲骨文编》③等仍释"△"作"戉"。《商周图形文字编》④、《新金文编》(第1732页)仍把《集成》00846、《集成》05101等"△"释作"戉"。雒有仓先生博士论文《商周青铜器族徽文字综合研究》⑤、苗利娟女士博士论文《商代铜器铭文的综合整理与研究》⑥等论文涉及到族名金文与卜辞中的"△"时,也皆释作"戉"。不过也有极少数研究者注意到了李说,如《辑佚》释文部分把《辑佚》689、《辑佚》690的"△"释作"或",这很可能是编者受了上引李学勤先生文章以及《辑佚》一书中李学勤先生所作序的影响⑦。陈剑先生在一篇未刊稿中引到《辑佚》690"🗚"字时,出了如下一个注:

《辑佚》690原已与《合》36182(黄组)缀合。此字释为"或"、辞中读为"国"见李学勤:《论新出现的一片征人方卜辞》,《殷都学刊》2005年第1期,第1—3页。收入郭旭东主编:《殷商文明论集》,5—9页,中国社会科学出版

---

① 李学勤《论新出现的一片征人方卜辞》,《殷都学刊》2005年第1期,第1—3页。又载郭旭东主编《殷商文明论集》,中国社会科学出版社2008年版,第5—9页。收入李学勤《文物中的古文明》,商务印书馆2008年版,第134—138页。
② 曹锦炎、沈建华编著《甲骨文校释总集》,上海辞书出版社2006年版。
③ 刘钊、洪飏、张新俊编纂《新甲骨文编》,福建人民出版社2009年版,第696页。
④ 王心怡编《商周图形文字编》,文物出版社2007年版,第528页。
⑤ 雒有仓《商周青铜器族徽文字综合研究》,陕西师范大学博士学位论文(指导教师:张懋镕),2007年。
⑥ 苗利娟《商代铜器铭文的综合整理与研究》,四川大学博士学位论文(指导教师:彭裕商),2010年5月。此外,近几年许多古文字文章引用甲骨文、金文材料涉及到"△"时,也大都释作"戉",兹不具引。
⑦ 李学勤先生在为《辑佚》所作序里把《辑佚》689、《辑佚》690的"△"释作"或(国)"。

社2008年版。又收入其《文物中的古文明》(题中"人方"改为"夷方"),第134—138页,商务印书馆2008年版。据其说,甲骨文和族氏金文中一般释为"戉"的 ▨ (《新甲骨文编》第696页)、▨ 和 ▨ (王心怡编:《商周图形文字编》,第528页1229号、1230号,文物出版社2007年版。)一类字形,皆应改释为"或"。

李学勤先生在上引文中讨论黄组卜辞中的"△"时,已经指出了"△与周代的'戉'字有异,和同期从'戉'的'岁'字也不相干"。这一点对照《新甲骨文编》第86—87页"岁"字条所收诸字①、西周早期利簋(《集成》04131)"▨(岁)"以及商代族名金文"▨(戉)"字、西周师克盨(《集成》04468)"▨(戉)"字、虢季子白盘(《集成》10173)"▨(戉)"字就可以看得更明白。

《花东》206"舞▨"②(同版另一辞作▨③)之"▨",整理者释作"戉",认为"形似安了柄的戉。钺身的形状,酷似安阳殷墟出土的有孔青铜钺"。又认为"舞戉"系"卜问子是否持钺而舞"。④"▨"与出土的青铜钺形似,中间的圆圈即表示"钺"上的圆孔。卜辞常言"奏戚",商代可能已有执干戚之乐舞而名"戚",而"戚"又是一种特殊形式的钺。⑤可知整理者对"▨"的释读及其对"舞戉"的解释,应该是可信的。

---

① "岁"字条下作"▨"一类写法的其实是"戉"字,只不过它在卜辞中往往假借作"岁"而已。而"△"与之显然不同。

② 整理者摹本作"▨",比较准确。

③ 此形整理者摹作"▨",不准确,从其拓本"▨"与照片"▨"来看,圈形应紧贴柄形部分。《新甲骨文编》第696页"戉"字条下所收"▨"形显然是把"▨"中的泐痕当成了笔画处理的。

④ 中国社会科学院考古研究所编著《殷墟花园庄东地甲骨》第六册,云南人民出版社2003年版,第1641页。

⑤ 参看林沄《说戚、我》,《古文字研究》第17辑,中华书局1989年版,第198—205页。收入氏著《林沄学术文集》,中国大百科全书出版社1998年版,第12—18页。

"■"、"■"象形程度极高,与族名金文中"■(戌)"字的写法相近,这应该是"戌"字比较早的写法,而作"■"形一类写法的"戌"应该就是把它们的钺体部分线条化而来的,犹如"■"(《合》18347)把中间部分线条化则演变为"■"(《合》14549正)。"△"与"■(戌)"比较,两者字形明显有别,由后者也可知"△"不得释作"戌"。

总之,旧把"△"释作"戌",从字形上看,很明显是缺乏根据的。①而李学勤先生、陈剑先生等把"△"字释作"或",我们认为这是非常正确的(李先生对"△"的字形分析欠妥,见下文)。不过李、陈两位先生限于文章体例,都没有对释"或"之说作出详细论证,也没有为此提供文字学上的积极证据,故释"或"之说并没有得到重视。下文我们准备从字形与辞例两方面对释"或"之说作点补充,但在此之前,我们得先简单介绍一下学者们对"或"字的认识。

## 二、学界关于"或""国""域"三字关系的认识

《说文》:"或,邦也。从囗、从戈,以守一。一,地也。"段玉裁《说文解字注》认为或、国在周时为古今字,古文只有或字,域为或之后起俗字。②吴大澂认为"或古国字,从戈守,囗象城有外垣"。刘心源认为"《说文》或域皆国字,后人分用"。林义光认为或与国同字,以或多用为语词,故别制国字。③季旭昇先生《说文新证》(下)解释"或"的字形本义说:"为'域''国'的初文。本义为区域,邦国为后起义。"④上述学者对"或"与"域""国"之间关系的看法(下文谈到古文字学

---

① 《屯》2445"■(■)",研究者或认为也是"戌"字(参看姚萱《殷墟花园庄东地甲骨卜辞的初步研究》,线装书局2006年版,第137页),它与"△"字形也迥然不同。
② 参看段玉裁《说文解字注》"或"字条,上海古籍出版社2004年版,第631页。
③ 吴、刘、林三家之说参看《金文诂林》1607号,第6988—6989页。
④ 季旭昇《说文新证》(下),艺文印书馆2004年版,第198页;又《说文新证》,福建人民出版社2010年版,第901页。

者在讨论"或"的字形演变时,有的也涉及"或"与"域""国"之间的关系,可参看),主要意思都差不多,即"或"为"域""国"的初文。而这种看法在目前也是被大家所普遍接受的。

## 三、学界关于"或"字字形演变的认识

古文字学者或着重从字形演变的角度对"或"字作出讨论并论及其本义,下面我们介绍几种相关说法:

高田忠周《古籀篇》"或"字条认为:

> 字初不从戈,实从口弋作㦴为最古正文,弋者橜以为界识也。识字元作㦴,㦴元作戜,从弋与从吪同意,邦国四方有分界,而表识之也。古文弋戈形似,故往往通用,吪作哦、戜作㦴,皆是也。或弌同意,后从一,一者地也,亦会意。而或谓一为国界。更或作或从二,又作區象三方,遂增为四方,以象周围作国,此字形变异次第也。其后有从土域字,又有从邑馘字,愈出愈错,非字纯正者也。又口变作曰作甘,或与日近,或与口混,古义遂乖矣。①

加藤常贤根据"或"作或的写法,指出《说文》对"或"的字形分析有误。认为"或"字是由"弋"与"曰"构成,而"曰"是番君鬲"䣄(置)"之省,也应释作"置"。又根据《说文》对"置""弋"的解释,认为"或"是一个从"曰"从"弋""弋"亦声的会意兼声字。它的意思是"以折木标示之田界也"。②

《金文形义通解》"或"字条下说:

> 甲骨文迄今尚未见"或"字,学者多释甲骨文㘔、㦴等形为"或"字,不塙,其字从囗,与金文形意不同。"或"字乃"域"若"国"之古字,金文"或"字以

---

① 高田忠周《古籀篇》(卷十九,第15页),《金文文献集成》第31册,第401页。
② 参看《金文诂林补》,第3658—3660页。

探寻中华文化的基因(一)

保卣字为最早(引者按,保卣"或"字作"▢"),形意显明,从▢,即从戈省(说见戈下),▢声,▢即"或"之初文,其中部之▢象人居之区域,故"邑"字从此作▢;▢外之▢乃用以指示域界。保卣乃周初器,因知保卣▢字声符即"或"字初文▢必定早行之于殷商。而卜辞关于天象之事有▢、▢、▢、▢诸字,叶玉森、郭沫若、孙海波诸家皆释为"晕",其说可从。"或"之初文▢与"晕"之初文近似乃至同形无别,甚疑"或"即自"晕"孳乳而出之字。"或(域)""囿"同源,古有区域、范围、围守之义。其形势正与日月之晕同。古俗视日月之晕如城域之围守。《吕览·明理》:"其日有斗蚀,有倍僪,有晕珥。"高注:"气围绕日周匝,有似军营相围守,故曰晕也。"《淮南子·览冥》:"画随灰而月运阙。"《御览》四引"运"作"晕",许慎注:"有军事相围守则月晕,以芦灰环,缺其一面,则月晕亦缺于上。"疆域字古仅以▢为之,后增"戈"以别之。"戈"者,示其为守卫之疆域,而非天象之日月晕也。金文保卣以外之"或"字,声符皆省作▢。▢之顶横或与义符戈形之长横接连而作▢形,即为小篆所本。许慎因谓:"从口从戈以守一,一,地也。"其说实误,未见三千年前之保卣、何尊之真迹也。蛮壶字▢下之横画与右▢形之下部斜笔合为一笔。师袁簋字增从邑。域口府鼎字增从土,为《说文》或体所本①。

季旭昇先生《说文新证》(下)"或"字条下云:

> 殷金文从口从必。从口,表示区域;从必,作用不明。周金文"口"形之外以四(或二)短画标示区域之外缘。禹鼎以下上短横拉长,穿过"必"形,于是与"戈"形相同,《说文》因此误以为从"戈"。楚文字或加"宀"旁。《甲骨文编》1506号释从戈从口之"或"为"或",不可信。②

---

① 张世超、孙凌安、金国泰、马如森《金文形义通解》,中文出版社1996年版,第2950—2951页。
② 季旭昇《说文新证》(下),艺文印书馆2004年版,第198页;《说文新证》,福建人民出版社2010年版,第901页。

## 四、我们的看法

上述几种分析"或"字字形演变或论及其本义的说法到底哪一种更合乎实际呢？为了更好地加以讨论，我们先从金文中那些为大家所普遍接受的"或"字中选择一部分按字形差异分类揭示于下：

A:　　(或方鼎,《集成》02133)　　(或方鼎,《集成》02134)　　(或鼎,《集成》02249)　　(中方鼎,《集成》02751　　)或爵,《铭图》08518　　　　西早①

B:　　②(宰兽簋,《新收》663)　　　　　　　　　　　　　　　　西中

C:　　(何尊,《集成》06014　　)　　(鲁侯簋,《集成》04029　　)　　西早

　　、　(班簋,《集成》04341　　)　　　　　　　　　　　　　　西中

D:　　(保卣,《集成》05415　　)　　　　　　　　　　　　　　　西早

E:　　(禹鼎,《集成》02833)　　　(多友鼎,《集成》02835)　　　西晚

A组中方鼎中的"　"，据文义可知它是确定的"或"字，由此可知研究者或把 A 组中的其他几个形体也释作"或"是正确的。在 A—D 组有的"或"字后面我们还附上了与它们同铭的一些从"戈"之字，可以看出这些"或"字右边所从都是"戈"形去掉象戈头的那一横，即他们右边所从都是"柲"之初文。③所以上引高

---

① 西早表示西周早期，其他可类推。论集按语：A 类写法的"或"又见于商代晚期的陶觥(《出土文献与古文字研究》第 6 辑,第 134—135 页、《铭图续》0893),作族名。

② 另一件同铭的宰兽簋(《新收》664)"或"作"　"，"○"上面的那一小笔写得有点靠右，已经显示了向"戈"演变的趋势。

③ 参看裘锡圭《释"柲"》，《古文字论集》，中华书局 1992 年版，第 17—34 页。又收入氏著《裘锡圭学术文集》第 1 卷"甲骨文卷"，第 51—66 页。又"或"字原从"柲"形这一点通过彔卣(《集成》05420)"　"也可以看出来。由于"国"字晚出，再加上有"口"这个偏旁的限制，因此"国"所从之"或"的演变速度曾滞后于独体之"或"的演变速度。这体现在东周时候，单独的"或"字几乎都已经变成从"戈"了，但是"国"所从之"或"还有不少保留从"柲"的特征。如东周金文中有一批器主为郜娶的铜器，其中的"国"字还大都从"柲"作。

探寻中华文化的基因(一)

田忠周说、加藤常贤说、季旭昇先生说都指出"或"本不从"戈"这一点无疑是正确的。上引季旭昇先生说"从必",大致正确。严格说来,应改作从"柲"之初文。高田忠周、加藤常贤认为"或"从"弋",可能是上了《说文》的当。因为《说文》"弋"篆文作"㢉"以及"必"字从"弋",但这却是有问题的①,所以仅凭这一点,高田忠周、加藤常贤对"或"字字形的解说就已经不足信了。

中方鼎一般认为是昭王时期的器,而 A 组其他四形所属之器亦属于西周早期,"或"字从"○"②从"柲"之初文作"◯﹀"应该是确定的"或"字中比较早的写法。B 组字形是在 A 组的基础上,在"○"的上面增添一横笔,C 组字形是在"○"的上下各增添一横笔。D 组保尊、保卣虽然也属于西周早期,但是 D 组的字形显然不能代表"或"字较早的写法,它应是在"○"的上下左右各增添一笔而来的。《通解》由于没有弄清楚"或"的字形演变,反而把 D 组的字形当作最早的,进而认为"◯"是"或"之初文,甚至疑"或"是自卜辞中与天象有关的"◯"孳乳而出之字,其说殊不可信。③

通过 A—D 组的"或"字,可知"○"周边的几小笔并不是"或"字原有且又必不可少的部件,所以我们认为增添的这几小笔只是为了填补"○"周围空隙而采取的一种饰笔而已。④在考虑"或"字的字形本义时是不应该把这

---

① 参看裘锡圭《释"柲"》,《古文字论集》,第 17 页。又收入氏著《裘锡圭学术文集》第 1 卷"甲骨文卷",第 51 页。

② 以往诸家对它的理解绝大多数是从《说文》出发的,实际上并不可信。下文我们将会对此形试作分析。

③ 不过《通解》指出甲骨文"◫""◻"不应该释作"或"这一点则是对的。

④ A 组的中方鼎"或"字作"◯﹀",而同器主的中甗(《集成》00949)与中方鼎内容相关的一句中"或"字作"◯﹀";"减"字,冊三年逨鼎丙(《通鉴》2071,《铭图》02505)作"▨",元年师旋簋(《集成》04282)作"▨";或簋(《集成》04322)作"▨"(盖铭),又作"▨"(器铭);"臧"字,或簋(《集成》04322)作"▨",柞伯鼎(《文物》2006 年第 5 期第 68 页图 1)作"▨"。这些都可证在公认的"或"字或"或"旁中,"或"字比较早的写法确实是从"○"从"柲"之初文,而"○"形上下的横笔是附加的饰笔。中甗"◯﹀"所从"柲"形上部的那小笔和一般的"或"所从刚好相反,这是比较少见的,同样的"或"字见于裘卫盉(《集成》09456)作"▨"。

种装饰性笔划考虑在内的。E组字形"○"的上部横划已经与"㇒"形相结合作"戈"形①，此即《说文》篆文所本。西周晚期虽然有许多"或"字已讹从"戈"，但保留早期从"㇒"之初文作的"或"也很常见，如兮甲盘（《集成》10174）"或"作"[図]"、柞伯鼎（《文物》2006年第5期第68页图1）"或"作"[図]"、晋侯苏钟（《新收》870）"或"作"[図]"。而在东周金文中，则很少再看到从"㇒"之初文作的独体"或"字了。

通过上文的分析，我们明白了西周金文中从"○"从"㇒"之初文作"[図]"的一类形体应该是目前被大家所普遍接受的"或"字里最早的一类形体②。确定了这一点后，我们接下来就可以讨论古文字中的"△"字了。

《合》175"[図]"与"[図]"同辞，《合》4283"[図]"与"[図]"同辞，而"[図]""[図]"是"㇒"之初文③，比较可知，"[図]""[図]"显然是在㇒形上多了一个"○"。属于黄组的"[図]"（《辑佚》690＋《合》36182）虽然表面看起来也象从"戈"，但比较同辞的"[図]"及黄

---

① 西周中期的季老盉（《集成》09444）"[図]"字，一般也释作"或"。如果该字在左边的残泐处没有残去笔画的话，是可释作"或"的。如可信，那么这是现有金文资料中"或"字所从"㇒"形讹作了"戈"形最早的一例。
西周中期的牧簋（《集成》04343）铭文只存摹本，其中"或"字作"[図]"，"○"形变作"口"形，但这种演变出现的时间不会很早。且一般是"○"的上部横划与"㇒"形相结合讹作"戈"，但此形除去"戈"形外，"口"形上还复有一笔。西周中期的"或"字不大可能出现这类形体，"[図]"应是一个摹错了的形体。
西周早期的陶（鲍）子盘（《集成》10105）有一人名作"[図]"，可摹作"[図]"，旧都释作"或"，其实是有问题的。该字从"口"从"戈"，与同时期的"或"字不类，它与卜辞中常用作人名或族名的"[図]（或）"为一字。而春秋早期的硕父鬲（《新收》48—49）"[図]"、"[図]"，虽然也从"口"从"戈"，但一般释作"或"却是可信的。这说明在考释古文字时注意文字的时代性是非常重要的。
② 上引高田忠周说虽然分析"或"字形体有误，但他指出"或"字"实从囗弋作吢为最古正文"却具有合理的成分。
③ 参看裘锡圭《释"㇒"》，《古文字论集》，第17—34页。又收入氏著《裘锡圭学术文集》第1卷甲骨文卷第51—66页。

组相关"△"字，可知它也是从"柲"之初文的。上引李学勤先生说认为"△"是"于'戈'旁左有小圈"的字形分析并不妥当①，应该改说作"△是于柲形上有一个〇"。由此可见，从"〇"从"柲"之初文一类写法的"[字]（或）"字与"△（[字]/[字]）"的差别仅在于前者是所从"〇"与"柲"形相离，而"△"则是"〇"与"柲"形相接。如果我们能找到"△"字有"〇"与"柲"形相离的例子，或者能找到"或"字有"〇"形与"柲"形相接的例子，这都会在很大程度上证明"△"即"或"字。

《合》22104"△"字作"[字]"②（字形选自《乙》4581），其中的"〇"形与"柲"形相离。而属于西周中期前段的狱盨（《通鉴》5662，《铭图》05676）"或"作"[字]"（盖铭）、"[字]"（器铭）；狱簋甲［《考古与文物》2006 年 6 期第 60 页，《中山大学学报(社会科学版)》2009 年第 5 期第 14 页，《近二》438，《铭图》05315］"或"作"[字]"（器铭）、"[字]"（盖铭）；狱簋乙"或"作"[字]"（盖铭，《铭图》05316）、"[字]"（器铭，《中山大学学报(社会科学版)》2009 年第 5 期第 14 页）。狱簋丙（《中山大学学报(社会科学版)》2009 年第 5 期 15 页，《铭图》05317）"或"作"[字]"。狱簋丁（《铭图》05318）"或"作"[字]"。这些"或"字都是"〇"形与"柲"形相接，它们去掉"〇"形上下的饰笔后，则与黄组的"△"写法一致，特别是其中的"[字]"与上引黄组的"[字]"③写法完全相同。《合》22104 的"[字]"以及狱器的这几例"或"字是甲骨文"△"当释作"或"的确证。

比较有意思的是师寰簋（《集成》04313）"馘"字，盖铭作"[字]"，器铭作"[字]"，而另一件师寰簋（《集成》04314）作"[字]"，这体现了"〇"与"一"的交

---

① 从前文所引李学勤先生关于"△"字的释读意见那一段文字中，可以看出李先生认为"或"字是从"戈"的。
② 所从似介于"柲"与"戈"之间。
③ 应侯视工簋"[字]（国）"字里面的"或"去掉"〇"后的部分与"[字]"去掉左边圈形后的部分也完全一致。

替，"□"(《新收》1751)或作"□"(《集成》10879)；"□"或作"□"(参看《金文编》60页)即其例。① 而"□""□"两形所从"或"字中的"一"都与"㐅"形(实际已经讹作"戈")相接，这或许也正暗示着早期"或"字所从之"○"也应该是与"㐅"形相接而不是相离，这也可以作为"△"当释作"或"的旁证。②

"△(□)"类形演变为"□"，其实就是"○"的脱落、移位，可以对比的例子是"厷"字。甲骨文、族氏铭文中"厷"作"□""□""□"等形(参见《新甲骨文编》第161页、《集成》05055)，西周金文中作"□"(多友鼎，《集成》02835)、"□"(毛公鼎，《集成》02841)、"□"(番生簋，《集成》04326)等形③，楚系文字的"厷"字或"厷"旁作"□"一类形体。"或"由"△(□)"演变为"□"与"厷"由"□"演变为"□"情形正相类。

"○"的脱落或移位是偶然的呢，还是另有其他方面的原因呢？我们知道，在古文字的发展演变过程中，有些独体字的一部分往往会变形声化。如"允"由甲骨文中的"□"形演变作金文的"□"形，上部变从"目"声即属于变形

---

① 有一件商末或西周早期的鼎(《集成》01218)上有一单字"□"，可能也是作族名。与一般"△"相比，它在"㐅"形上不是一个圈，而是一小笔，根据"○"与"一"交替之例，它似也可能是"△"字，犹如"亡(无)终"之"亡"，作"□"(《集成》07023)，又作"□"(《集成》01450)。当然这一小笔是由圆圈填实后演变而来的可能性也不能完全排除。

② 属于无名组的《合》29648上面的一条残辞中有"□方"，一般认为"□"与"△"为一字，可信。但"□"所从圆圈周围的几个小笔是否全部为泐痕，并不是很清楚。《云间朱孔阳藏戩寿堂殷虚文字旧拓》(上)(线装书局2009年版，第113页)把该字摹作"□"，可参考。如果"□"中的圆圈周围确有笔画的话，哪怕只有一笔，它似乎也可看作是由"△"演变为西周作"□"等形的"或"字的中间形体。不过这一点恐怕需要看过原骨以后方能确定。

③ 西周金文的这几例"厷"字旧多误释作"右"，此从陈剑先生释。参看陈剑《释西周金文中的"厷"字》，《甲骨金文考释论集》，线装书局2007年版，第234—242页。

探寻中华文化的基因(一)

声化。"允"之于"目"就韵部而言，涉及的是之文两部的关系。① 而"○"可看作"圆"之初文。② 圆，匣母文部；或，匣母职部；厷，见母蒸部。见、匣两母关系密切，"之"、"文"两部之字常可相通，而职部、蒸部分别是之部的入声与阳声。那么"𠃌"演变为"𠃌"，"𠃌"演变为"𠃌"，是否也含有变形声化的因素？即把"𠃌""𠃌"中的圆圈分离出来改换成与之形近的音符"○(圆)"，这是值得考虑的。③

以上我们已经从字形上论证了"△"可释作"或"，那么相关辞例是否合适呢？下面我们按其用法各选取一些举出以示例。④

"△"主要有三种用法：

---

① 目，余母之部；允，余母文部，"之""文"两部之字常可相通(参看陈剑《甲骨金文旧释"尤"之字及相关诸字新释》，《甲骨金文考释论集》，线装书局2007年版，第75—76页)。以"目"为基本声符的"诶"与从"喜"声的"譆"有相通之例(《古字通假会典》第395—396页)，而"喜"声字与文部字"欣""䜣"有相通之例(《古字通假会典》第124页)，这些是"目""允"音近之证。《墨子·明鬼篇》引《商书》"百兽贞虫，允及飞鸟"，王引之《经传释词》认为"允犹'以'，两者一声之转。马王堆汉墓帛书《老子》乙本卷前古佚书《十六经·立命》："允地广裕，吾奚天大明。"施谢捷先生认为"'允'当读为'似'"(《马王堆汉墓帛书〈经法〉注释商榷》，《文史》第39辑，中华书局，第266页)(施先生的文章蒙邬可晶先生告知，谨致谢忱)。所以"允"由"𠂢"演变作"𠂢"，看作是变形声化，这应该是没有问题的。

② 参看于省吾：《商周金文录遗·序言》，科学出版社1957年版。

③ 甲骨文"𠀃""𠀃"等形，学界一般从释"晕"之说。上引《通解》分析"或"的字形及其意义时，虽然错误很多，但把保卣"𠀃"所从之"𠀃"与甲骨文"𠀃"联系起来，却具有参考价值。"圆""晕"上古同为匣母文部，中古都为合口三等字，古音相近。如与"晕"同从军声的"郓"跟以"圆"之初文为基本声符的"僪"有相通之例(参看高亨纂著、董治安整理《古字通假会典》，齐鲁书社1989年版，第370页)。如果"或"字所从之"○"确实有表音作用的话，那么保卣"或"字所从的"𠀃"之所以周围有四笔，除了作饰笔外，也可能是把声符"○(圆)"换作声符"𠀃(晕)"，或是在"𠀃"等形的基础上改作与之形近的声符"𠀃(晕)"。"或"与"威"通(《古字通假会典》第372页)，威是微部字，乃文部的阴声，这也可以作为"或"所从之"○(圆)"可能是声符的旁证。
《集篆古文韵海》2.17"弘"字条下收有一形，作"𢎘"，该形应分析为从弓睘声，而睘的基本声符则是"圆"之初文"○"。《说文》："弘，弓声也。"段注："《集韵》曰：'弸弘，弓声也。或作𢎘。'按：弘、𢎘皆即此篆也。《甘泉赋》曰：'帷弸㶇其拂汨兮。'苏林云：'弸音石堕井弸尔之弸，㶇音宏。'"这也反映了"厷"字中的"○"分离出来可能是有表音作用的。

④ 参看《类纂》第940—943页。

"或"字补说

A:

(1) 戊戌卜,㱿,贞:△得方✞①,戋。 《合》6764(《合》6765 同文)

(2) 乙亥卜,永,贞:令△来归,三月。 《合》4268

(3) 己巳卜,㱿,贞:舌方弗允戋△,十月。 《合》6371

B:

(4) 贞:☒不△☒友☒月。 《英藏》369 正

(5) ☐寅卜,王其△☒。 《合》41056

(6A) 于辛,亡(无)灾,禽(擒)。

(6B) 王其△☒吉(?)。 《合》28838

(7A) 丁亥卜,贞:今秋受年,吉刈? 吉。

(7B) 不吉刈?

(7C) 贞:今秋受年?

(7D) 不吉刈?

(7E) 其△幼(?)盂田,叀(惠)犼用。

(7F) 叀(惠)猳(?)用。

[《屯》2991+《屯》620,萧楠先生缀]+《屯》2291(裘锡圭先生缀)

(8) 辛丑卜,翌日壬王其△田于吴☒亡(无)灾,禽(擒)。 《屯》4556

C:

(9) 己未王卜贞:畲[巫九备,遘(?)夷方伐东]△,毁东侯晢[夷方,余其比多侯]甾戋夷方,亡☒。 《辑佚》689

(10) 丁巳王卜贞:畲巫九备,遘(?)夷方率伐东△,东毁东侯晢夷方,绥余一[人,余]其比多侯,亡左自上下于祋示,余受有佑。王占曰:大吉。☒肜☐,王彝在☐☐宗。 《辑佚》690+《合》36182

---

① 裘锡圭先生指出✞可能是"我"之繁文,也可能是"戉我"合文,参看裘锡圭《释"求"》,《古文字论集》,第64页。

/ 149 /

(11) 丁巳王□△,戠东□戈夷方□。　　　　　　　　　　《合补》11235

(12) 甲戌王卜贞:酓巫九龏,遇(?)盂方率伐西△,戠西田暜盂方。绥余一人,余其[比]多田甾正盂方,亡左自上下于叔□。　　　　　　　　　　《合补》11242

(13) 乙丑王□伐西△,□余其比□示,余受□。　　　　　　　　　　《合》36532①

在以上"△"的三种用法中,A种用法占了绝大多数,在卜辞中主要是作人名、国名或族名。它在商周金文中也是作族名,如《集成》00846、《集成》05101等。或方鼎(《集成》02133、02134)、或鼎(《集成》02249)、或爵(《铭图》08518)、繁卣(《集成》05430)、吕仲仆爵(《集成》09095)各器属于西周,其铭文中的"或"也是作人名或族名。西周金文中"或"的这种用法与商代金文、甲骨文"△"的A种用法相衔接,这说明西周金文中的"或"族是有着古老来源的。通过卜辞,我们还可以知道"△"族应该是"望"族的分支,它与"帜"族的活动区域比较接近,又都受到了"雀"的征伐。族名金文中的复合族名"△帜"很可能反映了"△""帜"两族之间的联合关系。②

B种用法的"△",从它位于否定词"不"、语气词"其"的后面且又可位于动词"田"的前面来看,应该是一个副词。例7的"幼(?)"多见于黄组周祭卜辞中的"工祝其幼(?)"(参看《类纂》第 1230 页)一语中。联系同类的"工祝其酒"(《合》35422)、"工祝其酒乡"(《合》38306)、"工祝其齿"(《合》37840)、"工祝其蒦"(《合》38310)来看,"工祝其幼(?)"之"幼(?)"无疑也是和祭祀有关的动词。我们认为例(7E)的"幼(?)"也应该看作祭祀动词,处在动词"幼(?)"前的"△"也应该是副词。试比较下举诸例:

(14) 贞:王弓(勿)寻③告于示。　　　　　　　　　　《合》14894

----

① 例(9)—例(13)的释文参考了李学勤《论新出现的一片征人方卜辞》,《殷都学刊》2005 年第 1 期第 1—3 页。《帝辛征夷方卜辞的扩大》,《中国史研究》2008 年第 1 期。此二文又收入氏著《文物中的古文明》,商务印书馆 2008 年版。又参看《殷墟甲骨辑佚——安阳民间藏甲骨》(文物出版社 2008 年版)李学勤先生的序。

② 笔者另有小文《以商代金文、甲骨文中"或"族为例看族氏的分衍与联合》(未刊稿)予以讨论。

③ 此字原从"覀",学者们指出"覀"可能兼表示读音。

(15) 癸丑贞：寻祷年于河。　　　　　　　　　　　　　　《合》33286

(16A) 己巳贞：其寻祷，羸。

(16B) 弜（勿）寻祷。　　　　　　　　　　　　　　　　《合》32439

(17) 其寻祷年示（?）在丧田又☐。　　　　　　　　　　《合》28250

通过例(14)—例(17)，可以看出"寻"可以位于否定词"勿"后面，也可以位于语气词"其"后面以及动词前面。李学勤先生认为这种"寻"是副词，应该训作"重"①，此说可信。B种用法的"△"与"寻"比较，两者都可以用在否定词后面、语气词"其"后面以及动词前面，可见两者的语法位置非常相似。"寻"是副词，可见把B种用法的"△"看作副词是合适的。我们认为这种用法的"△"即训"再"、训"又"之"或"。多友鼎（《集成》02835）、谏簋（《集成》04285）、宰兽簋（《新收》663）、狱盨（《铭图》05676）、二式狱簋（《近二》438）等铭文中的"或"即训"再"、训"又"②，而且谏簋"今余唯或申命汝"、宰兽簋"今余唯或申就乃命"的"或"也可用在语气词后面，动词前面，说明把B种用法的"△"释作训"再"、训"又"之"或"应该是可以的。

例4之辞过于残缺，文义不清楚。例7中有几条卜辞贞问是否"受年"、"吉刈（义为好年成）"③，与同为无名组的《合》28203上的两条卜辞"盂田禾稷④，其御，吉刈?"、"弜（勿）御，吉刈?"相比较，我们认为(7E)的"幼（?）"祭很可能与同版的贞问"年成"之辞有关。例(7E)"其△幼（?）盂田，惠犰用"、(7F)"惠狠用"与例(17)"其寻祷年示（?）在丧田"似亦可比较。"△"之释作"或"，训"又"、训

---

① 李学勤《续释"寻"字》，《故宫博物院院刊》2000年第6期，第8—11页。收入氏著《中国古代文明研究》，华东师范大学出版社2004年版，第176—179页。但李先生在文中把见于《合》24609等卜辞的"寻舟"之"寻"训为"就"。我们认为"寻舟"之"寻"应从裘锡圭先生说读为《说文》训"船行"的"彤"（裘锡圭《〈说文〉与出土古文字》，《说文解字研究》第1辑，河南大学出版社1991年版，第64—70页）。

② 很多研究者把金文中的这些"或"读作"又"，实无必要。

③ 参看黄天树《读花东卜辞札记》（二则），《南方文物》2007年第2期，第96—97页。黄先生文中把(6F)的"狠（?）"字释作"犬"，把(6D)、(6E)合作一条卜辞。

④ 郭永秉《谈古文字中的"要"字和从"要"之字》，《古文字研究》第28辑，中华书局2010年版，第108—115页。收入氏著《古文字与古文献论集》，上海古籍出版社2011年版，第189—201页。

探寻中华文化的基因(一)

"再",与"寻"之训"重"意义也近似。例(17)可理解为"在丧地之农田向示(?)重祷年成",(7E)(7F)则可以理解为"在盂地之农田再一次举行勺(?)祭(目的也是年成),牺牲是用犿还是用豭?"

例(8)"辛丑卜,翌日壬王其△田于吴☐亡(无)灾,禽(擒)",是辛丑这一天卜问,第二天壬寅王又田于吴☐,是否无灾而有所擒获。例(6B)"王其△☐吉(?)"的"△",从(6A)"亡(无)灾,禽(擒)"来看,它显然与例(8)的"△"在用法和意义上都相近。例(5)的"△"与例(6B)、例(8)的"△"语法位置一样,意义和用法似当相同。此外,例(5)(6)(7)(8)诸辞都属于无名组,说明"△"用作副词可能是该类卜辞的特色之一。不过由于B种用法的"△"相关辞例较少,所以这种用法的"△"当作副词,训"又"、训"再"是否正确,还有待将来更多新资料的验证。①

C种用法的"△"位于"东"或"西"的后面,在含"东△"的相关卜辞中多次出现方国名"夷方",一般认为"夷方"在商王朝的东土,而卜辞中确定的作为族名的"△",据卜辞内容可知其地望在商王朝的西土,因此"东△"之"△"似不宜看作族名。李学勤先生指出了上引例11(即《合补》11235)与《合》36182两辞皆卜于丁巳日,在例9(即《辑佚》689)卜日己未前面两天,它们所卜事项显然是相同的。例13(即《合》36532)乙丑在例12(即《合补》11242)甲戌前面九天,事项也相一致。李先生把例(9)—例(13)诸例中的"△"释作"或",读为"国",并认为例12(即《合补》11242)"遇盂方率伐西△"与禹鼎"亦唯鄂侯驭方率南淮夷东夷广伐南国东国"、宗周钟"南国服蛮敢陷处我土"、录卣"叡淮夷敢伐内国"、多友鼎"用玁狁方兴,广伐京师"一类谴责敌人罪行的话相似,这些都是誓师性质的习用语。②

---

① 《合》35913"☐才(在)☐師贞:祖甲祼☐△祼,若,我受☐"由于辞残,不知其中的"△"是看作副词,训为"又",还是看作人名,待考。

② 李学勤《论新出现的一片征人方卜辞》。

除李先生所举之例外，史密簋(《新收》636)"㪞南夷膚、虎会杞夷、舟夷，雚，不㒸①，广伐东或……史密右，率族人、釐白、僰殿，周伐长必"、应侯视工鼎(《新收》1456)"用南夷𢆶敢作非良，广伐南国。王令应侯视工曰：政(征)伐𢆶"②、柞伯鼎(《文物》2006年第5期第68页图1)"用昏无殳，广伐南或。今汝其率蔡侯左至于昏邑"亦可与"盂方率伐西△，毁西田暨盂方。绥余一人，余其[比]多田囟正盂方"、"夷方率伐东△，东毁东侯暨夷方，绥余一[人，余]其比多侯"、"[夷方伐东]△，毁东侯暨[夷方，余其比多侯]囟戈夷方"相比较。

"东或"一语还见于鲁侯簋(《集成》04029)、班簋(《集成》04341)、保卣(《集成》05415)、保尊(《集成》06003)、晋侯苏钟(《新收》870)等。金文中虽然不见"西或"一语，但是晋侯苏钟(《新收》870)、禹鼎(《集成》02833)、静方鼎(《新收》1795)、中方鼎(《集成》02751—02752)、中甗(《集成》00949)等都有"南或"③一语，可见把C类中的"西△""东△"之"△"释作"或"，从辞例看也是非常合适的。

上述那些西周金文中的"东或"、"南或"之"或"，研究者一般读作"国"。陈梦家先生曾指出这种"或"字，其含义为"域"或"土"。④有不少研究者更明确地指出"国"字在比较早的时候并没有国家义，"或"在西周金文中主要用作"域"，而不是"国家"义的"国"。⑤从西周金文的相关辞例来看，"东或""南或"等"或"字作

---

① 此字学者们多有讨论，但目前已有的看法似乎都很难得到验证。

② 应侯视工鼎铭中原有几个因拓片不清晰而未释之字，皆可据新出的应侯视工簋(《首阳吉金》第114页)补出，两铭可以对读。参看雪桥《攻研杂志(四)——读"首阳吉金"札记之一》，复旦大学出土文献与古文字研究中心，2008年10月23日，http://www.gwz.fudan.edu.cn/SrcShow.asp? Src_ID=530。

③ 太保玉戈(《考古与文物》1986年第1期71页图2，《考古与文物》1993年第3期第74页图3)也有"南或(国)"。不过由于"或"字有残泐，现在流传的摹本只摹出了其右半部分作"𢦏"，但从拓本作"𢦏"来看，左边还是可以隐约地看到一个圈形。该"或"字，徐锡台、李自智两位先生《太保玉戈铭补释》一文认为"其右边所从'戈'字尚有残存"(《考古与文物》1993年第3期)，言下之义是认为此"或"字从"戈"，或认为摹本中的"𢦏"本是"戈"之残，这显然是不妥的。太保玉戈属于西周早期，"或"字右边摹作"𢦏"(柲之初文)，这应是符合实际的。

④ 陈梦家《殷墟卜辞综述》，中华书局2004年版，第319页。

⑤ 参看黄金贵《方·邦·国》，浙江省语言学会编《语言论丛》，杭州大学出版社1990年版。大西克也《论古文字资料中的"邦"和"国"》，《古文字研究》第23辑，中华书局、安徽大学出版社2002年版，第186—194页。

探寻中华文化的基因(一)

为名词,表示的确实是指一定的土地区域,并非国家义。为了避免读者把它与后世常解作"国家"义的"国"相混,我们建议把这些"或"读为"域"。同样甲骨文中"西△""东△"之"△(或)",我们也读作"域"而不是"国"。①《合》36975 分别贞卜"商""东土""南土""西土""北土"受年之事,可见商人已经有了四土的观念②,那么把上述甲骨文中的"西△""东△"之"△(或)"读作"域"也是合理的,"西△"即"西土"之意,"东△"即"东土"之意。

下面我们再看一版卜辞:

(18) 贞:乎囗子囗。

贞:使人于沚。

贞:使人于沚。

贞:舌方弗罙(深)西土。

[贞]:舌[方]其罙(深)西土。　　　　　　　　　　　　　《合》6357③

关于上引卜辞的"罙",黄天树先生说:"'罙'字犹《商颂·殷武》'罙入其阻'之'罙'。《国语》:'秦寇深矣。'韦昭注:'深,入境深也。'"④黄说可从。参看《合》6057 正"沚或告曰:土方征于我东鄙,[戋]二邑。舌方亦侵我西鄙田"、《合》6178"贞:舌方弗登人敦沚,乎伐"、《合》6180"贞:舌方弗敦沚"⑤等卜辞,可知上引《合》6357 中的几条卜辞在内容上是有联系的。其中的"沚"应即沚或的领地,

---

① 《屯》2260+《屯》2804(萧楠先生缀)"己卯卜,贞:井(?)方其㞢我△",《殷墟甲骨拾遗·续六》第 21 片(《甲骨文与殷商史》新二辑,上海古籍出版社 2011 年版,第 287 页)"囗侯亢来囗入(纳)贾于我△商",其中"△"似乎皆应读为"域"。

② 张惟捷先生提示笔者《丙编》419"贞:隹囗四△囗忧"之"四△"者可能即"四域",指东西南北四方之地。谨致谢忱。

③ 属于典宾类的《合》7100 有残辞"囗艰自西△囗",表面看虽也有"西△"之语。"△"在宾组卜辞常用作人名、国族名,该族主要活动于商王朝西部一带。又根据卜辞中"亡来艰自南"(《合》7093)、"亡来艰自西"(《合》7099)、"囗艰自西"(《合》7102)一类的说法以及《合》6057、《合》6063 等卜辞来看,《合》7100"西△"当如《甲骨文合集释文》一样在它们中间点断。

④ 黄天树《禹鼎铭文补释》,张光裕、黄德宽主编《古文字学论稿》,安徽大学出版社 2008 年版,第 63—64 页。

⑤ 《英藏》57、《合》6133 亦可参考。

"使人于沚"的目的应该是防范舌方深西土。而"舌方弗罙(深)西土""舌[方]其罙(深)西土"的辞例也可与黄组卜辞中的"盂方率伐西△""夷方率伐东△"的辞例对比,它们事类相近,"西土"与"西△"结构相类,语法位置相同,前者亦可证后者的"△"释作"或",读作"域"是非常合适的,"西或(域)"与"西土"意义也相近。

在"△"的三种用法中,A 种辞例的限定性不强,但也不至于构成把"△"释作"或"的反证。B 种用法中,将"△"释作"或"训作"再""又",除去缺文太多的例(4)外,其他诸辞的文义皆大体可通。而在 C 种用法中,"△"释作"或",读作"域",则是非常符合卜辞文义的。

以上从字形与用法两方面论证了"△"可释作"或"。①那么"或"字的本义是什么呢?青铜器中,有一种兵器作"✦""✦""✦"形②,林巳奈夫曾指出族名金文中的"△"就是这种兵器的象形字,而非"戈"字。③林澐先生在讲授《殷周青铜器》这门课程时也指出"△"就是这种兵器的象形字④,王宁先生也有相同的看法⑤,这是非常有道理的。"△(✦)"与"✦"的区别,只在于是否纳"柲"而已。如果参照"✦"与"△"、"✦"与"✦"的关系⑥,那么"△"与表示"✦"的字也可

---

① 周公庙遗址所出一号卜甲中有一人名或地名用字作"✦"(《古代文明》第 5 卷,第 179 页),李学勤先生已经指出它从"或"(李学勤《周公庙遗址祝家巷卜甲试释》,《古代文明》第 5 卷,文物出版社 2006 年版,第 188 页),可信。但李先生仍认为"或"是呈"戈"形而有一圆圈,则不妥。

② 参看朱永刚《中国北方的管銎斧》,《中原文物》2003 年第 2 期,第 37 页。

③ 林巳奈夫《中国殷周时代の武器》,京都大学人文科学研究所 1972 年版,第 158 页。林巳奈夫之说蒙广濑薰雄先生告知,谨致谢忱。

④ 参看周忠兵《〈小屯南地甲骨·释文〉校订》,东北师范大学硕士学位论文(指导教师:张世超),2004 年版,第 38 页。

⑤ 王宁《由甲骨文字说斧钺类器物的区别》,简帛研究网,2010-12-19,http://www.jianbo.org/admin3/2010/wangning004.htm。该文中,王宁先生仍赞同把"△"释作"戌"。

⑥ 参看陈剑《说殷墟甲骨文中的"玉戚"》,《"中央研究院"历史语言研究所集刊》第七十八本第二分,第 407—427 页,2007 年 6 月;又载复旦大学出土文献与古文字研究中心网站,2009 年 9 月 11 日。http://www.guwenzi.com/srcshow.asp?src_id=902。

能并不是同一个字，而是形音皆近的两个字。安阳市殷墟王裕口村南地 M94 出土了一件器物，作"▇"（《考古》2012 年第 12 期图版 7.2、第 19 页图 29.6），发掘者谓之柲帽，认为是木柲的柄端饰件，并描述此器为："折尺状，空腔管形，内有腐朽的木柲。空腔上饰云雷纹。横插到空腔管的插件一端为方形，一端为扁圆球状，球两面各饰四周龙鳞纹。"①结合器形来看，此器与兵器"▇"器形相同。又此器与斧、钺、戈、矛同出，本身也应是兵器。同出的戈除去 M94：50 为实用戈外，其余均为明器戈。这件所谓柲帽很可能也是明器。从这件所谓柲帽空腔管形内有腐朽的木柲来看，它原来应是纳柲的。它纳柲之后则与"△(▇)"完全同形，因此说"△(▇)"是纳柲之"▇""▇"的象形字是比较合适的。

根据上文的意见，"或"字的演变可以描述为："△"本是作"▇""▇"等形的兵器纳"柲"之后的象形字。当"△"字"柲"形上的"○"分离出来以后就成了西周早期作"▇"一类写法的"或"字，然后在"○"的周围添加饰笔就作"▇""▇""▇"等形，到西周中晚期又开始演变为作"▇"一类写法的"或"字，此即《说文》篆文所本，后来的人就根据这一类的讹体以及误把"疆域""国家"之类的假借义当作"或"的本义或引申义后，于是就很自然地把"或"附会成了一个会意字，从而把其中的"○"理解成了"区域"之形。

附识：拙文初稿写于 2010 年，2012 年写入博士论文时修改。拙文曾承蒙沈培先生、蒋玉斌先生等批评指正，谨致谢忱！

---

① 中国社会科学院考古研究所安阳工作队《河南安阳市殷墟王裕口村南地 2009 年发掘简报》，《考古》2012 年第 12 期，第 19—20 页。

**看校补记：**

本文关于甲骨文"或"字的考释意见,《新甲骨文编》增订本(福建人民出版社2014年版,第721、1084页)已经采纳。另文中例(9)(10)(12)等释文中的所谓"遇(?)",最近蒋玉斌先生指出应该释作"屯",读为蠢动之"蠢"(《释甲骨金文的"蠢"》,"出土文献与学术新知"学术研讨会暨出土文献青年学者论坛,长春,2015年8月21日至22日),此说可从。

**《论集》按语：**

例(10)(12)中的"叙",陈剑先生《释甲骨金文的"徹"字异体——据卜辞类组差异释字之又一例》一文释作"飖(徹)",并对相关卜辞的文义有详细分析。此文即将刊于《出土文献与古文字研究》第七辑,请读者参看。

原载《出土文献研究》第15辑,中西书局2016年版;又收入谢明文《商周文字论集》,上海古籍出版社2017年版。此据后者收入。

# 说金文"贅"及相关之字

邬可晶

西周中晚期金文中有如下二字:

A. 　　　B.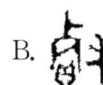

所在辞例分别为(释文用宽式,下同):

师旂鼎:旂对厥 A 于尊彝。(西周中期)①

䜌匜:伯扬父乃成 B,曰:䜌乃可湛,汝敢以乃师讼……(西周晚期)②

A 在有的文字编里被摹作"从死从贝"的。③于省吾先生指出此系误摹,A 实从"丮","古文字从丮与从又有时同用"。④郭沫若认为 A 从"斤"⑤,大概受了下文会提到的师衮簋从"斤"之字的影响,显然不确。吴其昌隶定 A 从

---

① 中国社会科学院考古研究所《殷周金文集成(修订增补本)》第 2 册,中华书局 2007 年版,第 1478 页第 2809 号。
② 《殷周金文集成(修订增补本)》第 7 册,第 5541 页第 10285 号。
③ 此摹本盖始于容庚《金文编》,参看此书第四版,中华书局 1985 年版,第 279 页。后为多种字编所承袭,如高明、涂白奎《古文字类编(增订本)》,上海古籍出版社 2008 年版,第 1168 页;徐中舒主编《汉语古文字字形表》,中华书局 2010 年版,第 155 页。
④ 于省吾《甲骨文字释林》,中华书局 1979 年版,第 150 页。
⑤ 郭沫若《两周金文辞大系考释》,《郭沫若全集·考古编》第 8 卷,科学出版社 2002 年版,第 70 页。马承源主编《商周青铜器铭文选(三)》隶定从此,文物出版社 1988 年版,第 60 页。

"刀"①,也与字形不符。《商周青铜器铭文选》所收师旂鼎拓片较为清晰,A 作如下之形:

其右上方的构件与同铭"其"的右旁很接近:

我们知道,金文"其"常写作"𠀠"②,鼎铭"其"的右旁应是"丮"的变体。所以,于省吾先生所提出的 A 从"丮"的说法是正确的。根据上引于说古文字"丮"旁与"又"旁通用之例,A、B 无疑为一字异体。为了行文的方便,下面就从多数学者的意见,按照 B 的形体将此二字统一释写为"賢"。

"賢"字见于《说文·四下·奴部》:

> 奴,探坚意也(引者按:小徐本作"賢奴,深坚意"。王筠《说文句读》指出大徐本释义首字当连篆读为"賢奴"③)。从奴、从贝。贝,坚实也。读若概。

从文义看,师旂鼎的 A 和㝬匜的 B 大概是表示判决的法律用词④,《说文》所载"賢"的义训与此不合。

郭沫若、刘桓先生读金文"賢"为"概",前者理解为梗概之"概",后者理解为训"平"之"概",都是从《说文》"賢""读若概"的线索来考虑的。⑤周法高释读 A

---

① 吴其昌《金文历朔疏证》,北京图书馆出版社 2004 年版,第 145 页。
② 参看容庚等《金文编》,第 307—308 页。
③ 丁福保编纂《说文解字诂林》,中华书局 1988 年版,第 4371 页。
④ 陈公柔《西周金文诉讼辞语释例》,《第三届国际中国古文字学研讨会论文集》,香港中文大学中国文化研究所、中国语言及文学系,1997 年,第 236 页;张振林《师旂鼎铭文讲疏》,《黄盛璋先生八秩华诞纪念文集》,中国教育文化出版社 2005 年版,第 153—154 页。
⑤ 郭沫若《两周金文辞大系考释》,第 70 页。刘桓《金文札记(四则)》,刘利民、周建设主编《语言》第 2 卷,北京师范大学出版社 2001 年版,第 320—321 页。

探寻中华文化的基因(一)

为质剂之"质",也提到了"'概''质'古音同隶脂部"(引者按:按照现在一般的古音归部,"概"属物部,"质"属脂部入声)。①关于 A,尚有吴其昌释读为"誓"②、杨树达读为契刻之"栔"③等说。

B 所从出的饌匜是 1975 年在陕西岐山县董家村窖藏出土的,郭沫若、周法高、吴其昌、杨树达等人讨论"貰"字时自然无从得见。把 B 读为梗概之"概"、质剂之"质"、契刻之"栔"或"誓",匜铭都无法讲通。而且,"质""誓"二字已见于西周金文④,"誓"和 B 甚至并见于饌匜,此二说就是从用字习惯来看也是不合适的。

"概"训为"平",是从其"杚斗斛"或"平斗斛之木"的本义引申而来的,似未见可用作"判决""裁断"之类的法律术语。古书中"法律取象,不概自平"(《艺文类聚》卷九引李尤《井铭》)、"概者,平量者也;吏者,平法者也"(《韩非子·外储说左下》)等语,皆以平量之"概"比喻法律或执法者,"概"在这里仍指"平斗斛之木"。所以从古书用例看,A、B 读为训"平"之"概"也不妥当。

唐兰先生根据"貰""读若概","概""劾"音近,而将"貰"读为"劾","汉世问罪谓之鞫,断狱谓之劾"⑤,就文义而言最为允洽。不过,"概"的上古韵部在物部,"貰"从下文的论述看,当与"叡"等字古音极近,它们能否与职部的"劾"相通,尚须论证;"汉世……断狱谓之劾",此词义是否适用于周代,也难以落实。

《类篇·攴部》收有"斀"字,训为"裁至也"。陈英杰先生认为"'至'当作

---

① 周法高《金文零释》,"中央研究院"历史语言研究所专刊之三十四,1993 年,第 69—70 页。(日)白川静《金文通释》六七"师旅鼎"条亦谓"貰为质之初文",见周法高主编《金文诂林》第 5 册,香港中文大学,1975 年,第 2594—2595 页;周法高《金文诂林补》第 2 册,"中央研究院"历史语言研究所,1982 年,第 1381 页。
② 吴其昌《金文历朔疏证》,第 145—146 页。
③ 杨树达《积微居金文说(增订本)》,中华书局 1997 年版,第 162 页。
④ 参看陈剑《说慎》,同作者《甲骨金文考释论集》,线装书局 2007 年版,第 39—53 页。
⑤ 唐兰《西周青铜器铭文分代史征》,中华书局 1986 年版,第 317 页;唐兰《陕西省岐山县董家村新出西周重要铜器铭辞的译文和注释》,故宫博物院编《唐兰先生金文论集》,紫禁城出版社 1995 年版,第 201 页。马承源主编《商周青铜器铭文选(三)》也主张 B 当读为"劾",见第 185 页;A 则读为"刻",见第 60 页。《殷周金文集成(修订增补本)》用唐说读 A、B 为"劾",见第 2 册第 1478 页、第 7 册第 5541 页。

'制',原意当为'裁制',即裁决义",而从"又"、从"攴""构意相同"。①《改并四声篇海·贝部》有"𧵩"字,引《余文》训为"害物贪财也"。陈先生认为金文"賨"与此字亦当"联系起来考虑"②。

古汉语"裁制"一词,本指裁割,引申为制作、规划安排,又有制止、制裁义,引申为约束。③制止、制裁之义,看似与陈先生所说"裁决义"相近,但"裁制"的这一用法似非古义(《汉语大词典》于此义项下所举书证最早一例为《三国志·蜀志·费祎传》)。况且,改《类篇》"裁至"为"裁制",其实是缺乏根据的。《类篇》注"敱"音为"雄皆切";《广韵》去声夬韵何犗切叡小韵有"叡"字,训为"纔然";"纔""裁"古通,皆可当"刚刚、方才"讲。《类篇》训"裁至"的"敱"应该就是《广韵》训"纔然"的"叡"(也可能前者为后者引申义的变体),此词义与金文 A、B 无涉。至于"𧵩"字,详下文。

有些学者虽隶定 A、B 为"賨",但不相信《说文》对"賨"字形、音的分析,或不以 A、B 与《说文》"賨"为一字,而把前者视为从"奴"声之字。如李学勤先生讨论𧵩匜时说:

在训匜铭文中,这个字的结构可与前一行"既死霸"的死字对比,不难看出是从奴声的字。《说文通训定声》已经指出,从奴声的字常可和从赞声、献声的字互通,例如餐通作饡,嚌通作𪗘。这里的賨字,是一个法律用词,应读为谳(讞)。《说文》:"谳,议罪也。"在古代,刑狱案件判决,即上报国君,以取得最后批准。《礼记·文王世子》云:"狱成,有司谳于公。"注:"谳之言白也。"白就是上报。所以,用现代的话来说,谳的意义接近于判决。师旂鼎"旂对厥谳于尊彝",意即把判决内容记于器上。④

---

① ② 陈英杰《西周金文作器用途铭辞研究(下)》,线装书局 2008 年版,第 525、577 页。
③ 参看《汉语大词典》下卷,上海辞书出版社 2007 年版,第 5329 页"裁制"条。关于"制"义,参看裘锡圭《说字小记》,《裘锡圭学术文集》第三卷,复旦大学出版社 2012 年版,第 414 页。
④ 李学勤《岐山董家村训匜考释》,同作者《新出青铜器研究》,文物出版社 1990 年版,第 111—112 页。张世超等《金文形义通解》(中文出版社 1996 年版,第 982—983 页)、黄德宽主编《古文字谱系疏证》(商务印书馆 2007 年版,第三册 2407、2755 页)、寇占民《西周金文动词研究》(线装书局 2010 年版,第 336 页)等书多采用李说。

张振林先生也认为A、B跟"餐"、"粲"等字一样,是从"奴"得声的。①但他把A、B读为与"奴"韵部远隔的"裁",恐难成立,可不必论。古书中的"讞",除了李先生所举的可当"议罪""白"讲外,还有"质""疑"等意思②,它们同"判决"之义还是稍有距离的。③所以李先生也只说"讞的意义接近于判决"。

陈英杰先生试图把"眷""读若概"和从"奴"声这两点加以牵合,认为"概""奴"(《说文》"读若残")古音不远,A、B"乃裁决、裁制之专字,后为'讞'所代替"。④下文将会说明,"眷"与"叡(睿)"有相同的谐声偏旁,跟"叡(睿)"关系密切的元部字,如"璿""璇""爱""涣""合"⑤"船""沿""铅"等,都属于元部合口(所以又多与文部合口字有关系,《说文》为"眷"注音的"概"属文部的入声物部),几乎没有例外;而"奴"虽是元部字,却属开口一等(从"奴"声之字亦如是,故不见与文部合口字发生关系者),彼此界限分明。古文字中可以肯定的独立的"奴"字,见于商代晚期的作册般铜鼋和西周早期的麦方尊。⑥李学勤先生首先释出铜鼋铭的"奴",并读为"佐助"义的"赞"。⑦尊铭的"奴"旧多误释为"死",或虽释"奴"而不得其解,谢明文先生结合铜鼋"奴"的用法指出亦当读为"佐助"义的"赞"。⑧"赞"也是元部开口一等字。由此可知,"餐""粲"等字的确以"奴"为声旁,但"读若概"的"眷"并不从"奴"得声。

有必要指出的是,《集韵》平声寒韵财干切戈小韵收有"眷"字,义为"害物贪

---

① 张振林《师旂鼎铭文讲疏》,《黄盛璋先生八秩华诞纪念文集》,第153—154页。
② 宗福邦等主编《故训汇纂》,商务印书馆2003年版,第2157页。
③ 参看陈公柔《西周金文诉讼辞语释例》,《第三届国际中国古文字学研讨会论文集》,第236页。
④ 陈英杰《西周金文作器用途铭辞研究(下)》,第525页。
⑤ 《说文·二上·口部》"古文台"作"㕣",林义光《文源》指出此"㕣"与《说文》"濬"的正篆"睿"系同字(中西书局2012年版,第361页)。按,马王堆汉墓帛书《战国纵横家书》192行"叡"字,已把"步"的下面一横省掉;汉碑"叡"字也有省掉"步"下横笔的写法(汉语大字典字形组:《秦汉魏晋篆隶字形表》,四川辞书出版社1985年版,第258页)。"㕣"即省"睿"所从"步"下一横而成,林说甚是。故"合"与"睿"音近。下举"船""沿""铅"等字皆从"合"声。
⑥ 董莲池《新金文编》,作家出版社2011年版,上册第479页、下册第2173页。
⑦ 李学勤《作册般铜鼋考释》,《中国历史文物》2005年第1期,第4页。
⑧ 谢明文《试说麦方尊的"奴"》,《古汉语研究》待刊。

财也";此字音义与陈英杰先生提到的《改并四声篇海·贝部》的"鹘"字相同（后者引《余文》音"才干切"），当为一字异体。从反切注音看，这个"赘"属元部开口一等，应是"从贝、叔声"之字（"鹘"可分析为从"贝"从"刀"、"叔"声），跟《说文》"读若概"的"赘"只是偶然同形，彼此并非一字。①

仅就上引 A、B 字形而论，把它们分析为从"叔"声，似乎是有道理的。但是，若联系殷墟甲骨文中此字的写法来看，其所从是否就是《说文》"读若残"的"叔"，则很可怀疑。

于省吾先生早就指出，在无名组、何组甲骨卜辞中有一个用作田猎地名的字，与金文"赘"系一字②。下面举一些例子③：

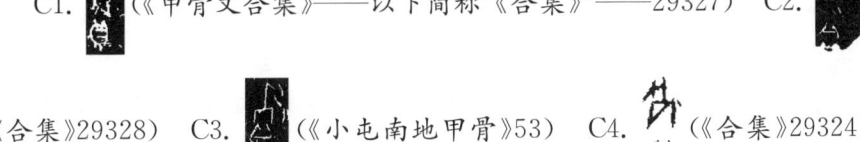

C1. (《甲骨文合集》——以下简称"《合集》"——29327)  C2.

(《合集》29328)  C3. (《小屯南地甲骨》53)  C4. (《合集》29324)

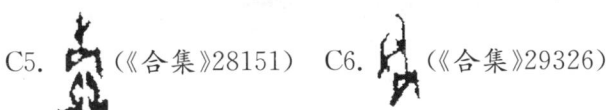

C5. (《合集》28151)  C6. (《合集》29326)

金文 B 即上举甲骨文 C4，但 C4 显然不是最古的形体。C1、C2 跟 C4 相比，在"叔"下多出类似"八"形笔画（与数字"八"非一字，下同）。古文字中有的构件往往单复无别，C1、C2 的"八"与 C3 的" "显然是一回事[可比较下举"叡（睿）"的字形]，只不过后者把" "写到了"贝"的下面而已。《小屯南地甲骨》、

---

① 王辉《王家台秦简〈归藏〉索隐》读王家台秦简《归藏》181 号简"天目朝朝，不利为草木赘赘偶下□"的"赘赘"为"槃槃"（《古文字研究》第二十四辑，中华书局 2002 年版，第 414 页）。《归藏》简图版至今未发表，但从王明钦《王家台秦墓竹简概述》公布的释文看，所谓"赘"作"赞"（艾兰、邢文编《新出简帛研究》，文物出版社 2004 年版，第 30 页）。此字究为何字，只能存疑。

② 于省吾《甲骨文字释林》，第 150 页。

③ 参看刘钊等《新甲骨文编》，福建人民出版社 2009 年版，第 257 页；李宗焜《甲骨文字编》下册，中华书局 2012 年版，第 1134 页。

《殷墟甲骨刻辞类纂》等书误分 C3 为"賏"、"八"二字,裘锡圭先生在《读〈小屯南地甲骨〉》一文中已指出了这一问题①。所以,C4 应是 C1、C2、C3 之形省,C5 则进一步省去了"又"。C6 从字形上看似即"叔"。但是,C6 所从出的《合集》29326 当与《合集》29325 文例类似甚或同文,《合集》29325 的"賏"作 C1、C2 之形,《合集》29326 为残辞,C6 下端应已残去"贝"或"八"、"贝"②。

《甲骨文合集补编》11283(《合集》36959+《英国所藏甲骨集》2536,黄组)上有一与"亘""洛""牆"同版的地名"貞",其形如下:

C7.

陈剑先生指出,C7 与田猎地名 C1—C5(陈文未举 C6)当为"一字之繁简体"。③从 C1—C5 从"贝"而 C7 不从"贝"来看,似以说它们具有通用关系为妥。无论如何,C1—C7 当指同一地名是没有问题的(下文统一指称此地名时就以"C"为其代号)。由此可见,在 C 这一地名之字中,"叔"应该是起表音作用的,所以 C7 可以省作"貞"(其省去"又",与 C4 省作 C5 同例)。李学勤等先生分析金文 A、B 从"叔"声,从甲骨文 C 的各种写法看似有问题,但认为 A、B 除"贝"之外的形体具有表音作用,却是很精到的见解。

唐兰先生在《论周昭王时代的青铜器铭刻》一文中,曾主张师旂鼎的"賏"读为"賰",《广雅·释诂一》:"賰,益也。""賰从睿,与叔是一字,此不从目而从贝。"④读鼎铭"賏"为"賰",从文义看是不合适的;但唐先生指出"賏""叔(睿)"字音、字形

---

① 《裘锡圭学术文集》第六卷,第 34 页。
② 《新甲骨文编》第 257 页"叔"字条下所收各形,前三例皆系割裂"賏"字而成,末一例即 C6。"叔"字条实当取消。
③ 陈剑《释"琮"及相关诸字》,同作者《甲骨金文考释论集》,第 301—302 页。
④ 故宫博物院编《唐兰先生金文论集》,第 260 页。

皆近，则为探讨"叡"字的形音提供了一条重要线索。

陈英杰先生在谈幽公盨铭文的"濬"字时，指出黻匜的 B 可与幽公盨"濬""联系起来，从中寻求匜铭释证的音读线索"；他还提到了上海博物馆藏战国楚竹书《周易》54、55 号简中，相当于今本卦名"涣"的从"睿"从"爰"之字（或又增"廾"）。①这些意见也都富于启发性。

最值得跟上举 A、B、C"叡"字的各种写法加以比较的，是唐、陈二位先生已经提到的古文字中的"叡（睿）"：

D1. ▨ [秦公镈，春秋早期，《殷周金文集成（修订增补本）》270.1]

D2. ▨ [《上博（三）·周易》简 28] D3. ▨ [《上博（六）·用曰》简 18]

D4. ▨（楚帛书甲 6·76）② D5. ▨（包山简 183） D6. ▨ [中山王鼎，《殷周金文集成（修订增补本）》2840] D7. ▨（新蔡葛陵楚简乙一 13）

D8. ▨ [《上博（二）·容成氏》简 38] D9. ▨ [《上博（三）·周易》简 54]

D10. ▨ [《上博（三）·周易》简 54] D11. ▨（包山简 167）

D1 是迄今所见古文字资料中最早的"叡"字。古文字"又""攴"二旁可通用，上海博物馆藏战国楚竹书《周易》的整理者据此指出 D2 即"叡"。③下文在没有必要强调其区别时，从"攴"的"叡"亦用"叡"表示。陈英杰先生认为 D9 左旁从"廾"，大概也是"叡"④。从字形看，似不如孟蓬生先生析作从"廾"、"叡"声为好⑤。孟先生并指出，与今本"涣"相通的 D9（不计"廾"旁）、D10，当是双声字，所从"睿""爰"皆声⑥。

---

① 陈英杰《西周金文作器用途铭辞研究（下）》，第 577 页；又参看同书，第 525 页。
② 此字释"叡"，从商承祚《战国楚帛书述略》说，《文物》1964 年第 9 期；参看苏建洲《〈郭店〉、〈上博（二）〉考释五则》，《中国文字》新廿九期，艺文印书馆 2003 年版，第 222—223 页；徐在国《郭店简考释二则》，《中国文字研究》第四辑，广西教育出版社 2003 年版，第 149 页。
③ 马承源主编《上海博物馆藏战国楚竹书（三）》，上海古籍出版社 2003 年版，释文注释第 175 页。
④ 陈英杰《西周金文作器用途铭辞研究（下）》，第 577 页。
⑤⑥ 孟蓬生《上博竹书〈周易〉的两个双声字》，简帛研究网，2005 年 3 月 31 日。

探寻中华文化的基因(一)

此说已为多数学者所接受。①

《说文》以"睿"为"叡"之古文,D7、D8 都是"璿"字,D7 从"叡"声而 D8 从"睿"声(D6、D9—D11 亦皆从"睿"得声);这跟 C5 与 C1—C4、A、B 的关系相同。裘锡圭先生指出,后世"睿""叡"诸字中的"穴"殆即由上举甲骨文"叡"所从的"八"而来。②其说甚是。D4"叡"省"穴"为"八",也与 C3、C7 从"穴"而 C1、C2 从"八"同例。D5"叡"和 D11 所从的"睿"都省去"穴"或"八"形,与 C1—C3 省作 C4、A、B 如出一辙。

郭店楚墓所出竹书《性自命出》31 号简有"乐之动心也,△深郁陶"之语,△作如下之形③:

整理者怀疑当释为"濆(濬)"④。跟楚文字"贝"及"贝"旁比较一下⑤,可知△隶

---

① 曾侯乙墓竹简有 ![字] 字(简 157),李守奎先生在整理者所说"从'卄'从'手'从'容',疑是'叡'的繁体"的基础上,改释此字为"濬";又认为此字"歺"下为"去","'去''谷'同字","壑"实从"去(谷)"声,后讹作"谷",遂与《说文》"濬"的正篆"容"混同,故此字也有可能当释"壑"(《曾侯乙墓竹简"水"部字补释》,《第四届国际中国古文字学研讨会论文集》,香港中文大学中国语言及文学系,2003 年,第 510—513 页)。按,李先生释此字从"水",甚是。如整理者所释"容"旁可信,此字从"卄""濬(濬)"声,当是 D9 异体。不过,目前所知古文字的"容"旁均不作此形,此字所从能否视为"容",似还可考虑。李守奎先生改释为从"去",正是看到了这一点。但李先生说"'去''谷'同字"、"壑"从"去(谷)"声,恐怕也有问题。从古文字看,"谷"本作 ![字] (九年卫鼎,董莲池《新金文编》上册,第 237 页。从林沄先生释,出处详下),秦汉文字"却""脚"等所从"谷"旁犹存古体。林沄先生指出"谷"字"口"上部分"象布线交织"(《新版〈金文编〉正文部分释字商榷》第 6 条,中国古文字学会第八届年会提交论文,1990 年);窃疑此"布线交织"之形实象织布之葛,乃"绤"(粗葛)、"绨"(细葛)共同的初文,加"口"形分化出"谷",加义符"巾"分化出"希(绨)"。虽隶变以后从"谷"之字或混作"去"形,但"谷"与"去"各有源流,显非"同字"。说"壑"字从"去"声,也是缺乏根据的(详下文)。

② 《裘锡圭学术文集》第六卷,第 34 页。

③ 荆门市博物馆《郭店楚墓竹简》,文物出版社 1998 年版,图版第 63 页。此字形取自《简帛书法选》编辑部《郭店楚墓竹简·性自命出》,文物出版社 2002 年版,第 31 页。

④ 荆门市博物馆《郭店楚墓竹简》,释文注释第 183 页。

⑤ 李守奎《楚文字编》,华东师范大学出版社 2003 年版,第 380—391 页;李守奎、曲冰、孙伟龙《上海博物馆藏战国楚竹书(一—五)文字编》,作家出版社 2007 年版,第 331—337 页。

定为"濱"是正确的。后来发表的上海博物馆藏战国楚竹书中,有一篇与《性自命出》文句大体相同的《性情论》,19号简与△对应之字为"濬",其形如下①:

郭店简整理者为"濱"括注"濬"的意见也由此得到了证实。

郭店简"濱"的声旁"賓"省去了"六"或"八"形,与D5、D11"睿"的情况相同。"賓"就是上举甲骨文C5;根据"叡"或作"睿"之例,"賓"也就是我们所讨论的"賮"字。由楚简"濱""濬"通用可以断定,上举A、B、C"賮"的读音,确如唐兰先生所说,与"叡(睿)"极为相近。【编按:郭店简读"濬"之字实从"見/貝"而不从"貝",参看文末"看校追记"。此字声旁即上举D6、D11的简体。】

《说文·四下·叔部》分析"叡"字说:

> 叡,深明也。通也(引者按:小徐本无"通也",段注谓系俗增)。从叔(引者按:即"奴"的不同隶定形)、从目、从谷省。睿,古文叡。壡,籀文叡从土。

以"叡"为会意字。徐灏《说文解字注笺》对其说提出过很重要的补正意见:

> "叡"乃明目达聪之义,故从目,而其从谷、从叔,无所取义。《说文》既以"叔"为"壑"(引者按:《说文·四下·叔部》:"叔,沟也。从叔、从谷。读若郝。壑,叔或从土。"),则又不可用"叔"为声,殊有可疑。又,《谷部》:"睿,深通川也。从谷、从卢。卢,残地坑坎意也,私闰切。"或从水作"濬",又作"濬"。是"睿"即疏濬字。其从卢,亦不可解。虽云"残地坑坎",其实"叔"乃残穿,"卢"为裂骨(引者按:"卢(歺)"实象铲臿之类挖土工具②),疏濬不当取裂骨义也。反复究思,盖"叡"乃疏濬本字,故从谷、从叔,残穿即

---

① 马承源主编《上海博物馆藏战国楚竹书(一)》,上海古籍出版社2001年版,图版第89页。
② 参看裘锡圭《燹公盨铭文考释》,《裘锡圭学术文集》第三卷,第149页注⑭。

疏凿意也。唯"叡"为疏濬而非沟壑，故"叡"用"叡"为声。而《谷部》之"睿"即从"叡"省，其"残地坑坎"之云，正为"叡"作解，而"睿"不必取于裂骨也。"睿"从"叡"省，与"睿"从"叡"省，文同一例。①

可以补充的是，《说文·二上·走部》有训"走皃"的"趣"字，"从走、叡声。读若䌛"。徐铉等人以为"叡声远，疑从睿"；小徐本则改"叡声"为"叡声"，篆文亦改作从"叡"。其实，"趣"从"叡"声而"读若䌛"，正是"叡""乃疏濬本字"的又一佳证，二徐擅改无据。②既知"叡"有"濬"音，"睿"为其省形，则徐灏以"叡"从"叡"声的看法，显然比许慎对"叡"字的分析要合理得多。

徐灏乃据《说文》"叡""从谷省"立说，故分析"叡"字"用'叡'为声"。从上引古文字字形看，"叡"本不从"叡"而从"叡"。上文已指出，"叡（睿）""贅"不但字形演变的情况相似，而且在楚简中有通用关系【编按：此说不确，当删】，古音极近；它们的字形结构也很一致。既然"贅"本从"叡"声，"叡"也应该"用'叡'为声"。

"叡"所从的"𠔌"，在殷墟甲骨文中独立成字，往往用作地名（参看《殷墟甲骨刻辞类纂》第1280页）。刘桓先生专门考释过此字，指出"𠔌应为谷字所从"，谓其形象"两山间流水之道"；又说："甲文中有些字加'口'不加'口'字，均作同一个字来用，在当时区分不甚严格……据此推断，𠔌很可能就是谷字初文。"③甲骨文"谷"字为王襄、罗振玉所释出④，但在卜辞中基本上也用作地名，而非山谷一类的通名。⑤卜辞既言"贞，呼妇娸田于𠔌"（《合集》10968，宾组），又言"王

---

① 丁福保编纂《说文解字诂林》，第4374页。
② 苏建洲先生见告，李春桃先生在《传抄古文综合研究》中指出，古文"川"实可释"沿"，二者音近相通；李先生还怀疑贅公盨"濬"字所从意符"川"（字形详下文）可能兼有表音作用［吉林大学博士学位论文（指导教师：吴振武教授），2012年，上册第171—172页］。"沿"的声旁"㕣"与"睿"睿"的关系前文已述，"沿"假借为"川"，与"趣""读若䌛"的情况可以互相发明。
③ 刘桓《甲骨文字考释（四则）》，安徽大学古文字研究室编：《古文字研究》第二十二辑，中华书局2000年版，第46页。
④ 于省吾主编《甲骨文字诂林》第四册，中华书局1996年版，第3360页。
⑤ 刘桓先生文中所论指山谷的"𠔌"，多系割取卜辞地名"贅"而成，实不可信。

曰贞,翌乙卯其田,亡灾于谷"(《合集》24471,出组),"⿱八"、"谷"皆为商王室的田猎地,按刘桓先生说,则有可能指同一地方。①即使"⿱八"非"谷"之初文,刘先生指出"⿱八"为"谷"字所从,至少也应该是正确的。

李孝定先生分析"谷"字"本从𠔏口会意,两山分处是为谷矣,口则像谷口也"。②"𠔏"为"⿱八"的隶定形。何琳仪先生认为"⿱八"即《说文·二上·八部》训"分也。从重八。八,分别也,亦声"的"𠔏","谷"字"会山谷两分如口之意。口亦声"。③把"⿱八"与《说文》"从重八"的"𠔏"相附会,恐未必是④,但李、何二位先生说"⿱八"表示"两山分处"、"山谷两分",从字形看确实比说它象"两山间流水之道",更为合理。从"⿱八"的"谷"古有"坑坎"、"高岸为谷"等义,"⿱八"似象开豁的坑谷、沟壑之形。

"叡"既为"叡"、"睿"等字的声旁,其字象手("又")持铲舀之类的工具("㚆")疏凿坑谷、沟壑("⿱八"),当是疏濬之"濬"的表意初文。⑤徐灏所考"乃疏濬本字"的"叡",既有可能是"叡"增"口"形的繁体⑥,也有可能是改换"叡"的意符"⿱八"为"谷"而成的异体。

西周中期的豳公盨铭文中有𠭯字,裘锡圭先生释为"濬",并指出其字从

---

① 1978年在山东郯城县马陵山大尚庄村粮管所院内发现一件战国时代的铜戈,发表者释其铭文为"郤氏左"(《中国文物报》1992年6月14日第23期第3版)。孟岩先生指出,所谓"郤",实从"谷"从"邑",当为"谷邑"或"谷氏"之"谷"的专字,与左旁由"谷"变来的"三郤"之"郤"非一字[孟岩《〈姑成家父〉文本集释及相关问题研究》,吉林大学硕士学位论文(指导教师:冯胜君教授),2009年,第38—42页]。此地名不知与甲骨卜辞的"谷"、"⿱八"是否为一地。

② 于省吾主编《甲骨文字诂林》第四册,第3360页。

③ 何琳仪《战国古文字典》,中华书局1998年版,第346页。

④ 也可能《说文》的"𠔏"的确来源于甲骨文的"⿱八",但许慎已不明其形、音,故附会为"重八"。

⑤ 《合集》6566反为宾组占辞,其上有一𠭯字,似象一人手持挖土工具(有点像两把"㚆"并起来的样子)凿地,但把"⿱八"形写在了上方,不知有没有可能是"叡(濬)"的古体。

⑥ "濬"或加"○('圆'之初文)注音(见下文),古文字"○"后代常变作"口"形(如"袁"、"员"等),"叡"中的"口"似有可能实为"○"之讹形。原表音的"○"变为"口"后,与"⿱八"组合成"谷",对于表"叡(濬)"的字义也凑巧合适。

"㕚"从"川"会意,"〇('圆'之初文)"系加注的音符。①此说已成为多数学者的共识。豳公盨"濬"字若不计加注的"〇"声,应是从"通川"的角度为"濬"造的会意字,所以盨铭"濬川"之"濬"取此形;"叡""叡"等字的声旁"㕚",则是从"通谷"或"通壑"的角度为"濬"造的会意字,二者并不矛盾。豳公盨的这种"濬"字在古文字资料中目前仅此一见,大概在较早的时候即遭淘汰(或用得不普遍);独体的"㕚"虽尚未发现,但其省体"叀"已见于殷墟黄组卜辞(即 C7),"㕚"作为声旁更被广泛使用。在汉字发展过程中,表示本义的后起形声字,其形声结构的声旁常以其表意初文为声旁,如"擐"与"袁"、"疆"与"畺"、"廩"与"㐭"等②;疏濬之"濬"字,至迟到战国时代,已用以其初文"㕚"(或其省体)为声旁之字为其声旁,正属于这类情况。

从出土文字和《说文》的有关资料看,"㕚(叡)"字的问题还相当复杂,需要进一步加以讨论。

马王堆汉墓帛书《战国纵横家书》192 行有"叡"字,用为"填沟壑"之"壑";帛书《五行》197 行两见"壑"字,当读为"赫"③,犹《说文》"叡"读若郝"。新发现的云梦睡虎地汉墓 M77 所出简文《葬律》有"叡"字,彭浩先生指出即当土坑讲的"壑"。④这些都是"叡"读"壑"音的明证。马王堆帛书《五行》的两个"壑"字,"土"旁皆写在"又"下(《说文》"壑"亦作此形),与《说文》"叡"籀文作"叡"同例。所以,徐灏释"叡"为"濬",当然不错;但《说文》以"叡"为"壑"字,也有充分的根据。

更有意思的是,清华大学藏战国竹简《系年》82 号简讲"伍鸡将吴人以围州来","为长~而坙(涇)之,以败楚师",用"~"代替之字作如下之形:

---

① 裘锡圭《豳公盨铭文考释》,《裘锡圭学术文集》第三卷,第 149—150 页。
② 《裘锡圭学术文集》第一卷,第 171、172 页。
③ 陈松长等《马王堆简帛文字编》,文物出版社 2001 年版,第 155 页。
④ 彭浩《读云梦睡虎地 M77 汉简〈葬律〉》,《江汉考古》2009 年第 4 期,第 131 页。

从文义看,此字当从整理者释读为"壑"。①"长壑"就是长沟。《韩非子·外储说右上·说一》记载"季孙相鲁"时,"鲁以五月起众为长沟",其语与《系年》"伍鸡将吴人……为长壑"相近(《晋书·张协列传》中还有"长壑"一词,见下文)。从字形看,"～"却只能分析为从"水""叡"声,盖即疏濬之"濬"字。不过,这个"濬"字在此不读"濬"音,而应读"壑"音;这跟上面所说"叡"的情况完全相合。

"叡""叔"为一字,"叔"象疏濬坑谷、沟壑之形,"壑"在古代正好兼有坑谷、沟壑等义。从词义上说,"壑"与"濬"名动相因(所"濬"者即为"壑")。②"壑"是晓母铎部字。"濬"从"睿"声,前面说过,上博简《周易》中以"睿"为音符之字可与"涣"通用,"涣"即属晓母。从古文字资料看,月部和铎部关系十分密切。在以月部的"丰"为声之字中,从"戈"者可用为"戟",从"辵"者和从"阜"从"土"者可与"格"通(前者见郭店简《缁衣》简38、39,后者见《上博(一)·缁衣》简19),从"土"者可用为"郚"[见《上博(五)·姑成家父》],"戟""格""郚"皆属铎部。③《文选》卷三十五载张协《七命》,其中有"画长豁以为限,带流溪以为关"之语。(看校时按:前引清华简《系年》82号简"长濬"也有可能当读为"长豁"。)《晋书·张协列传》引此文,"长豁"作"长壑"。这里的"豁""壑"音义皆近,"豁"就是晓母月部字。由此亦不难看出"壑""濬"字音上的联系。

---

① 清华大学出土文献研究与保护中心编,李学勤主编《清华大学藏战国竹简(贰)》下册,中西书局2011年版,第170页。

② 李守奎《曾侯乙墓竹简"水"部字补释》已提到"濬"与"壑""在意义上有一定联系"。见《第四届国际中国古文字学研讨会论文集》,第511页。

③ 与月、铎二部有阴入对转关系的歌、鱼二部,也有不少相通的例子,参看李家浩《攻敔王姑义雜剑铭文及其所反映的历史》,陈昭容主编《古文字与古代史》第一辑,"中央研究院"历史语言研究所2007年版,第301—302页。

探寻中华文化的基因(一)

　　从以上所说可以推测,由于在语言的层面,"壑"这个词可能是由"濬"派生出来的("濬""壑"分化为二词后,彼此仍保持着音义上的联系,故清华简《系年》可以从"水""叡"声的"濬"为"壑"——看校时按:如"长濬"确当读为"长豁",则此句当取消——),所以在文字的层面,"叡(叡)"在较古的时候可能既是疏濬之"濬"字,又是谷壑、沟壑之"壑"字,一形兼为二用。前面说"𠔌"似象开豁的坑谷、沟壑之形,其上加注"叔",表示"壑"系用铲臿之类的挖土工具开凿、疏通出来的,这从表意的角度也完全讲得通。《说文·四下·叔部》有一个"从叔、从井,井亦声"的"叔"字,其本义为"坑也",钱大昕、朱骏声以为就是陷阱之"阱"的别体①,当是。"叔"的表意方式与用为"壑"的"叡(叡)"很可类比。

　　应该承认,我们对"叡(叡)"可用为"壑"的原因的解释,也许与事实尚有出入;但"叡(叡)"兼有"壑"音这一点,没有问题是可以成立的。前引徐灏认为"叡""为疏濬而非沟壑",现在看来只讲对了一半。

　　清华大学藏战国竹简《金縢》9、14号简两见下引之字:

(9号简)　　(14号简)

在今本《尚书·金縢》中,与9号简相应之字为"获";与14号简相应之字为"熟",但学者已指出实系"获"之误抄。②所以各家多从"获"音出发来说解此字字形③。

　　清华简整理者在为此字所加的注释中提出,此字左半又见于上海博物馆藏战国楚竹书《采风曲目》"𤔔也遗夬"(3号简)、《鲍叔牙与隰朋之谏》"𤔔民猎乐"

---

　　① 〔清〕钱大昕《说文答问》,同作者《潜研堂集》,上海古籍出版社1989年版,第168页;〔清〕朱骏声《说文通训定声》,武汉古籍书店1983年版,第851页。
　　② 何有祖《清华大学藏简〈金縢〉补释一则》,简帛研究网,2011年1月5日。
　　③ 同上注;宋华强《清华简〈金縢〉读为"获"之字解说》,简帛研究网,2011年1月14日;李学勤《释清华简〈金縢〉通假为"获"之字》,中国文化遗产研究院编《出土文献研究》第十辑,中华书局2011年版,第1页。

(4号简)。①按,《采风曲目》"![字]"下从"人",殆即见于曾侯乙墓竹简的"![字]"和天星观简的"![字]"字所从②;而《金縢》用为"获"之字从"刀",二者是否为一事尚待研究,这里暂不加讨论。以《鲍叔牙与隰朋之谏》的"![字]"与《金縢》此字的左半为一字,则显然可从。袁金平先生曾指出,包山简有地名"![字]陵"(150号简),"![字]"字"艹"下部分即《鲍叔牙与隰朋之谏》的"![字]"。③苏建洲先生释《鲍叔牙与隰朋之谏》此字为从"歺"从"刀"④;陈剑先生进而认为从"歺"从"刀"即"列"字("刀"、"刃"二旁常通用),包山简地名之字从"刀",当释"苅"。⑤

苏建洲先生在释《鲍叔牙与隰朋之谏》此字从"歺"时,已举出前引上博简《性情论》"濬"所从"歺"的写法作为证据,其说可信。《鲍叔牙与隰朋之谏》《性情论》此二字所从"歺"的上部,应是在清华简《金縢》14号简一类写法的"歺"旁上部增繁而成的。此类变化,苏建洲先生亦有翔实论证。⑥比照"叡""贅"等字的结构,清华简《金縢》用为"获"之字当分析为从"叡"从"刀"。在各家关于《金縢》此字的考释中,整理者提出来的疑"即'叡'字,叡,晓母铎部,读为匣母铎部之'获'"⑦的说法,最为可取。上文所举"贅""叡"的声旁"叡"皆可省作"叡";《金縢》用为"获"之字所从的"叡",无疑也是"叡"之省,只不过"叡"在此不取"濬""叡"一类的读音,而取"壑"音。《金縢》此字从"刀"、"叡(壑)"声,大概是刈获

---

① 清华大学出土文献研究与保护中心编、李学勤主编《清华大学藏战国竹简(壹)》下册,中西书局 2010 年版,第 161 页。
② 参看滕壬生《楚系简帛文字编(增订本)》,湖北教育出版社 2008 年版,第 1282、1283 页。
③ 袁金平《读〈上博(五)〉札记三则》,简帛研究网,2006 年 2 月 26 日。
④ 苏建洲《〈上博(五)·鲍叔牙与隰朋之谏〉"竖刁与易牙为相"章字词考释》,简帛研究网,2006 年 3 月 17 日;《〈上博五〉补释五则》,简帛研究网,2006 年 3 月 29 日。
⑤ 苏建洲《〈上博楚简(五)〉考释二则》引陈剑先生来信,简帛研究网,2006 年 12 月 1 日。
⑥ 苏建洲《〈金縢〉"获"字考释》,同作者《楚文字论集》,万卷楼图书股份有限公司 2011 年版,第 351—352 页。
⑦ 清华大学出土文献研究与保护中心编、李学勤主编《清华大学藏战国竹简(壹)》下册,第 161 页。

之"获"的一个异体。【编按：战国文字中，"叡"所从"歺"上部作🦴，目前仅《性情论》一见，而读"获"音之字上部似尚未见作"卜"形者。这可能是当时人为了区别"叡"的"濬""壑"二读，有把字的某一构件稍加改变，在字形上进行分化的倾向。但从下文所说秦汉文字"叡"有从"🦴"的写法看，这种分化是不彻底的。】

"赘""叡""叡"等字皆可省"又（或'攴'）"作，《鲍叔牙与隰朋之谏》的"🦴"应该就是清华简《金縢》用为"获"之字省去"攴"旁的简体，颇疑在简文中当读为"郄"。

《吕氏春秋·士容论·任地》有如下一段话：

> 不知事者，时未至而逆之，时既往而慕之，当时而薄之，使其民而郄之。
> 民既郄，乃以良时慕，此从事之下也。

前人多训"郄"为"逆""隙"或"退却"①，文义皆有隔膜。陈奇猷先生解释此段说："时未至则逆时而耕种，时既往而又思慕农时，当其时则轻弃农时，以兴土功、动兵事等使其民而退却农时。"②除了"郄"不宜解作"退却"之外，所说皆较准确。"郄"有"疲羸""疲极"之义，字或作"御""瓵""郤"等。③所谓"使其民而郄之"，就是说民因疲于土功、兵事等而困极无力于农时，与上文"老弱之力可尽起，其用日半，其功可使倍"反义。

"郄""郤"等字古音多属溪母铎部，与"获""壑"韵为同部，声亦相近，应可相通。《鲍叔牙与隰朋之谏》的"🦴民"读为"郄民"，正与《吕氏春秋》"使其民而郄之"同意。《淮南子·泰族》："及至其衰也，驰骋猎射，以夺民时，罢（疲）民之力。"即"郄民猎乐"之意。各家公认，旧有的关于"🦴"字的各种释读，以陈剑先

---

① 参看陈奇猷《吕氏春秋新校释》下册，上海古籍出版社2002年版，第1761—1762页。
② 同上，第1762页。
③ 参看〔清〕王念孙《读书杂志》，江苏古籍出版社2000年版，第59页。

生据释"列"之说读为训"虐""害"的"厉"①,从文义看"最为顺适"。②"郯民"指疲民、困民而言,跟"厉民"的意思也比较接近。

古陶文屡见从"艹"从"隻('获'之本字)"之字③,包山简的"𦱉"不知是否即此字异体。

总之,从上面的讨论来看,古文字"叙(叡)"兼有"濬""壑"二音;"睿"字从"目""叙(叡/濬)"声(其声旁也许兼可表意,取其"通明"之意),"賮"字从"贝""叙(叡/濬)"声,《说文》对这两个字字形的分析都靠不住。"賮"以"贝"为意符,前人已指出"贝无坚实之义"④,所以《说文》释其本义为"探坚意也",恐怕也有问题。唐兰先生在《论周昭王时代的青铜器铭刻》中,不但指出了"賮""叙(睿)""赠"音近,而且已约略提及"賮"与"赠"字形上的联系。⑤"賮""赠"皆从"贝",后者很可能是前者改换声旁的后起字;也就是说,"賮"或系"赠"之初文,其本义当为"益"。

至于《说文》"读若概"的注音,陈剑先生在讨论卜辞地名"賮"时,已根据有关材料指出此读是可靠的:

《说文》卷七下韭部:"齑,菜也。叶似韭。从韭、叙声(引者按:'叙'即'賮'的不同隶定形)。"俗作"蓥""薤"。《说文》卷十一上水部新附:"瀣,沆瀣〈瀣〉,气也。从水、齑省声。"《史记·司马相如传》"澎濞沆溉"索隐:"溉,亦作瀣。"《楚辞·远游》:"餐六气而饮沆瀣兮,漱正阳而含朝霞。"王逸注引《陵阳子明经》曰:"冬饮沆瀣,沆瀣者,北方夜半气也。"马王堆帛书《却谷食气》第三行"夏食一去汤风,和以朝暇(霞)行暨。""沆瀣"作"行暨"。(原注:参看马王堆汉墓帛书整理小组编:《马王堆汉墓帛书(肆)》,第86页注〔一四〕〔一五〕,文物出版社,1985年3月。)⑥

---

① 苏建洲《〈上博楚简(五)〉考释二则》引陈剑先生来信。
② 引号中的话引自宋华强《清华简〈金縢〉读为"获"之字解说》。
③ 参看王恩田《陶文字典》,齐鲁书社2007年版,第16—18页。
④ 林义光《文源》,第317页。
⑤ 故宫博物院编《唐兰先生金文论集》,第260页。
⑥ 陈剑《释"琮"及相关诸字》,同作者《甲骨金文考释论集》,第302页。

探寻中华文化的基因(一)

　　陈先生还据此把卜辞中与"盂"等地同版的地名"叡"(即上举 C)读为"劘"。①此说不但在地理位置上是合适的,就是从文字学上看,也很有道理。

　　传世字书里有"㓷""蔪""刜"等字。"㓷"见于《尔雅·释诂下》(但《说文》失收);"蔪"见于《说文·一下·艸部》,典籍与"劘"通用;"刜"见于《广雅·释诂一》,与"割""斯""截""斩""暋"等字并训"断也"。②秦印有"㓷"字作 [图], 用作姓氏,已有学者指出当读为"劘";又有 [图] 字,旧释"蔪"。③"歺"的上端一般作似"卜"形。前引上博简《性情论》"濇"字、《鲍叔牙与隰朋之谏》我们释读为"郄"之字,所从"歺"的上端则作"中"一类形状。此类笔画是很容易变成秦印所谓"蔪"左上的"[符]"形的。从"㓷"左上部分也或作"卜"形来看,秦印所谓"蔪"字很可能并不从"中/艸",而当径释为"㓷"。④《汉印文字征》1.12"蔪"字条下所收有 [图]、[图]、[图] 等例,末一例左上部分似"中"之形,也许就是从秦印"㓷"所从"[符]"变来的,其字似以释"㓷"为宜。前二例"蔪"所从的"㓷",以"艸"头的左半兼充其左上的"[符]"形。秦印、秦简中"薛"及从"薛"的"孼""蘗"等字,以"艸"头的左半兼充"辥"左上的"中"(由"止"形讹成⑤)⑥;马王堆帛书《要》篇中的"蘩",以"艸"头的左半兼充"每"上部的"中"⑦,均与此同例。

―――――――――――

　　① 陈剑《释"琮"及相关诸字》,同作者《甲骨金文考释论集》,第 302 页。
　　② 〔清〕王念孙《广雅疏证》,江苏古籍出版社 1984 年版,第 22 页。
　　③ 何琳仪《战国古文字典》,第 1199 页。
　　④ 苏建洲先生告诉我,《古文字谱系疏证》第三册第 2929 页沿用《战国古文字典》之说,亦释秦印此字为"蔪";苏先生在其自用的《〈金縢〉"获"字考释》一文的补记中,也认为此实即"㓷"字,与我们的看法不谋而合。
　　⑤ 参看裘锡圭《说从"肯"声的从"贝"与从"辵"之字》,《文史》2012 年第 3 辑(总第 100 辑),第 15—16 页。
　　⑥ 字例参看黄德宽主编《古文字谱系疏证》第三册,第 2652、2653、2654 页。
　　⑦ 裘锡圭《帛书〈要〉篇释文校记》,《裘锡圭学术文集》第二卷,第 251 页。"薛""蘩"二例及汉印"蔪"字字形的分析,皆蒙陈剑先生赐示。

上引"⿰卜⿱屮刂""⿰卜⿱屮⿰刂攴"的左半("⿰卜⿱屮刂"不计其所从"卜""✿"），跟秦汉文字"朋"的确十分相像，"䣛"字中后隶变为"朋"者，当即来源于此。可以推想，在当时不但已有"刖"字，而且应该存在一个从"屮"从"刖"之字，后来演变成了"䣛"。

前面说过，秦印"⿰卜⿱屮刂"的左上部分作"卜""✿"一类笔画，跟"歨"上端的变化是平行的。《说文·六下·邑部》有本义为"汝南安阳乡"的"䣛"字，亦见于汉印（《汉印文字征》6.26，其左上部分的形态亦与汉代"歨"旁有的写法相合），小徐本分析为"从邑、⿰卜⿱屮刂省声"（大徐本"⿰卜⿱屮刂"作"⿰卜⿱屮⿰刂攴"）；那末，"刖"也可以看作从"刀""⿰卜⿱屮刂"省声。"⿰卜⿱屮刂"省作"甪"，跟"叙"省作"䧹"、"叡"省作"睿"、"贅"省作"賣"（详下文）、"叡"省作"容"的情况，也是平行的。这样看来，陈剑先生怀疑"'⿰卜⿱屮刂'字本身，说不定就是由卜辞'贅'字的上半（'⿰卜⿱屮刂'加'八'形）讹变而来的"①，或者保守一点说"⿰卜⿱屮刂"本从"⿰卜⿱屮刂"声，很可能是符合事实的。既知"贅"、"⿰卜⿱屮刂"并谐"⿰卜⿱屮刂"声，从"屮"从"刖"之字乃"䣛"之前身，卜辞地名"贅"读为"䣛"就很自然了。

"贅"字的形音义既明，下面讨论它在铜器铭文中（即 A、B）应读为何词。

前面说过，A、B 是表示"判决"义的法律用语。在古汉语中，最常用的表示判决、断狱之词有"决"。《淮南子·时则》"审决狱"高诱注："决，断也。"《礼记·月令》："断薄刑，决小罪。""断""决"对文。《韩非子·外储说左下·说一》"及狱决罪定"，《管子·匡君小匡》《吕氏春秋·勿躬》皆有"决狱折中，不杀不辜，不诬无罪"之语；睡虎地秦简《为吏之道》还说"夬（决）狱不正"（简 44 第三栏）。张家山汉简《二年律令·具律》简 114："罪人狱已决，自以罪不当欲乞鞫者，许之。"简 115—116："狱已决盈一岁，不得乞鞫。"《收律》简 178："有罪当收，狱未决而以赏除罪者，收之。"例多不胜举。

"决"是见母月部字。从"贅"声的"䶃"和从"䶃"声的"瀄"皆属月部，与"贅"

---

① 陈剑《释"琮"及相关诸字》，同作者《甲骨金文考释论集》，第 302—303 页。按，清人承培元在《广说文答问疏证》里已提到"'贅'即'⿰卜⿱屮刂'，息也'之'⿰卜⿱屮刂'"（丁福保编纂《说文解字诂林》，第 4371—4372 页）。但他是从字义而非字形的角度将二者加以沟通，且解释"贅""⿰卜⿱屮刂"（噴）字义上的联系也很牵强，其说并无太大价值。

同从"叡"声的"叡(睿)"也是月部字。《说文》"叡""读若概","概"的声母即属见母。《孔子家语·五帝德》讲黄帝"幼齐叡",《大戴礼记·五帝德》作"幼而彗(慧)齐"。"叡""慧"不但都可以形容人的聪明睿智,而且读音极近。今本《老子》第十八章"智慧出"之"慧",马王堆汉墓帛书甲本作"快"。①上海博物馆藏战国楚竹书《性情论》38号简"慧"字,中间部分的"又"变作"夬","彗""夬"皆声。②"叡""前""蔽""叡"诸字的密切关系,已见前述。《尔雅·释诂下》:"叡,息也。"《释文》:"叡……孙本作快。郭音苦桨(概)反。""快""决"均从"夬"声。《尚书·尧典下》"肇十有二州,封十有二山,濬川",《史记·五帝本纪》引述此文,以音义皆近的"决川"对应"濬川"。③"叡""决"没有问题可以相通。

《诗·大雅·绵》"虞芮质厥成",毛传:"成,平也。"师旂鼎"伯扬父乃成叡"的"叡(决)"与"虞芮质厥成"的"成"义相当。《史记·周本纪》在讲《绵》的有关内容时说:"西伯阴行善,诸侯皆来决平。于是虞、芮之人有狱不能决,乃如周……"正以"决平"之"决"对应于"成"。古书屡言"决平""平决",前者如《史记·酷吏列传》:"君为天子决平,不循三尺法,专以人主意指为狱。"后者如《后汉书·陈宠列传》:"昱高其能,转为辞曹,掌天下狱讼。其所平决,无不厌服众心。"《续汉书·百官志二》"廷尉"条下云:"左平一人,六百石。本注曰:掌平决诏狱。"可证"决""平"义近。附带说一下,匜铭"伯扬父乃成叡(决)"的"成"不能解释为"平",而应与下文"牧牛辞誓成"的"成"用法相同。

古汉语名动相因,判决曰"决",所判决的内容亦可曰"决",师旂鼎所用即此义。《论衡·对作篇》:"天子下仲舒于吏,当谓之下愚。仲舒当死,天子赦之。"前一个"当"用为名词,当"判决书"讲(刘盼遂《集解》:"当,判决书也。"④),后一个"当"用为动词,当"判决"讲。"当"的意义和用法可与"决"相印证。

---

① 高亨、董治安《古字通假会典》,齐鲁书社1989年版,第503、504页。
② 参看李守奎等《上海博物馆藏战国楚竹书(一—五)文字编》,第484页。
③ 参看孙星衍《尚书今古文注疏》,中华书局1986年版,第51页。
④ 黄晖《论衡校释(附刘盼遂集解)》第四册,中华书局1990年版,第1178页。

总之,A、B这两例"叡"读为"决",从文义和字音两方面看,都是合适的。

在西周晚期金文中,还有一个跟"叡"有关的字应该提一下。这个字就是见于师袁簋的𣂁(以下用"E"作为代号)。

前人多以E为A、B异体。① 上文已说,"叡"所从的"𠭰"为"濬"和"叡"共同的表意初文,疏濬、凿叡似无须用"斤"。柯昌济把E分析为"从𧵽从斤"②,张世超等先生编写的《金文形义通解》说E"盖从斤𧵽声"③,他们的看法显然更为合理。"𧵽"即"叡"省"又"的简体。E虽与A、B音近,但彼此并非异体关系。

簋铭说:

　　王若曰:……今余肇命汝率齐师、眞、厘(莱)、僰,殿左右虎臣,征淮夷,即E厥邦兽,曰冉曰䈪曰铃曰达。④

若E确如有些学者所推测的,在铭文中表示"残害义"⑤、"残杀之义"⑥或"'害、杀'义"⑦(E字从"斤",似与其表"斩杀"义相合)⑧,不知能否读为前文引过的《广雅·释诂一》中训"断"的"刪"。不过,E也有可能表示的是"执""擒获"之义,这一问题还有待于进一步研究。

2012年9月8日改定

附识:本文写完后,蒙陈剑先生、苏建洲先生、郭永秉先生审阅指正,写作过程中并与郭先生多次讨论,作者对他们的帮助深致谢意。

---

① 参看周法高主编《金文诂林》第5册,第2592—2595页引郭沫若、吴其昌、周法高说;第15册第7714—7715页引吴式芬、刘心源、高田忠周说。
② 周法高主编《金文诂林》第15册,第7715页。
③ 张世超等《金文形义通解》,第3305页。
④ 中国社会科学院考古研究所《殷周金文集成(修订增补本)》第4册,第2676—2681页4313、4314号。
⑤ 郭沫若《两周金文辞大系考释》,第146页。
⑥ 马承源主编《商周青铜器铭文选(三)》,第308页。
⑦ 陈英杰《西周金文作器用途铭辞研究(下)》,第577页。按,柯昌济认为E"或斩字异文"(周法高主编《金文诂林》第15册,第7715页),当然缺乏文字学上的根据,但他对E的字义的理解仍可归为此类。
⑧ 参看寇占民《西周金文动词研究》,第335—336页。

探寻中华文化的基因(一)

**补记：**

在本文交稿后出版的《上海博物馆藏战国楚竹书(九)》(马承源主编,上海古籍出版社 2012 年版)和《清华大学藏战国竹简(叁)》(清华大学出土文献研究与保护中心编、李学勤主编,中西书局 2012 年版)中,又出现了本文所论楚简从"刀""钗(壑)"省声之字(或以此字为偏旁)的新资料,有必要在此补充交代。

《上博(九)》所收《邦人不称》3 号简有"就复邦之后,盍(盖)冠为王▇"之语(图版 101 页,释文考释 245、246—247 页,原整理者误释为"秉"),单育辰先生已将"王"下一字与清华简《金縢》用为"获"之字相联系,指出在简文中当读为"获"(见其《占毕随录之十六》,简帛网,2013 年 1 月 9 日)。

《清华(叁)》所收《芮良夫毖》12 号简有"莫敢▇憧"之语(上册图版 85 页,参看 76 页彩图),原整理者指出"憧"上一字上从清华简《金縢》用为"获"之字的左半,下从"心","应为'懽'字"(下册 151 页)。

"获""懽"之音与"壑"亦近,这对于我们释其声旁为"钗(壑)"之省体是有利的。《上博(五)·鲍叔牙与隰朋之谏》4 号简我们读为"郤"之字、包山简 150 号简地名首字"艸"下部分,与上博简和清华简中新见的用为"获""懽"二字的形体(或所从之形)相合,可证它们所代表之词的读音确与"获""壑"很近。(清华简《芮良夫毖》的"懽",原整理者引《广雅·释诂一》训"惊也"。王念孙《广雅疏证》指出"懽"与"懼"音义皆近。参看徐复主编《广雅诂林》,江苏古籍出版社 1992 年版,第 66 页。"懽""惧"古通,"瞿"声字、"矍"声字与"雚"声字分别有相通之例。参看高亨、董治安《古字通假会典》,第 874 页。"郤"本从"谷"声,《说文·三上·谷部》"谷"字或体作"朡"。由此可见"郤"与"懽"关系密切。)

2013 年 2 月 17 日

**看校追记：**

李守奎《江陵九店56号墓竹简考释四则》指出，楚文字中"目"形上部作锐角状的是"见/貝"，作平角状的是"貝"(《江汉考古》1997年第4期，第67页)。本文所举郭简《性自命出》31号简的△，所从"貝"形上部作锐角状，似当为"见/貝"。若此，△的声旁即D6、D11的简体；此字就不能再与本文所论"賏"相联系。不过，△所从"见/貝"或"貝"下部的写法，似与一般"见/貝"（包括作为偏旁者）的下部不合，究竟该视为"见/貝"还是"貝"，尚须研究。

2013年6月10日

## 附：说"谷"

拙文《说金文"賏"及相关之字》（以下简称"前文"）没有正式论及"谷"字，是一个缺陷。故草此"附文"，作为补充。

《说文·二上·口部》以"容"为"古文谷"，林义光《文源》指出"容"即《说文·十一下·谷部》收为"濬"字正篆的"睿"字。"濬"从"睿（叡）"声。"睿（叡）"是余母月部字，"谷"是余母元部字，二者声母相同，韵部阳入对转，古音很近，所以《说文》以"睿（濬）"为"谷"的古文（宋保《谐声补逸》以为"容""从睿省得声"，不确；但已指出"谷声、睿声同部相近"。说见丁福保主编《说文解字诂林》，中华书局1988年版，第2276页）。

前文指出卜辞"賏""貞"以及"叡"等字所从的"八"，"在殷墟甲骨文中独立成字，往往用作地名"，与甲骨文"谷"可能是一字异体；但当时为求简便，倾向于释"谷"、"八"为"谷"，则有问题。前文发表后不久，裘锡圭先生告诉我，从文章论证"叡（叡）"为疏濬之"濬"的初文看，此字所从的"八""谷"以及甲骨文中独体的"八""谷"，很可能就是"船""沿""铅"等字的声旁"㕣"。谢明文先生在一篇名为《释徐州北洞山西汉楚王墓出土陶文字"容"字——兼说古文字中的"㕣"字》的稿子

(以下简称"谢文")里,主张"叡(叡)"所从的"八""公",既有可能是"谷"的初文,也有可能是"合"的初文,至少有一部分应该释为"合"。现在我同意他们的看法。

甲骨文"贅"字的声旁"叡",既可以从"八"(如《合》29327、29328),又可以从"公"(如《屯南》53);战国文字"睿"多数从"公",但也有从"八"的(如楚帛书甲篇6·76),可证"八""公"二形通用无别。前人已指出"衮"字实从"合"声(段玉裁《说文解字注》,上海古籍出版社1981年版,第389页;丁福保主编《说文解字诂林》,第2276页;于省吾《甲骨文字释林》,中华书局1979年版,第136页。谢文对此亦有详论)。于省吾先生根据西周金文"衮"有 [图]、[图] 繁简二体等材料,指出"合"与"公""古同字"(《甲骨文字释林》,136页),十分正确。所以"八""公"应该也是"合"。

"合""叡(叡—濬)"古音相近,谢文认为"叡"所从的"八""公","兼有表音作用"(按:于省吾《甲骨文字释林》第136页已认为"合"之古文"睿"从"谷(合)"声)。"贅"是从"贝""叡"声之字,《屯南》53的"贅"却把"公"写在"叡""贝"之下,其表音的用意更为显著。"叡"的繁体"叡"所从的"谷",过去多以为是山谷、谷壑之"谷",现在看来很可能是甲骨文的"公",亦即"合"。在疏濬之"濬"的初文"叡(叡)"字里,"八""公""公"无疑应有表意作用。可是《说文》解释"合"为"山间陷泥地"(或以为"地"当作"也"。见《说文解字诂林》第2275页引《二徐笺异》),以此作为疏濬、凿通的对象或结果,显然不大合适。就这一点来说,倒不如过去把"叡(叡)"所从看作谷壑之"谷"好讲。

其实,从"合"的字形,看不出与所谓"山间陷泥地"有何联系。《说文》分析"合"字"从口、从水败皃",段玉裁《说文解字注》以为"口""谓山间","八""谓洎泥"(引者按:段氏改"陷"为"洎"),"谷字酉字皆从水半见,合亦从水半见出于口也"(62页)。按,甲骨文"合"所从"八""公"等形,根本不像"水败皃"或"水半见"。前人的解释实甚牵强。至晚在西周早期金文里,"⿱八口"已是山谷之"谷"字。虽然"㕣"的繁体"⿱ᙠ口"又用为"谷",是否含有字音的因素,现在还不十分清楚;但"⿱ᙠ口"的字形对于"谷"这个词来说,没有问题必是适用的。所以"㕣"所代表的词,其义应与谷壑有关(前人如陈独秀已指出"谷㕣同义",但陈氏认为"八""ᙠ""均象水流",大概也不足信。陈说见其《小学识字教本》,巴蜀书社1995年版,第13页)。《说文》对"㕣"字本义的解释恐怕靠不住。

我在前文中,虽暂从他说释甲骨文"⿱ᙠ口"为"谷",但对"ᙠ"是不是"谷"的初文却有所保留,只肯定了"'ᙠ'为'谷'字所从",并说"ᙠ""似象开豁的坑谷、沟壑之形"。"ᙠ"或省作"八"。"分"字中的"八"形,象刀所切割开的东西(裘锡圭《释"勿""发"》,《裘锡圭学术文集·甲骨文卷》,复旦大学出版社2012年版,第143页),与"叡(睿)"所从"八""ᙠ"象凿通、开豁的东西,亦可类比。既知"八""ᙠ""⿱ᙠ口"当释为"㕣",结合其字形与"㕣"的读音,似可考虑它们都是"豁"的象形初文。

"㕣""豁"韵部阳入对转。"豁"的声母为晓母,《上博(三)·周易》54、55号简中为"睿""爰"皆声之字所通的"涣",也是晓母字。"豁"所从得声的"害",跟幽公盨铭"濬川"之"濬"的音符"〇(圆)"(参看裘锡圭《燹公盨铭文解释》,《裘锡圭学术文集·金文及其他古文字卷》,第149页),都属匣母。清华大学藏战国竹简《系年》82号简"为长濬以洍之"的"濬",原作从"水""叡"声,原整理者读为"壑",当然是文从字顺的。"叡(睿)"虽是"濬""壑"共同的初文,但战国楚简中读"壑""获"音者与读"濬""叡"音者所用的字形,已有所分化。所以前文认为《系年》的"长濬"也有可能读为"长豁"。如果我们的怀疑符合实际,便是"豁""叡(睿—濬)"音近相通的最直接的证据了。谢文已谓"㕣"在"叡(睿)"字中有表音作用,《说文》且列"容(濬)"之省体为"古文㕣","豁""㕣"的字音关系也是很密切的。

前文曾引《合补》11283作[図]形的"叡(叡)"之省体"卣"。谢文指出,由孙亚冰、林宏明先生缀合的《合》36960＋《合》36941＋《辑佚》681(参看林宏明《契合集》第318则,台湾万卷楼图书有限公司2013年版,图版第321页),其上有与《合补》11283同文之辞,跟"卣"相应之字作[図]。谢文认为此字应看作在"卣"上加注了"虫"声。"虫"、"虺"同音,古韵与"濬"的异体或有通用关系的"浚"阴阳对转。甲骨文又有以"虫"为"蠚(害)"之例(见《合》23110、《屯南》644等。参看裘锡圭《释"蠚"》,《裘锡圭学术文集·甲骨文卷》,第210页),"害""睿(叡)"皆月部字;"濬"的声母与"虫""害"也有关系。谢文据此认为,由这个加注"虫(虺)"声的"卣"字,可证其音当与"虺""害"相近,这对前文释"叡(叡)"为"濬"之初文是一个有力的支持。我们认为,如果[図]字中的"虫"确是加注的音符而不是意符,而且这里的"虫"读"虺"音而不读"蠱"音的话,谢文所揭示的这个字形对于我们推断"谷"为"豁"之初文,也是一个重要的支持。

《说文·十一下·谷部》:"豁,通谷也。"段注解释"通谷"为"通迵之谷","引申为凡疏达之偁"(《说文解字注》,第570页)。疏濬之"濬"、明睿之"睿",也都含"疏达"义。"通迵之谷"亦即前文"开豁的坑谷、沟壑"之谓。指"通谷"的"豁"与谷壑之"谷"曾共用一个字形,是相当自然的。

"叡(叡)"又是"壑"的初文。释"谷"为"豁",对于"壑"字来说也很合适。古文字中"害"与鱼铎部音有关,如金文中从"害"声之字读为"胡""吾(御)""姑"等;裘锡圭先生指出伤害之"害"的本字"蠚"所从"虫"后变作"禹","可能也有兼取'禹'字以为音符的用意"(《裘锡圭学术文集·甲骨文卷》,第209页);其例甚多(参看大西克也《论古文字资料中的"害"字及其读音问题》,《古文字研究》第二十四辑,中华书局2002年版,第303—306页;陈剑《释"㲋"及相关诸字》,《出土文献与古文字研究》第五辑,上海古籍出版社2013年版,第274页),前文也有所列举。刘钊先生释甲骨文 ▨ 为"获",又释此字声旁"▨"为"害"的古体(《甲骨文"害"字及从"害"诸字考释》,《甲骨文与殷商史》新四辑,上海古籍出版社 2014 年版,第 106—115 页)。战国文字或用从"刀""叡(壑)"声之字为"获",前文并疑这个字就是"获"的异体。如果把"叡(壑)"中兼起表音作用的"合"释为"谷",恰巧跟刘钊先生所说的语音方面的情况,可以相互印证。

"叙"是陷阱之"阱"的别体,"阱"则是由"叙"所从的"井"派生出来的一个词。"叡/叙(壑)"所从的"合"也应与"壑"有语源上的联系。前文引《文选·七命》"画长豁以为限"之"长豁",《晋书·张协列传》作"长壑",指出"这里的'豁''壑'音义皆近"。"壑""豁"也许本由一语分化。

从以上所说来看,甲骨文中作"八""合""八""合"等形的"合"确有可能是"豁"的表意初文。《说文》小篆"谽"所从的"谷",说不定本是作"合"形的"合(豁)",后加注音符"害","合"又易为"谷",才变成了一个普通的形声字。"合"专用为"谷"字后,其作为"豁"之初文的文字职能,逐渐被形声字"豁"所取代。一般人大概已不知"合"本为"合(豁)"之异体,就按有些从"合"声之字的读音来读"合"了(如"沿""铅"等,"铅"原读"沿"音。"沿""铅"与"合"同音),所以字书所收"合"的读音与"豁"稍有差别。

殷墟甲骨卜辞中屡见祭祀对象"多合""三合"或"合",旧或释其字为"公",非是。指时王先人的"合"应如何释读,有待于进一步研究。

早期古文字中还有几个可能从"合"的字,附带在此讨论一下。

《说文·八下·儿部》:"兑,说也。从儿、合声。"前人多不信其"合声"之说。甲骨文"兑"作"▨"、"▨"或"▨"(参看李宗焜《甲骨文字编》,中华书局 2012 年版,第 34、35 页。末一形释"兑",从王襄、罗振玉、鲁实先等人说,见于省吾主编《甲骨文字诂林》,中华书局 1996 年版,第 200—201 页)。即使不把"口"视为"兄""合"二旁公用,从甲骨文"合"可作"八""八"看,说"兑"的上部为"合"也是没有问题的。"兑""合"韵部阳入对转，从"兑"得声的"悦""阅"与"合"都是余母字；"锐"与"叡"古音甚至全同（连中古开合口、等呼和声调亦同）。"合"完全有资格充当"兑"的音符。

"兑"字上方的"八""⺌"可能还兼有表意作用。"兄"象一个人张口之形，"表示兄长是发号施令的人"（沈培《说古文字里的"祝"及相关之字》引裘锡圭、林义光说，武汉大学简帛研究中心主办《简帛》第二辑，上海古籍出版社 2007 年版，第 13 页）。"兑"在"兄"上加"八""⺌"形（"八""⺌"乃"豁"之初文），似表示一人张口"说释"把问题讲通，使人豁然开朗，大概就是"说"的本字。《说文》关于"兑"字本义的解释也是可信的。

卜辞有作![](）、![](）、![](）等形的地名之字，一般认为与![](）、![](）为一字异体（《甲骨文字编》，第 18 页。参看同书《凡例》第 13 页的说明）。于省吾先生曾把后者隶定作"兊""兖"，并释为"沇字的初文"（《甲骨文字释林》，第 135 页）。他解释字形演变说："兊或兖既然为沇字之古文，那末，为什么古籍或作兖，汉碑又作兖（引者按：汉代礼器碑阴、曹全碑等"兖"字作兖、兖）呢？我认为，兖与兖下从兖或兊，与商周古文合，汉隶之与商周古文合者时有所见，不仅此字为然。"（《甲骨文字释林》，第 137 页）于先生关于![](）、![](）后变为"兖"、"兖"的意见，是有道理的。

甲骨文此字有作![](）、![](）的异体（《甲骨文字编》，第 18 页），"人"形上部与"率"同形。"率"由"![](）"变作小篆"率"，其上端的变化与"兖"一律。但是，于先生认为![](）、![](）中"允"的"上部两侧从水作⺌或八"，并说"沇字始见于东周器的沇儿钟，移水于左侧，为说文所本"（《甲骨文字释林》，第 135 页），直接把甲骨此字与"沇"形相联系，恐不可信。从字形演变来看，![](）、![](）、![](）、![](）可以径释为"兖"。这些字所从的"八""八",大概也是"合"。《说文》以"合"为"古文沇",又说"合""读若沇州之沇",可知二字音近。甲骨文"兖"字从"人"的一体中,"八""八"至少兼表字音。易"人"为"允",显然有使其"音化"的作用。作 [字形]、[字形] 者,其上部已变为"率"形,"率""兖"音亦不远("率""帅"与"帨"古通,上文已说"兑"从"合"声)。

从现有的古文字资料看,"穴"作为偏旁始见于西周中期金文(参看董莲池《新金文编》中册,作家出版社 2011 年版,第 1037、1039 页),独体的"穴"字出现得似更晚一些。此字《说文·七下·穴部》分析为"从宀、八声"。过去颇有因"八""穴"读音不近而否定许说者。现在看来,"穴"字中的"八"形可能并非"八"字,而是"合(豁)"。《诗·曹风·蜉蝣》"蜉蝣掘阅","掘阅"当读为"掘穴";《风赋》"空穴来风"或作"空阅来风"(张儒、刘毓庆《汉字通用声素研究》,山西古籍出版社 2002 年版,第 612 页)。"阅"的声旁"兑"即从"合"声。所以"穴"从"八(合)"声是合理的。"八(合)"乃"豁"之初文,"穴"字如兼以"八(豁)"为意符,于其"土室""窟穴"等义也讲得通。

2016 年 10 月 15 日

原载《出土文献与古文字研究》第五辑,上海古籍出版社 2013 年版。文中的"编按"和文末的"附文",为此次编集所加。

# 释 卜 缶

广濑薰雄

## 一

楚简遣策有缶的记载,一共有"圆缶""卵缶""辻缶""浅缶"四种:

(1) 长台关1号墓楚简:□□□器:……二圆缶。(2-01号简)

一辻缶,一汤鼎,屯有盖。二浅缶。(2-014号简)①

(2) 望山2号墓楚简:▨金器:……二卵缶,有盖。(46号简)

二卵缶。二剌▨(53号简)

一辻缶。一汤鼎。▨(54号简)②

(3) 包山2号墓楚简:大兆之金器:……二卵缶。二辻缶。一汤鼎。(265号简)③

本文要讨论的是"辻缶"之"辻"的意思。

"辻"字简文作"𬨨",过去不少学者把它释为"迅"。例如彭浩先生把这个字释为"迅",读为"酌(酳)",认为酳是"进食后含水漱口的意思","'迅缶'应为

---

① 河南省文物研究所《信阳楚墓》,文物出版社1986年版。
② 湖北省文物考古研究所《江陵望山沙冢楚墓》,文物出版社1996年版。
③ 湖北省荆沙铁路考古队《包山楚墓》,文物出版社1991年版。

'酭(酌)缶',是专门用于盛漱口所用之水"。①刘彬徽先生也把它释为"迅",但读为"尊",认为"迅(尊)缶"专指酒器类的缶。②

1998年,郭店楚简发表,"卜筮"一词见《缁衣》46号简,"卜"作"[图]"③。其后李零先生指出"𨒙"字从"卜",并对"辻缶"做考释:

"～缶"则为器名,乃浴缶或盥缶之别名。此字从卜得声(古帮母侯部字),疑读为"瓿"(古並母侯部字,也有人认为是古之部字,但古从音声之字多在侯部),据《方言》卷五,瓿是缶类器物。东周缶类器物分两种,一种是作酒器的缶,自铭"尊缶",来源是商代、西周的"罍",一种是作水器的缶,自铭"浴缶"或"盥缶",则与安徽境内(也波及到山东南部、江苏北部的邻近地区)的"舒式缶"形态相似。后一种缶,有一件邿子邿(引者按:是"夤"之误)缶,自铭"赴缶"(1983年湖北谷城禹山庙嘴出土)。应即楚简所见的"辻缶"("赴""辻"皆"赴"之异文)。……"辻缶"应是体型矮胖,习惯上称为"瓿"的那种缶。④

在郭店楚简之后发表的楚简中,还出现了不少"卜"字。例如新蔡楚简甲三189号简"卜筮"之"卜"作"[图]"⑤,上博楚简《简大王泊旱》有占卜的记载,其"卜"字作"[图]"。⑥根据这些例子,"辻"的字释得到了学界的公认,"辻缶"即"赴缶"这一看法也没有疑义了。

与李零先生几乎同时,陈昭容先生也注意到郭店简《缁衣》的"卜"字,指出"𨒙"是"辻"字,并把"辻缶"和"赴缶"联系起来讨论。⑦陈先生在文中介绍过去

---

① 彭浩《信阳长台关楚简补释》,《江汉考古》1984年第2期,第64—66、63页。
② 刘彬徽《论东周青铜缶》,《早期文明与楚文化研究》,岳麓书社2001年版,第123—128页。
③ 荆门市博物馆《郭店楚墓竹简》,文物出版社1998年版。
④ 李零《读〈楚系简帛文字编〉》,《出土文献研究》第五集,科学出版社1999年版,第141—142页。
⑤ 河南省文物考古研究所《新蔡葛陵楚墓》,大象出版社2003年版。
⑥ 马承源主编《上海博物馆藏战国楚竹书》(四),上海古籍出版社2004年版。
⑦ 陈昭容《从古文字材料谈古代的盥洗用具及其相关问题——自淅川下寺春秋楚墓的青铜水器自名说起》,《"中央研究院"历史语言研究所集刊》第七十一本第四分,2000年,第857—932页。

对"䞴"字的解释:陈千万先生以为假借"福"或"宝"。①施谢捷先生认为"䞴"即"赴"字繁化文,"赴缶"即"趋缶""行缶"之谓。②刘彬徽先生认为"'赴'也可能是'浴'之通假字"。③陈先生比较倾向于将"䞴"读为"浴"的说法,但还提出另外两种可能性:

> "䞴"字或可读为"沐",从卜声与"沐"声韵并近。究竟"䞴"是读为"浴"或"沐",需再研究。笔者认为"䞴"也有读为"湢"的可能,《礼记·内则》谓男女"不共湢浴",《注》"湢,浴室也"。(第898页)

陈先生注记说,"䞴"读为"沐"是"季旭昇先生与笔者讨论时提出的"。

我们同意季旭昇先生的意见,认为"䞴(辻)"当读为"沐"。以下说明其理由。

## 二

我们从"辻缶"的形制和用途开始讨论。

在"辻缶"出现的三批遣策中,包山简的保存状态最好,而且出土这些遣策的三座墓中,只有包山2号墓没有遭到盗掘。因此,要把遣策的记载内容和墓中的随葬物相对照,包山简和包山2号墓是最理想的例子④。

---

① 陈千万《〈中子宾缶〉初探》,《江汉考古》1985年第3期,第57页。
② 施谢捷《楚器"邡子鬓缶"跋》,《江汉考古》1989年第4期,第87页。
③ 刘彬徽《湖北出土两周金文补记》,《早期文明与楚文化研究》,第167页。
④ 包山简265号简"辻缶"之"辻"字,简文作"迻",与常见的"辻"字形不同。这个字亦见上博楚简《孔子见季桓子》第22号简,如果把这个字释为"辻",意思就很难讲通,这说明"迻"确实不是"辻"。关于《孔子见季桓子》第22号简"迻"的解释,我们同意陈剑先生的看法,认为"迻"是从"年"省声的字(《〈上博(六)·孔子见季桓子〉重编新释》,复旦大学出土文献与古文字研究中心编《出土文献与古文字研究》第二辑,复旦大学出版社2008年版,第179—181页)。但已经有不少学者指出(请参看陈剑先生文章),包山简265号简"二迻缶,一汤鼎"的文例与信阳简2-014号"一辻缶,一汤鼎"、望山简54号简"一辻缶,一汤鼎"一致,因此包山简265号简"迻"另当别论。我们认为它是"辻"的讹体。

## 释卜缶

包山简有"卵缶""辶缶"两种缶的记载,它们都属于"大兆之金器"。而包山2号墓的随葬物中有以下三种青铜缶,各种有两件:

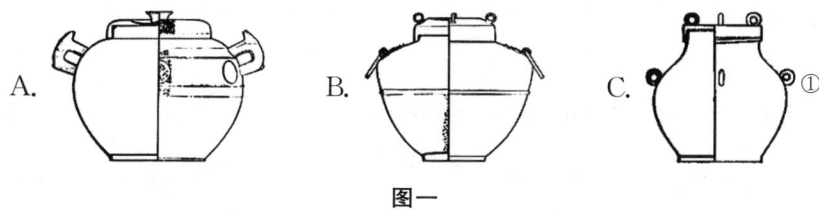

图一

包山楚墓的发掘报告认为A类缶是"卵缶",B类缶是"迅缶"(即"辶缶"),称C类缶为"四钮缶"。这完全是错的。如上所述,邾子鬷缶铭文自名为"赵缶","赵缶"就是"辶缶",其形制是图二之1。一比较就可知,A类缶才是"辶缶"。邾子鬷缶虽然现在缺了腹部的两个首耳,但原来的器形当与A类缶几乎相同。

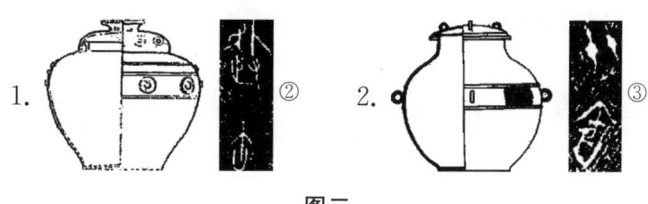

图二

我们也知道C类缶是"卵缶"。朱德熙、裘锡圭、李家浩三位先生指出,"1983年江苏丹徒出土一件徐嚘君之孙缶,铭文自名为'卵缶'"④。其形制如图二之2,这正是所谓"四钮缶"即C类缶。刘国胜先生怀疑C类缶是254号简所见"二鉩"⑤,不确。

---

① 《包山楚墓》,第107页。
② 图引自刘彬徽、刘长武:《楚系金文汇编》,湖北教育出版社2009年版,第138页。
③ 商志䉺《次□缶铭文考释及相关问题》,《文物》1989年第12期,第53—56页。铭文拓片引自杨正宏、肖梦龙:《镇江出土吴国青铜器》,文物出版社2008年版,第140页。
④ 朱锡熙、裘锡圭、李家浩《望山一、二号墓竹简释文与考释》之《补正》,《江陵望山沙冢楚墓》,第308页。
⑤ 刘国胜《楚丧葬简牍集释》,武汉大学博士学位论文,2003年,第71页。

探寻中华文化的基因(一)

A类缶是"赴缶",C类缶是"卵缶",那么B类缶是什么呢?这类缶的器形整体上和A类缶差不多,但腹部的环纽和A类缶不同,盖子的形状和C类缶相同。可以说,这是A类缶和C类缶的中间形态。淅川下寺2号墓也出土较为类似的缶(图三之2),此缶自名为"浴缶",可见这类缶也是水器。值得注意的是,A类缶也有自名为"浴缶"的缶(如淅川下寺1号墓出土的缶,M1:60、M1:72,图三之1)。据此可知,A类缶和B类缶的名称、用途都可以相同。也就是说,对当时的楚人来说,A类缶和B类缶没有本质的区别。那么B类缶也有可能是包山简265号简所谓"赴缶"。

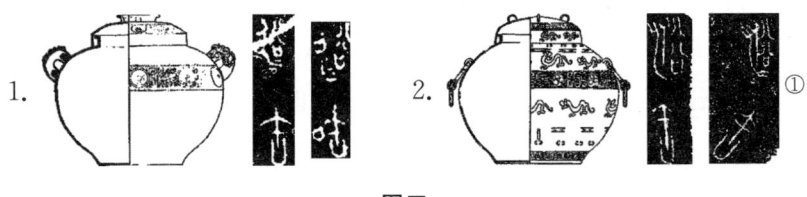

图三

A类缶和B类缶常常与斗一起出土。可见这类缶盛热水,用斗舀水洗浴。②

三

通过以上的讨论,我们知道了"赴缶"、"赴缶"(以下径称"卜缶")是A类缶或B类缶。在目前出土的A类缶、B类缶中,有不少自名的缶。管见所及,有以下10件,器名有6种③:

---

① 河南省文物研究所、河南省丹江库区考古发掘队、淅川县博物馆《淅川下寺春秋楚墓》,文物出版社1991年版,第68、130页。
② 参看陈昭容《从古文字材料谈古代的盥洗用具及其相关问题——自淅川下寺春秋楚墓的青铜水器自名说起》。
③ 这些器物的形制和铭文,请参看《楚系金文汇编》。器名后面的( )内的数字是此书的编号。各青铜器的出土时间地点、图版的出处等也请参看此书的《楚系金文器目一览表》。

# 释卜缶

(1) 缶：倗缶（三三5②）、蔡侯朱缶（五九）、襄阳山湾23号墓出土缶（补编二八）①

(2) 卜缶：中子鼖缶（五六）

(3) 浴缶：鄬子倗缶（三三5①）、孟滕姬缶（三四）

(4) 盥缶：大孟姬缶（七一7①）、蔡侯申缶（七一7②）

(5) 鬻□：蔡公子姬安缶（七八）

(6) □罍（？）：绪儿缶（四七）

此外还有"行缶"这一名称：

(7) 行缶：曾子遰缶（八三2）

可惜这个缶佚失，无法确认其器形。但美国沙可乐美术馆所藏的孟嬴訨不缶也自名为"行缶"（图四）。②这是A类缶，但比楚国典性的缶扁了许多。介绍此器的苏芳淑先生认为，这"可能就是春秋中期徐国之器。"

图四

参考这个例子，曾子遰缶也有可能是A类缶或B类缶，认为"卜缶"是"趋缶""行缶"的意思也似乎很有道理。但我们认为这个可能性不大。从目前的出土文物来看，称为"卜～"的器物只有缶一种，看来"卜"只能与"缶"结合，不像"行"一样可以广泛地与多种器物名称结合。因此"卜"很有可能是一个专门表示缶的用途的词。

按照同样的道理，(5)"鬻□"也应该和"卜缶"意思不同。因为"鬻"字也可

---

① 这件缶铭文的拓片如右图。陕西省考古研究院《商周金文资料通鉴》组把它释为"贵(浣)缶"（《商周金文资料通鉴》，2007年）。刘彬徽先生释为"浴(浴)缶"，其简注云"铭文在腹部纹饰之间，浴字仅存左半部，右旁笔画为纹饰所掩"（刘彬徽、刘长武《楚系金文汇编》，第709页）。这些看法似都不可信。我们怀疑此字不一定表示器物的用途，而很有可能是器主之名（疑是"尸"字），因此暂且把此例归属于(1)"缶"。

② 苏芳淑《介绍美国华盛顿沙可乐美术馆所藏的孟嬴訨不瓿》，《第二届国际中国古文字学研讨会论文集(续编)》，香港中文大学中国语言及文学系，1995年，第279—284页。

探寻中华文化的基因(一)

以和其它类的器物名结合,如"鬻簋""鬻鼎""鬻簠""鬻壶"等。①而且根据整理者所作摹本②,"鬻□"之"□"下从"皿",显然不是"缶"字。

至于(6)"□罍(?)",拓片字迹不清晰,难以讨论。

我们要注意的是(3)"盥缶"和(4)"浴缶"。"盥""浴"都是与盥洗有关的词。参考这些例子,我们认为"卜缶"之"卜"很有可能也是与盥洗有关的意思。那么最有可能的是从季旭昇先生的意见读"卜"为"沐"。"卜"是帮母屋部字(中古音是屋韵合口一等),"沐"是明母屋部字(中古音是屋韵合口一等),声母都是唇音,韵部完全相同。如果只看音、义,"卜"读为"浴"也不是不可能,但既然"浴"字已经出现在缶的铭文上,那么不太可能再用"卜"字表示{浴}这个词。

**图五**

1992年,西安市东郊席王乡唐家寨出土了一件鎏金鎏银铜缶(图五)。③这是西汉时代的器物,孙机先生认为此缶的造型源于楚器。④其铭文云"元成家沐鉌,容六斗六升,重卅二斤"(器刻)、"元成家沐鉌盖,重七斤"、"太(?)后(?)家,重六斤十三两,第巳(?)"(盖刻)。⑤据解说,器刻还有"容六斗六升"、"第二"、"尚浴"等铭文。这个器物自名为"沐鉌"。这是"卜缶"读为"沐缶"的很好的佐证。

此沐缶的形制或许勉强可以说与B类缶较为相似,但与楚器的缶明显不

---

① 关于"鬻"的辞例,参看吴振武《释鬻》,《文物研究》第六辑,1990年版,第218—223页。
② 湖北省博物馆《襄阳蔡坡战国墓发掘报告》,《江汉考古》1985年第1期,第15页。
③ 陕西历史博物馆《寻觅散落的瑰宝——陕西历史博物馆征集文物精粹》,三秦出版社2001年版,第26页。
④ 孙机《汉代物质文化资料图说(增订本)》,上海古籍出版社2008年,第299页。
⑤ 暂从原发表者的释文。有疑问处加问号。

同。因此此缶的造型是否真的源于楚器还有商讨的余地。不过刘彬徽先生指出："中原系统的这类水器为罍，楚系统的水器则为缶，两者似乎泾渭分明。其器物形态各有特点：……正是这种器形上的差别，导致名称亦异。"①根据此说，称水器为"缶"是楚国特有的习惯，"沐缶"这一名称也很有可能是楚国的语言习惯。

管见所及，"沐"字在先秦时代的出土文献中还没有出现，表示｛沐｝这个词的字也没有。"沐"字最早的例子是睡虎地秦简《日书》甲种 104 号简"沐浴"②、岳麓书院秦简《官箴》(《为吏治官及黔首》)1496 号简"洗沐浴(?)"③。除了这两例，其它都是汉代的例子，如张家山汉简遣策 40 号简"沐部娄"④、马王堆 1 号汉墓遣策 202 号简"漆画沐般(盘)容五斗"⑤、徐州石桥 2 号墓出土的"赵姬沐槃(盘)"⑥、长沙汤家岭西汉墓出土的"张端君沐槃(盘)"⑦等。根据这些情况，我们做这样的推论：战国时代楚国用从"卜"声的字来表示｛沐｝这个词；"沐"字是秦系文字的用字习惯，在秦国统一文字后，全国统一使用"沐"字；汉代也沿用"沐"字。⑧

附识：在撰写本文的过程中，承蒙刘钊先生、郭永秉先生、周波先生指教。谨致谢忱。

原载《古文字研究》第 28 辑，中华书局 2010 年版

---

① 刘彬徽《论东周青铜缶》，《早期文明与楚文化研究》，第 127 页。
② 睡虎地秦墓竹简整理小组《睡虎地秦墓竹简》，文物出版社 1990 年版。
③ 图版收入《中国史研究》2009 年第 3 期。
④ 张家山二四七号汉墓竹简整理小组《张家山汉墓竹简[二四七号墓]》，文物出版社 2001 年版。刘钊先生指出，此"沐部娄"之"部娄"应读作"瓿甑"，指小罋(《〈张家山汉墓竹简〉释文注释商榷(一)》之二十七，《出土简帛文字丛考》，台湾古籍出版有限公司 2004 年版，第 202 页)。那么此"沐部娄"应该是与"沐缶"用途相类的东西，可惜不见于张家山二四七号墓出土的随葬器物中。
⑤ 湖南省博物馆、中国科学院考古研究所《长沙马王堆一号汉墓》，文物出版社 1973 年版。
⑥ 徐州博物馆《徐州石桥汉墓清理报告》，《文物》1984 年第 11 期，第 22—40 页。
⑦ 湖南省博物馆《长沙汤家岭西汉墓清理报告》，《考古》1966 年第 4 期，第 181—188 页。
⑧ 张振林先生说"赵"是方言字(此说见施谢捷《楚器"邡子鬃缶"跋》，《江汉考古》1989 年第 4 期，第 87 页)。我们认为他的思路基本上是对的。

# 战国文字中的"许"县和"许"氏

周 波

战国文字中有"盲""盲""邙""鄐"诸字,多用作地名与姓氏。我们可以分"地名(用 A 表示)""姓氏(用 B 表示)"两类将相关辞例列举如下①:

A1. 二年②盲令司马伐(?),右库工师高□、冶□。
A2. 十年③盲令□辖,左库工师叔梁扫(?)、冶小。
A3. 廿四年盲令州□,右库工师邯郸臾、冶甞。④
A4. 十年邙令魏□,右库工师苏□、冶□。⑤
B1. 盲□(退)⑥
B2. 廿三年代相邙皮,右库工师吏尚,工泽执齐。⑦

---

① 下所引资料中无争议的文字,不严格按原形释写。
② 《殷周金文集成》11343(下简称《集成》),《集成》修订增补本释文作"□[年]",《集成》修订增补本第 6109 页所附董珊先生摹本作"二年"(中国社会科学院考古研究所编《殷周金文集成》修订增补本,中华书局 2007 年版),此从之。
③ 《集成》11344,《集成》修订增补本释文作"八年",吴振武先生对首字释"八"表示怀疑,他将之摹写作"十"形,参吴振武《东周兵器铭文考释五篇》,《容庚先生百年诞辰纪念文集(古文字研究专号)》,广东人民出版社 1998 年版,第 557 页。《集成》修订增补本第 6110 页所附董珊先生摹本首字亦作"十",此从之。
④ 湖北省文物考古研究所等编《荆门左冢楚墓》,文物出版社 2006 年版,彩版图十九 1、2,图版十五 1、2。
⑤ 《集成》11291。
⑥ 《古玺汇编》3617(下简称《玺汇》)。"退"字释读参施谢捷《〈古玺汇编〉释文校定》,《容庚先生百年诞辰纪念文集(古文字研究专号)》,广东人民出版社 1998 年版,第 650 页。
⑦ 张德光《邙皮戈考》,《文物季刊》1992 年第 3 期,第 67—68 页。

B3. 邙猏

B4. 邙向①

B5. 邙□②

B6. 邙安③

B7. 邙马童④

B8. 䣕䅣

B9. 䣕欣⑤

B10. 䣕痍⑥

根据文字形体和铭文款式，上引资料中 A1—A4 为魏国兵器铭文，B2 为赵国兵器铭文，B3—B5、B8—B10 为晋玺，B1、B7 为楚玺，B6 为齐玺。

其中用作魏国县名的"亡""邙"，学者多认为所指为一地，当可信。"亡""冒"二字，学界一般认为是一字之异体。如郝本性先生指出，新郑所出韩兵器铭文用作"姓名文字"的"亡"又写作"冒"，云："古文字中口内加一横笔，仍为一字之例甚多，上条周字缶字便是二例。"⑦当是。"邙"与"䣕"，学界一般也认为是一字之异体。如吴振武先生在谈到古玺文"䣕"字时指出："䣕为姓氏。䣕字不见于后世字书，疑即古玺中常见的邙氏之邙的异体（《看〈汇〉》二一一四、二一一五、二二四七）。东周金文䣉（许）氏之䣉既作 [图], 又作 [图]（《金》三五五页），似与此同例。"⑧

对于"亡""冒""邙""䣕"诸字的释读，比较有影响的观点有两种：释"芒"说，

---

① B3、B4 分别见《玺汇》2114、2115。
② 戴山青编《古玺汉印集粹》第 2.120 号，广西美术出版社 2001 年版。
③ 《玺汇》2200。
④ 《玺汇》2247。杨家湾六号墓简 13 亦有"邙"字。
⑤ B8、B9 分别见《玺汇》2116、2117。
⑥ 王献唐《周邙疲玉玺考》，其著《那罗延室稽古文字》，齐鲁书社 1985 年版，第 50 页。
⑦ 郝本性《新郑出土战国铜兵器部分铭文考释》，《古文字研究》第 19 辑，中华书局 1992 年版，第 120 页。郝文仅列举代表性字形而无释文，据文例推测，"亡""冒"二字很可能也是作为姓氏来用的。
⑧ 吴振武《〈古玺文编〉校订》，吉林大学博士学位论文，1984 年，第 134 页。

释"邙"说。将上述诸字释读为"芒"是其中影响最大的一种说法。此说最早是由王献唐先生提出来的。他在考释上举器 B10 时指出,玺文"䣭"当释"䣕",即"邙",为氏名,认为"今传秦汉印,如芒赏芒胜芒䜣芒相,有芒无邙。……更疑秦汉芒姓,即周之邙氏"①。用作地名的"𠂔""邙"学者也多读为"芒"。如高明先生、吴振武先生均认为魏国兵器铭文里用作县名的"𠂔"即《汉书·地理志》沛郡之芒县,故城在今河南省永城县东北。②多数学者将用作地名、姓氏的"𠂔""𠂔""邙""䣕"诸字均读为"芒",可参何琳仪编《战国古文字典》、黄德宽主编《古文字谱系疏证》、王辉编《古文字通假字典》等。③一部分学者认为上引诸字作为姓氏可以读为"邙"。《续通志》补遗:"《姓苑》曰:'邙氏,出自穆公子邙之后,以王父字为氏。周邙段,郑大夫。'"亦有可能是源自《说文》训作"河南洛阳北亡山上邑"之"邙",乃因地为氏。④

将战国文字所见"邙""䣕"诸字与《说文》、后世姓书之"邙"联系起来恐怕是有问题的。《说文》:"邙,河南洛阳北亡山上邑。"段注云:"山本名芒,山上之邑则作邙,后人但云北邙,尟知芒山矣。……北芒山,在今河南河南府府北十里。山连偃师、巩、孟津三县,绵亘四百余里。《左传·昭二十二年》'王田北山'即此。按《周书》所谓郏山者,北邙山也。王城谓之郏者,以山名之。……"此地先秦是否可以称"邙",本身就是一个问题,且其地据地望战国时期当为周地,此与兵器铭文所见的"𠂔""邙"为魏国地名是相矛盾的。至于后世姓书所见之"邙"与战国文字"邙""䣕"是否相关,也是一个需要首先讨论的问题。

释"𠂔""𠂔""邙""䣕"诸字为"芒"也有诸多问题。1967 年安徽太和县拣选

---

① 王献唐《周邙疲玉玺考》,其著《那罗延室稽古文字》,齐鲁书社 1985 年版,第 50—53 页。
② 高明《中国古文字学通论》,北京大学出版社 1996 年版,第 445 页;吴振武《东周兵器铭文考释五篇》,《容庚先生百年诞辰纪念文集(古文字研究专号)》,广东人民出版社 1998 年版,第 555—556 页。
③ 何琳仪《战国古文字典》,中华书局 1998 年版,第 727—728 页;黄德宽主编《古文字谱系疏证》,商务印书馆 2007 年版,第 1967、1970 页;王辉《古文字通假字典》,中华书局 2008 年版,第 450 页。
④ 王献唐《周邙疲玉玺考》,其著《那罗延室稽古文字》,齐鲁书社 1985 年版,第 50—53 页;何琳仪《战国古文字典》,中华书局 1998 年版,第 728 页;王辉《古文字通假字典》,中华书局 2008 年版,第 450 页。

到一件战国铜戈,其铭文云:"□年芒昜守令虔,工师□、冶□。"此戈据其铭文款式当属魏国兵器。韩自强先生读"芒昜"为"芒砀",认为此戈很可能是公元前286年魏同齐、楚灭宋,瓜分宋地,而领有芒砀之后所铸造。①吴良宝先生认为"芒昜"当读为"芒阳","芒阳"应在魏国芒县之南,具体地望待定。②按当时"砀"地应属楚(参《战国策·秦策四》《史记·春申君列传》等),比较而言,吴良宝先生读"芒昜"为"芒阳"更合乎当时的实际情况。吴先生说"芒阳"在芒县之南,这种可能性不是没有,不过一般而言见于地名之"阳"指的是山南水北。"芒"本是山名,见《史记·高祖本纪》:"高祖即自疑,亡匿,隐于芒、砀山泽岩石之间。"我们怀疑魏"芒阳"可能就是秦、汉之芒县,因其地在芒山之南,故魏置县曰芒阳。西安相家巷出土秦封泥有"芒丞之印"③,则此地在入秦后又改称"芒"。"芒"县名称的变化情况可与"栎邑""叶"相类比。秦栎阳又称栎邑,《史记·货殖列传》:"献孝公徙栎邑。"索隐:"栎,音药,即栎阳。"叶本楚县,秦昭襄王十五年(前292年)属秦。《史记·魏世家》载无忌谓安厘王曰:"秦叶阳、昆阳与舞阳邻。"④正义引《括地志》云:"叶阳在今许州叶县也。"《汉书·楚元王传》载秦昭襄王有母弟号叶阳君。《史记·秦本纪》载昭襄王十六年封公子悝于邓,四十五年叶阳君悝出之国,未至而死。则叶属秦后一度称为叶阳。吴良宝先生、张文芳先生指出,战国时代各国"地名用字比较稳定,一个地名不仅在同时期的各种文字载体中写法相同,在不同时代的各种载体中也是如此","同一地名在同一国家内的用字情况是一致的,绝大多数都是同一种写法,此用'本字'而彼用通假字的情

---

① 韩自强、冯耀堂《安徽阜阳地区出土的战国时期铭文兵器》,《东南文化》1991年第2期,第259—260页。
② 吴良宝《东周兵器铭文四考》,张光裕主编《第四届国际中国古文字学研究会论文集——新世纪的古文字学与经典诠释》,香港中文大学中国语言文学系,2003年,第171页。
③ 周晓陆、路东之《秦封泥集》,三秦出版社2001年版,第302页;傅嘉仪《秦封泥汇考》,上海书店出版社2007年版,第218页。
④ 《战国策·魏策三》"魏将与秦攻韩"章作"然而秦之叶阳、昆阳与舞阳、高陵邻"。马王堆帛书《战国纵横家书·朱己谓魏王》章(158行)作"秦有叶、昆阳,与舞阳邻"。

## 探寻中华文化的基因（一）

况极少"。①其说可从。战国魏地名"芒"既可以写作"芒"，也可以写作"邙"，这种可能性不是没有，不过还是比较少见的。战国文字中"芒"氏亦常见。古玺有"芒齐""芒□"②，秦印有"芒得"③，均用"芒"为芒氏之"芒"。此外，曾侯乙墓竹简 155 号有人名"笀斩"，亦用为芒氏之"芒"（"笀""芒"为一字异体）。由此看来，作为地名和姓氏之"芒"，战国、秦文字多用"芒"字来表示，上举"亡""盲""邙""鄑"诸字是否可以读为"芒"，在文字学上还缺乏比较坚强的证据。释地名"亡""邙"为"芒"最大的问题是"芒"地当时很可能属宋而非魏。高明先生在将魏国兵器铭文中的"亡"读为"芒"时指出，"芒县虽为秦置，但来源一定很久，春秋为宋地。但在宋偃王四十七年，即齐愍王三十八年（前 286），由齐魏楚三国联合灭宋，三分其地，此地即划归为魏"。吴振武先生云："其地（引者按：即芒）在今河南省永城县北，战国时当在宋的势力范围内。不过从地理位置上看，此地近魏，二戈亦有可能是魏器。"④按芒地战国中期属宋国疆域的中心区域，传统的说法此地于宋亡后属魏无疑要更为可信些，而器 A3 廿四年亡令戈的年代在魏惠王二十四年（前 346 年）（详参下文），属战国中期，如果将兵器铭文"亡""邙"读为"芒"，则与文献记载不尽相合。

根据包山楚简的异文证据，我们认为上述诸字很可能当读为"许"。包山楚简有一个旧释为"鄑（下称作 A）"的字。见文书类简 129："东周客 A 绖归胙于□郢之岁夏尿之月……"A 字原图版作 。原整理者隶定作"鄑"，考释云："它简作鄑。"何琳仪先生改隶作"鄑"，以信阳简 2—23"结芒之纯"即包山简 263 之"结無（引者按：無当为蕪之误）之纯"，"芒"字写作 为证。⑤此说得到大多

---

① 吴良宝、张文芳《战国货币地名用字考察及相关问题讨论》，《考古与文物——古文字论集》（三）（2005 年增刊）135 页。
② 《玺汇》2248、2304。
③ 许雄志《秦印文字汇编》，河南美术出版社 2001 年版，第 12 页。
④ 高明《中国古文字学通论》，北京大学出版社 1996 年版，第 445 页；吴振武《东周兵器铭文考释五篇》，《容庚先生百年诞辰纪念文集（古文字研究专号）》，广东人民出版社 1998 年版，第 555—556 页。
⑤ 何琳仪《包山楚简选释》，《江汉考古》1993 年第 4 期，第 58 页。

数学者的认可。A字张守中编《包山楚简文字编》①、李守奎编《楚文字编》②、陈伟等著《楚地出土战国简册（十四种）》均隶作"䣝"。③《楚地出土战国简册（十四种）》还据新出上博竹书的"亡"字写法进一步肯定了何说。包山简"䣝"字之隶定当无疑问。包山简所见人名"䣝䋵"异文又写作"䚔䋵""䚔䋿"，"䚔""䣝"均当读为许氏之"许"。《世本》："许、州、向、申，姜姓也，炎帝后。"春秋文字许国、许氏之"许"除写作"盨"外，亦多写作"䣛""䣟"。"䣟"当是"䣛"字之异体。战国楚文字亦有"䣛"字，仰天湖简1、包山简87均有"䣛阳公"。地名"䣛阳"，或读为"许阳"，谓即楚所灭许国境内的城邑④，或读为"舞（或作无、䣛）阳"，谓在今湖南芷江县北⑤，后说可能比较合乎事实。楚文字许氏之"许"亦常见，写作"䚔"⑥"䣝"⑦，与春秋文字写法一脉相承。战国文字"亡"多用为"无"，如古玺人名"亡（无）忌""亡（无）畏""亡（无）智"，格言"正行亡（无）私"⑧，《说文》古文"舞"（"無""舞"本同字）作"翌"，石经古文、上博简《曹沫之陈》简3"抚"写作"改"，均从亡声等。所以包山简"䣝"字可以看作是"䣟"改易声符之异体。⑨从楚玺、三晋文字"䚔""䣝"来看，包山简"䣟"又写作"䣝"恐怕并非偶尔为之，"䣝"应当是"䣟"字一种比较常见的异体。战国文字姓氏用字改易声符的现象并不罕见。如郤氏之"郤"，秦文字写作"郤"，从"合"声；⑩楚文字写作"毕"，从"丰"

---

① 张守中《包山楚简文字编》，文物出版社1996年版，第108页。
② 李守奎《楚文字编》，华东师范大学出版社2003年版，第405页。
③ 陈伟等《楚地出土战国简册（十四种）》，经济科学出版社2009年版，第54、63页。
④ 李学勤《谈近年新发现的几种战国文字资料》，《文物参考资料》1956年第1期，第48页。
⑤ 舒之梅、何浩《仰天湖楚简"䣛阳公"的身份及相关问题》，《江汉论坛》1982年第10期，第59—62页。
⑥ 李守奎《楚文字编》，华东师范大学出版社2003年版，第140、227页。
⑦ 张新俊、张胜波编《新蔡葛陵楚简文字编》，巴蜀书社2008年版，第131页。
⑧ 何琳仪《战国古文字典》，中华书局1998年版，第727页。
⑨ 许全胜先生在谈到包山简的"䚔（许）"氏时说："《蔡大师鼎》作䣝，简文省邑旁。127简作䣝，无字作亡，是其异体。"已经指出"䣝"与"䣟"为一字异体。参许全胜《包山楚简姓氏谱》，北京大学硕士学位论文，1997年，第9页。
⑩ 许雄志《秦印文字汇编》，河南美术出版社2001年版，第122页；许雄志《鉴印山房藏古玺印菁华》116号（下简称《菁华》），河南美术出版社2006年版。

声;①三晋文字既可以写作"鄦"②,也可以写作"㝬""邦"③。又赵氏之"赵",战国文字多从"肖"声,也可以写作"邹",④从"勺"声。所以许氏之"许",战国文字既可以从"无"声写作"鄦",也可以从"亡"声写作"鄙",并不奇怪。我们曾对战国文字中许氏之"许"作过系统的考察,发现楚文字多以"䜌""鄦(或作鄙)"为"许"(见上文),秦文字均用"许"为许氏之"许",多见于陶文和秦印。齐系文字、三晋文字、燕文字许氏之"许"则迄今未见。许氏是一个比较常见的姓,这三系文字中不见许氏之"许"不能不说是一个比较奇怪的现象。以包山楚简"鄙"用为许氏之"许"为线索,我们认为前引"鄙""盲(或作亡)"诸字,恐怕都应当读为"许"。需要说明的是战国文字各系间用字虽然存在一些差异,但是他们均源于商周古文字系统,总的说来其相同的一面是居于主导地位的,所以我们可以将楚系文字的"鄙""盲"与其他系文字的"鄙""盲"诸字统一起来讨论。

郝本性先生、何琳仪先生分别以古文字"盲(或作亡)"为《方言》《广韵》之"盲"⑤,不可信。此字严志斌《四版〈金文编〉校补》新立字头,收在"口"部下。⑥上文已经指出"鄙"字可以看作是"鄦"改易声符之异体,则"盲(或作亡)"也可以看成是"䜌"字之异体。"䜌"字目前的古文字工具书或收在"䣢"字下,可能是将"䜌"看成是"鄦"之省体;⑦或收在"無"字下,认为从"曰"是"無"字之繁形;⑧或另

---

① 见上博简《姑成家父》(马承源主编《上海博物馆藏战国楚竹书(五)》,上海古籍出版社 2005 年版)。
② 见鄦氏左戈(刘雨、卢岩《近出殷周金文集录》1117,中华书局 2004 年版)。马王堆帛书《战国纵横家书》189 行有"䚈"字,从"晋","合"声,读为"鄦"。陈剑先生怀疑此字从"晋"可能与三晋鄦氏有关。
③ 释读从施谢捷先生、董珊先生。见《玺汇》2043—2049、2571—2572、3331,萧春源《珍秦斋藏印·战国篇》86、122、129,澳门市政厅 2001 年。
④ 楚私玺有"邹臣"(《菁华》33)。施谢捷先生见示一方三晋私玺,文曰"肖(赵)不䎽(害)"。其中"肖"字左下方加缀"勺"为声符。保留六国文字遗迹较多的马王堆帛书《春秋事语》《战国纵横家书》亦多用"勺"为"赵",帛书用"勺"为"赵"可能与上述六国文字用字有关。
⑤ 郝本性《新郑出土战国铜兵器部分铭文考释》,《古文字研究》第 19 辑,中华书局 1992 年版,第 120 页;何琳仪《战国古文字典》,中华书局 1998 年版,第 727 页。
⑥ 严志斌《四版〈金文编〉校补》,吉林大学出版社 2001 年版,第 12 页。
⑦ 高明、涂白奎《古文字类编(增订本)》,上海古籍出版社 2008 年版,第 1224 页。
⑧ 何琳仪《战国古文字典》,中华书局 1998 年版,第 612 页。

立字头。①无论是将"䜌"看成是"鄦"之省体还是看成是"無"字繁文，都还缺乏文字学上的证据，我们比较赞同另立字头这种意见。"䜌"字作为单字屡见于春秋、战国文字，亦可写作"䜌"②，此恰与"盲"又可写作"盲"这一现象是平行的。

魏国兵器铭文中用作县名的"盲""邙"，我们以为应当读作许县之"许"。《史记·越世家》载齐使者说越王无强云："韩、魏固不攻楚。韩之攻楚，覆其军，杀其将，则叶、阳翟危。魏亦覆其军，杀其将，则陈、上蔡不安。"此事《史记》置于楚威王"北破齐于徐州（前333年）"之前。《正义》以为叶、阳翟和陈、上蔡分属韩、魏。陈伟先生、徐少华先生均指出其时四邑当是楚国北境在方城之外防备韩、魏的军事重镇。③许地离楚边境重镇陈、上蔡一线尚远，其属魏国领地的可能性是比较大的。《战国策·魏策一》"楚许魏六城"章："楚破南阳、九夷，内沛，许、鄢陵危。"许、鄢陵均为魏地。顾观光、缪文远系此章于赧王元年（前314年）。④《史记·苏秦列传》载苏秦说魏襄王云："大王之地，南有鸿沟、陈、汝南、许、郾（鄢）、昆阳、召陵、舞阳、新都、新郪。"⑤此亦见《战国策·魏策一》"苏子为赵合从说魏王"章，顾观光、范祥雍系此章于显王三十六年（前333年）。⑥《战国策·秦策四》"物至而反"章春申君说秦昭襄王云："梁氏寒心，许、鄢陵婴城，而上蔡、召陵不往来也，如此而魏亦关内侯矣。"《战国策·韩策一》"观鞅谓春申"章云："魏且旦暮亡矣，不能爱其许、鄢陵与梧，割以与秦，去百六十里，臣之所见者，秦楚斗之日也已。"⑦马王堆帛书《战国纵横家书》"朱己谓魏王章"："秦之欲

---

① 汤余惠主编《战国文字编》，福建人民出版社2001年，第225页；李守奎《楚文字编》，华东师范大学出版社2003年版，第227页。

② 战国早期的许之造戈（《集成》11045）"䣱"字从"䜌"，又加缀"网"声。

③ 陈伟《楚"东国"地理研究》，武汉大学出版社1992年版，《绪言》第9—10页，正文第111页；徐少华《包山楚简释地十则》，《文物》1996年第12期，第63页。

④ 缪文远《战国策考辨》，中华书局1984年版，第221—222页。

⑤ 《战国策·魏策一》"苏子为赵合从说魏王"章"郾"作"鄢"，即"鄢陵"，当是。"许""鄢"二地邻近。

⑥ 诸祖耿《战国策集注汇考》，凤凰出版社2008年版，第1155页；范祥雍《战国策笺证》，上海古籍出版社2006年版，第1264页。

⑦ 相关文字又见《史记·春申君列传》。

许久矣。秦有叶、昆阳,与舞阳邻,听使者之恶,堕安陵氏而亡之,缭舞阳之北以东临许,南国必危,国先害已。"①说的都是战国晚期的情况。从上面列举的材料看,战国中期以来"许"应当一直为魏国领土。许令戈所反映的情况与上引文献是相合的。廿四年许令戈2000年出土于湖北荆门一号战国楚墓,同出器物形制与组合皆属战国中期偏晚。②吴良宝先生据墓葬年代与此戈形制考定戈的年代应当在魏惠王二十四年(前346年)③,其说当是。④二件十年许令戈仅余内部,其形制不甚清楚。二年许令戈保存状况完好,其形制与作于魏惠王三十三年的陉阴令戈⑤、大梁戈和作于魏惠王三十四年的顿丘戈非常接近,时代也应在战国中期。⑥由此可见至少在战国中期魏惠王时,"许"已经属魏并置县。魏置许县的情况不见于传世文献,古文字资料正可以补史之阙。

战国文字中用作姓氏的"䣓""䣙",有不少学者认为当是一字之异体,其中一些学者主张将"䣓""䣙"释为《姓苑》所见邟氏之"邟"。我们已经指出魏国兵器铭文中的地名"䣓"当读为许县之"许",则战国文字中用作姓氏的"䣓"读为"许"的可能性是比较大的。兵器铭文、古玺所见之"䣓"可以看作是"䣙"字之异体。

附识:本文蒙刘钊先生、陈剑先生、董珊先生、吴良宝先生、郭永秉先生审阅赐正,谨致谢忱。

---

① 相关文字又见《战国策·魏策三》"魏将与秦攻韩"章、《史记·魏世家》。
② 湖北省文物考古研究所等编《荆门左冢楚墓》,文物出版社2006年版,第191—192页。
③ 吴良宝《湖北荆门左冢所出铜戈新考》,《湖南省博物馆馆刊》第4辑,岳麓书社2007年版,第243页。
④ 廿四年许令戈形制与魏惠王廿七年的泌阳戈(《商周青铜兵器》,台北古越阁,1993年,第136—137页)形制非常接近,可见将其年代断为魏惠王二十四年是非常合适的。
⑤ 李朝远《汝阴令戈小考》,李圃主编《中国文字研究》第1辑,广西教育出版社1999年版,第165—171页;吴振武《新见古兵地名考释两则》,唐晓峰主编《九州》第3辑,商务印书馆2003年版,第133—140页。
⑥ 二年许令戈的年代比较可能是在魏惠王后元二年,此与上面列举的作于魏惠王三十三年、三十四年的三件戈的年代很近。

**补记：**

长沙五里牌楚墓所出木俑铭文有"䛨女"，又有"舒女""宋□"。"䛨"既与"舒""宋"并称，则此字用为国名或族氏的可能性最大。由此也可侧证我们将此字释为"许"当无问题。

原载《古文字研究》第28辑，中华书局2010年版

# 乌氏扁壶与商鞅变法前的秦国量制

葛 亮

统一秦国的度量衡制,是商鞅变法的重要举措之一。《战国策·秦策三》蔡泽谓范雎曰:"夫商君为孝公平权衡、正度量、调轻重,决裂阡陌,教民耕战,是以兵动而地广,兵休而国富,故秦无敌于天下,立威诸侯。"《史记·商君列传》曰:"(孝公)于是以鞅为大良造……居三年(前350年)……为田开阡陌封疆,而赋税平。平斗桶、权衡、丈尺……居五年,秦人富强。"由此可见,统一的度量衡制在秦国崛起的过程中起到了重要作用。

对于商鞅变法以后的秦国量制,学界已有较为清晰的认识。通过对标准量器(如商鞅方升)及众多记容铜器的研究,结合相关文献记载,可知彼时有容量单位"桶(或作'甬')""斗""升",其进制为1桶合10斗、1斗合10升。单位量值1斗所合今值在2000毫升左右,其标准值可厘定为2000毫升。[1]

从出土及传世文献看,秦人奉行严格的度量衡器检定制度,也掌握了相对科学的校量方法。[2]秦始皇统一六国后,"一法度、衡石、丈尺"(《秦始皇本纪》),均以秦制。商鞅变法所确立的量制(包括单位量值)也因此被沿用了下来,直至汉代亦无明显变化,其影响甚为深远。[3]

---

[1] 参看丘光明《中国历代度量衡考》,科学出版社1992年版,第140—148、202—205页。

[2] 相关内容见睡虎地秦简《效律》、《秦律十八种》之《工律》《内史杂》及《吕氏春秋》之《仲春纪》《仲秋纪》等,此不具引。参看丘光明等《中国科学技术史·度量衡卷》,科学出版社2001年版,第177页。

[3] 参看丘光明《中国历代度量衡考》,第202—205、244—253页。

然而,商鞅变法之前的秦国量制却尚未为今人所知。正如丘光明先生所言:"战国时秦国的量器目前仅见商鞅铜方升和睡虎地出土的陶量,其他几件有容量刻铭的容器,也多是战国晚期制造的,或是在晚期经重新校量后,再加刻上有关容量的铭文。因此,根据目前所见资料,尚无法了解商鞅统一度量衡之前秦国的量制情况。"①

不过,我们发现,在现有材料中,刻有两种记容铭文的传世铜器"乌氏扁壶",已为我们提供了认识商鞅变法前秦国量制的重要线索。

## 一、乌氏扁壶概况

乌氏扁壶(《集成》9682、《铭图》12369),旧称"冔氏扁壶""原氏扁壶"等,现藏上海博物馆。此器系于1950年代末或1960年自上海冶炼厂抢救而来,最初由马承源先生发表于《文物》1964年第7期《记上海博物馆新收集的青铜器》一文(以下简称"马文")。为便于讨论,先将马文相关内容引述如下:

冔氏扁壶

高30.8、腹纵12.4、腹横31.7厘米。重4公斤300克。纹饰栏成长方格,中作变形的龙蛇之类的躯体纹,有多量的羽翼突起,长方格栏上嵌赤铜,口沿下亦嵌三角形赤铜。壶足部稍有残缺,经修补,知曾经流传收藏,唯不见著录。战国时器。铭文刻于壶肩上,分两次刻成。

释文:

冔氏,三斗少半。

今三斗二升少半升。

䇂,十六斤。

冔氏,是作器人名及第一次刻铭者,刻于壶肩的一面,这时壶的容量合

---

① 参看丘光明《中国历代度量衡考》,第148页。

探寻中华文化的基因(一)

当时制度为三斗少半,未刻重量。少半升即小半升,为一升之三分之一。第二次刻铭在壶肩的另一面,当时此壶之容量合三斗二升少半升,重十六斤。҈字不识,或第二次刻铭人名,或为"重"字缺笔。这壶二次刻铭的容量不同,第二次刻铭,单位容量较第一次刻铭相对增大。古代度量衡制度很复杂,一国内的各级统治者所行的制度也不一样。

今实测此壶容量为 6.40 公升,三斗少半的容量每一斗约为 1.94 公升;三斗二升少半升的容量每一斗约为 1.98 公升。齐量一斗为 2.046—2.07 公升,商鞅量一升等于 0.20063429 公升,因此,这壶两次刻铭的单位容量与齐量和商鞅量接近而稍小。

壶的重量刻铭是 16 斤,现重 4 公斤 300 克,虽底足一角稍用黄铜修补,然而器的表面氧化极浅,且附着的土锈也很少,估计现重量与原重量出入不可能较大。按秦制,一斤约合今 258.24 克,此壶铭一斤约合 268.75 克,较秦制更大一些,然而,这只是一种地方性的单位重量。"三斗二升少半升"与"十六斤"是第二次刻铭,这时容量和重量单位都较大。

马文同时发表了壶铭拓本及器形照片。四十年后,陈佩芬先生又于《夏商周青铜器研究》(以下简称《青研》)中发表了此壶的彩色照片及纹饰拓本①(图1、图2)。

图1　乌氏扁壶器形　　　　　图2　乌氏扁壶纹饰

---

① 陈佩芬《夏商周青铜器研究》第 620 号,上海古籍出版社 2004 年版,第 426—428 页。

现已发表的乌氏扁壶铭文拓本有两种：其一见于马文（图3），长度较短，下端到第一次刻铭（以下称"初刻"）之"半"字为止，《总集》5754、《青研》620 沿用此本；其二为《集成》9682（图4），用上海博物馆提供的另一拓本，长度较长，初刻"半"下多出一段，隐约可见刻划，《铭图》12369 用《集成》本。

图3　乌氏扁壶铭文（不全）　　　图4　乌氏扁壶铭文（全）

乌氏扁壶的时代，可据三门峡上村岭战国墓出土的同形扁壶（图5：1）及其同出器物定为战国中晚期。①

乌氏扁壶的国别尚无定论。此类格栏羽翅纹扁壶存世较多（图5：1—25），但其中有明确出土地的仅两件：一件出自三门峡上村岭（图5：1）、一件出自眉县教坊村（图5：2）②，两地于战国中晚期均属秦。除乌氏扁壶外，刻有铭文的同

---

① 河南省博物馆《河南三门峡市上村岭出土的几件战国铜器》，《文物》1976 年第 3 期。
② a.朱百强、赵宝琦《眉县惊现秦代青铜扁壶》，《宝鸡日报》2009 年 11 月 3 日第 3 版。b.国人、巩宝生《眉县发现疑似秦汉"酒器"青铜扁壶》，《东方收藏》2010 年第 2/3 期。

探寻中华文化的基因(一)

1 河南三门峡出土
(chnmus.net, 青全 8.143)

2 陕西眉县出土
(东方收藏 2010.2/3)

3 北京故宫藏魏公鈚
(dpm.org.cn)

4 台北故宫藏"庚嬴"扁壶
(npm.gov.tw, 中铜 602)

5 保利艺术博物馆藏一
(保利藏金 p205)

6 瑞士玫茵堂藏
(玫茵堂 2015:45)

7 荷兰国家博物馆藏
(综览·榼5)

8 澳门崇源 2006 年秋拍

9 香港大唐国际 2013 年春拍

10 日本美协 2014 年春拍

11 上海博物馆藏
（青研 618）

12 上海博物馆藏
（青研 619）

13 保利艺术博物馆藏二
（保利藏金 p203）

14 台北故宫藏
（npm.gov.tw，故铜 2300）

15 台北故宫藏
（npm.gov.tw，中铜 605）

16 台北故宫藏
（npm.gov.tw，中铜 945）

探寻中华文化的基因(一)

17 洛杉矶艺术博物馆藏
(lacma.org,赛克勒Ⅲ p45)

18 天理参考馆藏
(天理 22)

19 明尼阿布利斯艺术博物馆藏
(artsmia.org,劫掠 A762)

20 芝加哥艺术博物馆藏
(劫掠 A763、白金汉 57)

21 卢芹斋旧藏
(劫掠 764)

22 飞尔德自然科学博物馆藏
(劫掠 765)

23 东京国立博物馆藏
(综览·梌 4)

24 科隆东亚艺术博物馆藏
(综览·梌 7)

25 台北富博斯 2011 年秋拍

图 5　格栏羽翅纹扁壶

(1/2 出土两件;3/4 有铭另两件;5—10 有盖另六件;失盖另十五件)

图6　魏公鈚铭文(《集成》9978)

类扁壶尚有两件:一为北京故宫博物院藏"魏公鈚"(图5:3、图6),从铭文字形及用字习惯看(如以"巍"表"魏"等),当属秦刻;二为台北故宫博物院藏"庚贝扁壶"(图5:4、图7),铭文作末、貝二形,疑为误析"啬夫"而来的伪刻。

尽管格栏羽翅纹扁壶的出土地及刻铭多属秦,但战国秦墓出土六国铜器或秦人在六国铜器上加刻铭文均属常见现象。①此类扁壶的纹饰具有明显的晋系特征,其实际制作地很可能在三晋。②

青铜扁壶数见自名"鈚"或"錍"者,裘锡圭先生曾指出:"尽管称'鈚—錍'之器几乎都

图7　"庚贝"扁壶铭文(《集成》9497)

---

① 参看 a.李学勤《秦国文物的新认识》,《文物》1980年第9期。b.陈洪《关中秦墓出土青铜器编年研究》,《文博》2012年第5期。

② 纹饰、镶嵌与乌氏扁壶几乎全同的圆壶,见《青研》622(两件)、《赛克勒》50等;此类羽翅纹的模范,见《侯马铸铜遗址》(文物出版社1993年版)图版183.2、184.1等(称"散虺纹")。

是扁壶(包括扁体的壶形器),如果因此就把'鉳—錍'看作专门为扁壶起的名称,恐怕也不一定妥当。……古代的瓶和壶是形制相近的液体容器,'瓶'跟作为一种壶形器的名称的'鉳—錍'应该是关系密切的亲属词。……从《说文》以'罌'训'甀'来看,'鉳—錍'也不像是专为扁壶起的名称。"①因此本文仍使用"扁壶"这一名称。

## 二、释 文 校 订

乌氏扁壶肩部刻铭三道,今释写如下:

乌氏。三斗少半斗。【初刻】

今三斗二升少半升。【二刻】

重十六斤。【二刻】

其中初刻"乌氏"之"乌"、"少半斗"之"斗"、二刻之"重"与旧释不同,下面先作一说明。

● 乌

初刻首字,马文隶定作"帛",《总集》《集成》《青研》《铭图》等均沿用之。黄盛璋先生改释"原",曰:"'仑氏'戈铭有'原'作帛(左边适当戈内残处因缺一笔),故确定此字是'原'"。②或许是因为便于隶写,后出论著谈及此壶者,多从黄说而称"原氏扁壶"。然而"仑氏"戈铭之字本作夃(《集成》11322),同壶铭首字及黄文摹形均有较大差距,释"原"之说实不可信。

裘锡圭先生在《说鉳、槏、椑榼》一文中提到了上海博物馆收藏的这件扁壶,改称"乌氏扁壶",他指出:"此壶铭文中的'乌氏'或释'原氏',恐非。'乌'字写法与乌氏鼎相近(《金文续编》4·5下)。"③

---

① 裘锡圭《说鉳、槏、椑榼》,《中国历史博物馆馆刊》1989年总13、14期,收入《裘锡圭学术文集·杂著卷》,复旦大学出版社2012年版,第16—17页。
② 黄盛璋《三晋铜器的国别、年代与相关制度》,《古文字研究》第17辑,中华书局1989年版,第25页。
③ 裘锡圭《说鉳、槏、椑榼》,《裘锡圭学术文集·杂著卷》,第14页。

由于乌氏扁壶的三道刻铭均位于其肩部镶嵌的红铜带中,初刻首字左右两侧的部分笔画又跟镶嵌红铜与青铜基底的边界(即拓本两侧的纵向长道)相重合,遂导致其字形难以分辨。今细审原器、原拓,将此字摹写如下:

对比裘先生所举乌氏鼎铭,及其他出土战国秦或秦汉篆文中的"乌"字(见表1),可知释"乌"之说正确无疑。

表1 篆文"乌"字①

| 字形 | 1 | 2 | 3 | 4 | 5 | 6 |
|------|---|---|---|---|---|---|
| 出处 | 乌氏鼎(耳) | 乌氏鼎(盖) | 乌氏工昌陶文 | 乌氏援陶文 | 张乌印 | 新保塞乌桓犁邑率众侯印 |

● 三斗少半斗

马文将初刻之记容铭文释作"三斗少半"(《引得》《铭图》等同),拓本亦止于"半"字。器物说明曰:"这时壶的容量合当时制度为三斗少半,……少半升即小半升,为一升之三分之一",即认为"半"下无字,而将"三斗少半"理解为"三斗少半升"。

然而马文所列实测量值却与其文字描述不合,其文曰:"实测此壶容量为

---

① 1、2见容庚《汉金文录》1.13.2,中研院史语所,1931年(此鼎铭或早至战国秦或秦代);3见高明《古陶文汇编》5.185,中华书局1990年版;5见萧春源《珍秦斋藏印·秦印篇》179,澳门临时市政局,2000年;4、6转引自徐善飞《近四十年出土秦汉篆文整理与研究》之《出土秦汉小篆文字编》,华东师范大学硕士学位论文,2010年(指导教师:董莲池),第70页。

6.40 公升,三斗少半的容量每一斗约为 1.94 公升"。若按前文所说,将"三斗少半"理解为"三斗少半升",那么将 6.40 公升除以 3.033 斗,得 1 斗约合 2.11 公升,与"1.94 公升"差距很大;而若将"三斗少半"理解为"三斗少半斗",以 6.40 公升除以 3.333 斗,得 1 斗约合 1.92 公升,则与"1.94 公升"十分接近。由此可见,马文实际是将"三斗少半"看作"三斗少半斗"来计算的,而"每一斗约为 1.94 公升"则应系"每一斗约为 1.92 公升"之误。①但是,"三斗少半"下应补"升"字的可能性也不能轻易排除。以上内容可以下表概括:

表 2

| | 初刻释文 | 单位量值 | 可能性 |
| --- | --- | --- | --- |
| 马文 | 三斗少半[升](3.033 斗) | 1 斗≈1.94 公升 | 无 |
| 校正 | 三斗少半[斗](3.333 斗) | 1 斗≈1.92 公升 | 有 |
| | 三斗少半[升](3.033 斗) | 1 斗≈2.11 公升 | 有 |

马先生应当也发现了数据上的错误,他在发表于 1972 年的一篇文章中对壶铭及"斗"的单位量值作了修改,其文曰:

> 犀氏扁壶。铭文:"犀氏,三斗少半升。""今三斗二升少半升。""十六斤"。实测容量为 6400 毫升,合"三斗少半升"的每斗之数为 1920 毫升,合"三斗二升少半升"的每斗之数为 1980 毫升。②

即在"三斗少半"下补出"升"字,并将初刻的斗值改为"1920 毫升"。然而"1920 毫升"实际是以"三斗少半斗"计算出来的,释文与量值仍有矛盾。

这一矛盾给后来的研究者带来了困扰。如丘光明先生将初刻释文引作"三斗少半升",而将 1 升的量值修正为"211 毫升"。然而"211 毫升"这个值与战国时期各国的单位量制均不相合,丘先生无法为之分域,只得归入"其他国别的容量"③。

---

① 《青研》620 说明文字与马文近同,计算结果之误亦同。
② 马承源《商鞅方升和战国量制》,《文物》1972 年第 6 期。
③ 丘光明《中国历代度量衡考》,第 182 页。

那么壶铭"三斗少半"之下到底有没有字呢？我们仔细比对了原器、原拓，并结合数字显微镜观察，确认此处有一极纤细的"斗"字，其残存笔画可摹写如下：

壶铭初刻作肥笔、二刻作细画。此"斗"字笔画虽细，但其字形特征（如斗口趋窄、斗柄偏后、右上至左下的长斜笔分两次刻成）均与初刻之"斗"相似，而与二刻不同。

　　　初刻"斗"　　　补刻"斗"　　　二刻"斗"

由此可见，此字很可能是在初刻之后、二刻之前，因发现"半"下缺字而补刻的。

初刻记容铭文既已确定为"三斗少半斗"，其单位量值则应为"1斗合1920毫升"。这与商鞅变法后的秦国及秦汉时代的标准量值"1斗合2000毫升"存在一定的差距。

● 重

壶铭二刻"十六斤"上方之字，马文摹作 龠，曰："字不识，或第二次刻铭人名，或为'重'字缺笔"；《青研》则曰："龠字，或为章字简构，第二次刻铭人名待考"；《引得》释作"己戌"二字，《铭图》从之；董珊先生则释作"童"，括读为"重"[1]。

---

[1] 董珊《战国题名与工官制度》，北京大学博士学位论文，2002年（指导教师：李零），第47页。

按,"己戌"之释于字形不合,不可信。从文例及残存笔画看,此处当是"重"字。不过秦系文字未见以"童"表"重"的用字习惯,董说亦有可疑。

经细审原器,我们发现,位于此字左上部、比其他笔画粗大的那一"点",实为器表的凹陷或剥落,而非刻划。、等隶定形及释"童"之说,均系受其误导。全字现存笔画可摹写如下:

对比出土秦系文字中明确的"重"字(见表3),可知壶铭之字亦应释"重"。其上端的折画及左右两笔,即"重"字上部近乎"禾头"的部分;其下端仍可见二横画,亦与"重"字同。

**表3 秦系"重"字①**

| 字形 | | | | | |
|---|---|---|---|---|---|
| 出处 | 商鞅方升 | 咸阳四斗方壶 | 桄阳鼎 | 睡虎地秦简·效律 | 咸重成邀陶文 |

马文以此壶现重"4公斤300克"除以"十六斤",因所得单位衡值大于秦制,而将其看作"一种地方性的单位重量"。《青研》则认为"重量刻铭十六斤,这应包括盖的重量,失盖后器实重4.3公斤。"按,此类扁壶确应有盖(见图5:2,5—10),由于乌氏扁壶失盖,且经修补,其单位衡值已无法计算。

---

① 均转引自刘孝霞《秦文字整理与研究》之《秦文字编》,华东师范大学博士学位论文,2013年(指导教师:董莲池),第387页。

## 三、两次刻铭的国别

通过校订释文,我们确定了乌氏扁壶前后两次刻铭所反映的单位量值,分别为:

表 4

|  | 记容铭文 | 单位量值 |
| --- | --- | --- |
| 初刻 | 乌氏,三斗少半斗 | 1 斗≈1920 毫升 |
| 二刻 | 今三斗二升少半升 | 1 斗≈1980 毫升 |

造成这一量值差的原因可能有三种:

一、不同国家(或区系)之间的量制区别

二、同一国家内部的量制变化

三、量制无别,二刻只是对初刻容积的校准

要解决这一问题,首先应当明确两次刻铭的国别。

关于乌氏扁壶铭文的国别,黄盛璋先生在《三晋铜器的国别、年代与相关制度》中提出的"赵刻说"是目前影响最大的一种观点。他将壶铭首字释作"原",并作了如下论述:

> 原氏即元氏,战国系赵地,《史记·赵世家》:"孝成王十一年城元氏",《正义》:"元氏,赵州县也",《汉书·地理志》常山郡有元氏县。……石家庄文化局普查组在元氏县西北故城村一带进行勘察……证实确为汉常山郡治之元氏故城,战国元氏亦在此。
>
> 第一次为赵刻,第二次或为入秦汉后所刻,斗制、斤重均和秦汉相近。①

后出论著多采用此说。②然而,裘锡圭先生早已指出,"原氏"之释于字形不合,当

---

① 黄盛璋《三晋铜器的国别、年代与相关制度》,第 25 页。
② 发表年代较近者,可举李刚《三晋系记容记重铜器铭文集释》为例[吉林大学硕士学位论文,2005 年(指导教师:吴振武),第 89—90 页]。

改释为"乌氏"。那么根据"原氏"作出的推论——"第一次为赵刻"——自然就不能成立了。

董珊先生已从字体上指出了黄文分域的错误，他认为："'原氏扁壶'的题铭，从字体上看不是六国古文而是秦篆，所以题铭不属赵而应该属秦。"[1]董先生的意见是正确的。

我们认为，从地名、用字习惯、字形、容量单位四个方面看，乌氏扁壶前后两次刻铭均属秦刻（时代或晚至秦代、汉初），而非赵刻。下面分别作一简述。

● **地名**

黄盛璋先生以乌氏扁壶初刻属赵，是由其误释地名为"原氏"，并牵合赵地"元氏"所致。现既已改释"乌氏"，那么根据正确的地名，便足以确定初刻的国别。

秦得乌氏地，时在春秋。《史记·匈奴列传》曰："秦穆公得由余，西戎八国服于秦，故自陇以西有绵诸、绲戎、翟、镕之戎，岐、梁山、泾、漆之北有义渠、大荔、乌氏、朐衍之戎。"

秦置乌氏县，时在战国。《史记正义》引《括地志》云："乌氏故城在泾州安定县东三十里。周之故地，后入戎，秦惠王取之，置乌氏县也。"

乌氏在秦汉以后的情形，裘锡圭先生亦已提及："秦时有乌氏倮以畜牧致富，见《史记·货殖列传》。西汉时乌氏属安定郡，故址在今甘肃平凉县西北。"[2]此外，1979年在乌氏故地宁夏固原曾出土一"朝那鼎"，亦有汉初刻铭曰"今二斗一升，乌氏。"[3]

因此，从地名看，乌氏扁壶初刻属战国秦或秦汉，已无可疑。

● **用字习惯**

随着战国文字分域研究水平的不断提高，学者对各系文字间用字习惯的差

---

[1] 董珊《战国题名与工官制度》，第47页。
[2] 裘锡圭《说𪓐、橪、椑榼》，收入《裘锡圭学术文集·杂著卷》，第14页。
[3] 韩孔乐、武殿卿《宁夏固原发现汉初铜鼎》，《文物》1982年第12期。

异已有了较明确的认识。如秦系文字一般以从"牛"之"半"表示半数之"半",三晋文字则习用从"斗"之"伞"。又如秦系文字一般以"重"表示重量之"重",三晋文字则多假借"冢"或"塚"字来表示。①

那么,据壶铭初刻、二刻"半"字及二刻"重"字,便可认定两次刻铭均属秦系,而非三晋。

● 字形

在乌氏扁壶刻铭的字形中,最能反映其区域特征的是"斗"字。赵国文字"斗"在各国文字中尤显特别,一望便知(见表5)。黄盛璋先生业已根据此类"斗"字的特殊写法系联起土匀錍(《集成》9977)及十一年库啬夫鼎(《集成》2608),并正确地定其为赵器。然而,对于"斗"字作夂、具有典型秦系字形特征的乌氏扁壶,黄先生却采用了双重标准,归入赵刻。②这是十分可惜的。

表5 赵、韩、秦"斗"字③

| 字形 | 1 | 2 | 3 | 4 | 5 | 6 | 7 |
|---|---|---|---|---|---|---|---|
| 出处 | 土匀錍 | 十一年库啬夫鼎 | 肖勒容一斗印 | 五年春平相邦葛得鼎 | 春成侯盉 | 中臤鼎 | 周家台秦简·历书97 |
| 国别 | 赵 | 赵 | 赵 | 赵 | 韩 | 秦 | 秦 |

---

① 参看周波《战国时代各系文字间的用字差异现象研究》,线装书局2012年版,第45—46、131—132页。

② 黄盛璋《三晋铜器的国别、年代与相关制度》,第23—29页。黄文误归于赵的还有一件"襄阴鼎","斗"字作夂,亦与赵器不类。吴良宝先生已指出,从"襄""廪""半"(引者按,当系"斗"之误)三字的写法看,襄阴鼎应是韩国之物(《战国金文考释两篇》,《中国历史文物》2006年第2期)。

③ 1、2、3、5转引自汤志彪《三晋文字编》,作家出版社2013年版,第1891—1892页;4见后文;6、7转引自刘孝霞《秦文字编》第629页。

此外,壶铭"氐"字左下有折回的一短横,也符合秦系文字的特征,① 亦可据之认定初刻属秦。

● 容量单位

乌氏扁壶铭文中的容量单位有"斗—升"二级。黄盛璋先生曾将战国铜器铭文所见容量单位总结为一个表格,现将其中三晋及秦的部分转引如下:

表6 黄盛璋战国容量单位表(部分)②

| 单 位 | 升 | 益 | 斗 | 䈕 |
|---|---|---|---|---|
| 国 别 |  | 魏 | 魏 | 魏 |
|  |  | 韩 | 韩 | 韩 |
|  | 赵 |  | 赵 |  |
|  | 秦 |  | 秦 |  |

若依此表,则乌氏扁壶刻铭既可能属秦,又可能属赵。然而所谓赵制有"升",正是误以乌氏扁壶属赵所致。在黄文所定赵国记容铜器中,国别无误者仅两件,即土匀錍及十一年库啬夫鼎,其记容铭文分别作"四斗"及"空(容)二斗",只见"斗"而未见"升"。

关于赵国量制中"斗"下一级的单位,直到近年才出现可靠的材料,即"五年春平相邦葛得鼎"(图8)。据董珊先生考证,"春平相邦葛得"是战国赵国封君春平侯的家相,"五年"属赵王迁世,刻铭自应属赵。③ 此鼎亦有记容记重刻铭,共三行十字:

容一斗四益,

冢(重)十二益

三两。

---

① 参看何家兴《战国文字分域研究》之《战国文字分域初编》,安徽大学博士学位论文,2010年(指导教师:徐在国),第1526—1527页。
② 黄盛璋《三晋铜器的国别、年代与相关制度》,第38页。
③ 董珊《五年春平相邦葛得鼎考》,李宗焜主编《古文字与古代史》第3辑,"中央研究院"历史语言研究所,2012年,第287—300页。

图 8　五年春平相邦葛得鼎铭文

其中"斗"字作▨、以"冢"表"重",在字形及用字习惯方面亦与赵国刻铭特征相合。据此可知,赵国容量单位中,"斗"的下一级当为"益",而非"升"。

此外,上表认为魏国有"斗""益",唯一的证据便是"安邑下官锺"(《集成》9707)第二道刻铭中"大大半斗一益少半益"一句。李学勤先生已据新见之"荥阳上官皿"铭文改定其为韩刻。① 那么,按照现有认识,三晋及秦的容量单位可重新列表如下:

表 7　三晋、秦容量单位

| 单　位 | 升 | 益 | 斗 | 𪉖 |
|---|---|---|---|---|
| 国　别 |  |  |  | 魏 |
|  |  | 韩 | 韩 | 韩 |
|  |  | 赵 | 赵 |  |
|  | 秦 |  | 秦 |  |

据此,乌氏扁壶刻铭所见"斗—升"二级,便只可能属秦,而不可能属赵了。

总之,从以上各方面看,乌氏扁壶的前后两次刻铭均为战国秦或秦代、汉初所刻。那么,造成前后单位量值不同的原因,就只剩下两种可能:

---

① 安邑下官锺共三道刻铭,分属魏、韩、秦。参看李学勤《荥阳上官皿与安邑下官锺》,《文物》2003 年第 10 期。

探寻中华文化的基因(一)

一、战国秦或秦汉时代的量制发生了变化

二、量制未变,二刻只是对初刻容积的校准

目前所知的、战国秦或秦汉时代发生的量制变化,只有商鞅变法统一度量衡这一次。秦在统一六国后沿用了商鞅变法所确立的量制。汉承秦制,量制上亦无明显区别。[①]乌氏扁壶二刻的单位量值为1斗合1980毫升,与标准值2000毫升的差距在正常误差范围内,故二刻的年代(即所谓"今")可定为商鞅变法后的秦国或秦汉。

乌氏扁壶初刻的年代则仍有两种可能,若在商鞅变法以前,其单位量值"1斗合1920毫升"便应反映了统一度量衡前的某种秦国量制;若在商鞅变法之后,"1斗合1920毫升"则只是一种偶然出现的、误差相对较大的测量记录,而不反映量制变化。

## 四、单位量值的比较

要解决乌氏扁壶初刻的年代及量制问题,关键在于明确"1斗合1920毫升"究竟是某次测量误差的结果,还是在不同器物上反复出现的、带有一定普遍性的单位量值。若是后者,那么它就应当反映了某种量制。

就我们所见,单位量值近乎"1斗合1920毫升"的记容铜器,实际既不止乌氏扁壶一件,也不限于秦器。至少还有一件秦器——咸阳鼎、一件赵器——五年春平相邦葛得鼎、两件韩器——长卮盉及春成侯盉。下面来看这四件器物的容积。

● **秦·咸阳鼎**(《铭图》1677,图9)

咸阳鼎出土于宁夏固原(即乌氏故地),时代可定为战国中晚期。其器身近

---

[①] 汉代的计量单位在"升"之下又有所细化,但单位量值基本未变。参看丘光明《中国历代度量衡考》,第244—253页。

口沿处有刻铭六字,曰:"咸阳,一斗三升。"此鼎实测容水 2500 毫升,单位量值 1 斗合今 <u>1923.1 毫升</u>。①乌氏扁壶的容积是以小米测得的,若同样以小米测量咸阳鼎的容积,所得 1 斗的单位量值则应略小于 1923.1 毫升,而更接近乌氏扁壶初刻的 1920 毫升。

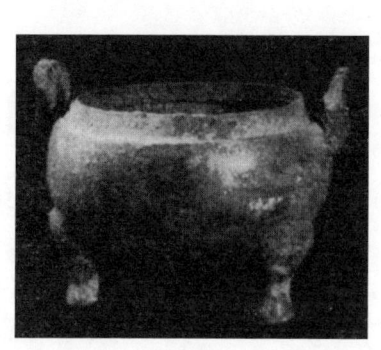

**图 9　咸阳鼎器形及铭文**

● **赵·五年春平相邦葛得鼎**(《铭图》2387,图 8)

此鼎已见前引,董珊先生考定为赵器。其记容铭文曰:"容一斗四益"。经以小米实测,可知此鼎容积约为 2700 毫升。②若以 1 斗＝10 益计算,则其单位量值 1 斗合今 <u>1928.6 毫升</u>。

● **韩·长冶盉**(《集成》9452、《铭图》14788,图 10)

长冶盉又名"长子盉""少府盉""长陵盉"等。长冶之"冶"作 形,旧多释"耔"而读为"子"。李家浩先生认为此字应隶定为"耴"、分析为从"耳""乇"声,

---

① a.宁夏回族自治区博物馆《宁夏回族自治区文物考古工作的主要收获》,《文物》1978 年第 8 期。b.钟侃《宁夏固原县出土文物》,《文物》1978 年第 12 期。
② 董珊《五年春平相邦葛得鼎考》,《古文字与古代史》第 3 辑,第 295 页。

探寻中华文化的基因(一)

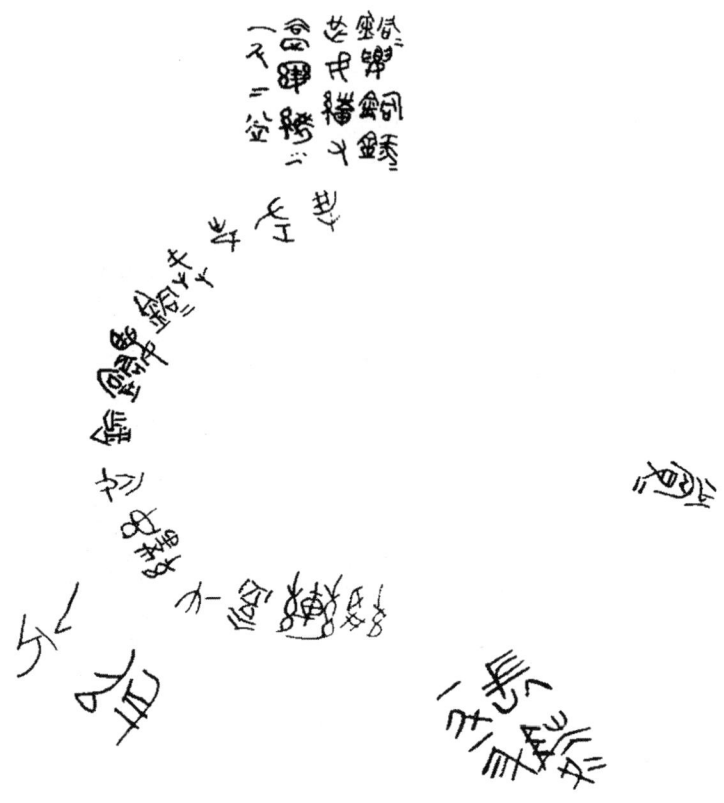

图 10　长耴盉铭文摹本
(唐友波先生摹,上博集刊 8.153)

"长耴"或可读为韩国地名"长葛"。①周波先生则根据河北柏乡县东小京战国赵墓所出象牙干支筹之"巳"字(作 ），认为 当隶定作"耺","长耺"不排除作人名的可能性。②周说于字形较合,今从之。

长耴盉之刻铭分布于器身五处,据唐友波先生分析,"长耴"(称"长子")及

---

①　李家浩《谈春成侯盉与少府盉的铭文及其容量》,《华学》第 5 辑,中山大学出版社 2001 年版,第 154—155 页。
②　周波《安邑下官锺、荥阳上官皿铭文及其年代补说》,"战国文字研究的回顾与展望国际学术研讨会",复旦大学,2015 年 12 月 12—13 日。

盃底的环状刻铭为初刻,属韩;"少府"及其对边的四列刻铭(包括记容铭文"大一斗二益")为二刻,亦属韩;"长陵,一斗一升"为三刻,属秦。经以小米实测,可知此盃容积为 2315 毫升。若以 1 斗＝10 益计算,则韩刻"大一斗二益"之"大一斗"折合今值为 1929.2 毫升。①

● **韩·春成侯盃**(《铭图》14786,图 11)

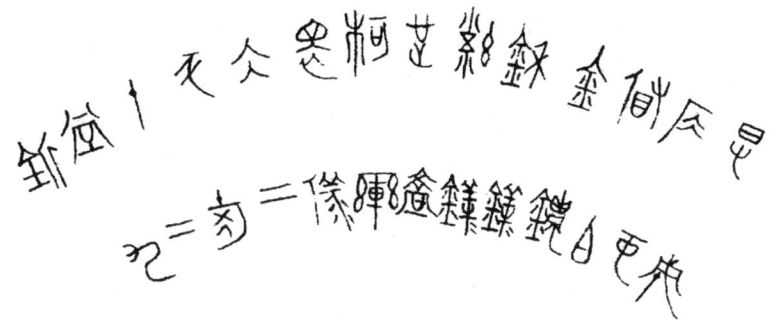

图 11　春成侯盃铭文摹本
(唐友波先生摹,上博集刊 8.152)

春成侯盃最初由唐友波先生发表②,释文复经李家浩先生校订。③关于此盃的国别,唐先生指出:"春成侯,研究者一般据新郑韩都故城出土有'春成君''春成□相邦'等铭刻的兵器,以其为韩国封君。以春成侯盃为典型的战国三晋式器来看,也是完全吻合的。"其说正确可从。盃铭的用字习惯(如以"塚"表"重")、字形特点(如"斗"字作 )等,也可以证明其属韩。

春成侯盃刻铭中有记容铭文"大二斗"。经以小米实测,可知此盃容积为 3865 毫升,其单位量值"大一斗"折合今值为 1932.5 毫升。

在将以上由赵、韩刻铭得出的单位量值与乌氏扁壶初刻相比较之前,仍有两个问题需要解决:

---

① 唐友波《春成侯盃与长子盃综合研究》,《上海博物馆集刊》第 8 期,上海书画出版社 2000 年版,第 156—157 页。
② 唐友波《春成侯盃与长子盃综合研究》,《上海博物馆集刊》第 8 期,第 151—168 页。
③ 李家浩《谈春成侯盃与少府盃的铭文及其容量》,《华学》第 5 辑,第 150—152 页。

探寻中华文化的基因(一)

一、所谓"大一斗""大二斗"之"大"应如何解释

二、容量单位"益"与"斗"的比率是否确为 1∶10

经学者研究发现,韩国有大、小两种单位斗值,"小量"1 斗约合 1670—1690 毫升,"大量"1 斗约合 1929—1932 毫升,长朒盉、春成侯盉之"大一斗""大二斗"属大量。①在赵国记容铜器中,容积经实测的有两件,土匀錍铭之 1 斗合 1750 毫升,五年春平相邦葛得鼎之 1 斗则合 1928.6 毫升,同样应当分属"小量"与"大量"。

"益(溢)"与"斗"的比率,学者一般认为是 1∶10。近有杨坤先生提出新说,他认为"从战国存在斗和大斗的情况来看,溢和斗应该还存在一种十二进制的关系。溢是基本容量单位。一般说来,基本容量单位的量值是一定的……而容量单位之间的进制关系却是可以改变的。……韩国的基本容量单位为溢和斗,一溢之值约为 165 毫升左右。当时存在大斗与(小)斗两种斗值,大斗约为 1980 毫升/斗,(小)斗约为 1650 毫升/斗,与溢的关系分别是 1∶12 和 1∶10"②。此说将大、小斗的关系与斗、益间的比率相联系,具有一定的合理性,但其所得大斗之值(1980 毫升)与实测值(约 1930 毫升)不合。

唐友波先生在测算长朒盉的单位量值时,采用了两种方法互相对照:一是以长朒盉"大一斗二益"之值 2315 毫升,减去春成侯盉"大一斗"之值 1932.5 毫升,再除以 2,得出 1 益合 191.25 毫升;二是假设 1 斗=10 益,再将长朒盉之容积 2315 毫升直接除以 12,得出 1 益合 192.92 毫升(引者按,唐文误作 192.99 毫升)。唐先生指出,由于两种算法的结果十分接近,"故知韩国容量中'益'实合十分之一斗,与'升'相当。有研究者曾推测:益'与升属同一量级'。于此可得证实"③。我们认为,杨说尚不足以推翻唐先生的测算结果,目前看来,"益"与"斗"的比率仍应计作 1∶10。

---

① 参看李家浩《谈春成侯盉与少府盉的铭文及其容量》,《华学》第 5 辑,第 155—158 页。其中提到"安邑下官锤"的"魏刻"记容铭文,当改从李学勤先生说定为韩刻校量铭文。此锤 1 斗之值合今 1673 毫升,属韩国小量。参看李学勤《荥阳上官皿与安邑下官锤》,《文物》2003 年第 10 期。

② 杨坤《战国晋系铜器铭文校释及相关问题初探》,吉林大学硕士学位论文,2015 年(指导教师:吴良宝),第 168—170 页。

③ 唐友波《春成侯盉与长子盉综合研究》,《上海博物馆集刊》第 8 期,第 162 页。

解决了上述问题,我们便可将相关诸器的单位量值整理如下:

表8　秦晋单位量值比较

| 国别 | 器　名 | 记容铭文 | 实测容积 | 单位量值 |
|---|---|---|---|---|
| 秦 | 乌氏扁壶 | 三斗少半斗 | 6400毫升(小米) | 1斗≈1920.0毫升 |
| 秦 | 咸阳鼎 | 一斗三升 | 2500毫升(水) | 1斗≤1923.1毫升 |
| 赵 | 五年春平相邦葛得鼎 | 一斗四益 | 2700毫升(小米) | 1[大]斗≈1928.6毫升 |
| 韩 | 长耴盉 | 大一斗二益 | 2315毫升(小米) | 1大斗≈1929.2毫升 |
| 韩 | 春成侯盉 | 大二斗 | 3865毫升(小米) | 1大斗≈1932.5毫升 |

以上秦、赵、韩三国容器的单位量值基本都在1斗合1920—1930毫升之间,差距极小,这恐怕不是偶然的现象,而是某种量制的反映。由此看来,乌氏扁壶初刻正是符合此种量制的记容铭文。根据前文的推论,这种量制行用于秦国的时间(也就是乌氏扁壶初刻及咸阳鼎铭的年代),不可能在商鞅变法统一度量衡以后,而应在变法之前。

## 五、结　论

乌氏扁壶的前后两种记容铭文均属战国秦或秦汉刻。其初刻之1"斗"约合1920毫升,这一单位量值曾在秦、赵、韩三地反复出现,却不见于商鞅变法之后的秦器,当反映了商鞅变法统一度量衡前行用于秦国(至少是秦国部分地区,如乌氏、咸阳)的一种量制。这种量制中的斗值与赵、韩"大斗"之值近同,秦制多受三晋影响[①],于此亦可见其一斑。

2015年12月6日初稿<br>
2016年5月6日修订

---

① 参看郭丽萍《三晋文化对秦文化的影响》,收入李元庆主编《三晋文化学术研讨会论文专辑》,山西古籍出版社1998年版,第284—192页。

# 六年冢子韩政戈补考

石继承

《商周青铜器铭文暨图像集成》(以下简称《铭图》)17350号著录了一件"冢子韩政戈"。由于戈铭中有纪年"六年",此戈亦可按照学界对战国兵器的一般命名习惯,称作"六年冢子韩政戈"或"六年冢子戈"。据《铭图》介绍,此戈出土于河南,"直援尖锋,有中脊,中长胡三穿,阑下出齿,长方形内,中前部有一横穿","胡部铸铭文28字",现藏于河南博物院。①但从书中所收照片来看,戈铭位于内部正面,铭刻方向由阑部朝向内尾,且全部都是刻写,《铭图》对其"胡部铸铭文"的描述显然是错误的(铭文字数统计亦有误,详下文)。

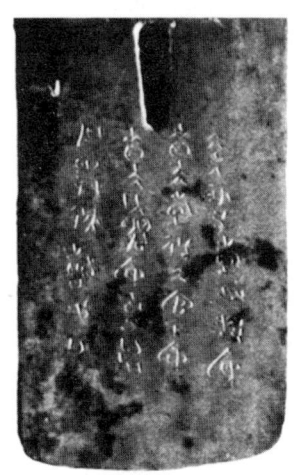

图1 《铭图》17350号所收戈铭照片

《铭图》所收铭文照片较为模糊,且整体略有变形(见图1),所附释文如下:

六年,冢子韩(韩)政,邦库啬夫韩(韩)纵,大(太)官库啬夫入钦、库□□□□冶敦(造)戈廿。

近日笔者参观河南博物院,有机会对陈列在展厅中

---

① 吴镇烽《商周青铜器铭文暨图像集成》第32卷,上海古籍出版社2012年版,第442页。下引此书皆同此。

的这件戈作了近距离观察。细审原铭,我们发现《铭图》已释之字存在一些问题,其缺释之字实际上也都清晰可见。下面先录出我们根据实物重作的释文(释文按原铭行款分行。原铭照片及摹本见图2、3):

六年,冢(家)子軑(韩)政,邦库
啬夫軑(韩)狐,大(太)官下库
啬夫长兴,库吏加,
冶异狄斁(造)戈刃。

共计四行29字。此戈以"戈刃"为自名,铭中"軑(韩)政""軑(韩)狐""长兴""加""异狄"分别为"冢(家)子""邦库啬夫""大(太)官下库啬夫""库吏""冶"之名。人名"狐""狄"二字的辨释涉及其他问题,留到后面再谈。这里先对其他与《铭图》释文不同之处略作说明。

图2 河南博物院所藏戈铭照片

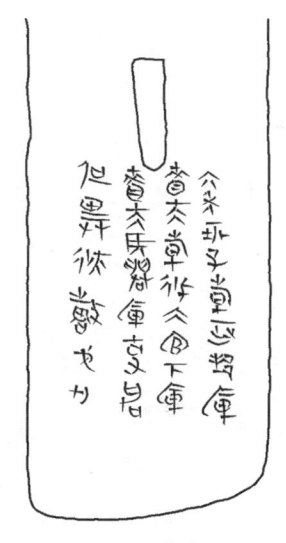
图3 摹本

## 探寻中华文化的基因(一)

"塚(冢)子"之"塚",《铭图》径释为"冢",这是不准确的。①

"大(太)官下库啬夫"中的"下"字,为《铭图》所漏释。据学者介绍,"大(太)官下库啬夫"数见于新郑白庙范村所发现的韩国兵器铭文(此外还有"大(太)官上库啬夫")。②充任此职的人名,《铭图》释为"入龢",但从原铭看,无疑当改释为"长兴"。

铭文第三行"库"后五字,《铭图》释为"□□□□冶"。按,"冶"是"狄"字的误释,下文将有讨论;所缺释四字当释为"吏加冶异",其中"冶"字的写法与"二十七年安阳令戈""三十一年郑令戈"铭文中的"冶"字相近,右部都作"口"下一横之形③,这种写法与韩国兵器中"冶"字右部作"口"下两横的 (""十二年少曲令戈")、 ("七年宅阳令矛")等形一脉相承。④

铭文最末一字,《铭图》释为"廿",从字形看当释为"刃"。在新郑白庙范村所出韩国兵器铭文中,有不止一件戈以"戈刃"为自名(又有数件自名为"戟刃"者)。⑤因此从文例上看,释此字为"刃"也没有问题。

关于邦库啬夫之名 (《铭图》误释为"伙")和冶名"异"下一字 (《铭图》误释为"冶")的辨释,需要结合此戈的出土时地问题来谈。《铭图》此戈下"出土时地"项仅注"河南境内";在河南博物院该展厅中,我们也没有见到对此件展品的时代和出土时地等相关信息进行说明的签牌。不过,根据已经发表的有关资料,"六年冢子戈"的出土时地是可以推知的。

---

① 关于"冢"及"塚"字形体的分析,参看李家浩《战国时代的"冢"字》,《著名中年语言学家自选集·李家浩卷》,安徽教育出版社2002年版,第1—7页。
② 裘锡圭《啬夫初探》,《裘锡圭学术文集》第5卷,复旦大学出版社2012年版,第60页。
③ 看汤志彪《三晋文字编》,作家出版社2013年版,第1617页。
④ 字形引自《三晋文字编》第1618页。另参李学勤《战国题铭概述(下)》,《文物》1959年第9期,第60页;王人聪《关于寿县楚器铭文中"但"字的解释》,《古玺印与古文字论集》,香港中文大学文物馆,2000年,第331页;下田诚《再论三晋"冶"字》,《古文字研究》第27辑,中华书局2008年版,第335—336页;苏辉《秦三晋纪年兵器研究》,上海古籍出版社2013年版,第34—36页。
⑤ 郝本性《新郑出土战国铜兵器部分铭文考释》,《古文字研究》第19辑,中华书局1992年版,第115—116页;又收入同作者《郝本性考古文集》,科学出版社2012年版,第18页。此文在收入后者时新出现了不少排印错误,本文皆据前者引用。

1971年，考古工作者在新郑白庙范村郑韩故城遗址战国晚期兵器窖藏坑内，清理出180余件青铜兵器，该批兵器均入藏当时的河南省博物馆（即后来的河南博物院）。①迄今为止，此批材料的绝大部分仍尚未公布。郝本性先生1992年发表的《新郑出土战国铜兵器部分铭文考释》一文（以下简称《考释》），②披露了很多关于该批兵器铭文的信息，颇值得重视。《考释》在讨论几个不同问题时，数次引及一件编号为"115号"的铜戈。通过对文中只言片语的钩稽，可知此戈内部"平头、无刃"，铭文中"造"字作敽之形，且自名"戈刃"，这些特点都与我们所讨论的"六年冢子戈"完全相合。尤其可以注意的是，《考释》在第三节"姓名文字举例"中，根据同批兵器铭文中人名"狐"的写法，释115号的㺇为"狐"③；又举出31号的狄、111号的㺇、115号的㺇，怀疑"此三字为一字的异构"，并说："在大官兵器中，111号铭所见的元年下库的冶旱狄与115号铭的六年下库的冶旱狄，疑为一人，狄乃狐字的简写。"④按，《考释》所摹字形虽不甚准确，但不难看出115号的㺇、㺇应即"六年冢子戈"的㺇、㺇；所述115号戈铭有"六年""下库""冶旱狄"之文，更可以证实这一点。㺇字右部瓜旁的写法在战国文字中十分常见⑤，左部犬旁的写法较为特殊，作四点之形。中山王铜器铭文中从犬诸字所从的犬旁作㇇⑥，"十一年闅令赵狋矛"铭文中"狋"字所从的犬旁作㇇⑦，皆为四笔写成，且上部两笔都不互相粘连。戈铭犬旁之形，当是在此类写法的基础上进一步简化而成的草率写法。由此可知《考释》释此字为"狐"甚确。㺇字左部与同铭"狐"字所从犬旁的写法完全相同，故可隶定为

--------

① 郝本性《新郑"郑韩故城"发现一批战国铜兵器》，《文物》1972年第10期，第32—40页；又收入同作者《郝本性考古文集》，第12—18页。
② 郝本性《新郑出土战国铜兵器部分铭文考释》，《古文字研究》第19辑，第115—125页。
③ 同上，第120页。
④ 同上，第121页。
⑤ 参汤余惠《战国文字编》，福建人民出版社2001年版，第669页"狐"字下所收之例。
⑥ 参《三晋文字编》第1444页"猎"、第1449页"犹"、第1456页"猲"、第1458页"獒"等字头下所收出自中山王器诸例。
⑦ 字形引自《三晋文字编》第1454页。

"狄";这个"狄"应如《考释》所说,乃"狄"之简写。顺便提一下,《考释》所引 111 号的"狄"字,其所从犬旁应该也是 引一类的写法,《考释》摹作"彳"形,恐有问题。

总之,由《考释》所提供的线索完全可以断定,"六年冢子戈"就是 1971 年新郑白庙范村出土的韩国兵器中的一件(出土编号为 115)。

已经刊布的由冢子系统监造的韩国兵器,除这件"六年冢子戈"外,尚有七件。2007 年,吴振武先生发表《新见十八年冢子韩矰戈研究——兼论战国"冢子"一官的职掌》一文(以下简称"吴文"),根据当时所能见到的四件冢子兵器,对铭文所涉及的文字及监造制度问题作了全面研究。①2008 年,黄锡全先生又公布了一件"二十年冢子戈"②;2012 年底《飞诺藏金·春秋战国篇》出版,书中收录了一件"四年冢子戈"③。这两件戈皆为此前所未见,具有重要的研究价值。此外国家博物馆"古代中国"展厅中还陈列了一件"十八年冢子戈"。为便于讨论,下面先把这七件冢子兵器的情况简单介绍一下。

(1)"十八年冢子戈"。此戈最早由周世荣先生公布④,现藏于湖南省博物馆(以下袭用吴文,将此戈称作"湘博'十八年冢子戈'")。内部刻铭三行 17 字,文曰:

十八年,塚(冢)子㱿(韩)矰,邦库啬夫夨汤,冶舒敚(造)戈。⑤

(2)"十八年冢子戈"。此戈由吴振武先生公布。内部正面刻款两行 19 字,背面铸款一行两字。其文曰:

---

① 吴振武《新见十八年冢子韩矰戈研究——兼论战国"冢子"一官的职掌》,《古文字与古代史》第 1 辑,"中央研究院"历史语言研究所,2007 年,第 293—294 页。
② 黄锡全《介绍一件韩廿年冢子戈》,《古文字研究》第 27 辑,中华书局 2008 年版,第 318—322 页;又收入同作者《古文字与古货币文集》,文物出版社 2009 年版,第 217—221 页。本文皆后者引用。
③ 宛鹏飞《飞诺藏金·春秋战国篇》,中州古籍出版社 2012 年版,第 86—89 页。
④ 周世荣《湖南楚墓出土古文字丛考》,《湖南考古辑刊》第 1 辑,岳麓书社 1982 年版,第 88、91 页;同作者《湖南出土战国以前青铜器铭文考》,《古文字研究》第 10 辑,中华书局 1983 年版,第 252、274 页。
⑤ 戈铭拓本见中国社会科学院考古研究所《殷周金文集成(修订增补本)》,中华书局 2007 年版,第 6132 页 11376 号(以下简称《集成》,且只引著录号)。

十八年,塚(冢)子軑(韩)矰,下库啬夫乐瘅,库吏安,冶昝敢(造)。

背面:大(太)官。①

"昝"字之释从郭永秉先生说。②

(3)"十八年冢子戈"。此戈现陈列于国家博物馆"古代中国"展厅(以下称作"国博'十八年冢子戈'")。据展览说明介绍,此戈1971年出土于河南新郑。③除胡部及下阑略有残断外,其形制与吴文所刊布者完全相同。内部正面刻款两行19字(背面暂不可见),所刻内容及文字写法与吴文所论"十八年冢子戈"完全相同,二者当属同批铸造之物。

(4)"十九年冢子矛"。此矛为新郑县车站乡文化站1985年从本乡付庄村征集所得,现藏于新郑博物馆。其身部刻铭两行18字,文曰:

十九年,塚(冢)子䑣諲,上库啬夫事(史)□,库吏高(?),冶㱿。④

此矛最初发表时公布的照片质量较差,无法据以验证所附释文的准确性。其中冢子之名原未释。从近年公布的质量相对较好的照片来看,冢子之名可以参照下面将要提到的"二十年冢子戈"补释为"䑣諲"。

(5)"二十年冢子戈"。此戈由黄锡全先生公布,铭文仅有摹本。内部正面刻款两行17字,背面铸款一行两字。其文曰:

---

① 吴振武《新见十八年冢子韩矰戈研究——兼论战国"冢子"一官的职掌》,《古文字与古代史》第1辑,第310页释文、第332页图版。

② 郭永秉《商周金文所见人名补释五则》,《古文字与古文献论集》,上海古籍出版社2011年版,第30—31页。

③ 展览说明将此戈命名为"'十八年世子'青铜戈",则是不正确的(看苏辉《战国兵器铭文的重要史料价值——以秦、三晋为中心》,《史学史研究》2013年第3期,第99页)。此外,展览说明中所附戈铭照片实属湘博"十八年冢子戈",这也应当改正。

④ 寇玉海《新郑发现一件刻款战国铜矛》,《中原文物》1992年第3期,第66页。原发表时所附铭文照片很不清楚,较为清楚的照片另见苏辉《秦三晋纪年兵器研究》附录二《稀见纪年兵器选图》12(第245页)。需要说明的是,此照片系苏辉先生在新郑博物馆拍摄,他释照片中的铭文为"二年冢子□湼(?)上库啬夫□□库史各冶长□",故称之为"二年冢子矛",并将其铸造年代定为桓惠王二年(公元前271年)(见《秦三晋纪年兵器研究》第130、156页)。但参考苏先生书中对此矛相关情况的描述,并通过与上引寇玉海文所刊布的戈铭照片对比,我们发现所谓"二年冢子矛"其实就是寇文所发表的那一件"十九年冢子矛","二年冢子矛"实际上并不存在。

探寻中华文化的基因(一)

廿年,塚(冢)子䑽諲,上库啬夫事(史)进,库吏裕,冶煢。　背面:大(太)官。①

其中"䑽"字之释从刘刚先生说②;黄锡全先生原将其释作"䑿"③,汤志彪先生改释作"䑾"④,皆未必可信。这件戈与上引"十九年冢子矛"纪年只相差一年,二者的铭文格式和书写风格完全一致。从"十九年冢子矛"的照片看,矛上尚可辨认的冢子和冶的名字,其写法也与"二十年冢子戈"摹本相应位置全同(可惜由于"十九年冢子矛"照片中上库啬夫之名不可见,库吏之名不清楚,无从考察这两件兵器的这两级监造人是否一致)。将这两件兵器判为同一王世前后两年所铸,大概没有问题。⑤

(6)"三十年冢子鈹"。此鈹1972年由长葛县官亭乡孟寨村村民在"长葛故城"遗址掘得。其脊部刻铭一行22字,文曰:

卅年,塚(冢)子𦉶(韩)䣄(春)、事(史)䪓,大(太)官上库啬[夫]□□,库[吏]□,[冶]起敶(造)。⑥

其中"䣄(春)""起"二字之释,以及所补"吏""冶"二字,皆据吴振武先生说。

(7)"四年冢子戈"。此戈载《飞诺藏金·春秋战国篇》"三晋兵器10"。内部刻铭三行31字,惜锈蚀严重,残泐过半。原书释文作:

四年冢子帀□□□□库啬夫□□□□库啬□□□賈库□□□□敶□□刃⑦

————————

①　见黄锡全《介绍一件韩廿年冢子戈》,《古文字与古货币文集》,第217页。黄先生对于此戈正、背面的理解与我们略有不同。为了便于讨论,我们这里暂从吴振武先生说,将刻款一面作为正面,而将铸款一面作为背面(吴说见《新见十八年冢子韩赠戈研究——兼论战国"冢子"一官的职掌》,《古文字与古代史》第1辑,311页)。

②　刘刚《晋系文字的范围及内部差异研究》,复旦大学博士学位论文(指导教师:裘锡圭),2013年,第185页。

③　黄锡全《介绍一件韩廿年冢子戈》,《古文字与古货币文集》,第218页。

④　汤志彪《战国兵器铭文人名考释七则》,《考古与文物》2013年第1期,第109页。

⑤　参看苏辉《秦三晋纪年兵器研究》,第149页。

⑥　朱京葛《河南长葛出土一件战国铜鈹》,《文物》1992年第4期,第81页。

⑦　宛鹏飞《飞诺藏金·春秋战国篇》,第86页。

刘刚先生根据其他几件冡子监造兵器以及"六年襄城令戈",将释文补作:

> 四年塚(冡)子币□、□□,[邦]库啬夫□□,[大(太)官]□库啬[夫]□贾,库[吏]□,[冶]□敚(造)[端旗(戟)]刃。①

所补皆正确可从。此戈铭文格式与"六年冡子戈"基本相同。

以上七件,再加上我们所讨论的"六年冡子戈",这八件兵器皆为冡子系统所监造。通过排比铭文辞例,可以看出铭文所记录的监造系统略有不同,大致可分为以下三类:

(一) 冡子+邦库啬夫+冶。此类仅有湘博"十八年冡子戈"。

(二) 冡子+(太官)上/下库啬夫+库吏+冶。属于此类者有五件,即"十八年冡子戈"国博"十八年冡子戈""十九年冡子矛""二十年冡子戈"和"三十年冡子鈹"。其中"十八年冡子戈"、"二十年冡子戈"和"三十年冡子鈹"三件兵器上都出现了"大(太)官"(略有不同的是,前两件戈均将此二字铸于内部背面,而鈹铭则刻于"上库啬夫"之前),国博"十八年冡子戈"虽仅见正面,但我们也有理由推测其背面也应如"十八年冡子戈"和"二十年冡子戈"一样铸有"大官"二字;而"十九年冡子矛"上则未见。吴振武先生认为"上/下库"隶属于"大(太)官",并推测说:

> 付庄村"十九年冡子矛"虽然仅记"上库"等内容而无"大(太)官"字样,但因有新见"十八年冡子戈"这样的参照物,我们也可以确断其上所记的"上库"是隶属于太官的。这件矛应该就是前引郝文所说的"戟束",原是安装在戟上使用的,而它下面已佚去的"戟刃",也许正铸着"大(太)官"二字呢。②

结合后来刊布的"二十年冡子戈"看,吴先生的这种推测是十分正确的。因此我们把"十九年冡子矛"径归入此类。

---

① 刘刚《晋系文字的范围及内部差异研究》,第185—186页。
② 吴振武《新见十八年冡子韩熷戈研究——兼论战国"冡子"一官的职掌》,《古文字与古代史》第1辑,第321页。

（三）冢子＋邦库啬夫＋太官上/下库啬夫＋库吏＋冶。属于此类者有两件，即"四年冢子戈"和"六年冢子戈"。

为了便于比较，现将以上三类监造系统的结构列表如下：

| 类别＼身份 | 冢子 | 邦库啬夫 | 太官上/下库啬夫 | 库吏 | 冶 |
| --- | --- | --- | --- | --- | --- |
| 第一类 | ✓ | ✓ |  |  | ✓ |
| 第二类 | ✓ |  | ✓ | ✓ | ✓ |
| 第三类 | ✓ | ✓ | ✓ | ✓ | ✓ |

从上表可以看出，三类监造系统的共同点在于都有最高层级的监造者"冢子"和最低层级的造器操作者"冶"，不同点在于"冢子"与"冶"之间的监造层级有些出入：第一类仅有"邦库啬夫"，第二类有"太官上/下库啬夫"和"库吏"，二者完全不相重合；而第三类则囊括了以上两类系统，在铭文中同时具备"邦库啬夫""太官上/下库啬夫"和"库吏"三个监造层级。在具有第三类监造系统铭文的兵器发表之前，吴振武先生曾根据当时所能见到的前两类监造系统推测说："韩国太官兵器上所记的'上/下库'，是隶属于太官的，它跟'邦库'不在同一系统，更无统属关系。"①刘刚先生根据此后发表的具有第三类系统铭文的"四年冢子戈"铭文的记录，认为吴说非是，"'大（太）官'所属的'上下库'与'邦库'应该也有隶属关系"。②我们认为，铭文属第三类系统的"四年冢子戈"和"六年冢子戈"，其铸造年代应晚于具有第一、第二类系统铭文的兵器，且与前两类分处不同王世（说详下文），似不能排除其间制度发生变化的可能性。就目前所见资料而言，至少在"四年冢子戈"和"六年冢子戈"所处的铸造年代，"太官上/下库"很可能是隶属于"邦库"的；但此前二者是否有统属关系则不

---

① 吴振武《新见十八年冢子韩熷戈研究——兼论战国"冢子"一官的职掌》，《古文字与古代史》第1辑，第321页。
② 刘刚《晋系文字的范围及内部差异研究》，第186页。

能确定。

最后对"四年冢子戈"和"六年冢子戈"的铸造年代略说几句。

上引第一、二类兵器的铸造年代,学者论之已详,基本可定在韩桓惠王世。① 这为我们讨论"四年冢子戈"和"六年冢子戈"的年代提供了很好的参考坐标。这两件戈铭文格式相同,刻写风格也比较相似,大致可确定为同一王世前后所造。如前文所论,"六年冢子戈"出土于新郑白庙范村;据黄盛璋先生研究,此批兵器的时代主要集中在桓惠王和韩王安两世。②另据学者研究,铭文中有"造"字的韩国兵器,其铸造年代一般都在桓惠王世以后。③既然"四年冢子戈"和"六年冢子戈"中都有"造"字,它们的铸造年代就不可能早到桓惠王之前的釐王四年、六年,无疑应排在桓惠王元年至韩王安九年秦灭韩之间;这样就有桓惠王四年、六年和韩王安四年、六年两种可能。苏辉先生在《韩国兵器编年表》中,将"四年冢子戈"排入桓惠王世,但限于体例,未对作此排定的理由进行说明。④

我们认为,这两件戈当排入韩王安世。在现有的八件冢子兵器中,三件"十八年冢子戈"、"三十年冢子𬭁"以及我们这里所讨论的"四年冢子戈"、"六年冢子戈",这六件兵器铭文中都出现了"造"字,其字形如下(国博"十八年冢子戈"与"十八年冢子戈"的写法相同;此外由于目前所能见到的"三十年冢子𬭁"图像质量较差,无法确审其铭文字形,故暂不列入讨论范围):⑤

---

① 吴振武《新见十八年冢子韩𱑢戈研究——兼论战国"冢子"一官的职掌》,《古文字与古代史》第 1 辑,第 321—322 页;黄锡全《介绍一件韩廿年冢子戈》,《古文字与古货币文集》,第 220 页;苏辉:《秦三晋纪年兵器研究》,第 148—149 页。

② 黄盛璋《新郑出土兵器中的一些问题》,《历史地理与考古论丛》,齐鲁书社,1982 年,第 157—159 页。

③ 苏辉《秦三晋纪年兵器研究》,中国社会科学院研究生院硕士学位论文(指导教师:李学勤),2002 年,第 22—23 页;吴良宝《谈韩兵监造者"司寇"的出现时间》,《古文字研究》第 28 辑,中华书局 2010 年版,第 347—348 页。

④ 苏辉《秦三晋纪年兵器研究》,第 156 页。

⑤ A1 引自《三晋文字编》第 221 页(原见《集成》11376B,《三晋文字编》将此字形的出处误标为"集成 11565·二十三年襄城令矛");A2 摹自注①所引文第 332 页附图三;B 引自宛鹏飞《飞诺藏金·春秋战国篇》,第 89 页;C 引自本文文末附图。

探寻中华文化的基因(一)

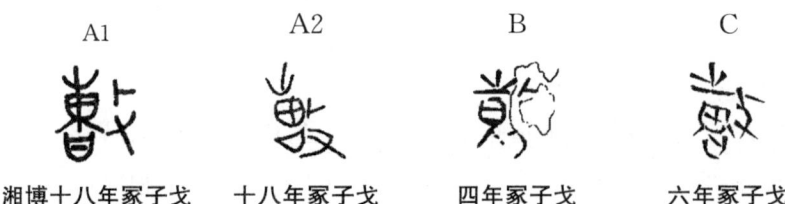

以上四字右皆为"攴",它们之间的主要差别在于左部声旁不同。吴振武先生曾经分析,上引字形中的 A1、A2 当为一系(以下合称 A 系),皆以"曹"或"曺"之省体为声符;B 以"賁"之省体为声符;C 类字形则系糅合 A、B 两系字形而成。①其说甚是。据郝本性先生介绍,在白庙范村所出土的郑县县令所造兵器中,年代属桓惠王三十三年至韩王安三年之间的,其铭文中的"造"字均作 ("三十三年郑令铍")之形②;而年代属韩王安四年至八年这一时段的,铭文中的"造"字则全部写作省"口"的 B 形。③据此,作 B 系"造"字的"四年冢子戈"似可定为韩王安四年(前 235)器。"六年冢子戈"铭中的"造"字既作糅合 A、B 二系的 C 形,按理说其铸刻年代不大可能早于韩王安四年,将其定在韩王安六年(前 233),大概比较合适。

吴振武先生在讨论"上/下库"与"大(太)官"之间的关系时说:

> 从常理上可以判断,一面单铸"大(太)官"字样而另一面只出现"上/下库"字样的太官兵器,以及那些可能是"丢失"了"大(太)官"字样的太官兵器(如付庄村"十九年冢子矛"),在制作时间上,应该早于"大(太)官上/下库"连称的太官兵器。④

其说若确,则铭文中出现"大(太)官上/下库啬夫"连称的"四年冢子戈"和"六年

---

① 吴振武《新见十八年冢子韩朁戈研究——兼论战国"冢子"一官的职掌》,《古文字与古代史》第 1 辑,第 319—320 页。
② 字形引自《三晋文字编》,第 219 页。
③ 郝本性《新郑出土战国铜兵器部分铭文考释》,第 118—119 页。
④ 吴振武《新见十八年冢子韩朁戈研究——兼论战国"冢子"一官的职掌》,《古文字与古代史》第 1 辑,第 321 页。

冢子戈",其铸造年代当晚于将"大官"与"上库啬夫"分别铸、刻于戈的两面的"二十年冢子戈"。"二十年冢子戈"既属韩桓惠王世,那么"四年"、"六年冢子戈"只可能是其后韩王安世所造之物了。这与我们从戈铭字形方面所得出的结论正可互相支持,恐怕不是偶然的。

2014年9月21日写毕,11月26日改定

附识:本文蒙施谢捷、吴良宝、邬可晶三位先生阅正,作者十分感谢!

**补记:**

此文投出后,《文物》2015年第2期《宿迁青墩发现战国铜戟刺》一文又公布了一件六年冢子韩政戟刺,其铭文格式及冢子、邦库啬夫两级监造者与本文所讨论的六年冢子韩政戈完全相同。但此刺为上库啬夫监造,故上库啬夫以下各级监造者的名字与六年冢子韩政戈铭所记略有差异。读者可以参看。

2015年6月8日补记

原载《中国文字研究》第22辑,上海书店出版社2015年版

# 楚铜贝"夌朱"的释读及相关问题

## 刘 刚

铜贝是楚国特有的一种货币,形制与真贝相似。其面部多有一字或两字,前人按照其币面形象称之为"鬼脸钱"或"蚁鼻钱"。楚铜贝的发现可以追溯到宋代,南宋洪遵的《泉志》已经对这种货币进行了记载,建国以来则在湖北、河南、安徽、山东、湖南等地大量出土。其币文有"巽""君""行""夌"朱"等等。①

"夌"形从夂从土,可隶作"夌"。除铜贝外,此字还见于金文、竹简等楚文字资料:

《集成》10158 楚王酓悍盘② 包山 83 包山 157

货系 4153—4162 《文物》1980 年 8 期郵陵君豆

《集成》1801 石夌刀鼎 江陵溪峨山木俑(摹本)③

亦有用作从"木"、"石"或"邑"之字偏旁的例子:

A. 郭店·穷 7 包牍 1 包山 269

---

① 黄锡全《先秦货币通论》,紫禁城出版社 2001 年版,第 356—371 页。
② 《殷周金文集成》0978、2795、12040 皆有相同辞例"冶绍夌"。
③ 据高至喜《楚俑研究》,《中国古代陶俑论文集》,1998 年,台北;又高氏《商周青铜器与楚文化研究》,岳麓书社 1999 年版,第 196 页。此条材料承郭永秉先生指示。

B. ▢ 包山 261　二硈①

C. ▢ 包山 163

用作偏旁的"坙"也见于周代金文②：

▢《集成》4346 胵伯盨　▢《集成》11209 胵公稣曹戈③

▢《集成》4318 三年师兑簋"腥"

▢《集成》9718 胵史殿壶

对"坙"字学者有很多考释意见，或释为垠④，或以为读音近"器"⑤，或释为从"宛"⑥，也有学者指出其和传抄古文"在"字的一种形体相同⑦，其形如下：

▢ 古文四声韵3·14 籀韵　▢ 集古文韵卷三 9 籀韵⑧

战国文字一般用"才""在"表示{在}⑨，因此传抄古文的这个"在"字极有可能是误置。李零、刘雨先生在《楚郱陵君三器》的注文中指出：

"坙"字各书所无，惟《古文四声韵》卷三收为"在"字。我们分析夏氏并非别有所见，他所谓"在"字的这个字，应即《说文》"圣"字。"圣"字在《说文》中的解释是"汝颍之间谓致力于地曰圣，从土从又，读若兔窟"，是个方言字。《说文》所

---

① 陈伟主编《楚地出土简册十四种》（经济科学出版社 2009 年版）据红外影像把"硈"字释为"石坙"两字，又在第 127 页注 90 说"石"也许是"坙"的偏旁。今采用后说。
② 黄德宽主编《古文字谱系疏证》，商务印书馆 2007 年版，第 766 页。
③ 谢明文先生向我指出："胵"作人名又见于《殷周金文集成》4669 胵叔簠、《新收殷周青铜器铭文暨器影汇编》1457 晋伯甗等器。
④ 白于蓝《郭店楚墓竹简考释（四篇）》，《简帛研究（二〇〇一）》，广西师范大学出版社 2001 年版，第 192 页。
⑤ 何琳仪《战国古文字典》，中华书局 1998 年版，第 284 页。
⑥ 时兵《释楚简中的"樫"字》，复旦大学出土文献与古文字研究中心网站，2008 年 5 月 24 日。
⑦ 李零、刘雨《楚郱陵君三器》，《文物》1980 年 8 期，第 34 页注 8。
⑧ 徐在国《传抄古文字编》，线装书局 2006 年版，第 1361 页。
⑨ 周波《战国时代各系文字间的用字差异现象研究》，复旦大学博士学位论文（指导教师：裘锡圭教授），2008 年，第 166 页。

收"怪"字从之。"怪",后世俗体作"恠",夏氏取半边为读,遂以为"圣"与"在"可以相等。"圣"与"圣"字形相近,但不一定是一个字。

这个说法似较合理,由于"夊"讹为"又"缺乏可以比照的字形例证,"圣"与"圣""怪"等字恐怕没有必然的联系。①

《郭店·穷达以时》简 7 在讲到百里奚从"穷"变"达"的时候说:"白(百)里
退(遵)②𦥑(鬻)五羊,为敀(伯)䎽(牧)牛,𢾍(释)板桱而为啬(名)卿,堣(遇)秦
穆。"白于蓝先生认为"圣"从"夊"得声③,是"坅"之异体。《诗·齐风·南山》"雄
狐绥绥",《玉篇》引作"雄狐夊夊",而"绥""垂"可以相通,所以"板桱"可以读为
"鞭棰"④。我们赞同"圣"从"夊"得声的意见,郭永秉先生认为"圣"从土、"夊"
声,应该就是"垂"字异体。叔卣铭文"夊文遗工",当读为"垂文遗功"⑤,可资佐
证。由于与"圣"字有关的其他古文字资料没有得到很好的释读,白先生"鞭棰"
的读法似未被广泛接受。其实楚铜贝"圣朱"等古文字资料恰好可以和白先生
的读法相互印证。

一

"圣朱"二字除见于楚铜贝外,又见于郙陵君器铭:"斅(? 盍)⑥壤(镶)貯
(重)三朱二圣朱四□。""圣朱"用在"三朱(铢)"之后,可见是比"铢"还小的单

---

① 李春桃先生认为"圣"即"圣"字,也没有给出"夊"讹为"又"的例证,恐不可从。见其《传抄古文综合研究》,吉林大学博士学位论文(指导教师:吴振武教授),2012 年,第 306 页。
② 周凤五《郭店楚简〈忠信之道〉考释》,《中国文字》新 24 期,台北艺文印书馆 1998 年版。
③ 古文字"圣"多从"夊"作,个别写作从"夂",《说文》分"夂""夊"为二,其实"夂""夊"形音皆近,当由一字分化。
④ 白于蓝《郭店楚墓竹简考释(四篇)》,第 192 页。"板桱"又有"板梏""鞭枚"等读法,皆不如白说为优。参看陈伟主编《楚地出土简册十四种》,经济科学出版社 2009 年版,第 178 页注 17。
⑤ 董珊《新见鲁叔四器铭文考释》,复旦大学出土文献与古文字研究中心网站,2011 年 8 月 3 日。
⑥ 此豆盘口外壁铭文有"攸挈□(造)□盍","盍"当为器之自名,参上引李零、刘雨文。"斅"字左旁或释为"冫",恐非是。

位。学者据此或读楚铜贝"钅全朱"为"轻铢"①，或读为"小铢"②。我们认为"钅全朱"可以读为"锤铢"。"锤"作为重量单位，其重若干，说法不一。有认为相当八铢，即三分之一两的，见《说文》及《淮南子·说山》注③。也有认为相当六铢的，《一切经音义》卷七五引汉应劭《风俗通》："铢六则锤。"还有认为相当十二两的，《淮南子·诠言》高诱注："六两曰锱，倍锱曰锤。"然而这些说法似乎都无法直接用来读通鄴陵君器的铭文。

在解释"锤铢"之前，我们先来谈一下"锱锤"。古书在讲到诸侯国之间割地的时候，有时用到"锱锤"这个词：

《淮南子·诠言》："凡事人者，非以宝币，必以卑辞。事以玉帛，则货殚而欲不餍；卑体婉辞，则谕说而交不结；约束誓盟，则约定而反无日；虽割国之锱锤以事人，而无自恃之道，不足以为全。"

《吕氏春秋·应言》：魏令孟卬④割绛、汾、安邑之地以与秦王。王喜，令起贾为孟卬求司徒于魏王……居三日，魏王乃听起贾。凡人主之与其大官也，为有益也。今割国之锱锤矣，而因得大官，且何地以给之？

《荀子·富国》在讲到割地的时候称"锱铢"："割国之锱铢以赂之，则割定而欲无厌。"杨倞注："十黍之重为铢，八两为锱。此谓以地赂强国，割地必不多与，故以锱铢言之。"认为"国之锱铢"乃言其地之少。

《韩诗外传》卷六有与上引《荀子·富国》文基本相同的语句作"割国之强乘以赂之，则割定而欲无厌。"周廷寀《韩诗外传校注》认为"强乘"乃"疆垂"形近而误，"疆垂"就是边隅的意思。⑤

研究《淮南子》和《吕氏春秋》的学者往往认为"锱锤"和"锱铢"义近，信从杨

---

① 黄锡全《楚铜贝贝文释义新探》，载《钱币研究》1999年第1期，后收入《先秦货币研究》，中华书局2001年版，第224页。
② 何琳仪《战国文字通论（订补）》，江苏教育出版社2003年版，第154页。
③ 《淮南子·说山》此条注与《说文》同而与《淮南子·诠言》注异，段玉裁据之认为此条乃许慎注。
④ 毕沅以为"卬"乃"卯"字之误，"孟卬"亦即见于《战国策》之"芒卯"。
⑤ 引自屈守元《韩诗外传笺疏》，巴蜀书社1996年版，第571页。

倞注而把"锱锤"解释成很少的土地。杨说实不可信。许维遹认为《荀子·富国》的"锱铢"和《韩诗外传》卷六的"疆垂"皆为"锱锤"之误,其说可从。①致误的原因大概在于后人已经不明白"锱锤"一词的真正含义了,《韩诗外传》的"锱锤"讹成了"疆垂",又进一步讹作"强乘";《荀子·富国》的"锱锤"则被改成了习见的"锱铢"。

《淮南子·诠言》说:"虽割国之锱锤以事人,而无自恃之道,不足以为全。"如果把"锱锤"解释成很少的土地,文意显然不通顺。《孔丛子·论势》篇记载魏王问相国曰:"今秦负强,以无道陵天下,天下莫不患。寡人欲割国之半以亲诸侯,求从事于秦,可乎?"子顺对曰:"以臣观之,殆无益也……"文意与上引《淮南子·诠言》相类,"割国之锱锤"和"割国之半"的意思应该差不多。

《吕氏春秋·应言》的"国之锱锤"当指上文"绛、汾、安邑之地"。这三邑之地当然不能用"少"来形容,吴汝纶以为"国之锱锤"指国之重地的意思②,对文意的理解是正确的。

"锤"字有一种作为分数的用法。《韩非子·外储说左上》有这样一段话:"故中章、胥己仕,而中牟之民弃田圃而随文学者邑之半;平公腓痛足痹而不敢坏坐,晋国之辞仕托者国之锤。"俞樾认为:"'锤'字无义,疑古本止作'垂'……国之垂,犹邑之半,垂亦半也。"③近世治《韩非子》者多从俞说,其实俞说不够准确。不过俞氏注意到了"国之锤"和"邑之半"的对文,怀疑"锤"字可能用为分数,是值得肯定的。

古书中还有"二垂"一词,其表示的意思是三分之二。④《淮南子·道应》:"文王砥德修政,三年而天下二垂归之。"许慎注:"文王三分天下有其二也。"《淮南子·要略》:"文王四世累善,修德行义,处岐周之间,地方不过百里,天下二垂归

---

① 许维遹《韩诗外传集释》,中华书局1980年版,第228页。
② 引自王利器《吕氏春秋注疏》,巴蜀书社2002年版,第2249页。
③ 俞樾《诸子平议》,中华书局1954年版,第425页。
④ 《史记·春申君列传》"今大国之地,遍天下有其二垂",张守节正义释"二垂"为"东西两极",非是。蔡伟先生向我指出,"二垂"一词也见于《庄子·天地》及《田子方》篇,皆当解释为三分之二。

之。"《太平御览》卷八十九引"垂"作"分"。日本学者太田方《韩非子翼毳》认为《吕氏春秋·应言》《韩非子·外储说左上》的"锤"与上举句子中的"垂"同,《说文》训"锤"为八铢,即三分之一两,所以"锤"可以表示三分之一。①王利器先生也把"锤"解释为三分之一②,应该是正确的。但他同时又赞同《荀子》杨倞注,认为"国之锱锤"是指很少的土地,则与文意难合。

"锱"也可以用来表示分数。李学勤先生指出在清华简算表中,有"锱"用为四分之一的例子。③荆州黄山墓地出土有"才(锱)两"砝码,其重约四分之一两④,"才(锱)"也是作为四分之一来用的。"锤"也可以用在重量单位"两"字之前,江陵溪峨山木俑文字有"坐(锤)两"。⑤《说文》训"锱"为六铢(四分之一两),训"锤"为八铢(三分之一两)。推测"锱"和"锤"本来表示的意思就是"四分之一"和"三分之一"。大概因为"锱""锤"作为分数常与重量单位"两"连用,后来就固定地用来表示六铢和八铢了,这和秦汉时代常常用"半"表示半斗的情况类似。⑥

"国之锱锤"的意思就是国家四分之一到三分之一的领土,这当然已经是很多的土地了。《淮南子·说山》有两段话也用到"锱锤"这个词:"马之似鹿者千金,天下无千金之鹿;玉待礛诸而成器,有千金之璧而无锱锤之礛诸。""万乘之主,冠锱锤之冠,履百金之车。""锱锤"分别和"千金""百金"对文,"锱锤"应该是指四分之一到三分之一两黄金。

"锱铢"一词的本义应该是"四分之一铢",是非常小的重量单位,因此"锱

---

① 引自陈启天《韩非子校释》,上海书店《民国丛书》第五编第 8 册影印中华书局 1940 年版,第 525 页。
② 王利器《吕氏春秋注疏》,第 2250 页。
③ 李学勤《释"釾"为四分之一》,《三代文明研究》,商务印书馆 2011 年版,第 136 页。
④ 周波《战国时代各系文字间的用字差异现象研究》028 条。又见董珊:《楚简簿记与楚国量制研究》,《考古学报》2010 年 2 期。
⑤ 参考高至喜《秦俑研究》,但高氏释文有误,黄锡全《楚币新探》已释读为"坐两",载《中国钱币》1994 年 2 期。据高氏文摹本,"坐两"前一字似为"麦"字。
⑥ 朱德熙、裘锡圭《战国时代的"料"和秦汉时代的"半"》,《文史》1980 年第 8 辑。

铢"常被用来指代价值极小的物品。"锱锤""锱铢"容易相混,下面就讨论一下文献中两处可能被误改为"锱铢"的"锱锤"。

《礼记·儒行》有这样一段话:"儒有上不臣天子,下不事诸侯;慎静而尚宽,强毅以与人,博学以知服;近文章,砥厉廉隅;虽分国如锱铢,不臣不仕,其规为有如此者。"郑玄注认为"虽分国如锱铢"的意思是"言君分国以禄之,视之轻如锱铢矣"。点校者多据郑注将这句断为"虽分国,如锱铢"。①单独看《礼记》这段话,郑注似乎有道理。但是如果结合《淮南子·诠言》、《吕氏春秋·应言》、《荀子·富国》等文献中的"割国之锱锤""割国之锱锤"来分析的话,此句恐怕不能按照郑注来理解,"虽分国如锱铢"当作一句读。这里的"锱铢"很可能是"锱锤"的误改,"虽分国如锱锤,不臣不仕"是说即便君王把国家的三分之一或四分之一分给儒者,儒者也不会接受而出仕。②

《庄子·达生》篇:"五六月累丸二而不坠,则失者锱铢;累三而不坠,则失者十一;累五而不坠,犹掇之也。"从文意看,"锱铢"表示一个比十分之一大的分数,应该也是"锱锤"之误。

因为"锤"可以表示三分之一,所以楚铜贝和鄝陵君器的"圣(锤)朱(铢)"即三分之一铢。前者指一种极小的货币,后者说"三朱二圣朱四□",大概指镶嵌此器用的金属三又三分之二铢多。战国时楚国衡制一铢大约合 0.65 克③,而这些铜贝重量多在 1.1—3.6 克,远大于三分之一铢。这是因为此类货币的面文乃记录其价值(购买力)而和重量无关④,战国楚地多用金饼和金版作为货币⑤,

---

① 孙希旦《礼记集解》,中华书局 1989 年版,第 1407 页;朱彬《礼记训纂》,中华书局 1996 年版,第 863 页。
② 《孔子家语·儒行解》根据郑注将此句改为"虽以分国,视之如锱铢,弗肯臣仕",虽然读上去比较通顺,但却和《礼记·儒行》原来的文意不同了,也正表明了今本《孔子家语》的成书年代较晚。
③ 丘光明《试论战国衡制》,《考古》1982 年 5 期,第 518 页。但文中误写为 0.69 克,此据丘文一两为 15.6 克计算而得。
④ 参看吴良宝《读币札记(一)》,复旦大学出土文献与古文字研究中心《出土文献与古文字研究》第四辑,上海古籍出版社 2011 年版,第 128 页。
⑤ 刘和惠《鄂爰与战国黄金通货》,《楚文化研究论集》第一辑,荆楚书社 1987 年版,第 119 页。

"坐(錘)朱(銖)"表示的应该是三分之一铢金的价值。值得注意的是,楚国还有面文为"视金一朱""视金二朱"和"视金四朱"的铜钱牌,分别可以兑换黄金一铢、二铢和四铢。①"坐(錘)朱(銖)"铜贝和这些铜钱牌之间可能存在3∶1、6∶1和12∶1的兑换关系。

石坐刃(刀)鼎铭的"石坐(錘)刃(刀)"可能是"一石坐(錘)刃(刀)"的省称。中山国铜器铭文常见以"一石+某某刀"的形式来记重,如好盗壶"冢(重)一石三百卅九刀之冢(重)"。朱德熙、裘锡圭先生认为其义即此壶重量为一石之外再加上三百三十九把刀的重量。②"刀"本来表示货币名称和货币单位,后来逐渐演变为正式的重量单位。③"石坐(錘)刃(刀)"的意思就是说鼎的重量就是一石再加上三分之一刀的重量。

## 二

现在讨论一下包山简的"坐"字及从"坐"之字。

包山 157:司舟、舟斨、车輣坐斨、牢中之斨。

包山 261:一戈,二硾□。

包牍 1:一桎,縸翠(旄)首。

包山 269:一桎④,冒笔(旄)之首。

包山简"桎"字,学者也有很多意见。⑤例如白于蓝先生读为"绥"⑥,刘信芳

---

① 黄锡全《楚铜钱牌"见金"应读"视金"》,《中国钱币》1999 年 2 期,第 6 页。
② 朱德熙、裘锡圭《平山中山王墓铜器铭文的初步研究》,《文物》1979 年 1 期。
③ 吴振武《战国货币铭文中的"刀"》,《古文字研究》第十辑,中华书局 1983 年版。
④ "桎"字右旁稍有变异,学者或隶作从"宀",似不必。《战国古文字典》第 881 页以为从"坐"得声。按,此形与"坐"形体有差异,仍以看作"坐"为宜。
⑤ 参看罗小华《战国简册所见车马及其相关问题研究》,武汉大学博士学位论文(指导教师:陈伟教授),2011 年,第 162 页。
⑥ 白于蓝《郭店楚墓竹简考释(四篇)》,第 192 页。

先生认为即"柊"字①,刘国胜先生读为"旒"②。

包山简 157 的"斦"字当表示职官。《说文》:"輧,兵车也。"此言"车輧",乃大名冠小名,与《左传》"鸟乌"、《孟子》"草芥"、《礼记》"虫蝗"同例③。

我们认为"至""硾""桎"在以上简文中指代的是同一件物品,这个物品可以建于兵车,还可以用杂色的旄注于首。④刘信芳先生根据曾侯乙墓相同的文例认为"桎"与曾侯乙墓的"柊"是同一器物,是很好的思路,但"柊""至"古音远隔,直接认为"桎"即"柊"字是不可行的。

上文已经指出"至"可读为"锤",而"垂"声字与"叕"声字可通,《说文》:"娺,疾悍也。从女、叕声。读若唾。"《诗·曹风·候人》:"何戈与祋。"《礼记·乐记》郑注引"祋"作"缀",《礼记》正义引崔灵恩集注云"祋"本亦作"缀"。⑤是"至""硾""桎"可以读为"祋"。

《说文》:"祋,殳也。从殳、示声。或说:城郭市里,高县羊皮,有不当入而欲入者,暂下以惊牛马曰祋,故从示、殳。《诗》曰:'何戈与祋。'"《说文》:"殳,以杸殊人也。《礼》:'殳以积竹八觚,长丈二尺,建于兵车,车旅贲以先驱。'从又、几声。凡殳之属皆从殳。"《诗·曹风·候人》:"彼候人兮,何戈与祋。"朱熹集传:"祋,殳也。"《后汉书·马融传》:"祋殳狂击,头陷颅碎。"李贤注:"祋,亦殳也。"综上可知"祋"和"殳"是同一类兵器。"殳"为《周礼·考工记》六建之一,《周礼·考工记·庐人》:"六建既备,车不反复,谓之国工。"郑玄注:"六建,五兵与人也。反复,犹轩輖。"贾公彦疏:"庐人所造,有柄者戈、戟、殳与酋矛、夷矛五兵而已。上'车有六等',除轸与人,四兵。此云六建,建在车上,明无轸,自取人与

---

① 刘信芳《包山楚简解诂》,台北艺文印书馆 2003 年版,第 310 页;又《楚系简帛释例》,安徽大学出版社 2011 年版,第 157 页。
② 刘国胜《楚丧葬简牍集释》,武汉大学博士学位论文(指导教师:陈伟教授),2003 年,第 70 页。
③ 俞樾《古书疑义举例》,中华书局 1956 年版,第 52 页。
④ 李家浩《包山楚简的旌旆及其他》,《著名中年语言学家自选集·李家浩卷》,安徽教育出版社 2002 年版,第 258 页。
⑤ 高亨《古字通假会典》,齐鲁书社 1989 年版,第 568 页。

五兵为六建,可知也。"①因此"殳"建于兵车也是很自然的,包山简157的"车棚圣㭊"应该就是管理兵车之殳的职官。

包山简261"一戈,二硻□"可读为"一戈、两殳□"。由于简文不够完整,所以两殳的形制如何我们还不清楚。

包山楚墓出土"殳"三件,其中有镦殳两件,即225号红漆殳和290号黑彩殳,无镦殳一件。三殳首端皆有铜质圆帽,帽上有圆钮。李家浩先生指出两件有镦殳分别对应包山简269"朱旌"和简273"鱬旌"的旗杆。②简269的"一柽(殳)"很可能即指那件无镦殳。③

曾侯乙简3相关的简文作:"一殳,二旆,屯八翼之翻……一晋殳,二旆,屯八翼之翻。""一殳"、"一晋殳"后面明言"二旆",李家浩先生据此认为包山225号红漆殳(即简269"朱旌"的旗杆)首端的铜帽钮是用来系旆的,钮上残留有丝带,应该是朱旌的幅帛。④不过包山简"一柽(殳)"之后仅说"冒鋈(㲋)之首",并没有提到"旆",所以无镦殳首端铜帽上的圆钮也可能是注首用的。

## 三

楚王酓悍盘的"冶绍圣","圣"字用作人名。包山简83"罗之虎国之圣者邑人"和包山简163"郐邑","圣者"和"郐"皆用为邑名。

周代金文的"陉""硎"为氏族用字。《石鼓文·作原》篇的"[图]",李家浩先生认为也是从"圣"声的一个字。⑤这些字到底应该如何释读,尚待研究。

---

① 戴震《考工记图》以五兵与旌旗为六建,钱玄从之,见钱玄《三礼辞典》,江苏古籍出版社1998年版,第189页。
②④ 李家浩《包山楚简的旌旆及其他》,《著名中年语言学家自选集·李家浩卷》,第258页。
③ 上引李家浩先生文指出包牍所记之物似未随葬,可以不予讨论。
⑤ 徐宝贵《石鼓文整理研究》第796页引李家浩先生说,中华书局2008年版。曾宪通先生《说踁毁及其他》认为石鼓文此字所从"圣"乃"㔾"字之讹,恐不可从。见《江汉考古》1992年第2期。

还有一种可能,它们所从的"圣"与楚文字中可以读为"锤"字的"圣"只是同形而已。①

附识:本文蒙裘锡圭先生、陈剑先生、郭永秉先生审阅指正,谨致谢忱! 文中错谬之处,概由作者本人负责。

原载《出土文献与古文字研究》第五辑,上海古籍出版社2013年版

---

① 类似的例子如"枈"乃"狄"字古文,而楚文字用"枈"表示终卒、兵卒之{卒}。

# 汉君忘忘镜铭新研

蒋 文

近年来,随着考古事业的发展和铜镜收藏市场的走热,汉镜资料大量公布,汉镜研究面临新的机遇和挑战。近来孔祥星先生有文指出:较之年代学、类型学、艺术史、技术的研究,对铜镜铭文本身的研究最为薄弱,"文章不多,有的是对个别字词的考释,有的侧重铭文书法,更有些文章,只是笼统的以铭文大意,发挥或想象其历史背景,似是而非"。今天所见汉镜铭文内容丰富、复杂、多样,对一些字铭的辨识亦不容易,对汉镜铭文主题的理解也不简单,"许多铭文似乎再熟悉不过了,但逐字逐句深问一下字句的释读,就难以回答清楚了"[①]。

如孔先生所说,汉镜铭文目前缺乏系统深入的研究,不少镜铭长期被误释、误解。本文拟在前人的基础上对一品内容较为特别的汉镜铭文进行研究,纠正其中一处重要的释字错误,并就全铭主旨的理解提出新的看法。

君忘忘镜(或称"君忘镜""先志镜"[②])是罕见的汉镜品种,近年所见著录和研究逐渐增多。[③]这类铜镜主体纹饰大都为连弧纹[④],整体风格刚毅简洁;其铭

---

① 孔祥星《创新是学术研究的本质——述评近几年汉镜铭文研究》,《中国文物报》2012年6月20日。
② 此命名源于有研究者将镜铭之"失志"误释为"先志"。
③ 我们目前共搜集到55面(其中9面为旧著录和已公布的考古发掘品,另外43面为见诸出版物或网络的拍品或私人藏品),详见文末附表。只有文字描述而未见图版者暂不收入,如下文将引北京宝鉴斋所藏一面,又如李学勤先生在《重论阿富汗席巴尔甘出土的汉镜》一文的附记中提到"2005年11月19日,周志豪先生示在陕西所见一镜的拓本,照片……又告西安尚有另一面"。
④ 连弧纹铭带镜出现于汉武帝时期,流行于西汉中期至新莽时期。

探寻中华文化的基因(一)

文书体为方正汉隶,浑穆秀丽。研究者一般认为此品出现于西汉晚期,绵延至东汉。

林素清[①]、马良民[②]、李学勤[③]等诸位先生此前都曾撰专文对君忘忘镜铭进行整理和研究。[④]新见李零先生《读梁鉴藏镜四篇——说汉镜铭文中的女性赋体诗》一文,又介绍了一件君忘忘镜,并就部分字词的释读提出了意见。[⑤]

诸文之中,以李学勤先生《重论阿富汗席巴尔甘出土的汉镜》一文材料搜集最丰富、讨论最为全面。李文合观五镜,确定全铭应在"君"字处起读,认为完整的铭文当有37字,各镜互有减省,并复原了镜铭如下:

君忘忘而失志兮,忧使心兪(瘐)者,兪(瘐)不可盡行。心汙(閼)结而獨愁,明知非,不可久處,志所驩(歡),不能已之。

其中所谓"者"字之释,系自《宁寿鉴古》首次著录此类镜铭以来一直被沿用的释法,其实是错误的,但长期未得到纠正,由此又影响到了对铭文整体的正确理解。下面我们先重点对此字之释加以辨析,再进一步疏通全铭。

该字字形相对清晰者有如下诸例:

邗江姚庄　三槐堂　私藏5　私藏8　私藏10　私藏18

---

[①] 林素清《十二种镜录释文校补》,《王叔岷先生八十寿庆论文集》,台湾大安出版社1993年版。
[②] 马良民《西汉先志镜浅识》,《东方考古》第2集,科学出版社2006年版。
[③] 李学勤《阿富汗席巴尔甘出土的一面汉镜》,《文博》1992年第5期。收入《走出疑古时代》,辽宁大学出版社1994年版,第296页。
李学勤《比较考古学续笔》四《阿富汗席巴尔甘出土汉镜》,《山西师范大学学报》2003年第3期。收入《中国古代文明研究》,华东师范大学出版社2005年版,第157页。
李学勤《重论阿富汗席巴尔甘出土的汉镜》,《祝贺朱绍侯先生八十寿诞:史学新论》,河南大学出版社2005年版,第3页。收入《文物中的古文明》,商务印书馆2008年版,第284页。
[④] 上引李学勤先生几篇文章中观点前后有所变化,下文所引述的李先生观点皆以此篇为准,不再一一出注。
[⑤] 李零《读梁鉴藏镜四篇——说汉镜铭文中的女性赋体诗》,《中国文化》第三十五期,2012年,第34—35页。

[图]私藏14 [图]私藏15 [图]私藏18 [图]私藏20 [图]私藏22 [图]私藏23 [图]私藏25 [图]私藏29 [图]私藏35 [图]私藏37 [图]私藏41 [图]私藏54 [图]滕州封山

其形与汉镜及其他秦汉文字资料中确定的"者"字存在明显差距,请与下举字形比较:

[图]见日之光镜 [图]见日之光镜 [图]见日之光镜 [图]见日之光镜 [图]贤者戒己仁为右铭文镜 [图]吾作六子神人禽兽纹铜镜 [图]东汉永康元年兽首镜 [图]西汉服者铭四花连弧镜 [图]西汉日光铭花瓣草叶连弧镜 [图]西汉日光铭草叶连弧镜 [图]放马滩·志怪故事简2 [图]睡虎地·封诊式简62 [图]睡虎地·日书甲种简120背 [图]睡虎地·日书乙种简172 [图]龙岗简54 [图]关沮简228 [图]岳麓简1574三 [图]里耶简J19981正 [图]龙岗木牍正一 [图]马王堆·春秋事语○五七 [图]马王堆·一号墓遣策简296 [图]马王堆·阴乙○九三 [图]马王堆·周易○○二 [图]马王堆·三号墓遣策简6

不难看出,"者"字下半除简省为两短横外,大都作"曰"形(马王堆三号墓遣策之字所从的是"曰"的变体),写法相当固定。相较之下,镜铭那样写法之字下半总是比"曰"形在中间多出一横,有的在这部分的上方还多出一小竖笔,这是不应忽略的特征,所以旧释不能成立。我们认为此字当改释为"耆",试举秦汉文字中的"耆"如下:

[图]睡虎地·秦律十八种简136 [图]睡虎地·为吏之道简355 [图]马王堆·足臂十一脉灸经○一七 [图]睡虎地·日书甲种简142正四 [图]睡虎地·日书甲种简143正三 [图]马王堆·缪和○四三 [图]马王堆·称一五六

## 探寻中华文化的基因(一)

[图]马王堆·相马经〇五一 [图]熹平石经

由上可以看出"耆"下部的变化过程,较早的时候明显为"旨",后来笔画发生变形粘连,但仍保留"旨"头部右侧开口的特征,再后来头部封闭起来。镜铭用字笔画进一步规整,形成"曰"中间多一横笔上多一小竖的形体,也可省略一小竖笔,近与"目"形无别,如上引滕州封山镜之形[图],与"尝"字之作[图](张家山汉简《奏谳书》简225)一类形变化近同。这部分也可笔画分离作"曰形上多一横笔和一小竖",即熹平石经[图]形。"旨"旁如此作到隶楷阶段已习见,后代人笔下手写体"旨"旁头部即常作"点加横"形。

秦汉文字中"者"与"耆"的这种字形差异易被忽略,确实容易造成释读上的错误。如张家山汉简遣策简24"[图]部娄(篓)",原释"著"。何有祖先生指出此字下部所从与马王堆帛书《缪和》四三、《相马经》五一之"耆"同,当改释为"蓍"。①按其说正确,真正的"著"见于马王堆帛书《春秋事语》五九[图],二者下部有别。

"耆"字释定后,再来看"曳耆"。李学勤先生将"曳"读为"瘦",李零先生从之,并发挥说"瘦"病指抑郁症。按秦汉文字中"臾"跟"曳"常常写得没有什么区别②,"耆"上之字若依字形释"臾""曳"皆无不可,需结合"耆"的释读考虑。"耆"用其本义在镜铭中显然讲不通,而在古书和秦汉出土文献中,"耆"字最常见的假借用法是读为嗜欲之"嗜"。同时,"耆"前一字所表示之词的意义当与"耆(嗜)"相类,从"使心×耆(嗜)"来看应是动词,而在"×不可尽行"中是名词。综合以上所说情况考虑,我们认为当释为"曳耆",读为"欲嗜"。下面说明理由。

---

① 何有祖《张家山汉简释文与注释商补》,简帛研究网,http://www.jianbo.org/admin3/html/heyouzhu07.htm#_ftn39。
② 日本学者在研究君忘忘镜时已提及"臾""曳"字形相近,参中国古镜研究班《前汉镜铭集释》,《东方学报》2009年第84卷,第165页。

从音上来说，臾为余母侯部，欲为余母屋部，阴入对转，中古都是合口三等。其可相通自无问题。"欲"的声符是"谷"，"臾"及"臾"声字与"谷"及"谷"声字关系密切。《说文》"鵒"字"从鸟、谷声……鵒或从隹、从臾"，谷、臾声符替换。传世文献中"臾"可与从"谷"得声的"容"相通，《汉书·郊祀志上》"问于鬼臾区"颜师古注："《艺文志》云鬼容区，而此志作臾区，臾、容声相近，盖一也。"《汉书·古今人表》"鬼臾区"颜师古注："即鬼容区也，臾、容声相近。"《汉书·衡山王刘赐传》"日夜纵臾王谋反事"，"纵臾"《史记·淮南衡山列传》作"从容"，王筠《说文句读》："'从容'迭韵，'纵臾'双声，皆'怂恿'之古字也。"

再来看出土文献。马王堆帛书《春秋事语》"鲁桓公与文姜会齐侯于乐"章94行"容行阿君"，《管子·大匡》作"谀行戏我君"，裘锡圭先生《帛书〈春秋事语〉校读》："'谀''容'古音阴阳对转，疑'容行'读为'谀行'。"①战国小量铭文"斛半夻"，程鹏万先生读为"容半寸"②，裘锡圭先生赞同其说③。以上两例皆表明"臾"声字与"谷"声字关系密切，"臾"可读为"欲"。

此外还可找到一些旁证。首先，{欲}这个词可用"猶"或"由"字记录。《管子·戒》"我游猶轴转斛"，《孟子·梁惠王下》作"吾欲观于转附朝儛"，《晏子春秋·内篇问下》作"吾欲观于转附朝舞"，《管子》之"猶"即"欲"。《墨子·明鬼下》有"齐君由谦杀之，恐不辜，猶谦释之，恐失有罪"句，《墨子间诂》引毕沅云："由与猶同，故两作。"引王念孙云："由、猶，皆欲也。谦与兼同。言欲兼杀之、兼释之也。《大雅·文王有声》篇'匪棘其欲'，《礼器》作'匪革其猶'。《周官·小行人》'其悖逆暴乱作慝猶犯令者'，《大戴礼记·朝事》篇'猶'作'欲'。是'猶'即'欲'也。猶、由古字亦通。"其次，"臾""欲"亦可与"猶/猷"相通。马王堆帛书《称》："臣有两位者，其国必危。国若不危，君臾存也，失君必危。失君不危者，臣故佐也。子有两

---

① 《湖南省博物馆馆刊》第一辑，《船山学刊》杂志社，2004年7月，第95页注8。
② 程鹏万《斛半夻量新考》，《中国历史文物》2007年第3期。
③ 裘锡圭《谈谈三年垣上官鼎和宜阳秦铜鍪的铭文》，《古文字研究》第27辑，中华书局2008年版，第277—282页。

探寻中华文化的基因(一)

位者,家必乱。家若不乱,亲叀存也。[失亲必]危。失亲不乱,子故佐也。"《慎子·德立》:"故臣有两位者国必乱,臣两位而国不乱者,君犹在也,恃君而不乱矣。失君必乱。子有两位者家必乱,子两位而家不乱者,父犹在也,恃父而不乱矣。失父必乱。"《称》之"君叀存也""亲叀存也"对应于《慎子》"君犹在也""父犹在也"。陈鼓应先生指出"叀,读为犹。叀犹同为喻母字。叀在侯部,犹在幽部,旁转得通。《慎子》'叀'即作'犹'"①。《周易·颐》六四爻辞"其欲逐逐",马王堆帛书本"欲"作"容"(阜阳汉简本作"浴"),而上海博物馆藏战国楚竹书本作"猷"。

总之,虽然目前暂时未见"叀""欲"直接相通的例子,但是将以上所举材料结合起来看,"叀""欲"确实关系密切,将"叀"读为"欲"是合理的。

"心欲嗜"很容易理解。古书中有作为并列结构名词的"耆欲""嗜欲",常与"心"搭配,如《礼记·祭义》:"是故先王之孝也,色不忘乎目,声不绝乎耳,心志嗜欲不忘乎心。"《吕氏春秋·仲夏纪》"退嗜欲,定心气"等,可与镜铭"使心欲嗜"参看。

下面我们结合诸家意见,给出君忘忘镜铭的新释文,并对铭中其他一些字词和全铭大意略加说解:

君忘忘(芒芒/茫茫)而失志兮,爰使心叀(欲/慾)者(嗜)。叀(欲/慾)不可盡行,心汙(紆)結而獨愁。明(朙)知非不可久處兮,而志(或作"心")所驩(歡)不能巴(已)之。

需要说明的是,我们复原的镜铭共39字,是结合所有已见材料复原出的最完整的情况,目前尚未见一品镜铭作此完整之文。其中最末两句较李先生的释文分别多出一字(兮、而),这两句在不同单镜中省略情况复杂,不必一一列举。据王纲怀先生说北京宝鉴斋藏有一面作39字者,最末句为"明知非不可久处,志所驩不能已,日有熹"②,略特别。"日有熹"是汉镜常用语,但不见于其他君忘忘镜,恐怕只是填充位置,与镜铭主旨不一定有关系。

---

① 陈鼓应《黄帝四经今注今译——马王堆汉墓出土帛书》,商务印书馆2007年版,第385页。
② 王纲怀《清华铭文镜——镜铭汉字演变简史》,清华大学出版社2011年版,第70页。

"失志"之"失"，旧释"先""夫""光"。李学勤先生改释为"失"，至确。但说"失志"的意思是不得志，又认为"忘忘"即《孟子·公孙丑上》之"芒芒"，训"罢倦之貌"，稍嫌迂曲。李零先生读"忘忘"为"恍恍惚惚"之"恍恍"，亦似不必。"忘忘"可径读为"芒芒"，"芒芒"犹"芒然"，或通作"茫茫/茫然""惘惘/惘然""罔罔/罔然"，古书中本常与"自失""失志"一类说法联系，就是形容失意的样子。如：《庄子·说剑》"(赵文王)芒然自失"、《汉书·司马相如传上》"天子芒然而思，似若有亡"颜师古注"如有失也"、《史记·日者列传》"忽而自失，芒乎无色"、《抱朴子外篇·安贫》"问者茫然自失"、《世说新语·排调》"(王)恺惘然自失"、《后汉书·黄宪传》"罔然若有失也"、《神女赋》"罔兮不乐，怅然失志"等，皆可证。镜铭之"忘"与文献之"芒/茫"声符相同，通假当然没有问题，但考虑到"亡"与"失""心"与"意"在意义上的联系，镜铭之从"心""亡"声之字也可以看作表"失意"的这个词的本字。

"爱"，字形作㤅，旧释"爱""更""爱"，李学勤先生改释为"忧"，不可从。此字写法与西狭颂（㤅）、郙阁颂（㤅）"爱"字相近，只不过镜铭之字下半部分进一步省略简化，但其头部写法仍然独具特征，跟"爱"相合而与秦汉文字包括汉镜中的"忧"（㥑西汉日有喜铭带镜）字形判然有别。李零先生将此字释为"舜"读为"顿"。从字形上来说，李文所引《汉印文字征》部分"舜"字的头部确实与镜铭之字头部接近，但说"省舛为攵"则不可信：首先秦汉文字中的"舜"未见下部省略为"攵"之例；其次一般认为"舛"有表音的作用，作为声符的"舛"省掉一半写成读音有别的"攵"不甚合情理。①另外，释为"舜"读为"顿"，解释为"顿时"之后，"使心臾耆"就缺少了主语。总之此字仍当从旧释释为"爱"，如字读。对"爱使心臾耆"这句的理解直接影响对镜铭主旨的把握。"爱"的含义可以包括情爱（对人）、喜爱（对物）二者，只有后者才能与下文之"耆（嗜）"扣死，故可确定本镜

---

① 《说文》分析"舜（䑞）"为："艸也。楚谓之葍，秦谓之藑蔓，地莲华。象形。从舛、舛亦声。"季旭升先生则认为"从舛，匚（同夐）声，为形声字"（见《说文新证》，福建人民出版社2010年版，第486—488页）。按，"舛"应有表音作用，可视为在"匚"上叠加了一个声符。

铭是针对喜好物有感而发,所"欲嗜"的是物而非人。

"曳不可尽行"之"行",梁鉴藏镜作"兮",李零先生据此认为他铭之"行"皆是"盖形近而致误"并在译文中译作语气词"呀"。根据我们已收集的几十面君忘忘镜来看,"兮"应是偶然的错铸。李学勤先生据《尔雅·释诂》将"行"训为"言",恐不确。"行"即实行、施行等之"行","不可尽行"的意思是"不可能全部实现"。古书中也可以找到作为名词的"欲"跟"行"搭配的例子,如《韩非子·五蠹》"则齐、荆之欲不得行于二国矣"、《战国策·赵策二》"秦欲已得行于山东"、《吕氏春秋·为欲》"故古之圣王,审顺其天而以行欲,则民无不令矣,功无不立矣"等。

"汙结"之"汙",旧或缺释,或释"沄"。林素清先生释为"汙"。李学勤先生从其释而读为"阏",言"阏结"犹"郁结"。李零先生改释为"污"。按"汙"、"污"本一字,释"污"与释"汙"实同。镜铭字形作𣲙,右半中间笔画上不出头、下作屈曲之形,释"污"从字形上看似更好。李零先生此词读为读为多见于汉晋人笔下的"纡结"并举《止欲赋》《述志赋》《悼夭赋》等例,亦可从。按:纡,曲也,萦也,纡结就是郁积不畅之意。"纡"与"郁"也常并举或连用,《楚辞·九章·怀沙》"郁结纡轸兮",《楚辞·九章·惜诵》"心郁结而纡轸",《楚辞·九叹·忧苦》"志郁纡其难释",陆机《于承明作与士龙》"纡郁游子情",李周瀚注:"失志貌。"

"非",字形作𢁇,一般释为"非",邗江姚庄墓镜发掘者释为"兆"读为"道"。按汉镜中的"兆"一般写成𢁇,此处字形明显与"兆"无涉,释"非"应无问题。镜铭"非"即是非之非,就是不对的意思。李零先生说:"'非',《诗》《书》《易》多作'匪',早期用法,除作否定词,多半读彼,这里应读彼"。按,其说不可从。"非/匪"和"彼"都是高频常见字/词,两词音近、义同,可能本有同源关系,但毕竟已分化为两词。朱德熙、裘锡圭先生在《侯马载书"麻夷非是"解》中指出"非与匪通,匪、彼音近,典籍匪字训彼之例极常见"①。仔细体会可知两位先生的意思是

---

① 朱德熙、裘锡圭《战国文字研究(六种)》之一"侯马载书'麻夷非是'解",《考古学报》1972年第2期,又收入《朱德熙文集(五)》,商务印书馆1999年版,第31—32页。

非/匪可训彼,而不是读为彼。李零先生也提到"非/匪"用为"彼"义本身较古老,在当时人看来就应已属于书面语、较古雅的文辞了,汉镜铭中恐不可能出现。

"处",旧释"爰""更",李学勤先生改释为"处",可从。

"志",亦有作"心"之例,"志"就是志意之志。"志(或作'心')所驩(欢)"可参乐府诗《西门行》"酿美酒,炙肥牛,请呼心所欢,可用解忧愁"。

现在来谈谈我们对通篇铭文的理解。李学勤先生说:"大意是哀叹不得志而疲倦,忧伤使内心病痛,这种病痛无法倾诉,只好郁结在心里独自烦愁,明知情势日非,不应长留,但是自己一贯的心意总是去除不了。"由于已将"者"改释为"耆",又论定所谓的"忧"仍是"爱",我们认为镜铭的主旨是对流连物欲的描写和警醒。

镜铭首字之"君"是指买镜子或照镜子的人,这在汉镜铭中很普遍,如"宜君子孙""君宜高官"等等。较为特别的是,君忘忘镜铭用了拟人手法,以镜子的口吻来称呼照镜之人。同样的手法也见于汉镜中的某些重圈铭文镜,其中有昭明清白、昭明皎光两类,内圈即常见的昭明铭(首句为"内清质以昭明"),外圈为清白铭(首句为"洁清白而事君")或皎光铭(首句为"妙皎光而耀美")。很显然内圈的昭明铭是描写镜子自身,外圈清白铭首句的"君"及皎光铭末句"精(或作清)昭(或作照)折(晢)而侍君"①的"君"都是铸镜卖镜者拟用镜子的语气指称买镜照镜之人。

回到君忘忘镜铭,"君芒芒而失志"是总说照镜之人的精神状态,下三句是解释其原因:"爱使心欲嗜"是一般的主观的自然情形;"欲不可尽行"是客观的现实情况;遂使照镜人"心纡结而独愁"。末句"明知非不可久处,而志所欢不能已之"是矛盾的自我反省,明知道这样子是不对的,不可以长久沉溺,但是因为心里喜欢所以无法停止。全铭以镜子的口吻娓娓道来,先描写照镜人,又替照镜人表达了对沉迷物欲不能自拔的自警和无可奈何的自嘲。

君忘忘镜主题独特,文辞优美,确是汉镜佳品。

---

① 参王纲怀《止水集——王纲怀铜镜研究论集》,上海古籍出版社2010年版,第38—40页,图版见第42、44页;孔祥星、刘一曼《中国铜镜图典》,文物出版社1992年版,第244页;李学勤《古镜因缘》,《走出疑古时代》,辽宁大学出版社1994年版,第294页。

探寻中华文化的基因(一)

### 附图　滕州封山"君忘忘镜"

### 附表　"君忘忘镜"著录信息表

| 编号 | 名　称 | 直径(cm) | 钮式纹饰 | 铭文字数 | 著录信息 | 备注 |
|---|---|---|---|---|---|---|
| 1 | 《宁寿鉴古》镜 | 18.56 | 半圆形钮,十二连珠纹钮座,围以素缘,外饰内向八连弧纹,再外为一周铭文 | 36 | 《宁寿鉴古》卷十五第十五至十六页,题"汉明光鉴一" | |
| 2 | 《奇觚室吉金文述》镜 | 16(依拓本量) | 同1 | 30 | 《奇觚室吉金文述》卷十五第三十五至三十六页,题"汉先志镜",周佩之藏 | |
| 3 | 扶风博物馆藏镜 | 17.4 | 同1 | 33 | 《文博》1988第四期《扶风博物馆藏历代铜镜介绍》,1985年1月22日陕西扶风城关镇南台村征集,现藏于扶风博物馆 | |
| 4 | 席巴尔甘镜 | 17 | 同1 | 34 | 1978年11月出土于阿富汗东北部席巴尔甘(sibargan)东北约5公里处蒂利亚山(Tillya Tepe,意译为"黄金之丘")墓 | 又译"希比尔甘" |

续表

| 编号 | 名称 | 直径(cm) | 钮式纹饰 | 铭文字数 | 著录信息 | 备注 |
|---|---|---|---|---|---|---|
| 5 | 三门峡立交桥墓镜 | 16.5 | 同1 | 32 | 《三门峡市立交桥西汉墓发掘简报》,《华夏考古》1994年1期 | |
| 6 | 滕州封山墓镜 | 16.1 | 同1 | 34 | 《鲁中南汉墓》,文物出版社,2009年12月,第61页 | |
| 7 | 曲阜花山镜 | 18.6 | 同1 | 35 | 《鲁中南汉墓》,文物出版社,2009年12月,第636页 | 现藏山东省文物考古研究所 |
| 8 | 连云港孔望山吴窑墓镜 | 18 | 同1 | 36 | 《东南文化》(第二辑)《连云港市孔望山吴窑汉墓发掘简报》,1986年 | |
| 9 | 邗江姚庄墓镜 | 18.5 | 同1 | 35 | 《江苏邗江县姚庄102号汉墓》,《考古》2000年第4期 | 现藏扬州双博馆 |
| 10 | 王纲怀三槐堂藏镜 | 17 | 同1 | 31 | 《三槐堂藏镜》,五七,文物出版社,2004年12月① | |
| 11 | 张君文藏镜 | 27.2 | 四神规矩纹 | 36 | 私家藏品 | 尺寸及纹饰均与其他不类 |
| 12 | 私人藏镜一 | 不详 | 同1 | 31 | 盛世青铜网② | |
| 13 | 私人藏镜二 | 不详 | 同1 | 34 | 盛世青铜网③ | |

---

① 亦见《清华铭文镜——镜铭汉字演变简史》,《止水集——王纲怀铜镜研究论集》,上海古籍出版社2010年版,第35—36页。

② http://www.ssqt.cn/bbs/forum.php?mod=viewthread&tid=9253&highlight=%BE%FD%CD%FC%CD%FC.

http://www.ssqt.cn/bbs/forum.php?mod=viewthread&tid=10419&highlight=%BE%FD%CD%FC.

③ http://www.ssqt.cn/bbs/forum.php?mod=viewthread&tid=34075&highlight=%BE%FD%CD%FC%CD%FC.

探寻中华文化的基因(一)

续表

| 编号 | 名称 | 直径(cm) | 钮式纹饰 | 铭文字数 | 著录信息 | 备注 |
|---|---|---|---|---|---|---|
| 14 | 私人藏镜三 | 不详 | 半圆钮,钮外饰连珠纹,围以素圈,外饰两圈铭文,内圈为常见"内清"铭,外圈为"君忘忘"铭 | (不含内圈)36 | 盛世青铜网① | 两圈铭 |
| 15 | 私人藏镜四 | 15.8 | 同1 | 29 | 中华青铜器网② | |
| 16 | 私人藏镜五 | 16.5 | 同1 | 34 | 2010年秋季北京景星麟凤拍卖品 | |
| 17 | 私人藏镜六 | 18.5 | 同1 | 38 | 盛世收藏网③ | 有一处老冲线直至镜钮 |
| 18 | 私人藏镜七 | 18.5 | 同1 | 36 | 2011春季金懋艺术品拍卖会拍卖品④ | |
| 19 | 私人藏镜八 | 14.5 | 同1 | 31 | 盛世收藏网⑤ | |
| 20 | 私人藏镜九 | 16.6 | 同1 | 30 | 盛世收藏网⑥ | |
| 21 | 私人藏镜十 | 16 | 同1 | 31 | 2007春季崇源拍卖品⑦ | |

---

① http：//www.ssqt.cn/bbs/forum.php?mod=viewthread&tid=63106&highlight=%BE%FD%CD%FC%CD%FC.
② http：//www.bronzes.cn/bbs8/dispbbs.asp?BoardID=7&ID=44114.
③ http：//bbs.sssc.cn/viewthread.php?tid=156039.
④ http：//www.ssqt.cn/bbs/forum.php?mod=viewthread&tid=80949&highlight=%BE%FD%CD%FC%CD%FC.
http：//yz.sssc.cn/index/item?id=1645977&past=true.
⑤ http：//bbs.sssc.cn/viewthread.php?tid=527249&extra=page%3D338&page=1.
⑥ http：//bbs.sssc.cn/viewthread.php?tid=324233&page=1.
⑦ http：//yz.sssc.cn/index/item?id=534187&past=true.
http：//auction.socang.com/AuctionSpecShowProduct/637839.html.

续表

| 编号 | 名称 | 直径（cm） | 钮式纹饰 | 铭文字数 | 著录信息 | 备注 |
|---|---|---|---|---|---|---|
| 22 | 私人藏镜十一 | 18.5 | 同1 | 34 | 盛世青铜网,中国铜镜网,艺粹网① | |
| 23 | 私人藏镜十二 | 不详 | 同1 | 35 | 盛世青铜网② | |
| 24 | 私人藏镜十三 | 18.5 | 四神博局纹 | 35 | 2012春季嘉德拍卖品③ | |
| 25 | 私人藏镜十四 | 15.4 | 同1 | 29 | 2012春季嘉德拍卖品④ | |
| 26 | 私人藏镜十五 | 14.3 | 同1 | 28 | 盛世收藏网站⑤ | |
| 27 | 私人藏镜十六 | 18 | 同1 | 34 | 盛世收藏网站⑥ | |
| 28 | 私人藏镜十七 | 17 | 同1 | 34 | 盛世收藏网站⑦ | |
| 29 | 私人藏镜十八 | 16.5 | 同1 | 34 | 盛世收藏网站⑧ | |
| 30 | 私人藏镜十九 | 12 | 同1 | 22 | 盛世收藏网站⑨ | |
| 31 | 私人藏镜二十 | 17 | 同1 | 36 | 盛世收藏网站⑩ | |
| 32 | 私人藏镜二十一 | 17.3 | 同1 | 33 | 盛世收藏网站⑪ | |
| 33 | 私人藏镜二十二 | 不详 | 同1 | 36 | 盛世收藏网站⑫ | |

① http://www.ssqt.cn/bbs/forum.php?mod=viewthread&tid=103806&extra=&highlight=%BE%FD%CD%FC&page=1.
http://www.zgtjw.net.cn/forum.php?mod=viewthread&tid=1174&extra=&page=1.
http://www.artww.com/29731/ShopAntique-Show-84480.

② http://www.ssqt.cn/bbs/forum.php?mod=viewthread&tid=90535&highlight=%BE%FD%CD%FC.

③ http://yz.sssc.cn/index/item?id=1929790&past=true.

④ http://yz.sssc.cn/index/item?id=1929768.

⑤ http://bbs.sssc.cn/viewthread.php?tid=1524303.

⑥ http://bbs.sssc.cn/viewthread.php?tid=465053&extra=&page=1.

⑦ http://bbs.sssc.cn/viewthread.php?tid=1448288&extra=page%3D1&page=1.

⑧ http://bbs.sssc.cn/viewthread.php?tid=1604457&extra=page%3D1.

⑨ http://bbs.sssc.cn/viewthread.php?tid=406443&extra=page%3D233.

⑩ http://bbs.sssc.cn/viewthread.php?tid=579028&extra=page%3D710.

⑪ http://bbs.sssc.cn/viewthread.php?tid=434612&extra=page%3D700&page=1.

⑫ http://bbs.sssc.cn/viewthread.php?tid=602646&extra=&page=1.

探寻中华文化的基因(一)

续表

| 编号 | 名称 | 直径(cm) | 钮式纹饰 | 铭文字数 | 著录信息 | 备注 |
|---|---|---|---|---|---|---|
| 34 | 私人藏镜二十三 | 不详 | 同1(内圈为"内清"铭) | (不含内圈)26 | 盛世收藏网站① | 两圈铭 |
| 35 | 私人藏镜二十四 | 18.6 | 同1 | 36 | 中国铜镜网② | |
| 36 | 私人藏镜二十五 | 17 | 同1 | 31 | 中国铜镜网③ | |
| 37 | 私人藏镜二十六 | 不详 | 同1 | 33 | 中国铜镜网④ | |
| 38 | 私人藏镜二十七 | 14.1 | 同1 | 28 | 盛世收藏网站⑤ | |
| 39 | 私人藏镜二十八 | 16.7 | 同1 | 30 | 盛世收藏网站⑥ | |
| 40 | 私人藏镜二十九 | 不详 | 同1 | 36 | 盛世收藏网站⑦ | |
| 41 | 私人藏镜三十 | 14 | 同1 | 28 | 盛世收藏网站⑧ | |
| 42 | 私人藏镜三十一 | 14 | 同1 | 28 | 盛世收藏网站⑨ | |
| 43 | 私人藏镜三十二 | 15.5 | 同1 | 29 | 盛世收藏网站⑩ | |

① http://bbs.sssc.cn/viewthread.php?tid=741014&extra=&page=1.
② http://www.zgtjw.net.cn/forum.php?mod=viewthread&tid=13537.
③ http://www.zgtjw.net.cn/forum.php?mod=viewthread&tid=12870.
④ http://www.zgtjw.net.cn/forum.php?mod=viewthread&tid=6078&page=1.
⑤ http://bbs.sssc.cn/redirect.php?fid=487&tid=1047578&goto=nextnewset.
⑥ http://bbs.sssc.cn/viewthread.php?tid=805106&extra=page%3D167&page=1.
⑦ http://bbs.sssc.cn/viewthread.php?tid=890019&extra=&page=1.
⑧ http://bbs.sssc.cn/viewthread.php?tid=1151730&extra=page%3D1.
⑨ http://bbs.sssc.cn/viewthread.php?tid=1112817.
⑩ http://bbs.sssc.cn/viewthread.php?tid=833204.

续表

| 编号 | 名称 | 直径(cm) | 钮式纹饰 | 铭文字数 | 著录信息 | 备注 |
|---|---|---|---|---|---|---|
| 44 | 私人藏镜三十三 | 18 | 同1 | 33 | 盛世收藏网站① | |
| 45 | 私人藏镜三十四 | 14.1 | 同1 | 28 | 盛世收藏网站② | |
| 46 | 私人藏镜三十五 | 不详 | 同1 | 27 | 盛世收藏网站③ | |
| 47 | 私人藏镜三十六 | 14.97 | 同1 | 28 | 盛世收藏网站④ | |
| 48 | 私人藏镜三十七 | 16.9 | 同1 | 33 | 2011秋季江苏实成拍卖品⑤ | |
| 49 | 私人藏镜三十八 | 17.6 | 同1 | 32 | 盛世收藏网站 | |
| 50 | 私人藏镜三十九 | 14.2 | 同1 | 28 | 盛世收藏网站 | |
| 51 | 私人藏镜四十 | 16.4 | 同1 | 34 | 盛世收藏网站 | |
| 52 | 私人藏镜四十一 | 14.5 | 同1 | 28 | 中国铜镜网,艺粹网⑥ | |
| 53 | 私人藏镜四十二 | 不详 | 同1 | 26 | 网上《汉镜铭书法特展》第5页 | 拓本 |

① http://bbs.sssc.cn/viewthread.php?tid=141517&extra=page%3D781.
② http://bbs.sssc.cn/viewthread.php?tid=889650.
③ http://bbs.sssc.cn/viewthread.php?tid=144516&extra=page%3D667.
④ http://bbs.sssc.cn/viewthread.php?tid=172274.
⑤ http://auction.socang.com/AuctionSpecShowProduct/1910667.html.
⑥ http://www.zgtjw.net.cn/forum.php?mod=viewthread&tid=16218.
http://www.artww.com/evaluate/show-35243.

续表

| 编号 | 名 称 | 直径(cm) | 钮式纹饰 | 铭文字数 | 著录信息 | 备 注 |
|---|---|---|---|---|---|---|
| 54 | 私人藏镜四十三（汉铭斋藏镜） | 不详 | 同1 | 34 | 《别有幽愁暗恨生 此铭无声胜有声》，《收藏参考》2012年第5期 | |
| 55 | 私人藏镜四十三（梁鉴藏镜） | 不详 | 同1 | 36 | 《读梁鉴藏镜四篇——说汉镜铭文中的女性赋体诗》，《中国文化》第三十五期，2012年 | |

**补记：**

近出北大藏西汉简《老子》简一九三的"是谓欲明"句，与"欲"对应之字马王堆帛书《老子》甲本作"愢"，乙本作"曳"，传世本作"袭"。北大简整理者说："《说文·心部》：'愢，习也'，'习'、'袭'音义近常通用，'愢'、'习'为同义换用；'欲'（喻母屋部）、'曳'（喻母月部）音近可通，'欲'应读为'愢'。"（见北京大学出土文献研究所编《北京大学藏西汉竹书（贰）》，上海古籍出版社2012年版，第157页。）

按，屋部和月部距离较远，"欲""曳/愢"恐难说为直接相通。我们认为，北大简此"欲"字实应系由"臾"而来——由于秦汉文字中"曳""臾"写法极近容易相混，有的本子将早期版本的"曳"这个形体误认成"臾"字，传抄过程中又转写为与"臾"关系密切的"欲"，遂成北大简本之貌。对于本文所论"臾"读为"欲"来说，此例似正可视为更为直接的二者相通之佳证。

**2016年11月再补：**

陈剑老师近日撰写了《几种汉代镜铭补说》一文（第十届汉代文学与思想暨创系六十周年国际学术研讨会会议论文，台湾政治大学，2016年11月26—27日），讨论到一件新见"君忘忘"铜镜。其他"君忘忘"镜铭文作"耆""臾"之处，此镜铭分别作"视""欲",陈文指出此佳证使得"臾(欲/欲)者(嗜)"这一释读"可以完全肯定下来了"。

附识:本文写成于2012年,是在导师陈剑教授的全程指导下完成的,从观点到材料到行文,都凝聚了陈老师的心血。但是文章在《出土文献与古文字研究》第五辑发表时,却没有对陈老师的指导加以说明和致谢,这是极不应有的疏失。借此机会,谨向陈老师表达诚挚的歉意和深深的感谢。

原载《出土文献与古文字研究》第五辑,上海古籍出版社2013年版

# 从战国文字所见的类"倉"形"寒"字论古文献中表"寒"义的"滄/凔"是转写误释的产物

郭永秉

战国文字尤其是楚文字资料近年的大量发表及深入研究,不但让出土文字资料中诸多疑难字的释读得以确定,而且也使得先秦文献在汉代由古文字抄本整理转写为隶书文本的过程中发生的误释误读等问题不断地暴露出来。① 这些问题从发生的角度看,有的属于文字层面(属于"误释""误抄"),有的则属于语

---

① 例如:传世先秦古书中的一些"恒"字是不明战国文字用"亙"为"极"习惯的误读,"恒"或又被讳改为"常"(裘锡圭《是"恒先"还是"极先"?》,《裘锡圭学术文集》第五卷,复旦大学出版社2012年版,第326—329页;《说〈建之以常无有〉》,《裘锡圭学术文集》第五卷,第338—342页);马王堆汉墓帛书中的一些所谓"逢"字和"逢"字,其实是从战国楚文字"遙(逸)"字的误抄讹形,在帛书里实用作"失"和"佚"(刘云《说〈黄帝四经〉中的一类"逢"字》,复旦大学出土文献与古文字研究中心网站,2010年4月23日首发;"逢"字例见《阴阳十一脉灸经》,为施谢捷《长沙马王堆简帛集成》待刊稿之说);《离骚》篇题之"骚"很可能是楚文字表示"过尤"之"尤"的"蚤"(字从虫、又声)字在汉代被误释为"蚤(蚤)"(即"搔"之本字),进而误读的结果(陈剑:《据楚简文字说"离骚"》,《战国竹书论集》,上海古籍出版社2013年版,第449—453页);《怀沙》篇题之"沙",在战国楚辞抄本中本写作从"屖"之字(很可能是"遟"),这一声系的字在战国可以用作"长沙"之"沙",也可以用作"徙"("遟"即徙之异体),此篇篇题本来应读"怀徙",即伤怀流徙之义,但在汉代转写释读时被汉人误读为"沙"(史杰鹏《从楚简"沙"字的写法试解〈怀沙〉的意思》,中国文字学会、吉林大学古籍研究所《中国文字学会第七届学术年会会议论文集》,中国长春2013年9月21—22日;禤健聪《〈怀沙〉题义新诠》,《文史》2014年第1期。);《论语·乡党》末章"色斯举矣"句,从战国文字"色""疑"二字的密切关系以及传抄古文"色"字的结构看,"色"字应当是"疑"字的误读(陈剑《据战国竹简文字校读古书两则》,《战国竹书论集》,第458—464页)等等。学者较早指出的,先秦古书用为"设"的"埶"字在传抄中被误读为从"埶"声的字(裘锡圭《古文献中读为"设"的"埶"及其与"执"互讹之例》,《再谈古文献以"埶"表"设"》,《裘锡圭学术文集》第四卷,第451—460、484—495页),也可以看作这方面的例子。

### 从战国文字所见的类"倉"形"寒"字论古文献中表"寒"义的"滄/凔"是转写误释的产物

言层面(属于"误读",误释、误抄一般也将导致误读),但都跟汉代人对先秦古文字,特别是对战国文字及其特点不够熟悉或以今律古有直接关系。

古文献中有表示"寒"义的"滄"字(有异体作"凔",二字皆见于《说文》,①具体用例见下文)。巧合的是,古文字学者早就注意到,在战国文字中,"倉"(包括合体字所从的声旁"倉")字与部分用来表示"寒"义之字(或其声旁)的形体也往往非常接近甚至相同。对战国文字中这类用作"寒"义的字,研究者提出过"形近混用"说、"义同换读"说、"形义两方面的原因"说、"受楚方言影响"说、"文字杂糅"说等见解试图进行解释②,也有学者倾向于将战国文字中字形与"倉"接近、表"寒"义的字直接释为"倉"(或从"倉"之字),读为"滄/凔"。③张新俊先生虽然认为"倉""寒"二字"在形体上是如此的接近,就连当时人恐怕也很难将它们区分开来",但是同时又主张"楚文字中的'寒'和'倉'是有区别的"。④

这些意见其实并非截然对立。基本上持"义同换读"说的冯胜君先生,也没有否认"寒""倉"字形上的接近甚至混同的可能;⑤基本上持"形近混用"说的李零先生,在讨论郭店简《太一生水》所谓"倉"字时也认为,"简文'寒'原作'倉',整理者读凔,以为义同寒,可从"。⑥因此前三种意见,本质上没有太大差别,只是在取舍的偏向上有所不同。认为"倉(蒼、滄)"读寒是当时楚方言的反映,与"同义换读"说自然也没有本质区别。"文字杂糅"说在"同义换读"说的基础上提

---

① 参看段玉裁《说文解字注》(许惟贤整理本),凤凰出版社2007年版,第980、993页。
② 参看田颖《上博竹书"一形对应多字"现象研究》引述诸家说法("形义两方面的原因"说是此文的观点),复旦大学2010年硕士学位论文,第35—36页。"受楚方言的影响"说,田颖文未交代提出者,似乎是冯胜君先生首先提出的(看《郭店简与上博简对比研究》,线装书局2007年版,第114页)。"文字杂糅"说,见孙伟龙《也谈"文字杂糅"现象——从楚文字中的倉、寒等字说起》,《古文字研究》第二十九辑,中华书局2012年版,第668—671页。
③ 白于蓝《战国秦汉简帛古书通假字汇纂》,福建人民出版社2012年版,第680—681页。
④ 张新俊《上博楚简文字研究》,吉林大学2005年博士学位论文,第86页。
⑤ 冯胜君《郭店简与上博简对比研究》,第114页。
⑥ 李零《读郭店楚简〈太一生水〉》,《郭店楚简校读记》附录三,北京大学出版社2002年版,第204页。但在讨论《老子》乙组所谓"蒼"字时,李先生引述整理者将读"蒼"为"凔"的意见,未作正面肯定,措辞稍有不同(见同书第23页)。

出,此说把大部分用作"寒"的字皆释为"倉/滄/蒼",认为它们与战国文字的"寒"是义近之字的字形糅合关系,可以看成"形义两方面的原因"说的细化。主张楚文字中"寒""倉"有别的学者,其立说基础也仍然是"义同换读"说。①

到现在为止,战国楚文字"倉""寒"问题并没有得到圆满彻底的解决。不主张把类"倉"形"寒"读为"滄/凔"的学者,主要是考虑的辞例,例如他们认为"饥凔"不如"饥寒"顺适,但这毕竟不是铁证,以字形为释字出发点的人完全可以搬出《说文》"滄/凔"的训释反对他们的意见,何况"义同换读"说提出的一些证据确实存在问题。②"形近混用"说在一些具体释读上有其值得肯定的地方,但此说犹疑不定且字形分析不够细致;"文字杂糅"说与"形义两方面的原因"说似乎要折中形、义对这个问题作出圆满解释,其实他们对字形的分析很粗糙。所以几种说法都似是而非,并未能真正触及问题的实质。主张"倉""寒"有别的学者,因为立说基础存在问题,导致立说不够坚决、明确,对相关字形的分析和"寒""倉"之别的解释未达一间(如仍将部分"寒"和从"寒"的字误释为"倉"),这是很可惜;此说认为"当时人恐怕也很难将它们(指"倉"与"寒")区分开来",也不尽合于实际(详下)。

可以看出,除了个别没有明确表态的学者,似乎所有研究此问题的人都是

---

① 主张"倉""寒"有别说的张新俊先生认为:"在目前所能见到的楚文字资料中,除了《容成氏》简 1 中的'倉颉是(氏)'的'倉'可以确定无疑读作'倉'外,郭店楚简《太一生水》简 2—4 中的'倉然'、《老子》乙简 15 中的'燥胜倉'(引者按:此字本从"艹",按作者释法应作"蒼")、上博楚简《从政》甲 19 中的'饥凔'、《容成氏》简 22 中的'冬不敢以蒼辞',均应该读作"寒",冯胜君先生已经有详细的论证,可以参看"(《上博楚简文字研究》,第 87 页注 1),可见此说也仍旧主张这些表示"寒"义的字应释"倉/滄/蒼",这无疑是在"义同换读"说基础上展开论述的;张先生此文往往将本文释作"寒"的那些字"读作""寒",大概也是没有完全摆脱"义同换读"说影响的缘故。

② 冯胜君先生为战国文字中的"倉"有"寒"一读提出了传抄古文中的"牾"字从"倉"字古文(《汗简》引《牧子文》)的证据,认为"寒""牾"双声韵对转,故"倉"可换读为"寒"音(见上引书第 113 页);张富海先生也认为石经古文"割"所从"倉"旁可能由"寒"字讹变而来,"寒"与"割"声母相近,韵部对转,可以作"割"的声符(张富海《汉人所谓古文之研究》,线装书局 2007 年版,第 80—81 页)。按此说不可信。传抄古文"創"字可用为"割"(见于三体石经、《汗简》和《古文四声韵》等,参看徐在国《传抄古文字编》,线装书局 2006 年版,第 427 页),是传抄古文常见的同义误置用的现象(如祺字可用为"福"之类),《汗简》"牾"字古文显然应分析为从"創(割)"省声,非"倉"字本有"寒"一读的证据。

## 从战国文字所见的类"倉"形"寒"字论古文献中表"寒"义的"滄/凔"是转写误释的产物

在赞成或默认古书表示"寒"义的"滄/凔"的前提下进行讨论的,至今并没有一位学者反过来根据战国文字的实际情况,仔细讨论过古文献中表"寒"义的"滄/凔"是否存在由转写误释产生的可能性。①经过比较细致地排比分析字形、检讨古文献中的用例,我认为,提出这个问题是十分必要的,且结论是明确而肯定的。

首先我们来考察出土文献方面的问题。这方面问题的关键,实在于两点:第一,战国文字中与"倉"形接近或一致的、表示"寒"义的字,究竟取的是"滄/凔"一读,还是"寒"一读(这是语言层面的问题);第二,如果这些字取的是"寒"一读,那么它们究竟本是"倉"字或从"倉"之字,同义换读为"寒",还是就应释为形混为"倉"的"寒"(这是文字层面的问题)。对于第二个问题,如果能够坐实应当成立的是后一种假设,前一个问题的答案也就不证自明了。

从战国文字字形历时演变序列考察的结果正可以确定,用作"寒"的类"倉"形字(或其所从声旁)都应一律看成"寒"字自发讹变之形,逐渐导致一部分字形最后与"倉"形混同的结果,这种混同与语言层面(即"词")的问题毫无干涉,所以在讨论这个问题的时候,应彻底抛开训寒的"滄/凔"。换句话说,我认为,依据古文字释文通则,对那些彻底讹混为"倉"的"寒",在释写时应作"倉〈寒〉"(此以不从其他形旁的"倉"形"寒"字为例,如下举上博简《用曰》之字,合体字类推)。

---

① 单育辰先生在他的博士学位论文第三章第六节中设有"'凔'字的疏解"一小节,他的观点基本在前引冯胜君先生意见的基础上展开,但是该小节最后一段有这样一段话:"冯胜君又指出,那么反过来再看《逸周书·周祝》《荀子·正名》的'凔',也应该就是'寒'字。冯胜君所言无疑是正确的,依我们检索,除了《逸周书》《荀子》的那两个'凔'字外,先秦典籍中只见'凔浪、凔海、凄凔、凔凔'这样的'凔',其实并没有和'寒'义等同的'凔'。"(《楚地战国简帛与传世文献对读之研究》,吉林大学 2010 年博士学位论文,第 164 页;又同作者《楚地战国简帛与传世文献对读之研究》,中华书局 2014 年版,第 191 页)按:冯胜君先生只说过"《周书·周祝》以及《荀子·正名》篇中的'凔热'很可能原本就应该读为'寒热',后人不察,误按本字读"(《郭店简与上博简对比研究》,第 112 页),这显然仍是以"同义换读"说的典型表述,与"《逸周书·周祝》《荀子·正名》的'凔',也應該就是'寒'字"的说法有本质区别,不知单先生所言何据。但无论如何,单先生的叙述,是我注意到的唯一一个提出《逸周书·周祝》和《荀子·正名》的"凔"就应是"寒"字的意见,可惜他文中的论证并不足以支持这个假设,实际上没有引起学者重视和承认。

探寻中华文化的基因(一)

为了排除《说文》训"寒"的"滄/㳄"字干扰,我们先来看一下"定点",即战国简帛中从字形角度确定无疑应当释"寒"的字:

[图] 上博简《周易》45号简"井洌寒泉"①

[图] 子弹库楚帛书甲篇"热气寒气"

[图] 上博简《缁衣》6号简"晋冬耆寒"

试比较下所举西周晚期大克鼎铭的"寒"字:

[图]《集成》2836

《说文》:"[图],冻也。从人在宀下,以茻荐覆之,下有仌。"上博简《缁衣》之形省去"宀"旁,把"寒"字位于"宀"旁外的两横笔(相当于《说文》"寒"字篆形所从的"仌")挪到"人"的躯干上;《周易》、楚帛书两字的四个"屮"都讹变成了小短横,则跟西周金文等早期古文字、上博简《缁衣》和篆文的"寒"字有别。②,据冯胜君先生研究,上博简《缁衣》是"具有齐系文字特点的抄本"③,所以上举《缁衣》"寒"字之形比较好地保存了"寒"字古形的某些特点,很可能并不是战国时代楚文字的典型写法,而或许是受到齐系文字特点影响的结果(战国齐文字多有字形保守的一面)。《周易》与楚帛书的"寒"字,其"宀"内四"屮"形讹变为四短横,正是楚文字"寒"字发展演变上非常关键的一步。

接下来看郭店简《缁衣》10号简写作如下之形的一个字:

---

① 上博简《周易》的文字往往反映出较早的特点,比如此篇只用"于"字而不用"於"字(参看饶宗颐主编、徐在国副主编《上博藏战国楚竹书字汇》,安徽大学出版社2012年版,第6—7、523页),"建"字写法与一般战国楚文字不同,接近于早期古文字写法(参看饶宗颐主编、徐在国副主编《上博藏战国楚竹书字汇》,第215页。承裘锡圭先生见告,此写法与清华简《系年》"建"字相类)等,此篇的"寒"字应该是目前战国文字所见最接近"寒"字古体的写法。《周易》是著作时代很早的古书,上博简《周易》抄写所据底本或抄写时代应当也是比较早的,至少应当早于上博简的其他大多数内容。又承陈剑先生赐告,他鉴定武汉大学藏战国楚简时,注意到其中"寒"字写作与上博简《周易》之"寒"接近之形。

② 关于这几个"寒"字,参看李零《古文字杂识(五则)》,《国学研究》第三卷,北京大学出版社1995年版,第267—269页;冯胜君《郭店简与上博简对比研究》,第110、114页。

③ 冯胜君《郭店简与上博简对比研究》,第259页。

## 从战国文字所见的类"倉"形"寒"字论古文献中表"寒"义的"滄／凔"是转写误释的产物

"晋冬旨(耆)～"

郭店简整理者释为"凔",训为"寒"①,为不少学者信从。裘锡圭先生则认为此字是"寒"字的误摹,他说:

> 此字上部虽然很像"倉"的古文,但写法较怪,而且缺少应有的在下的长横,此字下部横置的"水"也缺少左上方的一笔,颇为可疑。如果跟上博简的"寒"字对照一下,就可以断定此字乃是那种写法的"寒"字的误摹。②

冯胜君先生从整理者释"凔"的意见,认为是"凔"换读为"寒",不过他认为裘先生提出的误摹说"也有可能",并指出:

> 但我们认为郭店《缁衣》的"凔"字从字形上看只可能是上引楚简《周易》"寒"字那种形体的误摹,而不大可能是上博《缁衣》那种写法的误摹。③

裘先生上文发表时间是2002年,所引上博简的内容仅限于《上海博物馆藏战国楚竹书(一)》的范围,比对的战国简资料首先是考虑到内容相同的上博简《缁衣》,故《周易》之形未被引用是客观条件造成的。从《周易》之形显然可以更好地看出,李零先生径释郭店简《缁衣》此字为"寒"④和裘先生的"误摹"说,皆有其道理,而且裘先生指出的此字与"倉"形不合之点——"缺少应有的在下的长横",更是非常重要。我认为,在这种写法的"寒"字当中,下边以横置的"水"旁表意("水"给人的感觉是寒凉,《淮南子·天文》"积阳之热气生火……积阴之寒气为水"),取代了早期古文字"寒"字"宀"旁外两横的地位,⑤所以它没有"倉"字下边应有的长笔正非偶然(战国简也有不省去"寒"的两横并加"水"旁的字形,

---

① 荆门市博物馆《郭店楚墓竹简》,文物出版社1998年版,第129、133页。
② 裘锡圭《谈谈上博简和郭店简中的错别字》,《裘锡圭学术文集》第二卷,复旦大学出版社2012年版,第373页。
③ 冯胜君《郭店简与上博简对比研究》,第114页。黄德宽主编《古文字谱系疏证》也主张"凔、寒义同互换"(商务印书馆2006年版,第1896页)。
④ 李零《郭店楚简校读记》,《道家文化研究》第十七辑,生活·读书·新知三联书店1999年版,第482页;又见李零《郭店楚简校读记》,北京大学出版社2002年版,第61页。
⑤ 《说文》"寋""骞""謇""蹇""寒"("㥮"字异体)等从"寒"省声的字都是把形旁写在下方,省去所谓的"冫"旁,可与"寨"字相较。

详参下文)。这类写法的"寨(寒)"之所从之所以看起来好像与"倉"类似,是"宀"下"人"形的手臂一笔从躯干脱落①,与已经讹变为短横的"中"粘连起来看起来类似于"倉"所从的"户"的缘故。至于裘先生提出郭店《缁衣》之字"下部横置的'水'也缺少左上方的一笔"的问题,解释应当是:这一笔实有,只是与"水"旁左上的那个表示"中"的短笔共享而已。在不算完全正式公布的天星观简当中,有如下几个字(字形取自滕壬生先生《楚系简帛文字编》摹本):

据王明钦先生天星观简释文和《楚系简帛文字编》所引,辞例是"既~然不欲食"(3-01,上举第三字所在简)、"~然以然不欲食"(111,"食"字属112号简)、"既~然以僾僾然不欲食"(5-01),王先生释"滄",并在3-01号简后出注说:

滄:写作 ,所从之"倉",乃古文写法。战国《万印》"倉"作 ,与此相近。《说文》:"滄,寒也。"在此处用于描述疾病,可能指寒病。②

滕壬生先生亦释"滄"③,李守奎先生《楚文字编》说同④。其实只要比较天星观简多见的贞人"奠(郑)愴"之名"愴"字,就很容易看出问题:

⑤

它们所从的声旁,皆具备裘先生所说"倉"字应有的一长横(或者繁化为两横)⑥,在上述三个从横置水形之字的上部,却都没有这一笔。而且,"愴"字所从的"倉"旁,没有一个是写作 这种中间从"人"而不从"户"形的例子的,差别十分

---

① 古文字中"人"形手臂从躯干脱落的例子,可比较秦系文字"乳"字的变化。
② 王明钦《湖北江陵天星观简的初步研究》,北京大学硕士研究生毕业论文,1989年,第36页。
③ 滕壬生《楚系简帛文字编》,湖北教育出版社1995年版,第809页;同作者《楚系简帛文字编(增订本)》,湖北长江出版集团、湖北教育出版社2008年版,第946页。
④ 李守奎《楚文字编》,华东师范大学出版社2003年版,第640页。该书将上举郭店《缁衣》之字与天星观简的三个字形置于同一字头"滄"下。
⑤ 滕壬生《楚系简帛文字编》,第799页。
⑥ 滕壬生《楚系简帛文字编(增订本)》(第920页)"愴"字条所列包山简、望山简、新蔡简的所有例子都无一例外有这特征性的长横。

从战国文字所见的类"倉"形"寒"字论古文献中表"寒"义的"滄/凔"是转写误释的产物

明显。张新俊先生根据上举天星观简的字形指出"只要将'人'形(引者按:指"寒"字中的"人"形)上的一撇稍微延长一点,就很容易和'爪'形混而不分"①。已经看出了"寒"字的特征在于中部"人"形,以及"寒"与"倉"相混的缘由,但他并未明确将此字释为"寒",似乎仍有犹疑。他的犹疑,我想一方面来自"义同换读"说的影响,另一方面可能是由于天星观简这些字形与一般的"寒"字仍有一定差别的缘故。我们知道,战国文字中的"宀"有时会增加一横笔,写成"亼"形,例如(前一例为从"宀",后一例为从"亼"形):

宜:【字形】包山简134号简 【字形】包山简110号简

宝:【字形】包山简185号简 【字形】包山简22号简②

由此并结合前举上博《周易》、楚帛书以及郭店《缁衣》的"寒"字来看,可知【字形】字上部的"亼"形应是讹变的结果。所以天星观简的【字形】、【字形】两字与郭店《缁衣》【字形】字当为一字,毫无疑问应释为"寨(寒)"。仔细观察这三个字形,可以清楚地看出其中间"人"形脱落的手臂之笔是如何与表示"中"的左边两短横粘连结合起来的③,进而也就可以明白,天星观简的【字形】形,"亼"下左侧类似"爪""户"之形的部件,正是【字形】形所从继续讹变、类化、最终成为一个成字部件的结果。新蔡简甲三331有如下一字:

【字形】

辞例是"[卜]于～陽一羖(羭),祷一豭",一般皆释"倉"。④张新俊先生说"目前不

---

① 张新俊《上博楚简文字研究》,第86页。
② 李守奎、贾连翔、马楠编著《包山楚墓文字全编》,上海古籍出版社2012年版,第315、319页。关于"∧"形下加横笔的现象,可参看何琳仪、黄德宽《说蔡》,《东南文化》1999年第5期,第106页。此文所举包山简"蔡"字特殊之形的写法,与"寒"字的这种特殊写法尤为类似。
③ 请注意:【字形】字中部左侧一道曲笔上下粗细差异很大,本来可能是"虚接触"关系;【字形】字所从之"水"的左上一笔与代表"中"的短横共享,与【字形】字完全一样。
④ 宋华强《新蔡葛陵楚简初探》,武汉大学出版社2010年版,第460页。张新俊、张胜波《葛陵楚简文字编》,四川出版集团、巴蜀书社2008年版,第103页。

能确定其究竟应该读作'倉'还是'寒'"①。其实从写法来看,此字字形上部演变介于 ▨、▨ 与 ▨ 之间,无疑应当释"寒","寒陽(阳)"似是地名或神灵名,待考。

从辞例上讲,把天星观简的这三个字释为"寒"也是非常合适的。张新俊先生虽未明确将这几个字形释"塞(寒)",但已指出"从《楚系简帛文字编》所附简文来看,此字和'然'连用,读作'寒热'也应该没有问题"。②这是很对的。简文从辞例看是描述人的病状,"既寒然不欲食"的"然"和"既寒然以慢慢然不欲食"的前一个"然"字,都应读为"热",郭店简《老子》乙组和《太一生水》三见"然"字用作"热"的例子③,可以为证。望山一号楚墓竹简179号残简"既"下之字泐损严重,原只打一个缺文号④,但《楚系简帛文字编》释为"既愴(寒)然(热)"并附有"然"字摹本⑤。细核图版,此似非臆说,但"愴"字之释恐非。如其"然"字摹本可信,则"然"上一字据头部残笔也应是"塞"或"寒"字。望山一号墓43号残简"既 ▨ ⑥然以",张新俊先生指出"此字可能也应该读作'寒'字。在张家山汉简《脉书》中,尚有'寒热'的用语,如简25说'身塞〈寒〉热,渴,四节痛为疟'(参看《张家山汉简》图版第76页),不过简文中的'寒'字,被误写成'塞'字。张家山汉简整理小组认为'塞'乃'寒'字之误,可从"。⑦按张说可信,但此字并非"读作'寒'字",而是本即为"寒"字。由此可见将望山一号墓179号残简"既"下之字释

---

① 张新俊《上博楚简文字研究》,第87页注1。
② 张新俊《上博楚简文字研究》,第87页注1。
③ 白于蓝《战国秦汉简帛古书通假字汇纂》,第795页。
④ 湖北省文物考古研究所、北京大学中文系《望山楚简》,中华书局1995年版,第83页。
⑤ 滕壬生《楚系简帛文字编》,第772页;《楚系简帛文字编(增订本)》,第872页。《楚系简帛文字编(增订本)》已有"愴(寒)然(热)"之释(《楚系简帛文字编》"然"上一字仅打缺文号,同原整理者释文),却未对天星观简相同辞例作出正确释读,颇为可惜。
⑥ 此字《望山楚简》摹本作 ▨,张先生认为"摹写可能有所出入",我以为也许未必有很大出入,此字可能是将"寒"字"宀"下的代表"中"的短横省作左右各一而已。
⑦ 张新俊《上博楚简文字研究》,第87页注1。按,《脉书》此语实见于15号简,《张家山汉墓竹简[二四七号墓]》此处原径释"寒"(文物出版社2001年版,第236页)。

### 从战国文字所见的类"倉"形"寒"字论古文献中表"寒"义的"凔/滄"是转写误释的产物

"愴"是不可信的。"寒热"指怕冷发热的发烧症状(北部吴语至今犹然)。《史记·扁鹊仓公列传》:"济北王侍者韩女病要背痛,寒热。"裘锡圭先生指出,在《素问》《灵枢》和居延汉简中多见"寒热"之病的记载,居延简中的"热"皆作从火日声的"炅"(与《素问》、《太素》的部分用字习惯相合),辞例如:

　　☐陶(?)宜和(?)里谢家,乃已酉病头痛,寒炅(热),不能☐(居甲358,居2915)

　　☐迺戍戍病头痛,寒炅(热),不能☐(居7876)

　　☐亭燧☐☐里☐☐☐☐☐头痛,寒炅(热),不能饮(居7971)①

前两枚简下端残,不知是与《居》7971一样的"不能饮",还是"不能食"一类话,但无论如何,天星观简的"寒然(热)不欲食""寒然(热)以慢慢然不欲【食】"的话,跟居延简记载病情的话是非常接近的。字形上与"滄"不可调和的差异,与辞例上读"寒"的密合无间,无疑指向这些字只能释为"寒(寒)"而断非"滄"的结论。

在郭店简和上博简中还有三个字形方面的旁证,可以说明"寒""倉"有别。郭店《老子》乙组15号简"燥胜蒼"的所谓"蒼",今本四十五章对应之字为"寒"(或讹作"塞"),整理者读作"滄"。②该字原形如下:



严格来说,此字的下部与"仓"字古文并不一样,整理者的意见不确。按照我们上文的分析,仍可看出它从一般的"寒"所从的"人"形与"屮"形讹变为类似于"倉"形所从之"户"的过程中的位置。李零先生将此字改释为"寒"③,是有道理的,不过如果要严格地释写此字,应作"蓁(寒)"(字见《广韵》平声寒韵:"蓁蒋,草也。")。战国文字的"蓁"也许就是"寒"的异体("寒"字本就包含了四个"屮"形可知),与草名之"蓁"只是同形字关系。

上博简《昭王毁室　昭王与龚之脽》8号简有下面一字:

---

① 裘锡圭《裘锡圭学术文集》第二卷,第37—38页。此仅择取与楚简辞例相近的录出。
② 荆门市博物馆《郭店楚墓竹简》,第120页。
③ 李零《郭店楚简校读记》,第23页。

探寻中华文化的基因(一)

辞例是"仆见脽之🔲也以告君王"。整理者释"倉",解释为"倉皇"之义①,显然不可信。陈剑先生改释为"寒"②,从上下文义看非常正确。此字字形看上去好像和"倉"接近,其实中部左侧,是两个横笔,这仍然是接近于《周易》"寒"字一路的写法。这个字与"寒"的不同,似乎可以看成"宀"变为"亼","人"少写了手臂一笔,但战国文字中把"人"的手臂一笔写得比较平的例子偶然可见③,所以实际上也有可能是将"亼"形的那一横兼用为"人"旁手臂之笔的。④

上博简《容成氏》22号简有如下一字:

辞例是说,听到人民击鼓告事,"禹必速出,冬不敢以🔲辞,夏不敢以暑辞",李零先生释此字为"蒼",并出注说:

> 楚简多用"蒼"、"倉"为"寒",盖形近混用。如郭店简中之"寒"字即如此作。⑤

但是李先生的释文却并没有在"蒼"字后用尖括号(或圆括号)括注"寒",可见他对此问题并没有十分的把握。将此字释为"蒼",很多学者是以同篇1号简所见"倉颉是(氏)"之"倉"为证的⑥,可是他们没有注意到,实际上二者并不完全相

---

① 马承源主编《上海博物馆藏战国楚竹书(四)》,上海古籍出版社2004年版,第189页。
② 陈剑《上博竹书〈昭王与龚之脽〉和〈柬大王泊旱〉读后记》,《战国竹书论集》,第126页。
③ 如上博简《昔者君老》4号简的"夭"字写作🔲(马承源主编《上海博物馆藏战国楚竹书(二)》,上海古籍出版社2002年版,第90页)。
④ 孙伟龙《也谈"文字杂糅"现象——从楚文字中的倉、寒等字说起》已认为此字"人形中的手臂形写成了横划"(《古文字研究》第29辑,第669页),但此字从笔势走向看不能完全看成人形手臂一笔,应属借用。新蔡简甲三211"🔲"字一般释"倉"(张新俊、张胜波《葛陵楚简文字编》,第103页),此字写法看上去与《昭王与龚之脽》"寒"字类似,但下部却只有一横笔,近于"倉"而远於"寒"(此承周忠兵兄提示),但也不排除此字是"寒"字偶然写错之可能。
⑤ 马承源主编《上海博物馆藏战国楚竹书(二)》,第267页。
⑥ 如张新俊《上博楚简文字研究》,第85页;田颖《上博竹书"一形对应多字"现象研究》,第35页。

### 从战国文字所见的类"倉"形"寒"字论古文献中表"寒"义的"凔/滄"是转写误释的产物

同。《容成氏》1号简"倉"字写作如下之形：

简上虽粘有一个斜长的赘物，但仍可以看出"宀"下去掉"爪"或"户"形与右侧两横之外的部分不是一竖，而是丫形的笔画，此字之为"倉"并与"寒"可区别的关键即在于此。"倉"字在甲骨文和西周金文等早期古文字中，上部是从"亼"的①，这种特征一直稳定地保持到战国文字当中。②最晚从春秋晚期开始，"倉"字"宀"下部出现了"Y"形的变化：

③

这类变化多见于古文字（比如"舍""食""会"等），是大家熟悉的。战国文字中的部分"倉"写法就承袭自这种异体，例如：

陶汇 3.41 ④

上举《容成氏》1号简的"倉"，正是这类写法的进一步简化（Y形的右侧斜笔与下竖连作一笔）。22号简的 字，"宀"下为一竖笔，与同一书手笔下的"倉"字正有明显区别，可见释 为"蒼"是错误的。此字从前文所作分析看，无疑是一个极为标准的"蹇（寒）"字。据字理分析和全面考察，战国文字中的"倉"是没有 这类上部作"个"形的例子的，由此亦可推知如下一方三晋私玺：

《玺汇》3907⑤

很可能应释"公孙寒"而非"公孙倉"。战国时人，对"倉"字与"寒"的这种区分还是

---

① 李宗焜《甲骨文字编》，中华书局2012年版，第252页；董莲池《新金文编》，作家出版社2011年版，第659页。
② 黄德宽主编《古文字谱系疏证》，第1894—1896页。
③ 董莲池《新金文编》，第659页。
④ 汤余惠主编《战国文字编》，福建人民出版社2001年版，第332页。
⑤ 右侧黑色钤本"寒"字中竖右侧的两横比较清楚，取自施谢捷《古玺汇考》，安徽大学博士学位论文，2006年，第302页。

比较敏感的。上博简《相邦之道》3号简"实官蒼(倉)"的"蒼"字,写作如下之形:

[字形]①

似书手本来误书作类似《容成氏》22号简的[字形]形,②但后来意识到写错,便在"宀"上加写了一道横笔补救以示与"𡨄(寒)"的区别。这既说明当时两字易混,也说明其界限在人们心中还算是比较清楚的。

"倉"与"寒"的分别,基本上可以说是单向的。也就是说,"倉"的写法一直比较稳定,还没有一个"倉"字讹混作标准的"寒"形的,但是"寒"字却因为其自身的讹变,最终发展出一种跟"倉"基本同形的字形来。如果把前举天星观简的[字形]字下边的横置水旁恢复为"寒"字本来固有的两横,就类于"倉"形了。我们在战国简中看到这样的"寒"(或从"寒"的)字共计六次:

寒:[字形][字形][字形]郭店《太一生水》3号、4号简"～然(热)"[字形]上博简《用曰》6号简"唇亡齿～"

㵱:[字形]上博简《柬大王泊旱》1号简"王～至带"[字形]上博简《从政》甲篇19号简"饥～而毋敂(会)"。

"㵱"字《从政》之例所从还比一般的"倉"多出了一横笔,可能是无意的繁化。③除了《柬大王泊旱》之例外,其余字形在简文中皆用作"寒"。关于《柬大王泊旱》之字,陈剑先生认为:

> 楚文字中"滄"可用为"寒"……"寒"与"汗"古音相同。其时既发生旱灾,自是骄阳当空,简王迎日而立被阳光所炙烤,故简文谓其汗出下流至腰间之带。古书有"汗流至踵"(《庄子·田子方》)或"汗出至踵"(《韩诗外传》

---

① 马承源主编《上海博物馆藏战国楚竹书(四)》,第88页。
② 《相邦之道》的书手水平不高,1号简就有不少抄错的地方,参看裘锡圭《上博简〈相邦之道〉一号简考释》,《裘锡圭学术文集》第二卷,第507—511页。
③ 邬可晶兄认为也可能是新蔡简甲三331之[字形]形人形手臂一笔横写的结果,似可考虑。

从战国文字所见的类"倉"形"寒"字论古文献中表"寒"义的"滄/凔"是转写误释的产物

卷十）的说法。进一步推测，以前所见用为"寒"的所谓"滄"字，都是将"水"旁横写在"倉"的下面的，而简文此形水旁竖写在"倉(寒)"的左旁，跟旧所见用为"寒"的所谓"滄"字可能还并非一字。它以"水"为意符、"倉(寒)"为声符，很可能本来就是"汗"字的异体。①

此说很有道理，希望将来有新的材料证实"水"旁在左的"溴"与在下的"溴"并非一字。不过按照我们的看法，此字的结构分析应修正为"以'水'为意符、'倉〈寒〉'为声符"，当释为"溴"。

尽管"寒"有跟"倉"字形混的例子，但是仍需注意，"寒"字本身的结构决定了它只限于与"倉"字"户"旁在左、下部写作两横的较繁之形相混（即既不会与下从一长横的"倉"混，也不会跟"户"在右的"倉"混，更不会与加从"广"旁的或下仍从"口"形的"倉"混），所以在没有决定性的偏旁组合和语境限制的情况下，只有下列字形释"寒"释"倉"似乎是两可的，例如：

[字形]《玺汇》1323"武～"

[字形]包山简19号简"不将龚～以廷"

当然，还可以注意，上举六例战国简中与"倉"形讹混的"寒"字，仍然保留了一个重要的共同特点，即中竖不穿透字下部的两横，这跟前举战国简（除上博《缁衣》和新蔡简甲三331之外）中"寒"字的特征完全相符。所以上举《玺汇》1323之字，好像仍以释"倉"的可能性较大（如果"寒"的这一特征是极端关键性的，且也可以为"倉"的头部找到可以写作"个"形的例子或平行字形证据的话，那前举《玺汇》3907之[字形]也就不一定要改释为"寒"。但考虑到上博简《缁衣》和新蔡简甲三331有"寒"字人身一竖笔贯穿两横的例子，本文还是倾向于将该字释"寒"）；包山简19号简之例，中竖略略出头，又用作人名，则极难断定（对于这类人名用字，建议释写作"倉〈寒?〉"）。我很怀疑，前举《从政》之例在"寒"下复加

---

① 陈剑《上博竹书〈昭王与龚之脽〉和〈柬大王泊旱〉读后记》，《战国竹书论集》，第129页。

"水"旁,郭店《缁衣》和天星观简等以"水"旁取代"寒"的两横笔并横置于全字之下,很有可能就是避免与"仓"字繁形误会的一种手段(三晋的"仓"字往往加"广"旁为义符,很可能也是出于明确字义、避免混淆的需要)。①

总之,通过上文的考察可以得出如下结论:"寒"在战国时代的发展演变有其自成体系的逻辑规律。撇开字形差距很远的"仓"和"寒"不论,对于字形与"仓"接近的"寒",在绝大多数情况下,通过其头部和中部的写法,以及加"水"旁等特征是可以同"仓"字明确区分开来的;对于合体字"蒼"与"薆"而言,它们也有区分,"薆"字至今未发现下部彻底与"仓"混同的 形,"蒼"字声旁也没有写作上从"个"形或中部从"人"形的例子。即使是与"仓"形类同的那些"寒"字,其中竖一般也不会贯通最下两横,保持了"寒"字的本源特征。我们主张将类"仓"形"寒"字释写作"仓〈寒〉",其实是着眼于描写字形特征需要的考虑,如果不用考虑字形写法的特点,为简洁起见的话,直接把它们释作"寒"也是有充分理由的。过去认为"仓""寒"两字"形近混用""文字杂糅"等,皆为不合事实的浮泛之说。

下面我们就可以讨论古书中训"寒"之"滄/凔"的问题了。

虽然交集不大,但毕竟客观上有一类"寒"字与"仓"的一部分字形是最终混同起来了。在战国时代,人们由字形出发并结合辞例鉴别"寒"和"仓"并不算困难,但是到了汉代,在古文典籍重见天日为人所知并加以转写释读的时候,战国古书抄本的"寒"字无疑极易被不甚了解"寒"字来龙去脉的汉人误释为"仓/滄/蒼"。这造成了汉以后的人附会出一个有"寒"义的"滄/凔"的结果。作出这样的论断,除了上述字形讹混的背景之外,主要还有如下几点考虑。

首先,与古文献中处处可见的"寒"字相比,表示"寒"义的"滄/凔"在先秦至西汉古书里的实际用例实在少得可怜,仅有三例,不得不让人对之生疑。这些

---

① 这似乎也从某个角度支持陈剑先生关于《柬大王泊旱》将"水"旁写在"寒"之左侧的"汗"字异体与那些"塞(寒)"字有不同的来源的看法。

从战国文字所见的类"倉"形"寒"字论古文献中表"寒"义的"凔/滄"是转写误释的产物

例子是：

《荀子·正名》：疾养、凔（杨倞注："凔，寒也。"）热、滑铍、轻重以形体异。

《逸周书·周祝》：天地之间有凔（卢校作"滄"。孔晁注："凔，寒。"）热，善用道者终不竭。

枚乘《上书谏吴王》（《汉书·贾邹枚路传》引）：欲汤之凔（郑氏曰："音凄怆之怆，寒也。""凔"字，《文选》卷三十九枚乘《上书谏吴王》作"滄"。①《说苑·正谏》引作"冷"，或为后人所改。），一人炊之，百人扬之，无益也，不如绝薪止火而已。

这几种古书的流传或来源都有值得注意之处。《荀子·正名》和《逸周书·周祝》都没有问题是战国时代的著作。《荀子》一书是经刘向校雠"中《孙（引者按：通"荀"）卿书》"删重的结果②，《逸周书》《汉书·艺文志》称《周书》，刘向《别录》有"周时诰誓号令也，盖孔子所论百篇之余也"的叙录。③这两种古书是明确无疑经过汉人整理的先秦古籍。

枚乘上书之例稍微特殊，需作解释。枚乘于汉文帝时为吴王刘濞郎中，奏书便是乘在濞"初怨望，谋为逆"时所上。出土汉初的古书文本，字形、用字往往受到战国文字的影响，对于几乎是从西汉早期甚至更早时代过来的淮阴文人枚乘来讲，受到战国楚文字的影响是极为正常甚至是不可避免的。这篇奏书中多用比喻，有一些话看起来应当是有比较早的来源的，并非枚乘首创。比如奏书上文"马方骇，鼓而惊之；系方绝，又重镇之，系绝于天下不可复结，队入深渊难以复出"一段，学者指出除了史料来源相同的《说苑·正谏》中内容大体与此相同的话外，还与《孔丛子·嘉言》记子贡对东郭亥语"马方骇，鼓而惊之；系方绝，

---

① 《文选》，上海古籍出版社1986年版，第1780、1782页。
② 姚振宗辑录、邓骏捷校补《七略别录佚文 七略佚文》，上海古籍出版社2008年版，第43页。
③ 同上，第24页。

## 探寻中华文化的基因(一)

重而填(镇)之。马奔车覆,六辔不禁。系绝于高,坠入于深。其危必矣!"大体相近①,"马方骇"句与上博简《吴命》1号简所记"先人有言曰:马将走,或童(动)之,速骙(殃)"也有密切关系。②所以枚乘奏书中后来成为"扬汤止沸"出典的这段话,应当也是久有传承的古语。马王堆帛书《五十二病方·脈久伤》:"汤寒则炊之,热即止火,自适毆。"③可见调适沸水寒热,关键在于烧火和止火,乃是古人常识,也是枚乘譬喻的知识背景。《吕氏春秋·尽数》:"夫以汤止沸,沸愈不止,去其火则止矣。"④枚乘这段话出典很可能就是类似《尽数》之类的战国典籍,并对之略加改造、夸饰而成。如此,枚乘这段上书在写作过程中转写误释战国古书文本中类"倉"形"寒"字的可能性是相当大的。

古代"寒"字并不限于程度较重的"寒冻"一类表示体感不适的消极意义,也可表示触感"凉""冷"等中性的意思。如"寒水"可表示与沸水相对而言的凉水(如《论衡·道虚》:"置人寒水之中,无汤火之热,鼻中口内,不通于外,斯须之顷,气绝而死矣。寒水沉人,尚不得生,况在沸汤之中,有猛火之烈乎?"),"寒粥"即《周礼·天官·浆人》"六饮"中所谓的"凉"(见《周礼》郑注,《释名·释饮食》:"寒粥,末稻米投寒水中育育然也。"),"寒食"即禁火冷食等等。《三国志·魏志·刘廙传》:"扬汤止沸,使不燋烂,起烟于寒灰之上,生华于已枯之木。"成

---

① 《孔丛子》书虽晚出,但其中包含不少可贵的较早期的资料,有一些资料的价值正在被新出战国简揭示(参看陈剑《据战国竹简文字校读古书两则》,《战国竹书论集》,第460页;郭永秉《释清华简中倒山形的"覆"字》引自于蓝先生说,"清华简与《诗经》研究"国际会议,香港浸会大学,2013年11月1日—3日)。

② 参看范常喜《〈上博七·吴命〉"殃"字补议》,武汉大学简帛网,2009年1月6日;刘云《说〈上博七·吴命〉中的"先人"之言》(复旦大学出土文献与古文字研究中心,2009年1月7日)文后"水土"(沈培先生网名)于2009年1月7日发表的评论。

③ 马王堆汉墓帛书整理小组编《马王堆汉墓帛书》,文物出版社1985年版,第63页。

④ 《尽数》之语邬可晶兄提示,他还告诉我《淮南子·精神》与《文子·上礼》亦有此语,枚乘上书中的"抱薪救火"也是《战国策·魏策三》的典故。广瀬薫雄兄告诉我,枚乘上书中位于"欲汤之沧"一段之前的"人有畏其景而恶其迹者,却背而走,迹愈多,景愈疾,不知就阴而止,景灭绝绝",语本《庄子·渔父》"人有畏影恶迹而去之走者,举足愈数而迹愈多,走愈疾而影不离身,自以为尚迟,疾走不休,绝力而死。不知处阴以休影,处静以息迹,愚亦甚矣!"此皆为该篇奏书内容渊源的证据。

## 从战国文字所见的类"倉"形"寒"字论古文献中表"寒"义的"滄/凔"是转写误释的产物

都天府广场出土东汉李君碑有"寒灰复然"之语。①"寒灰"意即冷却的灰烬。"寒"字亦可表示"冷下来"一类动词义,如《左传·哀公十二年》"今吾子曰'必寻盟',若可寻也,亦可寒也",孔疏引郑玄《仪礼》注:"寻,温也,……则诸言寻盟者,皆以前盟已寒,更温使之热。"盟誓可以重温,也可以冷下去②,"欲汤之寒"是希望热水冷却下来、凉下来的意思,从语义上讲也是合适的。

第二,从训诂学上无法很好解释"滄/凔"何以会有"寒"义。从语言(即"词")的角度讲,"滄/凔"之可训寒,语文学家一般都会援引段玉裁《说文解字注》"凔"字下的注解来进行说明:

> 按,《方言》曰:"㴒,净也。"二字当从冫,㴒即凔字,净即清字。③

钱绎《方言笺疏》有不同看法:

> "净",《说文》作"瀞",云:"无垢薉也。"经传通作"净"。《玉篇》:"㴒,净也,冷也。"《说文》:"甈,磋垢瓦石也。(引者按:此为小徐本。)"徐锴《传》曰:"以碎瓦石甈去瓶内垢也。"《西山经》"钱来之山,其下多洗石",郭注云:"澡洗可以碾体去垢圿。"……"㴒""甈""碾",声义并同。④

学者或对此二说无法取舍。⑤我个人认为段说不如钱说直接自然。段注改"㴒"字的水旁为冫旁,并无确凿根据;说"净(淨)"是训"寒"的"清"的假借,似也有待证明。《方言》此条郭注云"皆冷皃(貌)也",似乎有利于段说。但一则此注是否符合《方言》本意,本有待证实(《玉篇》的训释当即据《方言》注),二来即使《方言》注反映了一定的语言实际,"㴒"的"冷皃(貌)"义与"寒"也并非一回事情,与前举古书中的那些"滄/凔"不可相提并论。古书里形容寒冷貌的叠词有"滄滄"

---

① "然"原写作从"心""难"声之字,见成都文物考古研究所《成都天府广场东御街汉代石碑发掘简报》,《南方民族考古》第八辑,第1—8页,转引自大西克也《从出土资料再论章系字颚化的年代》,中国古文字研究会、中山大学古文字研究所编《古文字研究》第30辑,中华书局2014年版,第559页。
② 参看沈玉成《左传译文》,中华书局1981年版,第573页。
③ 段玉裁《说文解字注》,许惟贤整理本,第993页。
④ 钱绎《方言笺疏》,李发舜、黄建中点校本,中华书局2013年版,第465页。
⑤ 华学诚汇证《輶轩使者绝代语释别国方言校释汇证》,中华书局2006年版,第930页。

(如《灵枢·师传》:"食饮者,热无灼灼,寒无沧沧。"《列子·汤问》:"日初出沧沧凉凉。"),《方言》注中训"冷皃(貌)"、音"初两"或"楚(今本误作禁)耕反"的"㳄"很可能指的是这类词,与古书里和"热"对举的、作名词和形容词用的"沧"当无直接关联,以此来解释古书中表"寒"义的"滄/沧"的理据是不恰当的,至少是不能令人信服的。《说文》所收训"寒"的"滄/沧",也许并不是表"冷皃(貌)"的这种"㳄",而可能正是沿袭古书里错释为"滄/沧"的"寒"字的结果。

第三,在出土先秦秦汉文字数据中,至今未出现过"滄/沧"字。战国时代自不必说,前文业已证明那些从"水"从"倉"形的字实皆"㳄"字。反过来正可据此推测,战国时极可能不存在"沧"字,否则若再在类"倉"形"寒"字上复加"水"旁(如《从政》篇之字),造成与"沧"讹混的结果,便是自寻麻烦了。秦汉时代没有见到"滄/沧"字,同时也没有看到假借其他字表示"沧"的例子,这都指向当时语言并没有表示"寒"的"沧"这个词的可能性。按照我的看法,枚乘用"沧"字转写他看到的战国古书写本的"㳄",可能说明当时已经在一些文人中已有用"沧"表"寒"的倾向,但这距离"沧"进入一般的语言还有距离;西汉转写先秦文献生造出来的"滄/沧"字,并非文字使用的常态,也不对当时文字使用产生实质性的影响。《灵枢》等书中的叠词"沧沧",则很可能本来也是以其他字表示的(《列子》乃魏晋以后伪书,从《汤问》之文所本的《新论》来看,其字可能本应作"愴"①)。

本世纪初,赵平安先生、杨泽生先生不约而同地根据战国文字中"也"有大量与"只"形混同的例子,以及上博简《孔子诗论》引《墉柏舟》"母也天只"句作"天也"的现象,提出古文献里作为语气词的"只"(包括从"只"声之字)是"也"字

---

① 《金楼子·立言上》载此事亦作"愴愴凉凉"(许逸民《金楼子校笺》,中华书局2011年版,第829页)。严可均《全后汉文》卷十五《新论》辑本自注:"案殷敬顺《列子释文》卷下云:沧沧,桓谭《新论》亦述此事作'愴凉'。据知《新论》原文具如《列子·汤问篇》,惟'愴凉'字有异'。"余嘉锡《世说新语·夙惠》"晋明帝数岁"条唐本注有"案《桓谭新论》:'孔子东游,见两小儿辩,问其远近。日中时远。一儿以日初出远,日中近者,日初出大如车盖,日中裁如盘盖。此远小而近大也。言远者日月初出,愴愴凉凉,及中如探汤。此近热远愴乎?'明帝此对,尔二儿之辨耶也"等内容,谓"今观唐本此注,足以证成严氏之说"(《世说新语笺疏》,上海古籍出版社1993年版,第590页),可见《汤问》此段乃本桓谭《新论》,字原作"愴"(《列子释文》所引《周书》"沧热"之"沧"亦作"愴",参看杨伯峻《列子集释》,中华书局1979年版,第168—169页)。

从战国文字所见的类"倉"形"寒"字论古文献中表"寒"义的"凔/滄"是转写误释的产物

写讹的产物的看法。① 其情况如符合实际，即与我们所论的类"倉"形"寒"字误释的情况颇为接近。不过，"只""也"形音义密切相关，古书里并不少见的语气词"只"也许有其语言根据，不一定都是"也"的错释讹写，此问题或许还可进一步研究。② 但是赵平安先生在研究"也""只"问题时说过一段话，正可移用来说明本文所谈问题的性质，他说：

"也""只"本不同字，后来形近混同。本原型语气词"只"，是"也"的写讹。写讹以后，人们误以为语言当中有语气词"只"这个词，不仅引用、模仿，而且用借字"咫""軹""旨"等来表示它。这种现象使我们联想到语气助词"那"。

上个世纪 90 年代，朱庆之先生根据包括汉魏六朝全部汉文佛典在内的一批中古文献材料，对疑问语气词"那"的来源提出新的看法：

1. "那"是近代汉语才有的疑问语气助词，中古文献里的"那"其实是"耶（邪）"的误字；2. "那"在近代文献的出现或者说"那"的产生应该是唐代以后人们对前代文献里本来是"耶"的误字的"那"的盲目模仿造成的结果，是文字影响语言的产物。

论证详密，颇可相信。语气词"只"和语气助词"那"的产生途径颇为相似。这又为文字影响语言提供了一个绝佳的实例。③

根据本文的论证，同样可以作出如下结论：先秦至西汉古书中表示"寒"义的"凔/滄"是战国文字类"倉"形"寒"字转写误释的产物，这种错误得到《说文》的肯定并逐渐进入后代语言（直到晚近，喜用古字古语的章太炎还在用"凔"表示

---

① 赵平安《对上古汉语语气词"只"的新认识》，《新出简帛与古文字古文献研究》，商务印书馆 2009 年版，第 267—275 页。杨泽生《说"既曰'天也'，犹有怨言"评的是〈墉风·柏舟〉》，《战国竹书研究》，中山大学出版社 2009 年版，第 138—142 页。

② 邬可晶《上古汉语中本来是否存在语气词"只"的问题的再检讨——以出土文献所见辞例和字形为中心》，"出土文献的语境"国际学术研讨会暨第三届出土文献青年学者论坛论文，台湾新竹清华大学，2014 年 8 月 27—29 日。后收入《出土文献与古文字研究》第六辑，上海古籍出版社 2015 年版，第 399—422 页。

③ 赵平安《对上古汉语语气词"只"的新认识》，第 274 页。

"寒",见《訄书·原变》),是文字影响语言的又一例证。

我们曾经较为全面地总结过战国文字中的"夋"和从"夋"之字的变化,①与本文对"寒"字全面清理后的最终感受几乎一致,就是战国文字(尤其是楚文字)某些字形与常理不尽相合的特殊简省讹变,如果不作细密的字形排队工作,仅凭直观感受发言,便极易得出文字结构分析甚至释读方面似是而非的结论,把"陵"释为"陲"或把"陵"的声旁分析为从"来"声是如此,把"寒"误释为"倉/滄/蒼"并牵合古书训"寒"的"滄/凔"作解也是如此。类似的问题或许还有,应当努力去发现并纠正,使得战国文字微观研究的结论更趋精细和严密。

2014 年 3 月 2 日写毕

附识:文章写完后承陈剑、苏建洲、广濑薰雄、周忠兵、禤健聪、邬可晶诸位先生阅看指正,提出宝贵意见,十分感激!

**补记:**

本文定稿后,承邬可晶兄见告,望山一号墓竹简 1 号简有"愴家"之"愴"作 ▨(《望山楚简》,第 19 页摹本),命辞"既寨(寒)"(下残。依上文之讨论,下应接"然(热)"字)"之"寨"则作 ▨(湖北省文物考古研究所《江陵望山沙冢楚墓》,文物出版社 1996 年,图版四三,此字《望山楚简》原据误释为"愴",摹本亦不准确),"寒"旁上从"人",中部为人形,人形左右各两短横,由此亦可见同一支简上同一书手的"倉""寒"之别。

2014 年 5 月 21 日

本文交稿后,又承邬可晶兄提示,《上海博物馆藏战国楚竹书(八)·李颂》1

---

① 郭永秉《续说战国文字的"夋"和从"夋"之字》,"古文字学青年论坛"论文,台北"中央研究院"历史语言研究所,2013 年 11 月 25—26 日。

### 从战国文字所见的类"倉"形"寒"字论古文献中表"寒"义的"滄/凔"是转写误释的产物

号简正面有整理者读为"牌(寒)冬之旨(耆)倉(滄)"的一句话(上海古籍出版社 2011 年版,第 231、233—234 页。"牌"字宜释"䢋"),他提醒我应对此句作出解释,否则读者会引作本文立论的一个反证。我撰此小文时疏于检索,对新材料读得又不够仔细,以至漏引此条重要例子,甚是惭愧,谨向可晶兄致谢。今按,该篇中这个所谓"倉"字,原作 ![], 与本文中所举与"倉"形类同的"寒"字写法极近,可以注意的是,此字中竖不但不穿透底下两横,而且字下部相当于《说文》"仌"的两横,写作两道较粗的黑笔,尤其是底下一笔已接近于倒三角形,与战国文字中"薐"字异体 ![](李守奎《楚文字编》,第 37 页)所从之"仌"极近,看来战国时人确实是把这个字下边两笔作为"仌"来看待的,"倉"则决无可能有此类写法,所以此字只能释"寒"而不可释"倉"。至于该句"䢋冬"的"䢋"自然不能读为"寒",《李颂》下一句说"槁(燥)亓(其)方莈(落)可(兮)",则此"䢋"字应读为"旱",恰可与"燥"字对应。

2014 年 10 月 22 日

**编按:**

王凯博先生于 2012 年 1 月公开发表在复旦大学出土文献与古文字研究中心网站的《上博八文字编》已将《李颂》1 号简之字归在"寒"字之下(第 74 页),谨此致歉,并请读者参看。

原载《出土文献与古文字研究》第六辑,上海古籍出版社 2015 年版

# 楚竹书《周易》释"㴅"之字申说

侯乃峰

《上海博物馆藏战国楚竹书(三)·周易》有如下一字:

此字见于楚竹书《周易》第九简,即《比》卦初六爻辞"又(有)孚㴅缶"。今本和马王堆汉墓帛书本对应之字均作"有孚盈缶"。原整理者濮茅左先生将其释作"海",并解释说:

"海",《说文·水部》:"海,天池也,以纳百川者。""又(有)孚海缶",以喻著信立诚,若海若缶,能纳来者,皆与相亲而无偏。①

此字非"海"字甚明。从字形上说,楚系竹简文字中"海"字常见,右边皆从"母(毋)"作,目前尚未见例外。此字写法与"海"字形相比较显然不类,不仅是没有"女"字形中间的两点或一横,而且类似"女"字形的上部还有另外的笔画。再从《周易》经文全部文字所反映的内容上说,作卦爻辞者虽不可确定为哪一时的哪一个人,但由"近取诸身,远取诸物"的取象原则还是可以看出作者当时所处的生活环境的,即《周易》经文中所取的卦象明显是内陆生产生活所见到的事物,其中水之至大者为"大川",似可看为黄河的抽象。此时想是"海"之观念尚

---

① 马承源主编《上海博物馆藏战国楚竹书(三)》,上海古籍出版社2003年版,第149页。

不发达,故未能取"海"之象入易,所以《周易》经文中不见"海"字。

对于原整理者的释读,有学者从之,但大多数学者不取"海"字说,并提出了诸多有价值的考释意见。何琳仪、程燕先生以为此字左从"水",右从"企",是一个从"水","企"声的形声字,由于支耕阴阳对转(均属舌音),故于今本作"盈"。①杨泽生先生以为字当从"水"从"歺"。"歺"和"曷"分别为疑母月部字和匣母月部字,它们韵部相同,声母相近,所以"沙"字有可能是"渴"的异体。"渴"字疑读为"竭","竭缶"当是说缶里无水。②黄锡全先生认为此字右旁从"妟","婴"字从之,字当为"瀴"字省作,瀴与"盈"读音相近。③季旭升先生以为此字就是"水满"义的"盈"的本字,字从"水"从"夃"。"盈"字石鼓文作"![]"(《战国文字编》页318)、《睡简·效》21作"![]"(《睡虎地秦简文字编》页72)、《银雀山》702作"![]"(《银雀山汉简文字编》页178)、《马王堆·老甲》6作"![]"(《马王堆简帛文字编》页199)。睡虎地简、银雀山二形"皿"上所从,与楚简"沨"字右旁所从极为类似。从石鼓文来看,"夃"字似应从"人(繁化为'千')"从"夊(与'止'同义)",会"人至"之义,引申为"至"。楚简本"沨"字从"水"从"夃",会水至盈满之义,故为"水盈"之本字("盈"可视为从皿、夃省声;也可视为从皿夃会意);"人"形繁化为"![]","夊(止)"形讹为"女"形,为楚系文字常见的现象。据此,楚简本"沨"当释为"水盈"之"盈",与今本作"盈"同字。④何琳仪、程燕、房振三先生后又放弃何琳仪、程燕先生原来提出的说法,转而认同杨泽生先生对字形的分析,以为此字右旁所从为"歺","沙"相当于字书之"洌"。"洌",来纽月部;"泄",心纽月部,二字叠韵。"泄"从"世"得声,"世",透纽;"盈",喻纽四等(古归定纽),二字为双

---

① 何琳仪、程燕《沪简〈周易〉选释》,简帛研究网,2004年5月16日。
② 杨泽生《竹书〈周易〉中的两个异文》,简帛研究网,2004年5月29日。
③ 黄锡全《读上博〈战国楚竹书(三)〉札记数则》,简帛研究网,2004年6月22日。
④ 季旭升《上博三周易比卦"有孚盈缶""盈"字考》,简帛研究网,2005年8月15日。

声。"泄"训"溢","盈"亦训"溢"。简文"泲"与"盈"音义均通,故今本作"盈"。①李零先生怀疑此字右部声旁为"姓"。②陈剑先生兼取何琳仪师原说和季旭升先生之说,也释此字为"洫",但与季旭升先生以此字为会意字不同,他认为此字为形声字,右部所从的"丮"就是"企"字的变形,则"盈"当分析为从"皿"从"丮(企)声",是从"器满则盈"角度为"盈"义造的字;"洫"当分析为从"水"从"丮(企)声",则是从"水满器则盈"角度为"盈"义造的异体字,并从读音上论证了"企"可以作为"盈"的声符。③

学者们对此字的考释意见分歧很大,说明已经见到的楚简文字中可与之相比照的字很少。但相关的字形也不是完全没有的,详见下文所述。我们认为上述说法中,季旭升先生对字形的辨析是正确的,并专门讨论了楚简中从"丮"之字。④我们的主要观点是,如果在季旭升先生对字形分析的基础之上,将楚竹书《周易》中的"洫"字右部认作是"丮",则下列楚简文字中包含与之相似字形的诸字都可以得到合理的解释。

望山楚简1·55　　望山楚简1·123　　望山楚简1·125　　郭店楚简《六德》16

新蔡楚简甲二29　　新蔡楚简甲三174　　新蔡楚简乙一28

先说望山楚简中的三个字形。三个字所在的简文分别是1·55:"袚一样,句(后)土、司命各一,大水一环。"1·123:"□䭣各一　　。"1·125:

---

① 何琳仪、程燕、房振三《沪简〈周易〉选释(修订)》,《周易研究》2006年第1期。
② 李零《读上博楚简〈周易〉》,《中国历史文物》2006年第4期。
③ 陈剑《上博竹书〈周易〉异文选释(六则)》,《文史》2006年第4期。
④ 侯乃峰《说楚简"丮"字》,简帛网,2006年11月29日。

楚竹书《周易》释"溫"之字申说

"□□鸎祷北宗一环,鸎祷遬(原释"遬",此从刘信芳师意见改释)一[羊殳]。社□亓(其)古脍。"三个字皆是作为祭祷时所用的牺牲之名,显然为同一个字。原考释者疑此三字是从"羊""乡"声之字,"乡""曷"古音相近,此字或即"羯"之异体。①孔仲温先生以为三字右部所从字形为"每","古"与"每"在简文中为鱼之合韵通转,从而释其为"羞(殺)"字。②刘信芳师据辞例比勘,亦以为其字应是"羞"之异体。因为包山楚简所记祀神之牲有"羞"无"[羊殳]",而望山楚简有"[羊殳]"无"羞"。如包山202:"狱祷于宫地宝(主)一羞。"214:"赛祷宫矦(后)土一羞。"237:"鸎祷楚先老僮、祝融、媸酓各两羞。"文例可对照。③同样地,新蔡楚简中的三个字所在简文的辞例与望山楚简一致,字形也相似,显然也是同一个字。新蔡楚简的原考释者将它们隶定为"羴",读为"胖"。④这与望山楚简原考释者在字形上的看法相同,都以为字是从"羊"从"乡"作。而上引杨泽生先生的意见也认为楚竹书《周易》中的"[字]"字右部所从为"乡",这说明二者在形体上的确有相似之处。但仔细辨别,"[字]"字右部所从与楚简中大量出现的"乡"字形区别还是很大的,上面提到的许多学者都注意到并专门讨论过这一点,可以参看。如果我们在季旭升先生对字形分析的基础上将楚竹书《周易》中的"[字]"字右部认作是"夃",并参考杨泽生先生的意见认为"[字]"字右部与望山、新蔡楚简中的上述六个字形右部所从为同一个字的话,那么望山、新蔡楚简中的字就可以隶定成"羖"。根据文字学的一般规律,此字应该是从"羊","夃"声之字。《说文》:"夃,秦以市买多得为夃,从乃从夂,

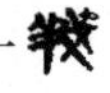

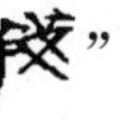

---

① 湖北省文物考古研究所《江陵望山沙冢楚墓》,文物出版社1996年版,第264页。
② 孔仲温《望山卜筮祭祷简"䗚��"二字考释》,《第一届国际训诂学研讨会论文集》,(台湾高雄)中山大学中文系1997年版,第827页。
③ 刘信芳《望山楚简校读记》,《简帛研究》(第三辑),广西教育出版社1998年版,第35页。
④ 河南省文物考古研究所《新蔡葛陵楚墓》,大象出版社2003年版,第188、193、203页。

益至也。《诗》曰:我叴酌彼金罍。"《说文》中所引的诗句,今传本《诗·周南·卷耳》作"我姑酌彼金罍"。又《玉篇·夊部》:"叴,公覩、公乎二切。且也。《说文》曰:秦以市买多得为叴。《论语》曰:求善价而叴诸。今作沽。"①传世典籍中"叴"与"姑"、"沽"互为异文,又"叴"与"古"上古音同在见纽鱼部,二者毫无疑问可以相互通假。如此一来,上述认为望山楚简中的字是"羔(羖)"之异体的意见无疑是正确的,在构形上也是有理可循的。传世典籍中的"羖"、包山楚简中出现的"羔"与望山、新蔡楚简中出现的"羖"应是同一个字的不同写法,只不过置换了声符而已。这种置换声符的现象在文字学上很常见,如"麟"又作"麐","廬"又作"廬","鯨"又作"鱷";等等。②《说文》有"羖"无"羔"。"羔"字见于《干禄字书·上声》:"羔,同羖"。《广韵·姥韵》以"羔"为"羖"之俗体。《说文》:"羖,夏羊,牡曰羖。从羊,殳声。"新蔡楚简中不见"羔"字,益可说明将三个字释为"羖(羔、羖)"指"牡羊"是有道理的。新蔡简文中有"豭"字,"古"与"叴"字形同时出现,当是以"牂"专指"牝羊",以"豭"专指"牡豕",而"羖"则专指"牡羊"。

再来看郭店楚简《六德》第16号简中的两个字。二字所在的简文作:"古(故)曰:句(苟)凄(济)夫人之善也,劳其~~之力弗敢惮也,危其死弗敢爱也,谓之[臣],以忠事人多。忠者,臣德也。"两个字原考释者存原篆而未释。③其中第一个字右部所从显然与望山、新蔡楚简中的字右部所从为同一个字形。有学者将此二字读为"藏(臟)腑"④,不可信;赵平安先生读为"股肱"⑤,是也。

现在既然认出望山楚简的"羖(羖)"字,则其中的第一个字形就可以隶定为"𦙾",分析为从"爿","叴"声。由上述"羖、羔、羖"各字同音,又《续一切经音义》

---

① 高亨、董治安《古字通假会典》,齐鲁书社1989年版,第862、865页。
② 杨树达《积微居小学述林全编》,上海古籍出版社2007年版,第13、157页。
③ 荆门市博物馆《郭店楚墓竹简》,文物出版社1998年版,第187页。
④ 李零《郭店楚简校读记(增订本)》,北京大学出版社2002年版,第133页。
⑤ 赵平安《关于叴的形义来源》,简帛网,2007年1月23日。

以"股""殺"为异文,《说文》"股"字下段注曰"股、殺字古音在五部(即鱼部),见于《诗》者如此",则"胍"字毫无疑问可以读为"股"。第二字苏建洲先生释为"忱",读为"肱"①,其说当可信。而且,辞例"股肱之力"验之于典籍更是若合符节。如《左传·僖公九年》记载晋国荀息与晋献公的对话:"(荀息)稽首而对曰:'臣竭其股肱之力,加之以忠贞。其济,君之灵也;不济,则以死继之。'公曰:'何谓忠贞?'对曰:'公家之利,知无不为,忠也;送往事居,耦俱无猜,贞也。'"又如《国语·齐语》:"有拳勇股肱之力。"《墨子·非命下》:"今也卿大夫之所以竭股肱之力,殚其思虑之知,内治官府,外敛关市、山林、泽梁之利,以实官府,而不敢怠倦者,何也?"《商君书·赏刑》:"夫固知愚、贵贱、勇怯、贤不肖皆尽其胸臆之知,竭其股肱之力,出死而为上用也。"《三国志·蜀志·诸葛亮传》:"臣敢竭股肱之力,效忠贞之节,继之以死。"《晋书·王浚传》:"欲竭股肱之力,加之以忠贞。"《三国志》和《晋书》中"股肱之力"也是为臣之语,很可能根源于《左传》。可见古籍中讨论为臣之道常用"股肱之力"这种说法,与郭店楚简《六德》简文所论的"臣德"正相符合。同时,郭店楚简"胍(股)"字的释读反过来也证明望山、新蔡楚简中"翔"字的释读是可信的。

以上是我们对楚简中诸从"仉"之字的一些看法。

赵平安先生在上述说法的基础上,从西周金文和商代甲骨文中找到了"仉"的形义来源,认为甲骨文中的 、 与金文师询簋的 ,都应释为"仉"。所谓"仉"其实就是"股"的本字,是在侧面人形的股所在的部位画个圈,表示股是腿上的某一段。"股"本为指事字,后来字形演变,表意意图不明显,便在旁边加形符月(肉),再后来就用形声字来取代它。②赵平安先生认为"仉"字形是从甲骨文"股"字初文变化而来的说法是可信的。但宋华强先生以为赵平安先生以从"殳"为改换声旁的说法不确。宋华强先生认为"股""殺"都是见母

---

① 苏建洲《释楚竹书几个从"尤"的字形》,简帛网,2008年1月1日。
② 赵平安《关于仉的形义来源》,简帛网,2007年1月23日。

鱼部字,"殳"是禅母侯部字,声韵皆有一定距离,"股""殺"所从"殳"旁应该都是由楚简"丮"旁那种形体讹变而成的。①宋华强先生此说可从。古文字中所从的"殳"字形确实有与上述"丮"字形相混的可能,下列诸从"殳"之字形可以为证。

甲骨文"役""殺"②　　　　　金文"殳""股""段"③

上面几个字形中,金文"段"所从的"殳"形上部写得极像侧面人形,与楚简中的"丮"形尤有讹混的可能。宋华强先生将"股""殺"的声符"殳"视作"丮"(古音在见母鱼部)字形的讹变,就彻底解决了《说文》中"股""殺"的声符"殳"古音在禅母侯部与"股""殺"古音在见母鱼部不相符合的矛盾。

对于楚竹书《周易》中"󰀀"字形的分析,我们虽然同意季旭升先生隶定为"氼"的观点,但与季旭升先生分析为从"水"从"丮"的会意字和陈剑先生分析为从"水"从"丮(企)声"的形声字都不同,我们认为此字应当分析为"从水,盈省声",即释为"溋"字。

楚简文字中常见"省声"现象。如《上海博物馆藏战国楚竹书(二)·从政(甲篇)》第8简"󰀀则失众"的"󰀀"字,黄锡全先生释为"淊",读为"卤"。④陈剑先生同意黄锡全先生对字形的分析,但认为简文"淊"字与字书中的"淊"字无关,两字仅是同形字的关系,简文"淊"字其实应是"盐"字异体,读为"严",并引《论语》两次出现的"宽则得众"(《阳货》《尧曰》)为证,以为其正跟简文"严则失众"之语相反相成。对于简文"淊"字形与战国文字中标准的"盐"字形的关系,

---

① 宋华强《新蔡楚简的初步研究》,北京大学中文系博士学位论文,2007年,第222页。
② 中国科学院考古研究所《甲骨文编》,中华书局1965年版,第134页。
③ 容庚《金文编》,中华书局1985年版,第206、207页。
④ 黄锡全《读上博楚简(二)札记(壹)》,简帛研究网,2003年2月25日。

陈剑先生用战国文字中多见"省略偏旁"的现象来解释。①在得见可以与此句对读的《上海博物馆藏战国楚竹书（五）·季庚（康）子问于孔子》第10简"（鹽）"字后，陈剑先生又在此文"补记"部分指出：将《从政》的"灥"字跟"鹽"字结合起来考虑，如它们释读为"盐（严）"符合事实，则"鹽"字似可分析为从"宀"从"盬（盐）"或"灥（盐）"省声。②陈剑先生对此字的释读意见是完全可信的。古文字中出现的其他"盐"字形如下：

无盐戈　　包山楚简147　　上博（二）《容成氏》3　　上博（五）《鲍叔牙与隰朋之谏》5③

综观这些"盐"字可知，古文字中上从"鹵"下从"皿"的"盬（盐）"字是最为常见的一种写法，繁体或加"水"。④何琳仪老师以"盬"为"盐"之初文，疑"灥"为"瀶"之省文，并引《集韵》"盬，盐或省"与《广韵》"瀶，同盐"为说。⑤而楚简文字中以"灥"作"盐"仅此一见。因此，《从政》中的"灥"字形应当分析为"从水，盬（盐）省声"即释为"灥（瀶）"字为确。

同样道理，楚竹书《周易》简14的""字，今本作"盍"，帛本作"甲"。陈斯鹏先生释为"欪"，疑即"嗑"字异体，二字均从"去"（叶部字）得声。⑥何琳仪老师直接隶定为"欪"，以为与"甲""盍"韵母同属叶部。⑦古文字中象器皿上有盖子的"去"字，即"盍"字所从的"盍"字上部的"去"，与古音在鱼部意为离去的"去"其

---

① 陈剑《上海博物馆藏战国楚竹书〈从政〉篇研究（三题）》，第三届国际简帛研讨会论文，Mount Holyoke College, U.S.A, 2004年。
② 陈剑《上海博物馆藏战国楚竹书〈从政〉篇研究（三题）》，复旦大学出土文献与古文字研究中心网，2008年2月28日。
③ 季旭升《上博五刍议（上）》，简帛网，2006年2月18日。
④ 赵平安《战国文字中的盐字及相关问题研究》，《考古》2004年第8期。
⑤ 何琳仪《战国古文字典》，中华书局1998年版，第1457页。
⑥ 陈斯鹏《楚简〈周易〉初读记》，孔子2000网，2004年4月25日。
⑦ 何琳仪《楚竹书〈周易〉校记（上）》，《安大史学》（第二辑），安徽大学出版社2006年版。

实是来源不同的两个字。①曾宪通先生以为此类"去"字其实就是"盍"的初文,形声字中古音不属于"鱼"部者,大多属于"叶"部字,这些字都应当是从"盍"字的初文"去"得声的。如果要勉强用"省声"的办法来分析的话,则宁可采用"盍省声"更为合理。②由曾宪通先生此说,楚竹书《周易》简14"欼"字也当分析为"从欠,盍省声",即释为"歠"字为是。

准此两例,楚竹书《周易》中的"汲"字分析为"从水,盈省声"即释为"溋"字就顺理成章了。而且,"汲"之于"溋"所从之"盈"与"澫"之于"�(瀶)"所从之"盦(盐)"恰好构成平行对应的关系。同时,上举这四个楚简文字"省声"之例都是省略声符中的"皿"字形,益可说明这种现象在楚简文字中绝非偶然,而是有其规律可循的。

原载《周易研究》2009年第1期

---

① 裘锡圭《谈谈古文字资料对古汉语研究的重要性》,《中国语文》1979年第6期。
② 曾宪通《去盍考辨》,《古文字与出土文献丛考》,中山大学出版社2005年版,第91—93页。

# 简牍人名(双名)释读札记

施谢捷

近年刊布战国秦汉简牍文献中出现的大量人名资料,颇有与战国秦汉玺印及典籍中所见人名相合者,反映了当时人们取名的共通习惯。本文拟在充分占有战国秦汉简牍和玺印封泥资料的基础上,通过对战国秦汉简牍和玺印封泥及相关史籍相互参证,充分吸收前修时贤的相关研究成果,利用古文字学、古文献学的整理研究方法,对过去被阙释、误释或诸释歧异的人名,根据玺印或相关史籍提供的人名资料予以补释或辨正,对罕见之双名则试考其取意原由,同时利用简牍所载人名资料对玺印中所见的某些人名作出合理的释读。今择其中十例进行讨论,敬请指正。

## 一、尼 安

《包山楚简》①简 180:

壬戌,瞳笋舍尼安。

人名"尼安",原简作 仁女,原整理者释为"尼女",陈伟《包山楚简初探》附录释文同。②滕壬生《楚系简帛文字编》或沿袭整理者意见释"尼女",或改释

---

① 湖北省荆沙铁路考古队《包山楚简》,文物出版社 1991 年版。
② 陈伟《包山楚简初探》,武汉大学出版社 1996 年版,第 218 页。

## 探寻中华文化的基因(一)

"仁女"①;张守中《包山楚简文字编》释为"仁安"②;李零《读〈楚系简帛文字编〉》谓:"(仁)应释'尼',未必是'仁'。"③新出《楚地出土战国简册[十四种]》释文则径释为"夷安",注曰:"夷,原释文作'尼'。今按:《玉篇》尸部:'尼,古文夷字。'"④

按,[字]字当释为"安",学界无异议。出土战国简帛文字资料中"仁"往往用"从心从身"的"㥶",或用"从心从千"的"忎"、"从心从人"的"㤴"等⑤,尚未见"仁(尼)"可以确定释读为"仁"的用例,可见将人名中的"尼"释读为"仁",与当时用字习惯并不相合,李零指出仁"应释'尼',未必是'仁'"是正确的。今谓战国楚简有"尼""夷"通假之例⑥,陈伟等在《楚地出土战国简册[十四种]》释文中据《玉篇》尸部"尼,古文夷字"将见于上揭包山简180的人名"尼安"释为"夷安",应该可信。古书中"夷"往往训"平",有平心、平易之意⑦,我曾指出包山简180"以'尼安'为名,即读为'夷安',盖取平安之意"⑧。显然也是合适的。在传世玺印及古书中虽未检得以"夷安"为人名之例,但检得以"平安"为名字者,如汉私印有"雄平安"(《陈簠斋手拓古印集》⑨第112页、《十钟山房印举》17.42,图1)、

---

① 滕壬生《楚系简帛文字编》,湖北教育出版社1995年版。释"尼女",见第526页"瞻"栏及第856页"女"栏;释"仁女"见第657页"仁"栏。类似这种对同一字所做释文不同的情况在该书中多见,不赘举。
② 张守中《包山楚简文字编》,文物出版社1996年版,第133页"仁"栏、第121页"安"栏。
③ 李零《读〈楚系简帛文字编〉》,《出土文献研究》第五辑,科学出版社1999年版,第161页。
④ 陈伟等《楚地出土战国简册[十四种]》,经济科学出版社2010年第二次印刷本,见第79页释文,第86页注[79]。
⑤ 参看李守奎《楚文字编》,华东师范大学出版社2003年版,第488页"仁"栏;滕壬生《楚系简帛文字编》增订本,湖北教育出版社2003年版,第740页"仁"栏。按,二书将本文讨论的"尼"亦作为"仁"的异体处理,应该是不妥的。
⑥ 参看白于蓝《战国秦汉简帛古书通假字汇纂》,福建人民出版社2012年版,第343页"尼与夷"条。
⑦ 参看宗福邦、陈世铙、萧海波主编《故训汇纂》,商务印书馆2003年版,第488页"夷"条。
⑧ 施谢捷《楚简文字中的"橐"字》,《语文研究》2002年第4期,注[37]。后收入楚文化研究会编《楚文化研究论集》第五集,黄山书社2003年版,第334—339页;赵生群、方向东主编《古文献研究集刊》第一辑,凤凰出版社2007年版,第44—54页;复旦大学中文系编《卿云集三编——复旦大学中文学科发展八十五周年纪念论文集》,复旦大学出版社2010年版,第224—236页。
⑨ 引用诸印谱的详细情况,请参看施谢捷《古玺汇考》附录一《集辑古玺印谱知见目录》,安徽大学博士学位论文,2006年6月,凡见于该文的,于此不再具注。需要说明的是,本文引及玺印封泥资料,与所考人名直接对应的尽量揭示相关印拓图版,以免读者翻检之劳;个别未能获取印拓图版的暂付阙如。

"公孙平安"(封泥,《运甓斋新获临淄汉封泥》①361,图2;同上362,图3)、"平安之印"(《天津市艺术博物馆藏古玺印选》96、《松谈阁印史》,图4)等,可为旁证。古地名有"夷安"者,《史记·管晏列传》:"晏平仲婴者,莱之夷维人也。"张守节《正义》:"《晏氏齐记》云:齐城三百里有夷安,即晏平仲之邑。汉为夷安县,属高密国。应劭云:故莱夷维邑。"夷安,《汉书·地理志》为青州高密国属县。人名"夷安"与地名"夷安"的取意或相同。

图1　　　　图2　　　　图3　　　　图4

另,战国古玺中亦有用"尸"为"夷"的实例,除之前已经指出的《古玺汇编》2652重新著录的"尸易郾"(图5)玺中作合文形式的"尸易"即复姓"夷阳"外②,近又见二件印文相同将常见人名"夷吾"写作"尸虐"的"邯郸尸虐"玺(私人藏印,图6、图7),复姓"邯郸"与人名"尸虐"均作合文形式③,此亦是"尸安"可释读

---

① 和田广幸《运甓斋新获临淄汉封泥》,2006年文雅堂拓印本。
② 施谢捷《楚简文字中的"橐"字》,《语文研究》2002年第4期,注[37]。
③ 作为人名字的"夷吾",除作"尸虐",还可以作"寺虐",郭店楚墓竹简《穷达以时》简6"埜寺虐"即"管夷吾","夷"借用"寺";作"弟虐",见于《古玺汇编》3994、《吉林大学藏古玺印选》等著录战国"东阳弟虐"(说参看刘乐贤《古玺人名考释六则》,《追寻中华古代文明的踪迹——李学勤先生学术活动五十周年纪念文集》,复旦大学出版社2002年版,第70—71页。引者按,刘文将出处编号误作3944)、"弟吾",见于《师ىى斋秦汉印谱》《程荔江印谱》等著录汉"刘弟吾—刘子承"两面印、施谢捷《虚无有斋摹辑汉印》(艺文书院2014年)2897著录汉"姚弟吾"(说参看施谢捷《〈汉印文字征〉及其〈补遗〉校读记(一)》"征"1.10'弟'栏:)弟恬;()弟横;()弟理私印"条,复旦大学出土文献与古文字研究中心编《出土文献与古文字研究》第二辑,复旦大学出版社2008年版),"夷"借用"弟"。古玺另有人名字作"弟备",见于《古玺汇编》0862著录"长弟备"、1097著录"侯弟备","备"即"邍"(古书往往借用"原"),刘乐贤《古玺人名考释六则》认为人名字"弟原"可读为"夷原",是"平原"的意思(第71页),与本文将"尸安"释读为"夷安",取"平安"之意,亦可比照。

为"夷安"之佐证。

图 5　　　　图 6　　　　图 7

## 二、嗌　耳

《包山楚简》简 175：

　　武城人番**嗌耳**。

人名"嗌耳"之"嗌"原作"䐃"，原整理者释为"衰"，汤余惠、刘钊据《说文》籀文"嗌"作"䇂"而改释为"嗌"①，《楚地出土战国简册[十四种]》从汤、刘说②。

按，将包山简 175 人名释为"䇂（嗌）耳"，可信。今谓"䇂（嗌）"往往与"益"通假，如传说中禹臣伯益，《书·舜典》作"益"，《汉书·百官公卿表》作"䇂"，颜师古注引应劭曰："䇂，伯益也。䇂，古益字。"③上海博物馆藏楚竹书《容成氏》简 34、九店五十六号墓出土楚简《禁忌》简 39 亦作"䇂"④。据此，作为人名的"嗌耳"当读为"益耳"。古人有用"益耳"为名字的，《左传·文公八年》有晋大夫"梁益耳"（亦见于《文公九年》），传世秦印有"聂益耳"（《十钟山房印举》3.55，图 8）、汉印有"笵益耳"（《十钟山房印举》17.37，图 9），后世亦有以"益耳"为名字的，《晋书·载记第十五·苻丕》有"强益耳"，均其例。"益""重"义近⑤，《吕氏春秋·制乐》"是重吾罪也"高诱注："重，犹益也。"《楚辞·九章·惜诵》"恐重患而离尤"朱熹集注："重，增益也。"作为人名的"益耳"，其取意应该与另一常见人名

---

①　汤余惠《包山楚简的读后记》，《考古与文物》1993 年第 2 期，第 74 页；刘钊《包山楚简文字考释》，《东方文化》（香港）1998 年第 1、2 期合刊，第 63 页。引者按，籀文，刘文引作"古文"。
②　《楚地出土战国简册[十四种]》，见第 79 页释文，第 85 页注[61]。
③　参看高亨《古字通假会典》第 449 页"益与䇂"条，齐鲁书社 1989 年。
④　参看《战国秦汉简帛古书通假字汇纂》，第 489 页"嗌与益"条。
⑤　参看《故训汇纂》，第 2355 页"重"条、第 1534 页"益"条。

"重耳"相近似。以"重耳"为人名的,史籍载有春秋时晋文公"重耳",传世汉印有"公孙重耳—公孙翁孟"(同文印二件,《陕西新出土古代玺印》1479,图10;同上1480,图11)、"董重耳印"①(《枫园集古印谱》、《书道全集》卷二十七"盛冈太田梦庵氏藏印",图12)、"张重耳"(私人藏印,图13)等;或作"童耳",见于《包山楚简》简34、简39的"周童耳",刘钊谓"童通重",即"重耳",说可信。②

以"益耳""重耳"为名,取意方式或许与常见的"青肩""青臂""青背""黑臀"等人名相类,属以隐疾或生理特征为名,可能与现代医学上所谓的"附耳"有关。不过,对于汉代人来说,取名"重耳"者,亦可能是以"晋文公重耳"之名为名,属于"沿用古人名"之例。③

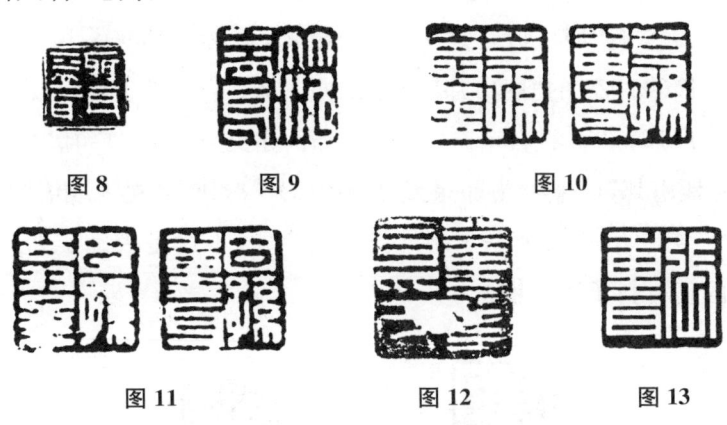

图8　　　图9　　　图10

图11　　　图12　　　图13

## 三、广　邦

《里耶秦简·壹》④简⑧565:

尉**广邦**四甲。校长舍四甲。☐」佐狣四甲。赀已归。」

---

① 此印印文,《书道全集》卷二十七释为"董年身印",误。
② 刘钊《古文字中的人名资料》,《吉林大学社会科学学报》1999年第1期,第67页。
③ 参看施谢捷《古玺印考释十篇》之三"释'非字'",台北《印林》1996年第十七卷第2期;刘钊《古文字中的人名资料》,第63页。
④ 湖南省文物考古研究所《里耶秦简(壹)》,文物出版社2012年版。

探寻中华文化的基因(一)

又简⑧1736：

　　　　☐尉广邦二甲。

⑧565 的"广邦"，原整理者释文作"广☐"，《里耶秦简牍校释》第一卷释文作"广赀"，注谓："广，人名。赀，原释文未释。"①简⑧1736 的"广邦"，原整理者释文作"☐邦"，《校释一》作"广☐"。谓："尉广，原释文未释，亦见于 8-565、8-1477。'广'下一字，原释文作'邦'。"②

按，简⑧565"广邦"之"邦"，《里耶秦简·壹》所刊图片墨迹较淡，但仍属可辨。《校释一》补释为"赀"，并以"广"为人名，失之。简⑧1736"邦"上二字，《校释一》补释"尉广"，可信；将原整理者已释出之"邦"字改释为"☐"，大概是受了⑧1477简文有"尉广敢言之"云云的影响，不必。其实⑧1477 的"尉广"与简⑧565、简⑧1736 的"尉广邦"未必是同一人③。今谓⑧565、简⑧1736 的"尉广邦"，"广邦"是尉的名字。"广邦"一语，亦见于秦印"广邦"（私人藏印，图 14）、"充地广邦"（《盛世玺印录》249，图 15）④，二例多视为成语印。现在看来其中的"广邦"印，亦可能是未缀姓氏的名字印，不过是否确实如此，尚有待将来更多的新材料予以证明。

图 14　　　　图 15

《说文》囗部："国，邦也。"又邑部："邦，国也。""邦""国"意同，汉时因避高祖

---

① 陈伟主编《里耶秦简牍校释》第一卷，武汉大学出版社 2012 年版，第 180 页。下文或简称"校释一"。
② 《校释一》第 384 页。
③ 即使将来发表的材料能证明"尉广"与"尉广邦"所指系同一人，亦不奇怪。类似现象，可参看施谢捷《汉印文字校读札记（十五则）》之七的相关讨论，《中国文字学报》第 2 期，商务印书馆 2008 年版。
④ 吴砚君《盛世玺印录》，艺文书院 2013 年版。

刘邦讳往往将"邦"改用"国",如上海博物馆藏楚竹书《孔子诗论》简3"邦风",就是传本《诗》的"国风"。传世汉私印及出土汉简、史籍中习见以"广国"为人名者,如见于《史记·惠景间侯者年表》《汉书·外戚恩泽侯表》的章武侯"窦广国",《汉书·百官公卿表》的睢陵侯"张广国";见于汉简的有《居延汉简甲乙编》①简247.36的"☑□□□从史广国"、简512.3的"☑守城尉广国"等;见于汉印的有"李印广国"(《虚无有斋摹辑汉印》1326,图16)、"聊广国"(《顾氏集古印谱》、《汉铜印丛》、《十六金符斋印存》第290页,图17)、"刘广国—刘少孺"(《虚无有斋摹辑汉印》1458,图18)、"任广国印"(私人藏印)、"宋广国印"(《程荔江印谱》)、"王印广国"(同文印两件。《虚无有斋摹辑汉印》2412,图19;《中国玺印集粹》11.1122,图20)、"王广国—臣广国"(《善斋玺印录》下、《乐只室古玺印存》第84页、《西泠印社古铜印选》第50页,图21)、"夏阳广国"(《陕西新出土古代玺印》1360;《中国玺印篆刻全集·玺印》2.867,图22)、"解广国—臣广国"(《顾氏集古印谱》、《王氏集古印谱》5.12,图23)、"阳成齿—阳成广国"(《二百兰亭斋古铜印存》第89页、《玺印集林》第224页、《中国篆刻全集》2.650,图24)、"乐广国—臣广国"(私人藏印,图25)、"张广国"(同文印三件。《䢼荂集古印存》第50

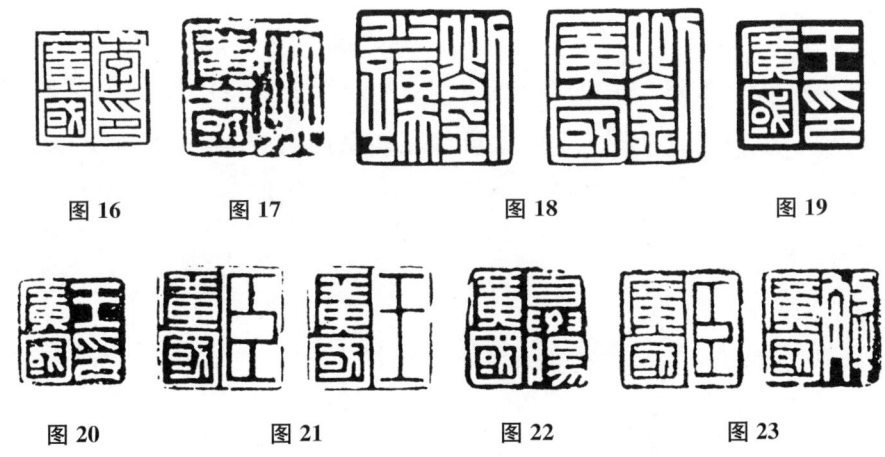

图16　　图17　　　图18　　　图19

图20　　图21　　图22　　图23

① 中国社会科学院考古研究所《居延汉简甲乙编》,中华书局1980年版。下文或简称"甲乙编"。

探寻中华文化的基因(一)

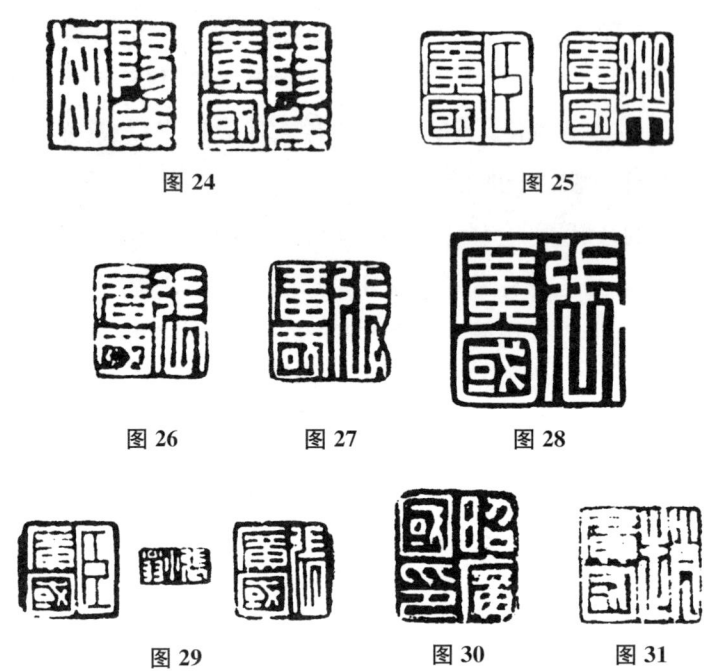

图 24　　　　　图 25

图 26　　图 27　　图 28

图 29　　　图 30　　图 31

页,图 26;《铁云藏印选》第 62 页、《吉林大学藏古玺印选》185,图 27;《虚无有斋摹辑汉印》3209,图 28)、"张广国—臣广国>张小翁"(《中国玺印集粹》13.1302,图 29)、"昭广国印"(《十钟山房印举》18.4、《双虞壶斋印存》第 68 页、《中国玺印篆刻全集·玺印》2.639、《中国篆刻全集》2.437,图 30)、"赵广国"(《枫园集古印谱》、《书道全集》卷二十七"盛冈太田梦庵氏藏印"、《中国篆刻全集》2.290,图 31)等,均其例。汉时的人名"广国",显然相当于里耶秦简的人名"广邦",二者取意相同。

## 四、筍　得

《里耶秦简·壹》简⑧1943:

　　□贰春乡要常」□乡樛、佐**筍得**。」

人名"笥得",原整理者释文作"笞得"①,《校释一》从之,注释:"樛、笞得,疑是人名。"②伊强最近将原释"笞"之字改释为"笱"③。

按,"笱"原释为"笞",于形无据。此字简文实作从"竹"从"句"之形,伊强改释为"笱",可信。在秦汉简帛资料中,"笱"往往用作"苟"④。因此,上揭简⑧1943作为人名的"笱得"当读为"苟得"。"苟得"是古之常语。《诗·国风·相鼠》:"相鼠有皮,人而无仪。"郑玄《笺》云:"仪,威仪也。视鼠有皮,虽处高显之处,偷食苟得,不知廉耻,亦与人无威仪者同。"《汉书·王贡两龚鲍传》:"蜀严湛冥,不作苟见,不治苟得,久幽而不改其操,虽随、和何以加诸?"颜师古注:"不为苟显之行,不事苟得之业。"

"苟得"是古人喜用人名。或作"句曼(得)",见于战国古玺的有"樟句曼(得)"(《善斋玺印录》上、《中国古印图录》65,图32),见于秦私印的有"鞠句得"(《善斋玺印录》上,图33)、"牟句得"(《续齐鲁古印攈》第111页、《鹤庐印存》第133页,图34)等,《礼记·缁衣》:"子曰:苟有车,必见其轼;苟有衣,必见其敝;人苟或言之,必闻其声;苟或行之,必见其成。"其中诸"苟"字,郭店楚墓竹简本及上海博物馆藏楚竹书本均作"句"⑤,《战国策·燕策二》"臣苟得见则盈愿"之"苟",马王堆汉墓帛书《战国纵横家书》作"句"⑥,是"句""苟"通假之例。亦作"狗得",见于汉私印的有"颜(颜)狗得"(《苏州博物馆藏印选》1.38,图35)。战国楚竹书有"狗""苟"通假之例⑦,"苟得"或作"狗得",与另一常见人名"狗子"或

图32　　　图33　　　图34　　　图35

---

① 《里耶秦简·壹》,释文第89页。
② 《校释一》,第409页注释。
③ 伊强《〈里耶秦简牍校释(第一卷)〉补正(3)》,简帛网2013年12月5日首发。
④ 参看《古字通假会典》,第339页"苟与笱"条。
⑤ 参看《战国秦汉简帛古书通假字汇纂》,第166—167页"句与苟"条。
⑥ 参看《古字通假会典》,第337页"句与苟"条。
⑦ 参看《战国秦汉简帛古书通假字汇纂》,第170页"狗与苟"条。

作"笱子"情形亦相同①。作"狗子"的有《包山楚简》简 176"苛狗子",汉印"笱印狗子"(《首都博物馆藏古玺印选》)、"侯狗子"(《宾虹集印存》)、"魏狗子—魏长公"(两面印。《虚无有斋摹辑汉印》2538)等,作"笱子"的有秦私印"兒笱子"(《十钟山房印举》3.56)。后世也有以"苟子"为名的,《世说新语·文学篇》:"许掾年少时,人以比王苟子。"刘孝标注:"苟子,王修小字。"《颜氏家训·风操》:"长卿名犬子②,王修名狗子。"可资比较。

## 五、囚　吾

《里耶秦简·壹》简⑧472+1011+167+194③:

尉敬敢再捧谒丞公:校长宽以迁陵船徒卒史」酉=阳=(酉阳,酉阳)即(?)滕船到元陵,宽以船属酉阳校长徐。令司空」□□□□□顾丞公令吏徒往取之,④及以书告酉阳令」来归之。盗贼事急,敬已遣宽与校长**囚吾**追求盗,」A发田官不得者。敢再捧谒之。B

---

① 与"狗子"取名方式相类的,有"猪子",见于汉印"姚猪子"(《虚无有斋摹辑汉印》2901)、"程猪子"(《汉印文字征》9.13"猪"栏引)、"尹猪子印"(《缪篆分韵》"猪"栏引)、"郝猪子—少孺"(私人藏印)等;有"豚(豚)子",见于汉印"林豚(豚)子"(征 4.14"脂(豚)"栏引);有"牛子",见于秦印"李牛子"(私人藏印)、汉印"周牛子印"(《周叔弢先生捐献玺印选》、《天津市艺术博物馆藏古玺印选》第 104 页)等;有"羊子",见于汉印"侯印羊子"(《订莾集古印存》第 159 页、《秦汉印存》、《中国篆刻全集》2.430)、"乐印羊子"(私人藏印)、"行羊子"(《汉铜印原》第 134 页、《王氏集古印谱》3.42)、"鳖羊子"(《缵述堂古铜印存》305)等,见于汉简的有"乘胡隧卒王羊子"(《甲乙编》564.26)、"□平里鲁羊子"(《肩水金关汉简·壹》简 73EJT2:50。按原整理者释文"羊"误释作"年")等,见于史籍的有赵昭仪侍婢"羊子"(《汉书·外戚传下》)、"乐羊子"(《后汉书·列女传》);有"鼠子",见于汉印"杨印鼠子"(《战国秦汉古印式》、《汉印文字征补遗》10.3"鼠"栏引),知"笱子"之"笱"是"狗"之借字。

② 出于《史记·司马相如列传》:"司马相如者,蜀郡成都人也,字长卿。少时好读书,学击剑,故其亲名之曰犬子。相如既学,慕蔺相如之为人,更名相如。"亦见于《汉书·司马相如传》:"司马相如字长卿,蜀郡成都人也。少时好读书,学击剑,名犬子。相如既学,慕蔺相如之为人,更名相如。"以"犬子"为名,与以"狗子"为名者同意。另《甲乙编》简 219.14"以禀第六隧卒吕小狗十月食",第六隧卒名"小狗",与"狗子""犬子"取意亦同。

③ 本文引用简文拼缀多据《校释一》,唯对所拼缀简号次序按照原简位置作了调整。下文不注者同此。

④ "顾"前第三字左从偏旁为"舟",可能是"船"字之残。

又简⑧681：

　　　☐**囚吾**作徒薄。九人与吏上事守府。」☐人除道：泽、胜、最☐①」三人行庙。」☐ A

　　　☐【刻】=（刻刻）下一，佐居以来。ノ　　B

又简⑧1610：

　　　田佐**囚吾**死。

又简⑧1783＋1852：

　　　卅年九月甲戌，少内守扁入佐亳赀一盾、佐斗四甲、史章二甲、☐☐」二甲、乡歇二甲、发弩**囚吾**一甲、佐狐二甲。凡廿五甲四盾。为☐」

其中名"囚吾"者，除⑧681因原简残损身份不明外，余分别为⑧472＋1011＋167＋194"校长"、⑧1610"田佐"、⑧1783＋1852"发弩"。

按，"囚吾"在上引诸例简文中的身份不同，应该不是同一人，属于异人同名的可能性极大。银雀山汉墓竹简《论政论兵之类·三六、【君臣问答】》有"尧问许囚曰"云云，原整理者谓："许囚，应即许由，亦作许繇。囚字古音与由、繇相近。"②许由，相传是尧舜时代的贤人，《韩非子·喻老》《战国策·赵策》等作"许由"，《汉书·古今人表》作"许繇"，颜师古注："即许由也。""繇""䌛"为一字异体，传世古书与出土简帛数据中"繇（䌛）""由"通假之例极多，如《战国策·西周策》"䌛

---

①　"☐人除道泽胜最☐"，原整理者，《校释一》释文作"一人除道泽务☐"，《校释一》注释谓："一，也许是'二'。"（第202页）检核原简图片，"人"前一字，仅底部笔画"一"清晰，《校释一》注释怀疑原整理者释文"一"是有道理的，但任"除道"之事的简文可辨识的就有"泽、胜、最"三人，"最"字简文写作"冣"，实乃"最"之异构。注释谓"一，也许是"二"，显然不妥。此简"泽、胜、最"三人亦见于简⑧2089，可以互相参照，原整理者释文作"一"者，很可能也是"五"字的底部横画。兹引录简⑧2089如下：

　　　☐☐☐☐薄。」(1)一人☐☐：珰。」一人付畜官：顼。」六人作☐☐、☐、何、勢、庭、田。」五人除道：泽、胜、最、☐、☐。」☐人行庙」……」(2)六人治☐☐☐☐☐」一人为鳥：勮。」☐☐☐」(3)

"六人作☐"之"作"，原整理者，《校释一》释文作"☐"。"☐☐何勢庭田"，原整理者释文作"☐☐何勢庭☐"，《校释一》作"泽、务、何、勢、庭、田"。"泽、胜、最"，原整理者，《校释一》释文作"☐☐冣"。"最"字简文写作"冣"，原整理者，《校释一》释文作"冣"，将作"冣"的"最"与"冣"混同，是不合适的。"☐人行庙"，原整理者释文，《校释一》作"☐人作☐"，《校释一》注释谓："'作'下一字，似为'庙'。"（第428页）说可从。"行庙"，亦见于简⑧138＋174＋522＋523及简⑧681。"勮"，原整理者释文，《校释一》作"剧"。

②　银雀山汉墓竹简整理小组《银雀山汉墓竹简（贰）》，文物出版社2010年版，释文注释第170页注〔四〕。

探寻中华文化的基因(一)

由",《说林下》《韩非子·喻老》作"仇由",《吕氏春秋·权勋》作"厹繇"(厹即厹异写);《左传·僖公十五年》"梁由靡",《国语·晋语》《淮南子·泛论训》同,《史记·晋世家》作"梁繇靡";《汉书·古今人表》"辛繇靡",颜师古注:"繇,读与由同。"《史记·三代世表》《齐太公世家》司马贞《索隐》引宋衷说作"辛由靡";《左传·成公十六年》"养由基"之"由",《路史·国名纪三》作"繇"①,均其比。战国竹书中的"繇"亦有读为"囚"者,郭店楚墓竹简《穷达以时》简6"坴(管)寺(夷)虘(吾)佝(拘)繇束(?)缚"中的"繇",裘锡圭读为"囚";上海博物馆藏楚竹书《苦成家父》简9"敂(拘)人于百豫以内,繇之"及"女(汝)出繇而余(予)之内库之兵"中的二"繇"字,陈剑读为"囚"②,是其例。因此作为人名的"囚吾"当可读为"由吾"。

传世古书中的"由吾"均作为复姓出现,林宝《元和姓纂》卷五:"由吾,由余之后,仕吴,子孙入越,因号由吾氏。琅琊。北齐谏议大夫沭阳公由吾道荣。"③邵思《姓解》卷三:"由吾,亦出于由余氏也。北齐有由吾道荣,有道术,明天文。"郑樵《通志·氏族略第四》"以名为氏"之"名字未辨"条:"由吾氏,《姓纂》云:由余之后,仕吴,子孙入越,因号由吾氏。北齐有谏议大夫由吾道荣,琅邪人。"王应麟《姓氏急就篇》:"由吾氏,秦由余之后。《北史》有由吾道荣。唐由吾公裕。"邓名世《古今姓氏书辩正》卷十九:"由吾,秦由余之后,先仕吴,后入楚④,因号由吾氏。晋由吾道荣,有传。《唐艺文志》有由吾公裕《葬经》三卷。"陈士元《姓觿》卷四:"由吾,《姓苑》云:秦由余之后。裔孙仕吴,入越称由吾氏。《千家姓》云:琅邪族。《北史》有由吾道荣;《唐书》有由吾公裕。"廖用贤《尚友录》卷二十二:"由吾,《姓纂》云:秦由余之后,仕吴,子孙入越国,因号由吾氏。由吾道荣,南

---

① 参看《古字通假会典》,第714—716页"繇与由"条;《战国秦汉简帛古书通假字汇纂》第97—98页"繇与由"条、"遥与由"条等。

② 参看《战国秦汉简帛古书通假字汇纂》,第97页"繇与囚"条。

③ "沭"原作"沐",岑仲勉《元和姓纂四校记》卷五:"《寰宇记》二二海州云:'按州旧记有道士由吾道营,本沭阳人,精心好道,学穷秘箓,天意人事无不通,隋文帝时特征之至都,拜谏议大夫。'按荣、营吾乡同音,字形亦近,疑作营者讹。地无沭阳,沭阳正属海州,乃传刻之误。"

④ 此处"楚",当"越"之误。

北,有道术,于天文历数阴阳药性无不通解,隐琅琊山,辟谷饵松木,求长生秘诀。"《宋史·艺文志五》有"由吾裕《式心经略》三卷"。诸姓氏书均谓复姓"由吾"氏者为"由余"之后。"由吾"复姓亦见于汉印"由吾参印"①(《馨室所藏玺印续集》、《玺印集林》第153页、《中国篆刻全集》2.353,图36)。

图36

诸姓书另有复姓"由余"氏者,亦为"由余"之后。《姓解》卷三:"由余,《姓苑》:秦相由余氏之后。"《古今姓氏书辩正》卷十九:"由余,由余之后,以字为氏。"②"由余"事见于《史记·秦本纪》:

三十四年……戎王使由余于秦。由余,其先晋人也,亡入戎,能晋言。闻缪公贤,故使由余观秦。秦缪公示以宫室、积聚。由余曰:"使鬼为之,则劳神矣。使人为之,亦苦民矣。"缪公怪之,问曰:"中国以诗书礼乐法度为政,然尚时乱,今戎夷无此,何以为治,不亦难乎?"由余笑曰:"此乃中国所以乱也。夫自上圣黄帝作为礼乐法度,身以先之,仅以小治。及其后世,日以骄淫。阻法度之威,以责督于下,下罢极则以仁义怨望于上,上下交争怨而相篡弑,至于灭宗,皆以此类也。夫戎夷不然。上含淳德以遇其下,下怀忠信以事其上,一国之政犹一身之治,不知所以治,此真圣人之治也。"于是缪公退而问内史廖曰:"孤闻邻国有圣人,敌国之忧也。今由余贤,寡人之害,将奈之何?"内史廖曰:"戎王处辟匿,未闻中国之声。君试遗其女乐,以夺其志;为由余请,以疏其间;留而莫遣,以失其期。戎王怪之,必疑由余。

---

① "由"原写作"由",罗振玉《玺印姓氏征》卷上"申吾"下引"申吾豪"印,当系因误释此印印文而立姓氏。
② "由余"之后还有以"由""余"为姓氏的,郑樵《通志·氏族略第四》"以名为氏"之"诸国人名"条:"由氏,亦为由余氏。西戎由余相秦,子孙氏焉。楚王孙由于亦为由氏。《急就章》有由广国。《风俗通》汉长沙太守由彰。"又"余氏,《风俗通》云:由余之后。世居歙州,为新安大族。望出下邳、吴兴。"《尚友录》卷十二:"由,西戎由余相秦,子孙氏焉。由余,周,著兵书六篇。秦穆公用其谋,拓地千里,遂霸西戎。"

探寻中华文化的基因(一)

君臣有间,乃可虏也。且戎王好乐,必怠于政。"缪公曰:"善。"因与由余曲席而坐,传器而食,问其地形与其兵势尽察,而后令内史廖以女乐二八遗戎王。戎王受而说之,终年不还。于是秦乃归由余。由余数谏不听,缪公又数使人间要由余,由余遂去降秦。缪公以客礼礼之,问伐戎之形。……三十七年,秦用由余谋伐戎王,益国十二,开地千里,遂霸西戎。

《汉书·礼乐志二》:"故秦穆遗戎而由余去,齐人馈鲁而孔子行。"应劭曰:"戎,西戎也。由余,其贤臣也。秦欲兼之,遗以女乐,由余谏而不听,遂去入秦。"《汉书·艺文志十》"杂家者流"有"由余三篇"。班固自注:"戎人,秦穆公聘以为大夫。""由余",古书中或写作"繇余",见于《汉书·杨胡朱梅云传》载梅福上汉成帝书"昔秦武王好力,任鄙叩关自鬻;缪公行伯,繇余归德。"颜师古注曰:"即秦穆公。伯读曰霸。繇读曰由。"或写作"由餘",见于《韩非子·十过》《吕氏春秋·不苟》《前汉纪·孝惠皇帝纪》等;或写作"繇餘",见于《汉书·古今人表》,颜师古注曰:"即由余。"①汉印中有以"繇余"为人名的,见于"张繇余—臣长卿"(《澄秋馆印存》第129页、《中国篆刻全集》2.276,图37)、"王印繇余"②(《虚无有

---

① "余""餘"通假,参看《古字通假会典》,第834页"余与餘"条。"余""餘"二字通假之例亦见于汉印,有人名"地餘",如"戴地餘"(《陕西新出土古代玺印》1343)、"地餘私印"(《香港中文大学文物馆藏印续集二》191、《中国历代玺印艺术》242)、"昭地餘印"(《虚无有斋摹辑汉印》3300)、"赵印地餘"(《伏庐考藏玺印》第74页、《伏庐玺印》、《中国篆刻全集》2.541)、"挚地餘"(《湖南省博物馆藏古玺印集》081《湖南古代玺印》第64页),也作"地余",如"长孙地余"(《十钟山房印举》26.12)。

② 此例印文"繇余"之"余"作"余"形,与汉印"徐谌—臣安"(《齐鲁古印攈》第89页、《十六金符斋印存》第150页、《中国篆刻全集》2.641)及"董徐来—臣徐来"(《顾氏集古印谱》、《原拓顾氏印薮选粹》第508—509页、《王氏集古印谱》4.1、《玺印集林》第220页)、"徐中君印>徐途之印"(《虚无有斋摹辑汉印》2696)之"徐"、"途"所从"余"同,中间直画均未穿过横画,后世之"余"是"余"的变形分化字。《汉印文字征》2.16"徐"栏"徐忠"例的"余"旁摹写作"余"形,失真。原印著录于《吉金斋古铜印谱》第108页、《十钟山房印举》15a.37,本作从"余"。

斋摹辑汉印》2442，图 38)等，显然与取名"苍颉""非子""比干""蚩尤"等情形相同，是以助秦穆公益国开地的西戎人"由余(繇余)"之名为名，也属于"沿用古人名"之例。①

图 37

图 38

又古书中"吾""余"往往音义相近而通用，《孟子·梁惠王下》"吾之不遇鲁侯天也"，《后汉书·赵壹传》李贤注引"吾"作"余"；《楚辞·九章》"羌不知余之所臧""众不知余之异采"，《史记·屈原贾生列传》二"余"字均作"吾"，是其例。②然则，里耶简中诸人名"囚吾"均可读为"由吾""繇(繇)吾"，与作"由余""繇(繇)余(余)"者显然属于同词异写，作为复姓的"由吾"氏、"由余"氏则应该是同一复姓的分化。

最后附带讨论楚简中一相关姓氏的读法。《包山楚简》简188：

壬晨(辰)，上鄀邑人周乔、儀游邔(越)、瘮亚夫。

许全胜将"游越"作为"游"氏姓例处理，而在"周"氏下列"周乔"，完全忽略了其间的"儀"字③；《楚地出土战国简册[十四种]》的释文作"壬晨(辰)，上鄀邑人周乔儀，游越，瘮(廖)亚夫"④。将"儀"属上读。

其实此简所列上鄀邑人当如原整理者切分为"周乔""儀游邔(越)""瘮亚夫"三人⑤，或将"儀"字改属上读，当失之。今谓"儀游邔(越)"之"儀游"，当是复姓，可读为"养由"；其名为"邔(越)"。《汉书·古今人表》"辛繇靡"，《史记·三代

---

① 参看施谢捷《古玺印考释十篇》之三"释'非字'"；刘钊《古文字中的人名资料》，第63页。
② 参看《古字通假会典》，第835页"余与吾"条。
③ 许全胜《包山楚简姓氏谱》，北京大学考古学系硕士论文(指导教师：葛英会)，1997年5月，第28页、第3页。
④ 《楚地出土战国简册[十四种]》，第80页释文。
⑤ 《包山楚简》，第31页释文。

世表》《齐太公世家》司马贞《索隐》引宋衷说作"辛由靡",《周本纪》张守节《正义》引《帝王世纪》作"辛游靡"。《左传·成公十六年》"养由基"之"由",《路史·国名纪三》作"繇",《后汉书·班彪传》作"游",《班固传》作"游"①。知"由""繇"亦可与"游(游)"通假②。《说文》水部:"瀁水,出陇西柏道,东至武都为汉。从水、羕声。瀁,古文从养。(小徐本作'古文瀁从水、养声。')"传世古书及出土战国竹书资料中亦有"羕"或"从羕"之字与"养"通假之例,《书·禹贡》"嶓冢导瀁",《史记·夏本纪》"瀁"作"瀁",《汉书·地理志下》陇西郡氐道下引作"养水"③;郭店楚墓竹简《性自命出》简 11—12"羕眚者,习也",上海博物馆竹书《性情论》简 6 同,"羕眚"即"养性";《容成氏》简 13"孝羕父母","孝羕"即"孝养"④。可见将"㒸游"读为"养由"应该也是很合适的。《元和姓纂》卷七:"养由,楚养由基之后。"《通志·氏族略五》附于四声后的"复姓"条下:"养由氏,楚大夫养由基之后。"《姓觿》卷六:"养由,《姓源》云:楚箴尹养由基之后。"上揭包山楚简的"养由越"或即养由基之后人。

## 六、彼 死

《里耶秦简·壹》⑧647:

□□酉阳守丞又敢告迁陵丞主:令史曰,令佐莫邪自言上造」□□遗莫邪衣用钱五百未到。迁陵问莫邪衣用钱已到」□问之,莫邪衣用未到。酉阳已腾书沅陵。敢告主。」A

□刻,隶妾少以来。丿朝半。**彼死手**。B

---

① 参看《古字通假会典》,第 718 页"由与游"条、"由与游"条。
② 《说文》㫃部:"游,旌旗之流也(小徐本作'旌旗斿也')。从㫃、汓声(小徐本下有'汙,古文泅')。遊(遊),古文游(小徐本无'游')。"又水部:"汓,浮行水上也。从水、从子。古或以汓为没(小徐本'古'下有'文')。泅,汓或从囚声(小徐本无'声')。"是"游"与"囚"声字可通假例,亦可视作将"囚"读为"由""繇(繇)"的旁证。
③ 参看《古字通假会典》,第 271 页"瀁与养"条、第 272 页"瀁与瀁"条。
④ 参看《战国秦汉简帛古书通假字汇纂》,第 676 页"羕与养"条。

又简⑧1518+1490：

廿八年六月己巳朔甲午，仓武敢言之：令史敞、**彼死**共走兴。今**彼死**次」不当得走，令史畸当得未有走。今令史畸袭**彼死**处，与敞共」走。仓已定籍。敢言之。」A

六月乙未水下六刻，佐尚以来。／朝半。尚手。B

按，上揭简⑧647的抄手"彼死"与⑧1518+1490的令史"彼死"，属于同一人的可能性较大。"彼死"是秦汉时人喜用人名，见于秦印的有"王彼死"（玉质，私人藏印，图39；《秦代印风》第193页，图39a①）、"彼死千秋"②（私人藏印，图40）、"彼死"（同文印两件。一是私人藏印，图41；一是《新出相家巷秦封泥》③第33页著录私印封泥，图42）等，见于汉印的有"辛彼死"（玉质。私人藏印，图43）、"彼死"（《虚无有斋摹辑汉印》3891，图44；玉质，私人藏印，图44a），是其例。

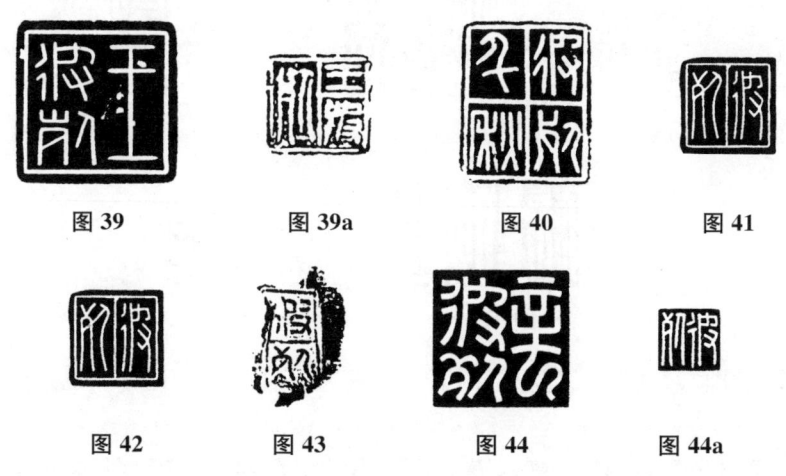

图39　　　图39a　　　图40　　　图41

图42　　　图43　　　图44　　　图44a

---

①　此例原释文作"王披列"，误。
②　"彼死千秋"，应该属于名字"彼死"缀以吉语"千秋"例，类似的在汉印中有人名"拾"缀以"忠信"（蓄拾—拾忠信。《二百兰亭斋古铜印存》第88页、《玺印集林》第212页、《战国秦汉古印式》）、人名"齋"缀以"常幸"（王婴齐—齋常幸。《虚无有斋摹辑汉印》2483）、人名"贾"缀以"无恙"（徐贾—贾无恙。《顾氏集古印谱》、《汉铜印丛》、《汉铜印原》第163页）等，说看施谢捷《〈汉印文字征〉卷六校读记》"《征》6.12'无'栏：贾无恙"条，《中国文字博物馆》2010年第2期。
③　平出秀俊《新出相家巷秦封泥》，京都艺文书院2004年"文字资料丛书"影印本。

古书中"皮"声字与"辟"声字往往相通,《诗·周颂·载见》"载见辟王",《墨子·尚同》引作"载来见彼王"①。秦汉简牍中亦有类似通假之例②。因此,作为人名的"彼死"当读为"辟死"③。人名"辟死"于秦简牍及秦汉印中亦有见,湖北云梦龙岗6号墓出土木牍:

鞠之:辟死论不当为城旦,吏论失者已坐以论。」九月丙申沙羡丞甲、史丙免辟死为庶人,」A

令自尚也。B

"辟死"为人名。秦印有"辟死"④(《印典》2.787,旅顺博物馆藏印、《佚名印谱》,图45),汉印有"连辟死"(《伏庐藏印续集》,图46)、"冯辟死"(《汉印文字征》4.12"死"栏引)、"郭印辟死"(私人藏印。图46a)、"王产——辟死"(私人藏印,图47)、"辟死"(《虚无有斋摹辑汉印》3906,图48)等。

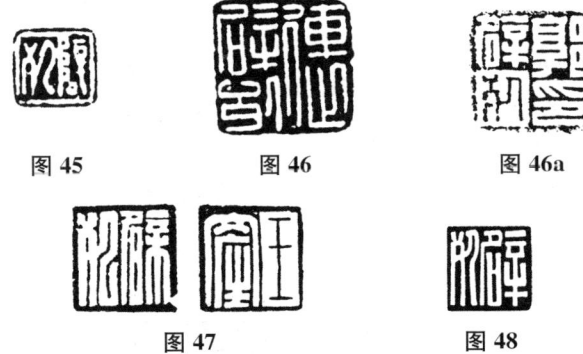

图45　　图46　　图46a

图47　　图48

"辟死"即"避死"⑤,《抱朴子内篇·地真》:"生可惜也,死可畏也。然长生养

---

① 参看《古字通假会典》,第690页"被与避"条、"彼与辟"条,第484页"辟与彼"条,第485页"避与被"条。
② 参看陈剑《关于〈秦谳书〉的"以彼治罪也"》,复旦大学出土文献与古文字研究中心网站,2013年10月11日首发。又单育辰《秦简"㔻"字释义》,《江汉考古》2007年第4期,第84页注〔14〕。
③ 里耶简人名"彼死",陶安先生在其自用《里耶秦简牍校释》第一卷书中相关简文的批注里已经指出可读为"避死",诚为卓识。
④ 此例《汉印文字征》1.10"薛"栏、4.12"死"栏亦引录,误将"辟"释为"薛"。
⑤ 参看《古字通假会典》,第482—484页"辟与避"条;《战国秦汉简帛古书通假字汇纂》,第472—473页"辟与避"条。

性辟死者,亦未有不始于勤,而终成于久视也。"《管子·小匡》载管仲曰:"犯君颜色,进谏必忠,不辟死亡,不挠富贵,臣不如东郭牙,请立以为大谏之官。"《新序·杂事四》"辟"作"避"。《史记·蒙恬列传》载蒙毅言:"夫先生之举用太子,数年之积也,臣乃何言之敢谏,何虑之敢谋!非敢饰辞以避死也,为羞累先主之名,愿大夫为虑焉,使臣得死情实。"又《李斯列传》载李斯言:"夫忠臣不避死而庶几,孝子不勤劳而见危,人臣各守其职而已矣。"又《平津侯主父列传》载主父偃上书,辞曰:"臣闻明主不恶切谏以博观,忠臣不敢避重诛以直谏,是故事无遗策而功流万世。今臣不敢隐忠避死以效愚计,愿陛下幸赦而少察之。"(亦见于《汉书·严朱吾丘主父徐严终王贾传》)《汉书·赵尹韩张两王传》载张敞上书曰:"臣敞不敢爱身避死,唯明诏之所处,愿尽力摧挫其暴虐,存抚其孤弱。"又《爰盎晁错传》载晁错上书有:"如是,则邑里相救助,赴胡不避死。非以德上也,欲全亲戚而利其财也。"《后汉书·桓谭冯衍传》载邑报书曰:"若使人居天地,寿如金石,要长生而避死地可也。"取名"辟死"当是反映时人规避死亡、祈求长生的意愿,其取意与人名"毋死"①"斥死"②相类。

## 七、氐　　夫

《里耶秦简·壹》简⑧816:

粟=(粟米)二石。令☐｣卅一年三月癸丑,贰春乡守**氐夫**、佐☐☐｣

---

① 名"毋死"者,见于秦印"李毋死印"(私人藏印)、"毋死印"(《秦汉初古印聚》3.31)、"酸枣毋死"(《鹤庐印存》第 140 页)、"毋死"(同文印三件。《珍秦斋藏印·秦印篇》254;《中国玺印集粹》4.405、《鸭雄绿斋藏中国古玺印精选》175;私人藏印)等。
② 名"斥死"者,见于汉印"郭斥死"(私人藏印)。

探寻中华文化的基因(一)

又简⑧1557：

粟=（粟米）一石二斗六分升四。令史逐视平。」卅一年四月戊子，贰春乡守**氐夫**、佐吾、禀人蓝禀隶妾廉。」

又简⑧1576：

卅一年三月癸酉，贰春乡守**氐夫**、佐壬出粟米八升食舂央刍等二☒」令史扁视平。☒」

又简⑧1595：

粟=（粟米）一石五斗。」卅一年三月癸丑，贰春乡守**氐夫**☒」

又简⑧1335＋1115①：

粟=（粟米）八升少半升。令史逐视平。☒」卅一年四月辛卯，贰春守**氐夫**、佐吾出食舂、白粲□等二人=（人，人）四升六分升一。☒」

按，贰春乡守之名"氐夫"之"氐"，当即古代民族"氐羌"之"氐"，《诗·商颂·殷武》："昔有成汤，自彼氐羌，莫敢不来享，莫敢不来王。"《盐铁论·结和》："秦既并天下，东绝沛水，并灭朝鲜，南取陆梁，北却胡狄，西略氐羌，立帝号，朝四夷。"以"氐夫"为人名者，在已发表其他地区出土简帛资料以及秦汉玺印、史籍中均未见。今谓"氐夫"取名方式与人名"戎夫""翟夫"相同，"戎""翟"，即古代民族"戎""狄"，《诗·鲁颂·閟宫》："戎狄是膺，荆舒是惩，则莫我敢承。""狄""翟"通假，《左传·闵公二年》："冬，十二月，狄人伐卫。"《吕氏春秋·忠廉》、《史记·鲁周公世家》"狄"作"翟"；又《僖公二十四年》："蒲人、狄人，余何有焉。"《国语·晋语四》"狄"作"翟"②。以"戎夫"为名者，见于《里耶秦简·壹》简⑧138＋174＋522＋523背："四月丙申史戎夫行庙。"简⑧1551："粟=（粟米）二斗。廿七年十二月丁酉，仓武、佐辰、禀人陵出以禀小隶臣益。」令史戎夫监。」"二简的"戎夫"是同一人，其身份为迁陵令史。见于秦印的有"宛戎夫"（《衡斋藏印》、《尊古

---

① 缀合从何有祖说，参看《里耶秦简牍缀合（四）》，简帛网，2012年5月21日首发。
② 参看《古字通假会典》，第469页"狄与翟"条。

斋金石集》第 320 页,《古玺汇编》3629,图 49)、"姚戎夫"(私人藏印),见于汉印的有"弁戎夫"(《虚无有斋摹辑汉印》0204,图 50)、"陈印戎夫"(《平盦考藏古玺印选》3.8.50,图 51)、"许戎夫之印"(《汉铜印原》第 250 页,《王氏集古印谱》4.17,图 52)、"张戎夫"(《魏石经室古玺印景》第 94 页,图 53)等,见于史籍的有《汉书·古今人表》所载不知姓氏的"戎夫"。以"翟夫"为名者,见于秦印"王翟夫"(《历代玺印辑存》280,《秦汉初古印聚》3.35,图 54)、"翟夫"(《中国古代玺印集存》4.005,图 55;《十六金符斋印存》,图 55a)等。可见将"氐夫"之"氐"视为"氐羌"之"氐",应该是很合理的。

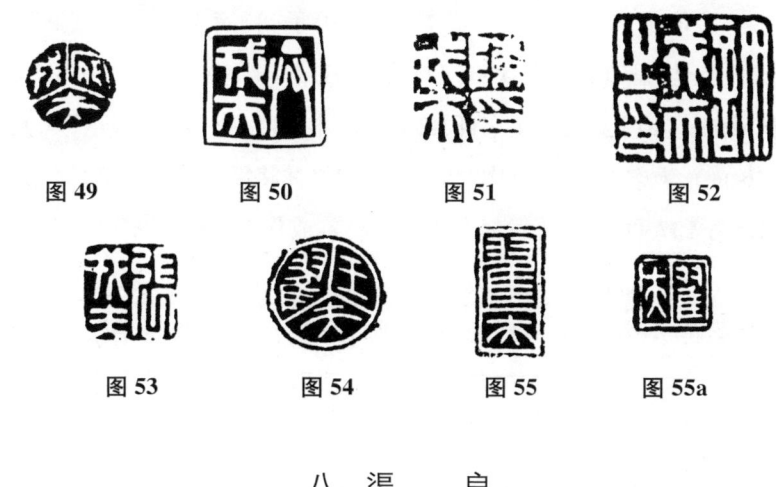

图 49　　　图 50　　　图 51　　　图 52

图 53　　　图 54　　　图 55　　　图 55a

## 八、渠　良

《里耶秦简·壹》简⑧793+1547:

　　士五巫仓溲昌产尸赀钱万二千五百五十二。丨卅一年四月甲申,洞庭县官受巫司空**渠良**。丨

又简⑧1123:

　　☑□今视**渠良**追薄。

按,上揭二简的"渠良"很可能是同一人。古书中"巨"与从"巨"声之字往往通假,从"巨"声之字与从"豦"声之字亦往往通假。《荀子·正论》:"今俳优、侏

探寻中华文化的基因(一)

儒、狎徒詈侮而不斗者,是岂巨知见侮之为不辱哉。"杨倞注:"巨,与讵同。"王先谦《集解》引王念孙曰:"岂巨知者,岂知也。巨加岂也,古人自有复语耳。或言岂巨,或言岂讵,或言庸讵,或言何讵,其义一而已矣。"《说文》酉部:"醵,会歙酒也。(小徐本'歙'作'饮'。)从酉、豦声。配,醵或从巨。"又虍部:"虞,钟鼓之柎也,饰为猛兽。从虍、异,象其下足。(小徐本'象'下有'形'。)鐻,虞或从金、豦声。(小徐本无'声'。)虡(虞),篆文虞省。(小徐本无'省'。)"《诗·大雅·灵台》:"虞业维枞",《说文》"业"下引作"巨业维枞",段玉裁注:"《上林赋》虞作鉅,许作巨,盖三家诗巨与鉅同也。"《释名·释言语》:"勮,巨也。事功巨也。"①春秋时卫国大夫"蘧伯玉",上海博物馆藏楚竹书《弟子问》简19作"巨白玉"②。汉印有"鲍右渠—臣右渠"(《世德堂秦汉印集》《汉铜印集》),人名"右渠"或作"右距",见于"少曲右距"(《汉印文字征》2.20"距"栏引);有"筐印将巨"(《共墨斋汉印谱》第16页),人名"将巨"或作"将距",见于"林将距"(《玺印集林》第136页、《秦汉印章》第137页、《中国篆刻全集》2.261),或作"将渠",见于《史记·燕召公世家》,为燕相③。又古书中"良"或从"良"声之字与"粱""梁"亦通假,《诗·秦风·小戎》"五楘梁辀",《汉书·地理志下》颜师古注引作"五楘良辀";《战国策·东周策》"大梁造",《史记·商君列传》作"大良造",与出土秦商鞅器铭文合。《老

---

① 参看《古字通假会典》,第870页"巨与鉅"条,第871页"巨与距"条、"巨与渠"条、"距与鉅"条,第872页"鉅与渠"条、"渠与讵"条、"鉅与讵"条、"渠与讵"条、"渠与蘧"条等。
② 参看《战国秦汉简帛古书通假字汇纂》,第237页"巨与蘧"条。
③ 郑樵《通志·氏族略第四》"以名为氏·齐人名"条:"将具氏,姜姓,《英贤传》:齐大公子将具之后,见《国语》。""将巨氏,即将具氏之讹也。《汉书·艺文志》:六国时将钜子彰,著书五篇。汉章帝时中谒者将具弥。"廖用贤《尚友录》卷二十二说同。现在看来,很可能"将具"反倒应该是"将钜"之讹。汉印人名"将巨""将距"及《史记》燕相"将渠",与"将钜"是同一词不同书写形式,都应该属于沿用齐大公子"将钜"之名为名例。《史记》司马贞《索隐》谓"将渠"是以"将"为官,"渠"为其名,说恐失之。

子》"强梁者不得其死",马王堆汉墓帛书《老子》甲本"强梁"作"强良"。《战国策·魏策一》"因索蔡皋梁于赵",《赵策一》"梁"作"狼"。又《魏策三》"而围大梁",马王堆汉墓帛书《战国纵横家书》作"大粱"①。汉印中复姓"梁丘",见于"梁丘康"(《共墨斋汉印谱》第73页),亦作"粱丘",见于"粱丘罩"(《秦汉小私印谱》、《西泠印社古铜印选》第32页)、"粱丘渠□"(《十钟山房印举》26.13)、"粱丘相如—臣相如"(《十钟山房印举》26.13、《陈簠斋手拓古印集》第141页、第147页)等②。战国私玺有"燮巨梁"(《古玺汇编》3286,图56),秦印有"距梁"(《顾氏集古印谱》、《原拓顾氏印薮选粹》652,图57)。《史记·秦本纪》:"二十四年,献公卒,子孝公立,年已二十一岁矣。"司马贞《索隐》:孝公"名渠梁。"《庄子·大宗师》:"夫无庄之失其美,据梁之失其力,黄帝之亡其知,皆在炉捶之间耳。"陆德明《释文》:"无庄、据梁,司马云:皆人名。李云:无庄,无庄饰也;据梁,强梁也。""据梁",古之多力人。《说文》金部:"钜,大刚也。从金、巨声。"刀部:"刚,强断也。(小徐本无'断'。)从刀、冈声。信,古文刚如此。""信"是"䎽"的讹变,也即"强"字省构,《说文》古文是借"强"为"刚"③。上揭人名"巨梁""距梁""渠梁""据梁"与里耶简的"渠良",应该是同一词的异写,似乎也可视为沿用古之多力人"据梁"之名。"巨梁""渠良"等可读为"钜梁",取意与"强梁"(亦作"强梁")同④。古人亦有以"强梁"为名者,侯马盟书宗盟类参盟人有名"强梁"(《侯马盟书》⑤1:99、16:9、35:2、49:1、200:12),《元和姓纂》引《世本》云:"卫将军文子生慎子会,会生强梁,因氏焉。"《通志·氏族略四》"强"作"彊"。或作"强良",见于秦印"笵强良"(私人藏印,图58)、"锜强良"(《王氏集古印谱》2.10、《古今印

---

① 参看《古字通假会典》,第301—302页"良与梁"条,第302页"狼与梁"条,第305页"粱与梁"条。
② 参看施谢捷《古玺印考释十篇》之二"释'梁人''鲁人'"。
③ 参看裘锡圭《古文字论集》,中华书局1992年版,第55—56,58页。
④ 参看施谢捷《古玺双名杂考(十则)》,刘钊主编《中国古文字研究》第1辑,吉林大学出版社1999年版。
⑤ 山西省文物工作委员会《侯马盟书》,文物出版社1976年版。又增订本,山西古籍出版社2006年版。

则》,图59)等。"强梁"或作"强良",与"渠梁"等或作"渠良"正同。

图 56　　　图 57　　　图 58　　　图 59

## 九、充　郎

《肩水金关汉简(壹)》①简 73EJT10：207：

　　☐宣居延丞**充郎**告尉谓乡啬☐从事如律令ノ掾寿啬夫则」

居延丞充郎之"郎",原整理者释文作"即",方勇释为"郎",谓:"'充郎'应为'居延丞'的名字。据研究,'充'为较罕见姓氏,战国时孟子弟子有充虞;秦有充尚,仙人;其后有充申,汉时人②。又《汉书·百官公卿表下》有左冯翊充郎,可证'充郎'在汉代确为人名用字。"③

按,居延丞"充郎"之"郎"原简写作下揭之形：

方勇释"郎",可信,原整理者释文作"即"显然不妥。然方勇谓"充郎"之"充"为姓氏,亦失之。今谓"充郎"是居延丞之名,未记姓氏。同简"寿""则"分别是掾、啬夫之名,亦未记姓氏。肩水金关汉简还记载了另一位居延丞"延年",见于《肩水金关汉简(贰)》④简 73EJT24：240：

　　过所县道河津关毋苛留止敢言之」五月壬戌居延丞延年移过所县道河

---

① 甘肃省简牍保护研究中心等《肩水金关汉简(壹)》,中西书局 2011 年版。
② 原注:窦学田《中华古今姓氏大辞典》,警官教育出版社 1997 年版,第 83 页。
③ 方勇《读〈肩水金关汉简(壹)〉小札(二则)》,简帛网,2013 年 6 月 10 日首发。
④ 甘肃省简牍保护研究中心等《肩水金关汉简(贰)》,中西书局 2013 年版。

津关毋苛留止如律令丿掾延年佐长世」A

印曰居延丞印 B

情况与简 73EJT10:207一样,"延年"是名字,不能析为姓氏"延"名字"年"。

"充郎"是汉代人喜用名字,见于汉简的有"俱起隧王充郎"(《甲乙编》34.21A),见于汉印的有"成充郎"(《印典》4.3014,马新林藏印,图60)、"常充郎印"(《十钟山房印举》18.5、《陈簠斋手拓古印集》第124页,图61)、"常印充郎"(《十六金符斋印存》第254页、《中国篆刻全集》2.487,图62)、"董充郎"(《十钟山房印举》17.32,图63)、"傅充郎"(《十钟山房印举》17.39,图64)、"扈印充郎"(《读雪斋印谱》、《赫连泉馆古印续存》第128页、《中国篆刻全集》2.479,图65)、"宦充郎印>[子印文未详]"(《虚无有斋摹辑汉印》0969,图66)、"马充郎"(《石庐古铜印赏》《玺印集林》第138页、《中国篆刻全集》2.272,图67)、"弭充郎印"(《缵述堂古铜印存》358、《鉴印山房藏古玺印菁华》第228页,图68)、"任充郎"(《虚无有斋摹辑汉印》1786,图69)、"上官充郎"(《十钟山房印举》26.12、《中国历代玺印集萃》4.210,图70)、"田充郎—[肖形]"(私人藏印,图71)、"王充郎"(《虚无有斋摹辑汉印》2396,图72)、"王充郎—臣充郎"(《虚无有斋摹辑汉印》2448,图73)、"襄平充郎"(《香港中文大学文物馆藏印续集二》228,图74)、"姚印充郎"(《古鉴斋藏印》)、"张充郎"(《缵述堂古铜印存》297、《中国篆刻全集》2.276,图75)、"周充郎印"(私人藏印,图76),见于史籍的有左冯翊广川相"充郎"、大司农"充郎"(并见《汉书·百官公卿表下》)。

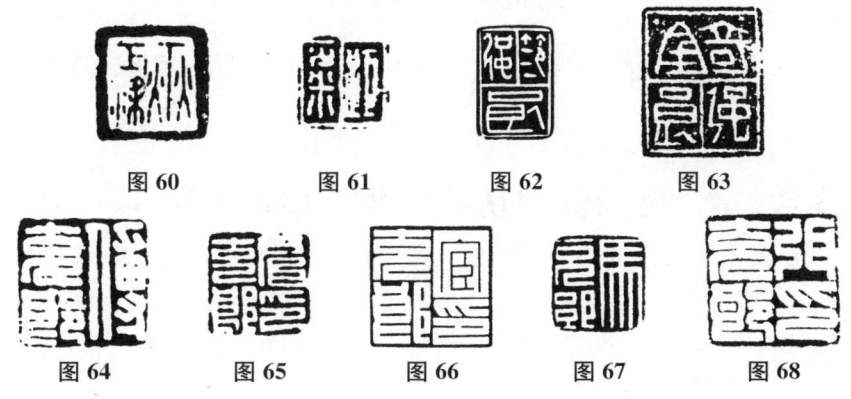

图60　　图61　　图62　　图63

图64　　图65　　图66　　图67　　图68

探寻中华文化的基因(一)

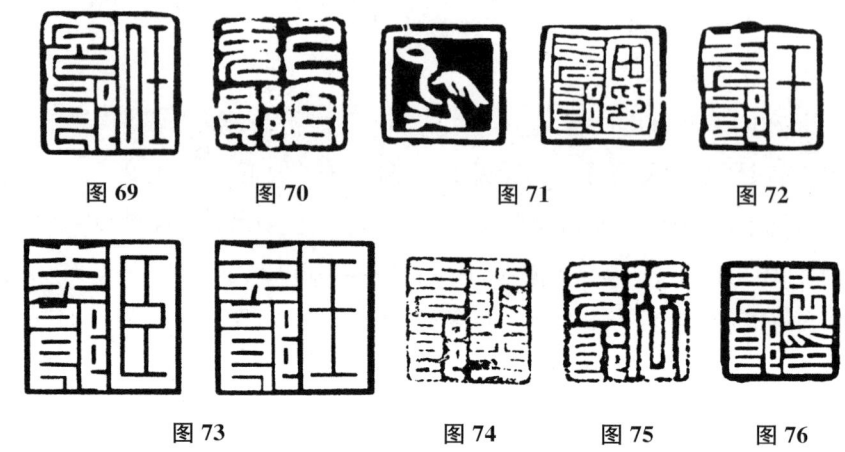

图69　　　图70　　　　图71　　　　图72

图73　　　图74　　　图75　　　图76

## 十、不　　識

《肩水金关汉简·壹》简 73EJT10∶118：

葆淮阳国阳夏北阳里公乘张**不識**年廿三长七尺二寸黑色☐ A

已入 B

"不識"之"識"，原整理者释文作"武"。

按，"张不識"之"識"原简写作下揭之形：

"戈"旁左下并非"止"，而是两个"言"。同样写法的"言"，在西北汉简文字的偏旁中常见①：

谓　　请　　谒　　诗　　诚　　试　　说　　计

---

① 诸从"言"之字，参看陆锡兴《汉代简牍草字编》，上海书画出版社1989年版，第42—48页；又王梦鸥《汉简文字类编》，艺文印书馆1974年版，第96—100页。

可知原释为"武"字显然是错误的。今谓此字实为"識"字草书写法,类似这种将两"言"置于"戈"旁左下的结构形式,亦见于出土汉代简帛及秦汉玺印文字,可参看骈宇骞《银雀山汉简文字编》、陈松长《马王堆简帛文字编》及许雄志《秦印文字汇编》、罗福颐《汉印文字征》等所收录"識"字①,此不赘举。

"不識"是秦汉时人喜用名字,见于秦印的有"李不識"(同文印两件。《十钟山房印举》3.57,图77;私人藏印,图78)、"王不識"(《香港中文大学文物馆藏印续集三》032,图79)、"不識"(同文印三件。《十钟山房印举》3.24,图80;《中国玺印集粹》5.466、《鸭雄绿斋藏中国古玺印精选》97,图81;私人藏印,图82)等,"祕不識"(《枫园集古印谱》《书道全集》卷二十七"盛冈太田梦庵氏藏印"第123页、《中国篆刻全集》2.264,图83)、"段不識"(《香港中文大学文物馆藏印续集三》214,图84)、"陈不識—陈少季"(《缵述堂古铜印存》396,图85)、"霍不識〉霍君"(《虚无有斋摹辑汉印》1006,图86)、"贾不識—臣不識"(《玺印集林》第220页、《中国篆刻全集》2.662,图87)、"宋不識"(《虚无有斋摹辑汉印》1951,图88)、"宋印不識"(《金薤留珍》图集,图89)、"王不識"(《十钟山房印举》17.47,图90)、"阎印不識"(《吉金斋古铜印谱》第77页、《十钟山房印举》19.28、《中国篆刻全集》2.562,图91)、"燕不識"(《湖南省博物馆藏古玺印集》245、《湖南古代玺印》第71页、《湖南古印萃珍》第97页,图92)、"尹不識印"②(《王氏集古印谱》3.42,图93)、"應不識印"(《中国玺印集粹》12.1162,图94)、"郑不識"(《阜阳·亳州出土文物文字篇》99,图95)、"不識"(《虚无有斋摹辑汉印》3893,图96)等,见于汉简的有《肩水金关汉简(贰)》简73EJT23:605的"要虏隧卒陈不識",史籍载汉有名将"程不識"(《史记·魏其武安侯列传》、《李将军列传》;《汉书·武帝纪》)、宜冠侯"高不识"(《史记·建元以来侯者年表》;《汉书·景武昭宣元成功臣表》)、

---

① 分别参看骈宇骞《银雀山汉简文字编》,文物出版社2001年版,第81页"識"栏;陈松长《马王堆简帛文字编》,文物出版社2001年版,第98页"識"栏;许雄志《秦印文字汇编》,河南美术出版社2001年版,第43页"識"栏"梁識"例;《汉印文字征》3.4"識"栏"贾不識""中所識""祕不識"诸例。

② "尹",《王氏集古印谱》3.42原释文误作"争"。

探寻中华文化的基因(一)

济阴哀王"刘不识"(《史记·汉兴以来将相名臣年表》;《汉书·诸侯王表》)、蒲领侯"刘不识"(《汉书·王子侯表下》)、广严侯召欧玄孙"召不识"(《汉书·高惠高后文功臣表》)、武疆侯"庄不识"(《史记·高祖功臣侯者年表》)等,均其例。其中见于秦印的"不识"(私人藏印,图82)及汉印的"秘不识"(图83)、"贾不识—臣不识"(图87)、"宋不识"(图88)、"燕不识"(图92)诸印中的"识"结构形式与上揭肩水金关简73EJT10:118 的"识"完全相同。

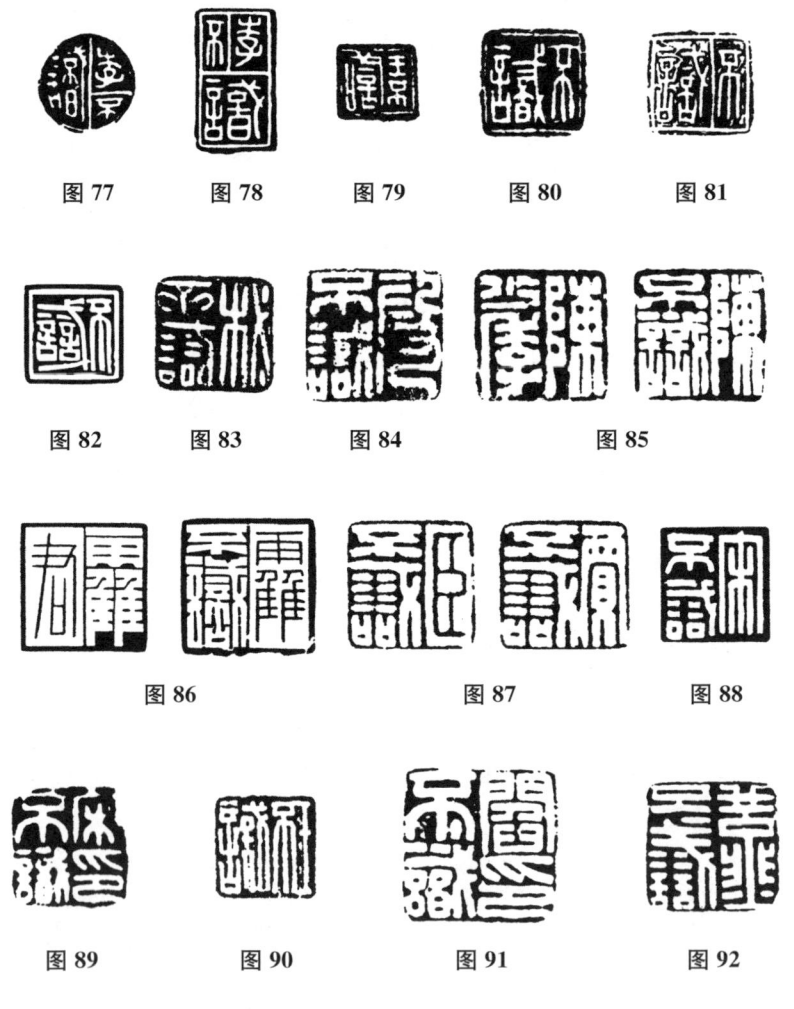

图77　　图78　　图79　　图80　　图81

图82　　图83　　图84　　图85

图86　　　　　图87　　　　图88

图89　　图90　　图91　　图92

图 93　　　　图 94　　　　图 95　　　　图 96

　　古书中从"戠"声的"識""職""織"往往通假①，上举《史记·高祖功臣侯者年表》的"庄不識"，在《汉书·高惠高后文功臣表》中作"严不職"。汉印有"王不職印"（《世德堂秦汉印集》，图 97），人名"不職"与《汉书》用字同；又有"周印不織"（《虚无有斋摹辑汉印》3544，图 98）、"阳成不戠"（《汉印文字征》3.4"識"栏引）等，作为人名的"不職""不織""不戠"显然是"不識"的同词异写。古书中的"識""職"与"志"亦有通假关系，《老子》"深不可識"，马王堆汉墓帛书《老子》甲、乙本"識"均作"志"②，汉印"王不志印—臣不志印"（《世德堂秦汉印集》，图 99）中的人名"不志"，读为"不識"应该也是很合适的。

图 97　　　　图 98　　　　　图 99

2014 年 2 月 24 日于东京外国语大学 AA 研

原载《中国出土资料研究》2014 年 3 月刊

---

① 参看《古字通假会典》，第 410 页"職与識"条、"職与織"条；第 411 页"識与織"条。
② 参看《古字通假会典》，第 404 页"志与識"条、"志与職"条；《战国秦汉简帛古书通假字汇纂》，第 47 页"志与職"条、"志与識"条。

# 玺印人名研究(六则)

田 炜

## 一、豫 之

《古玺汇编》(下文简称《玺汇》)重新著录了下揭两方齐玺:

2218　　　　　3752

二玺左上一字相同,旧不识,施谢捷先生释为"豫",并读人名"豫之"为"舍之"。①汉印中屡见"舍之"私名。② 香港中文大学文物馆藏有下揭秦印:

人名亦为"舍之"。③春秋时郑国有公孙舍之,字子展。清代学者王引之在《春秋

---

① 施谢捷《〈古玺汇编〉释文校订》,《容庚先生百年诞辰纪念文集》,广东人民出版社1998年版,第647、650页。
② 罗福颐编《汉印文字征》五·十一,文物出版社1978年版。
③ 王人聪编著《香港中文大学文物馆藏印续集一》,香港中文大学文物馆,1996年,第44页。

名字解诂》中指出:"舍与舒古字通。《方言》:'舒,展也。'"①可知"舍之"之"舍"当读为"舒"。据此,古玺中的人名"豫之"也应该读为"舒之"。在典籍中,"舒"、"豫"二字可相通。《说文》:"舒,伸也。从舍,从予,予亦声。一曰舒,缓也。"段玉裁《注》:"舒,经传或假荼,或假豫。"传抄古文"舒"字作 﨎、﨎、﨎、﨎、﨎 等形②,实际上是用"豫""懙"二字为"舒",均可为证。

## 二、渐　离

《玺汇》3818号重新著录了下揭古玺:

释文作"司马斩罗"。③施谢捷先生把《玺汇》中释为"罗"的 﨎(《玺汇》0456)、﨎(《玺汇》1768)等字改释为"羀",但未论及3818号中的 﨎 字。④何琳仪先生释此 﨎 字为"羀",并且指出"'斩羀',读'渐离'。《史记·刺客列传》有'高渐离'"⑤,可从。至于为什么以"渐离"为名,尚未见恰切的解释,古代注疏中只有唐代司马贞的《史记索隐》提及其读音:"渐音如字,王义之音哉廉反。"今按:"渐离"见于西汉司马相如《上林赋》:

> 蛟龙赤螭,鲔鳣渐离,鰅鳙鳂魠,禺禺鱋魶,揵鳍掉尾,振鳞奋翼,潜处乎深岩。

---

① 〔清〕王引之《春秋名字解诂》上,《经义述闻》二十二·三十三,江苏古籍出版社2000年版。
② 徐在国编《传抄古文字编》上,线装书局2006年版,第387页。
③ 罗福颐主编《古玺汇编》,文物出版社1981年版,第353页。
④ 施谢捷《〈古玺汇编〉释文校订》,《容庚先生百年诞辰纪念文集》,广东人民出版社1998年版,第647—648页。
⑤ 何琳仪《战国古文字典》下册,中华书局1998年版,第872页。

司马彪云:"渐离,鱼名。"作为人名的"渐离"也应该是这个意思。以鱼名为人名的例子在上古并不少见,如孔子之子名鲤,字伯鱼;春秋晋大夫羊舌鲋,字叔鱼;春秋卫大夫史鳅,字子鱼等,均可资比较。

## 三、庆　　忌

《玺汇》重新著录了下揭古玺:

1146

1269

5587

其中人名均为"庆忌"。 "庆忌"是先秦至秦汉时期习见的人名,除了见于古玺材料以外,也见于秦汉印材料。 传世文献中还有吴公子庆忌、辛庆忌等人名。

"庆忌"一词见于《管子》,以为"涸泽之精"。《管子·水地》:

> 或世见,或世不见者,生蜡与庆忌,故涸泽数百岁,谷之不徙,水之不绝者,生庆忌。庆忌者,其状若人,其长四寸,衣黄衣,冠黄冠,戴黄盖,乘小马,好疾驰。以其名呼之,可使千里外,一日反报。此涸泽之精也。

《晋书·舆服志》云:

> 或云齐人见千岁涸泽之神,名曰庆忌,冠大冠,乘小车,好疾驰,因象其冠而服焉。

---

① 吴振武《〈古玺汇编〉释文订补及分类修订》,《古文字学论集》(初编),香港中文大学中国文化研究所、吴多泰中国语文研究中心 1983 年版,第 497、526 页。浙江省博物馆编《黄宾虹古玺印释文选》,上海书画出版社 1995 年版。按:《玺汇》5587 号玺在曲阜九龙山汉墓出土,或以为是后人收藏的战国古玺,可从,说见孙贯文、赵超《由出土印章看两处墓葬的墓主问题》,《考古》1981 年第 4 期,第 336—338 页。

② 〔清〕陈介祺编《十钟山房印举》三·六十一,中国书店 1985 年据 1922 年商务印书馆印行涵芬楼三十卷本重印。罗福颐编《汉印文字征》十·一七——八,文物出版社 1978 年版。许雄志主编《秦印文字汇编》,河南美术出版社 2006 年版,第 209 页。

《太平御览·妖异部二》引《白泽图》曰：

　　水之精名忌，状如人，乘车盖，日驰千里，以其名呼之，可使入水取鱼。

丁山先生认为蝄与庆忌乃一鬼异名①，与《水地》所载不合，恐非是。清代学者张佩纶《管子学》谓：

　　《白泽图》"名忌"当作"庆忌"，"乘车盖"当作"乘车戴盖"，"入水取鱼"误以蝄为庆忌，姑录之，以博异闻。

尽管典籍对"庆忌"的记载略有出入，但均以"庆忌"为水精。《汉书·赵充国辛庆忌传》有辛庆忌，字子真。《说文》："真，仙人变形而登天也。"名、字意义相因，故知作为人名的"庆忌"亦取此义。

## 四、无　䚘

《古玺汇考》收录了下揭两方古玺：

施谢捷先生释这两方玺的人名为"亡（无）竒（智）"。②上古音"奇"字属群纽歌部，"智"字属端纽支部，声纽、韵部均不相近，通假的可能性并不大，且"智"字战国文字常见，尚未见假借其他字表示的情况，故玺文中人名的释读还有讨论的余地。战国文字增繁"口"旁或"甘"旁的情况很常见，如"敛"字作 ▨（《包山》简149）、"友"字作 ▨（《郭店·语丛一》简87）等等，皆其例。故"䚘"应该就是"竒"字的繁构。③

---

① 丁山《由鲧湮洪水论舜放四凶》，《古代神话与民族》，商务印书馆2005年版，第246—249页。
② 施谢捷《古玺汇考》，安徽大学博士学位论文（指导教师：黄德宽教授），2006年版，第243页。
③ 近见《洛泉轩藏古玺印》有"殷亡䚘"朱文玺，从印面和文字风格看当属三晋，其中"殷亡"二字在右为一列，"䚘"字在左为一列，"䚘"字"立"旁下方有"＝"号，作用不明。若此玺可信，则繁构一说可定。

"靖"字见于《玺汇》2369号玺与《睡虎地秦墓竹简·日书甲》简13背,前者辞曰"鄢靖(靖)",用作人名,后者辞曰"豹靖",用作神名,"靖"字的具体意义尚未可知。但从奇的字多有残缺之义,且往往引申为邪曲不正,"亡靖"大概是不偏倚、不枉曲的意思,与今人好用"正"字为名相类。古玺有成语"正行亡厶"(《玺汇》4789、4791、4792)、"可㠯(以)正曲"(《玺汇》4864、4865)、"士正亡厶"(《玺汇》4881),《管子·法禁》有"卑身杂处,隐行辟倚,侧入迎远,遁上而遁民者,圣王之禁也"①,均可与人名"亡靖"的意思相互参照。

## 五、胡伤、不害、毋死、奚殆等

《玺汇》重新著录了下揭五方古玺:

0561

2464

3221

3255

3282

从文字风格看,除了3221号属楚系以外,其余均属晋系。"胡剔""胡易""可剔""奚易"均为人名。② 施谢捷先生曾经指出0561、3221、3282号玺中的"剔"字是"伤"之异体,2464、3255号玺中的"易"则是"伤"之借字③,甚是。而古汉语中的

---

① "隐行辟倚",尹注以为"自隐其行,以避所依",刘绩以为"隐,索隐行怪之隐。辟、倚皆邪也",均未安。王念孙认为是"隐行其邪辟之事",至确,说见《读书杂志》五之三·五,江苏古籍出版社2000年版。

② 吴振武先生释3221号玺为"可剔",说见吴振武《〈古玺汇编〉释文订补及分类修订》,《古文字学论集》(初编),香港中文大学中国文化研究所、吴多泰中国语文研究中心1983年版,第513页。施谢捷先生分别释2464、3255号玺为"胡易(剔—伤)""奚易(剔—伤)",说见施谢捷《〈古玺汇编〉释文校订》,《容庚先生百年诞辰纪念文集》,广东人民出版社1998年版,第648、649页。

③ 施谢捷《释"十九年邦司寇铍"铭的"奚易"合文》,《文教资料》1996年第2期,第98—101页。

疑问代词"胡""奚"可以通用,3221号玺中的"可"也可以读为疑问代词"何",因此"胡剔""胡易""可剔""奚易"这四个人名的意思是相同的。《鉴印山房藏古玺印菁华》19号著录了下揭古玺:

原释文作"长鶡"。① 施谢捷先生改释为"长奚易"。② 实际上此玺左部两字与《玺汇》3255号玺基本相同,只是多了一个"="号,提示"奚易"合起来用作人名。20世纪80年代,河南新郑出土了下揭陶文:

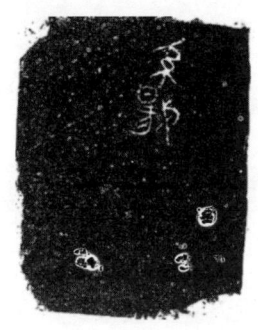

整理者释为"系阳",认为"系"为姓氏。③ 次字高明先生释为"戠",后又改释为"戠"。④ 何琳仪先生释为"敫"。⑤ 施谢捷先生从高氏后说释为"戠"。⑥ 今按:次字左旁明显是"易",右旁原著录模糊不清,后《陶汇》6·79号重新著录,拓本比

---

① 许雄志编《鉴印山房藏古玺印菁华》,河南美术出版社2006年版,第10页。
② 施谢捷《古玺汇考》,安徽大学博士学位论文(指导教师:黄德宽教授),2006年版,第252页。
③ 蔡全法《近年来新郑"郑韩故城"出土陶文简释》,《中原文物》1986年第1期,第84页。
④ 高明编《古陶文汇编·古陶文拓本目录索引》,中华书局1990年版,第92页。高明、葛英会编著《古陶文字征》,中华书局1991年版,第109页。
⑤ 何琳仪先生也认为"系"是姓氏,是楚臣系之后,说见何琳仪《战国古文字典》上册,中华书局1998年版,第776页。
⑥ 施谢捷《释"十九年邦司寇钺"铭的"奚易"合文》,《文教资料》1996年第2期,第99页。

探寻中华文化的基因(一)

原著录优胜,右旁明显是"戈"。上古音"系"字属匣纽锡部,"奚"字属匣纽支部,声纽相同,韵部是严格的阴入对转关系,可以通假,所以陶文中的"系戜"也应该读为"奚伤"。① "戜"字是"伤"之异体,"戈"是表义形旁。除了上述的战国玺陶文材料以外,秦汉印中也有"毋伤""胡伤""何伤""奚伤"等人名。②《战国策·赵策三》有下面一段文字:

  秦王大怒,令卫胡易伐赵,攻阏与。赵奢将,救之,魏令公子咎以锐师居安邑以挟秦。秦败于阏与,反攻魏幾。廉颇救幾,大败秦师。

黄丕烈《战国策札记》指出:"'易'当作'昜'。'昜''伤'同字。"旧以《史记》中《秦本纪》《赵世家》《穰侯列传》《廉颇蔺相如列传》等篇观之,已知黄说是对的,今玺文"奚伤"作"奚昜"、"胡伤"作"胡昜",又可为黄说添一力证。古书中还有"无伤""毋伤"等人名,其意义与"胡伤""奚伤""何伤"等一系列人名是一样的。《史记·樊郦滕灌列传》中有齐将华毋伤,《田儋列传》作华无伤,可知"毋伤"与"无伤"是一名的异写。

  与"胡伤"等人名类似的还有"不害"等一系列人名。传世典籍中名"不害""无害"者颇多,有申不害、刘不害、公上不害、魏不害、华无害等。秦汉印材料中也有"不害""毋害"等人名。③其中"不""毋""无"均用为否定副词。包山楚简简95有人名"无戜",简121、122有人名"不劐",其中"劐""戜"均为"害"字之异体,所从的"刃"旁与"戈"旁为表义形旁,这与上文所说的"伤"字写作"剔"和"戜"相类似。由于古文字从刀、从刃往往无别,故"劐"字在传世文献中一般写作"割"。《尔雅·释言》:"割,裂也。"郝懿行《义疏》云:"《书·尧典》'洪水方

---

  ① 从"系"得声之字与从"奚"得声之字在传世典籍中也有通假的例子,参看高亨纂著、董治安整理《古字通假会典》,齐鲁书社1989年版,第454页。
  ② 罗福颐编《汉印文字征》八·八,文物出版社1978年版。许雄志主编《秦印文字汇编》,河南美术出版社2001年版,第158页。
  ③ 〔清〕陈介祺编《十钟山房印举》三·五十六,中国书店1985年版,据1922年商务印书馆印行30卷涵芬楼本重印。罗福颐编《汉印文字征》七·十七,文物出版社1978年版。许雄志主编《秦印文字汇编》,河南美术出版社2001年版,第143页。

割'、《大诰》'天降割'之类,皆'害'字之借也。"《说文》:"割,剥也。"段玉裁《注》云:"《尚书》多假借'割'为'害',古二字音同也。"这些说法指出了"割"、"害"二字的通用关系,是正确的,然而正如上文所说,"割"其实是"伤害"的"害"的本字,"害"才是借字,而表示"害"这个词的"割"与表示"割"这个词的"割"实际上是同形字的关系。此外,葛陵新蔡楚简简甲三:294 还有人名"勒不禼"。裘锡圭先生曾经指出:

> "䖵"(禼)字有"害"音,其字形象人的足趾为虫虺之类所咬啮,也与伤害之义相合,应该就是伤害之"害"的本字。后世习惯于以假借字"害"表示伤害之义,"禼"字就被废弃了。①

"不禼"与"不害"也是同一人名的不同写法。

《大戴礼记·武王践阼》:

> 王闻书之言,惕若恐惧,退而为戒书。于席之四端为铭焉,于机为铭焉,于鉴为铭焉,于盥盘为铭焉,于楹为铭焉,于杖为铭焉,于带为铭焉,于履屦为铭焉,于觞豆为铭焉,于户为铭焉,于牖为铭焉,于剑为铭焉,于弓为铭焉,于矛为铭焉。……楹之铭曰:"毋曰胡残,其祸将然;毋曰胡害,其祸将大;毋曰胡伤,其祸将长。"

"胡残""胡害""胡伤"对文,知"伤""害""残"是一组近义词。汉印中有"无残""伤已"和"去伤"等人名②,结合《大戴礼记》所载的楹铭材料,可知"无伤""无害"当解作"不受伤害"之义。汉印中还有"毋妨""毋放""毋方"等人名③,《史记》中又有人名"女妨",刘钊先生指出这些都是一名的异写④,可从。其中"妨"亦当训为

---

① 裘锡圭《释䖵》,《古文字学论集》(初编),香港中文大学中国文化研究所、吴多泰中国语文研究中心 1983 年版,第 222 页;收入《古文字论集》,中华书局 1992 年版。
② 罗福颐编《汉印文字征》四·一一·八·八,文物出版社 1978 年版。
③ 罗福颐编《汉印文字征》十二·十六,文物出版社 1978 年版。康殷、任兆凤主辑《印典》四,国际文化出版公司 1994 年版,第 2049 页。
④ 刘钊《古文字中的人名资料》,《吉林大学社会科学学报》1999 年第 1 期,第 65 页;又刊《厦大史学》第一辑,厦门大学出版社 2005 年版;收入《古文字考释丛稿》,岳麓书社 2005 年版。

探寻中华文化的基因(一)

"害"。《说文》:"妨,害也。"段玉裁《注》:"害,伤也。"《左传·隐公三年》:

且夫贱妨贵、少陵长、远间亲、新间旧、小加大、淫破义,所谓六逆也。

孔颖达《疏》:"妨,谓有所害也。"《十钟山房印举》卷十八·姓二名印五·十四著录了下揭"傅胡放印":

"胡放"应该读为"胡妨"。"胡放""毋放"的关系与"胡伤""毋伤"的关系是类似的。

日本印学家菅原石庐先生编著的《鸭雄绿斋藏中国古玺印精选》175号著录了下揭秦印:

释文作"毋死",菅原氏以为吉语①,或是。在望山楚简、新蔡葛陵楚简一些卜问疾病吉凶的简文里常见"尚毋死"之语,"毋死"犹言"不死",进而又有长寿之义,《殷周金文集成》271号鬲镈铭文有"用䉼(祈)寿老母(毋)死"一语,即其明验。但秦系文字材料中以"毋死"为人名的例子屡见,如秦陶文中有"寺工毋死"②,即其例。新出里耶秦简第九层第一号简正面云:

三十三年四月辛丑朔丙午,司空腾敢言之:阳陵宜居士五(伍)毋死,有赀余钱八千六十四。毋死戍洞庭郡,不智(知)何县署,今为钱校券一,上谒言洞庭尉,令毋死所署县责,以受(授)阳陵司空,司空不名计,问何县官,计

---

① 菅原石庐编著《鸭雄绿斋藏中国古玺印精选》,(大阪)アートライフ社2004年版,第34页。
② 陈晓捷《临潼新丰镇刘寨村秦遗址出土陶文》,《考古与文物》1996年第4期,第1页。

年为报。已訾其家,家贫弗能入,乃移戍所,报署主责发,敢言之。①

其中债务人的名字为"毋死",亦可与印文相印证。《珍秦(秦印)》254号著录了下揭秦印:

整理者疑为"毋死"二字②,正确可从。其中"死"字"歺"旁下部的写法略有变化,应该是由于刻画过于草率所致。另外,汉印和龙岗秦墓出土的木牍中有人名"辟死"③,与人名"毋死"相类,亦可齐观。由此看来,上举日本菅原氏所藏秦印中的"毋死"很可能也是人名。

《中国古印——程训义古玺印集存》1—158号著录了下揭晋玺:

原释文作"□弱"。④由于钤本不佳,字迹比较模糊,为了方便讨论,我们先结合钤本与该书提供的印面照片,将印文摹写出来:

---

① 湖南省文物考古研究所、湘西土家族苗族自治州文物处《湘西里耶秦代简牍选释》,《中国历史文物》2003年第1期,第14—15页。
② 萧春源辑《珍秦斋藏印(秦印篇)》,(澳门)临时澳门市政局文化暨康体部2000年版。
③ 罗福颐编《汉印文字征补遗》补四·四,文物出版社1982年版。中国文物研究所、湖北省文物考古研究所编《龙岗秦简》,中华书局2001年版,第144页。
④ 程训义《中国古印——程训义古玺印集存》,河北美术出版社2007年版,第53页。

印文中间一字作［］，屡见于战国楚系文字资料，而在战国晋系文字资料中则是首见，旧或释为"咅"①。此字在楚简中或用为"始"、或用为"辞"、或用为"词"，施谢捷先生认为此字应该隶定为"訇"，所从之［］是"訇"的省写②，可从。因此玺文中的［］当释为"奚訇"。"奚訇"二字下有"＝"号，说明"奚訇"是复姓或双字人名。"奚訇"作为复姓，无法解释，因而应该是人名。《玺汇》0326号著录了下揭古玺：

施谢捷先生将印文释为"青毋怠"③，甚是。施先生指出传世汉私印中有"牛毋治""襜毋治"等人名，并举秦印"日敬毋治"读为"日敬毋怠"以及传世文献为证，认为古玺中的"毋怠"和汉印中的"毋治"并当读为"毋怠"④。然读人名"奚訇"为"奚怠"，于文法不通，故我们认为人名"毋治""奚訇"当读为"毋殆""奚殆"，"殆"为危亡、危害之义。传世文献中习见"不殆"一辞，如《老子》曰"知止可以不殆"、《孙子》曰"知己知彼，百战不殆"等，可与"毋殆"并观。秦印"日敬毋治"当理解为每日敬慎则不会有危难。上文曾经讲过，人名"胡伤"与"毋伤""胡妨"与"毋妨"所取的意义是相同的，"奚殆"与"毋殆"的关系亦与此相类。

最后还要指出的是，"弱（搦）奚訇"玺的读序比较复杂，玺文右行，姓氏字在左，人名二字在右，而人名二字又从右向左读，这主要是由于人名"奚訇"二字下有"＝"号，使得这两个字的位置可以左右互易。这种情况在古玺中屡见，例如

---

① 湖北省文物考古研究所、北京大学中文系编《望山楚简》，中华书局1995年版，第74页。
② 施谢捷《说"訇（訇与訇）"及相关诸字》，《出土文献与传世典籍的诠释——纪念谭朴森先生逝世两周年国际学术研讨会议论文集》，上海古籍出版社2009年版，第206页。
③ 同上，第208—209页。
④ 同上，第208—210页。

同是左行的玺文，复姓"疋于"或作▨（《玺汇》3260）、或作▨（《玺汇》3261），人名"相如"或作▨（《玺汇》0788）、或作▨（《玺汇》1005），复姓"东方"或作▨（《玺汇》5669）等等，皆其例。

## 六、无　　地

《玺汇》3508号重新著录了下揭齐玺：

由于《玺汇》选用的钤本不佳，印文很不清楚，不利于考释工作。李家浩先生根据《碧葭精舍印存》所录钤本摹为，并释为"塙（冢）"。①吴振武先生将该玺左部摹作▨，也释为"塙（冢）"。②除了《碧葭精舍印存》以外，该玺还见于《善斋玺印录》《尊古斋古玺集林二集》《续衡斋藏印》等玺印著录，所录钤本印文均较为清晰。兹选录《善斋玺印录》所摹形制及钤本如下：

---

① 李家浩《战国时代的"冢"字》，《著名中年语言学家自选集·李家浩卷》，安徽教育出版社2002年版，第3—4页；原载于《语言学论丛》第七辑，商务印书馆1981年版。
② 吴振武《〈古玺汇编〉释文订补及分类修订》，《古文字学论集》（初编），香港中文大学中国文化研究所、吴多泰中国语文研究中心1983年版，第516页。

## 探寻中华文化的基因(一)

对比齐系文字"亡"字作 ▨(《玺汇》3666),此玺左上的 ▨ 无疑就是"亡"字。左下一字作 ▨,从土从豕从心,可隶作"塚"。战国文字"地"字或作 ▨(《玺汇》1793)、▨(《玺汇》2862)等形, 字在其基础上增益"心"旁,齐玺中的人名"亡塚"当即见于传世文献中的人名"无地":

> 王官无地御戎,狐鞫居为右。　　　　　　　　　《左传·文公二年》
> 
> 冬,楚子囊、秦庶长无地伐宋,师于杨梁,以报晋之取郑也。
> 　　　　　　　　　　　　　　　　　　　　　《左传·襄公十二年》
> 
> 乃与公孙无地、公孙臣谋,使攻宁氏,弗克,皆死。
> 　　　　　　　　　　　　　　　　　　　　《左传·襄公二十七年》

此外,人名"无地"还见于下揭玺印材料:

第一方古玺著录于《续齐鲁古印攈》,后《玺汇》2163 号重新著录,国别属三晋。后两件秦印分别见于《十钟山房印举》卷三·周秦四·十五和《尊古斋印存》。秦文字"地"字从土,它声①,战国文字"地"字则常写作"塚""陸"等形,故《玺汇》2163 号玺中的"亡塚"与秦印中的"毋地"实际上是一名的异写。因此,齐玺中的"亡塚"、晋玺中的"亡塚"、秦印中的"毋地"和传世文献中的"无地"实际上都是同一人名的不同写法。

陈汉平先生将《玺汇》2163 号玺中的"塚"字释为"坠",认为人名"无坠"表示

---

① "它""也"在古文字中是两个不同的字,后因其形、音俱近以致讹混,"地"字本从它。请参看裘锡圭《文字学概要》,商务印书馆 1988 年版,第 77—78 页。黄德宽《说"也"》,《第三届国际中国古文字学研讨会论文集》,香港中文大学中国文化研究所、中国语言及文学系 1997 年版,第 823—832 页。徐宝贵《以"它""也"为偏旁文字的分化》,《文史》2007 年第 3 辑,中华书局,第 227—256 页。

不陨落、不堕之义。① "埊"为"地"字之古文,不得释为"坠",且上古音"地"属歌部,"坠"属物部,读音相距较远,读"地"为"坠"亦未安。我们认为上述六国古玺的"埊""慭"以及秦印和传世文献的"地"当读为"惰",其中齐玺中的"慭"字从心作,很可能就是用于表义的。②

为了更好地说明这个问题,我们先来看看金文中的一个常见字。金文中有一个写作 ![] (《集成》63 逆钟)、![] (《集成》207 克钟)、![] (《集成》245 邾公华钟)、![] (《集成》262 秦公钟)、![] (《集成》267 秦公镈)、![] (《集成》268 秦公镈)、![] (《集成》6516 趞觶)、![] (《集成》10175 史墙盘)等形的字,常出现在"不""毋""不敢""毋敢"之后。这个字从宋代开始就被释为"豙"而读为"坠",只有少数学者提出过不同的看法。罗振玉、郭沫若等先生释为"敳",读为"豙"。③ 高田忠周、唐兰等先生释为"彖",朱芳圃先生释为"彖",均主张读为"坠"。④ 孟蓬生先生也释为"彖",但认为应该读为"弛懈"的"弛"。⑤ 后来陈剑先生撰专文支持释"彖"一说,对该字的字形、读音都有详细的分析,并指出"彖"字在金文中有两种用法,一是读为"惰",表懈怠、不敬之义,二是读为"隳",表毁弃之义,⑥ 其说当是。秦汉简帛"彖"字作 ![] (《马王堆汉墓帛书·周易》"椽"字所从),从 ![] 到 ![] 再到 ![],我们可以清楚地看到"彖"字的嬗变轨迹。正如陈剑先生所言,《集

---

① 陈汉平《屠龙绝绪》,黑龙江人民出版社1989年版,第315页。
② 此蒙裘锡圭先生提点。
③ 郭沫若《周公𣪘释文》,《郭沫若全集·考古编第五卷·金文丛考》,科学出版社1954年版,第308页。
④ [日]高田忠周《古籀篇》八十九·三七—三八,东京古籀篇刊行会1925年版。朱芳圃《殷周文字释丛》,中华书局1963年版,第10—11页。唐兰《古文字学导论(增订本)》,齐鲁书社1981年版,第181、253—254页。
⑤ 孟蓬生《释"彖"》,《古汉语研究》1998年第3期,第70—71页。
⑥ 陈剑《金文"彖"字考释》,《甲骨金文考释论集》,线装书局2007年版,第243—272页。

探寻中华文化的基因(一)

成》267号秦公镈铭"彖"字写作▨，其上部写法与秦汉简帛无异，当即后世"彑"旁写法所本。《说文》"地"字籀文作"墬"，从彖。王念孙认为"歌、元二部之音相近，故谐声亦相通"，"墬"字从彖得声。①既然"地"字籀文从彖得声，而金文中的"彖"又读为"惰"，那么人名中的"亡地""毋地""无地"自然也可以读为"亡惰""毋惰""无惰"，意谓不懈怠。"毋惰""不惰"的说法也见于传世文献，如《礼记·月令》"毋有敢惰"、《汉书·司马相如传》"不敢怠惰"等等，皆其例。

最后顺便谈一下《郭店·语丛四》中"坨"字的释读问题。《郭店·语丛四》简22云：

山亡▨则坨，城亡蘠则坨，士无友不可。

其中"坨"字，整理者读为"阤"。②《说文》训"阤"为"小崩也"，文义基本可通。李零先生径释为"堕"③，于文义更为妥帖。《说文》"堕落"字作"隓"，徐铉谓"今俗作堕"。《说文》："隓，败城阜曰隓，▨，篆文。"徐铉谓"今俗作隳"。正如上文所述，"坨(地)"字从它得声，与"堕""惰"等字读音是很接近的，而《说文》又以"堕"为"隓"字之异体，所以简文中的"坨"自然可以读为"隓"，《说文》训"隓"为"败城阜"，与简文所言若合符节。楚简中的"坨"字与秦文字"地"字同形，均从它得声，而楚简又用"坨"字表示"堕"这个词，则"地"与从"堕"省声之"惰"必然音近，这也是"地"可读为"惰"之佐证。

本文于2008年投予《文史》编辑部，编辑部录用了较短的四则(第一至四则)，其中第一、二两则以《玺印人名研究(一)》为题，第三则以《玺印人名研究(二)》为题，发表在《文史》2009年第1辑，第四则以《玺印人名研究一则》为题发

---

① 李宗焜编撰《景印解说高邮王氏父子手稿》，台北"中央研究院"历史语言研究所2000年版，第310页。
② 荆门市博物馆编《郭店楚墓竹简》，文物出版社1998年版，第219页。
③ 李零《郭店楚简校读记(增订本)》，北京大学出版社2002年版，第45、49页。

表在《文史》2009年第4辑,剩余第五、六两则以《玺印人名考(两篇)》为题发表在《出土文献与传世典籍的诠释——纪念谭朴森先生逝世两周年国际学术研讨会论文集》(上海古籍出版社2010年版)。这六则札记在收入拙著《古玺探研》(华东师范大学出版社2010年版)时增加了部分内容。2016年11月初,承复旦大学出土文献与古文字研究中心雅意,拟将小文收入中心师生已刊论文集。此次重新发表大致按照《古玺探研》录出,特此说明。

# 河南平舆出土两汉封泥拼缀十四则
## ——兼论封泥拼缀的标准

张传官

20世纪末以来，大量秦汉封泥出土于陕西、河南、山东、江苏等地，蔚为大观。近十年来，这些封泥陆续得以整理出版，如《新出相家巷秦封泥》[①]、《新出汝南郡秦汉封泥集》[②]（下文简称为"《汝南》"）、《新出封泥汇编》[③]（下文简称为"《汇编》"）、《鉴印山房藏古封泥菁华》[④]（下文简称为"《菁华》"）等，为学界提供了极有价值的资料。

由于封泥极易破损，一件完整封泥有时候会裂成两件甚至数件残块，因此封泥整理工作的重要内容之一就是对残块进行拼缀。前辈学者已有不少这方面的实践，如周晓陆、路东之两位先生在《秦封泥集》[⑤]正文前的图版中专门列有《秦封泥缀合例》一节，集中展示了十八例拼缀成果。各种著录书中也有不少封泥可以明显看出拼缀的痕迹。施谢捷先生于2010年12月18日在日本东京大学东洋文化研究所所做讲座"秦封泥整理漫议"中亦曾介绍其部分拼缀实例。[⑥]

---

① 南京艺兰斋编《新出相家巷秦封泥》，日本艺文书院2004年版。
② 王玉清、傅春喜编著《新出汝南郡秦汉封泥集》，上海书店出版社2009年版。
③ 杨广泰编著《新出封泥汇编》，西泠印社出版社2010年版。
④ 许雄志编《鉴印山房藏古封泥菁华》，河南美术出版社2011年版。
⑤ 周晓陆、路东之编著《秦封泥集》，三秦出版社2000年版。
⑥ 此信息蒙刘钊师、施谢捷先生赐告，谨致谢忱。

至于整理者在整理过程中进行而未在出版物中特地说明的拼缀成果,更是难以统计。

封泥数量庞大,其整理工作往往浩繁复杂,难以尽善尽美,因此已公布的封泥中仍有一些残块可以拼缀。本文主要依据《汇编》《汝南》二书,对河南平舆出土的部分残缺封泥加以拼缀,然后根据个人的经验和教训谈谈封泥拼缀的一些标准。需要说明的是:本文的拼缀主要依据的是拓片①,并尽量利用《汇编》著录的封泥分型分式②加以检验,但由于作者未能目验原物,本文的拼缀恐怕还存在不妥之处,尚请方家批评指正。

## 一、河南平舆出土两汉封泥拼缀

### (一) 安阳侯相

《汝南》496 作:

《汇编》5581 作:

二者均为汉代封泥。《汝南》496,《汝南》释为"□□侯相"。按其首字尚存一横笔和一竖笔,横笔和竖笔呈直角,与平舆出土两汉封泥中"原鹿"之"原"所从之"厂"形写法不同而与"安"字相同,该字当为"安"字之残。《汇编》5581,《汇编》释为"安阳侯相",归为 C6 型。二者字体一致,边缘相合,当可拼缀。

---

① 本文所引封泥拓本均非原大,不过本文所有用于拼缀的封泥残块均与原书拓本保持同样的缩放比例,并使用原书拓本检验拼缀。对于拼缀之后或用来参照的完整封泥,在保证笔画清晰的前提下,本文统一将所剪切的图片的高度或宽度设置为 2.5 厘米。由于切图均含有拓本边缘外的些许空白,实际泥面拓本会略小于 2.5 厘米。

② 参看《汇编》,第 327—330 页。

探寻中华文化的基因(一)

拼缀后如下图所示：

拼缀之后"安"字左侧竖笔可以连接，其上部横笔亦可对齐，所从"女"之左上角亦可大致补上笔画；"侯"字下部长横笔和末笔均可遥相呼应。C6型"安阳侯相"目前似仅此一件。《汇编》另著录有如下C2型"安阳侯相"封泥：

| 封　泥 | | | |
|---|---|---|---|
| 著　录 | 《汇编》5576 | 《汇编》5577 | 《汇编》5778 |

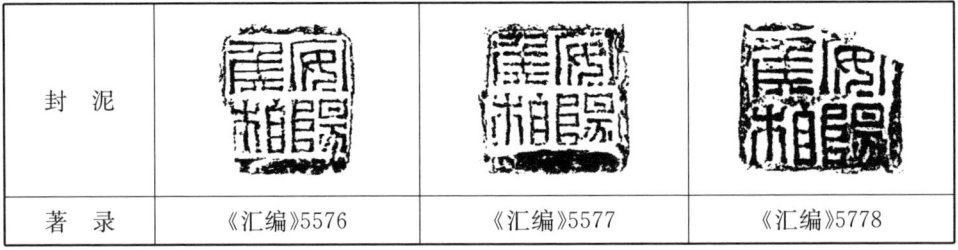

此三者为同印封泥，其写法与本条拼缀十分接近。这可以为木条拼缀提供一些佐证。施谢捷先生告知：若此拼缀成立，则可以为这一品种的"安阳侯相"封泥提供一件完整封泥（2014年6月23日）。

《汝南》496的释文据此拼缀当补为"安阳侯相"。

(二) 均陵长印

《汝南》106-3①(《汇编》4586)②作：

---

① "-"之后的数字为本文所加。《汝南》将若干件同文封泥列在一栏，编为一号，为方便起见，本文按同一栏内从上到下顺序加以编号，此处即指《汝南》106号第3件封泥。
② 本文以圆括号"( )"标注同一件封泥在二书中的不同著录号，圆括号之前的著录信息是本文图片的来源。

《汝南》428作：

二者均为汉代封泥。《汝南》428，《汝南》释为"□陵□印"。《汝南》106-3（《汇编》4586），《汇编》归为B4型，二书均释为"均陵长印"。二者字体一致，边栏形态一致，边缘大致相合，当可拼缀。拼缀后如下图所示：

拼缀后"陵"之"阜"旁可补充完整，尤其"阜"之长竖笔以及中部口形笔画均可连接；"印"字起笔的横笔亦可在两件残块上相互呼应。值得注意的是，《汝南》428上部尚有类似笔画的墨痕，拼缀之后这些墨痕与《汝南》106-3有些重叠。不过，这些墨痕稀疏漫漶，应该不是笔画；而且更为重要的是，《汝南》428"印"字上方有一条较粗的线条，与"陵"字上部的边缘线连在一起，应该就是《汝南》428上部边缘线所在，而上述墨痕处于边缘线的外侧，应该是低于泥面的封泥残块或封泥侧面的拓痕。

已公布封泥中似乎尚无可与《汝南》106-3（《汇编》4586）或《汝南》428相对应的同印封泥，不过类似写法的B4型"均陵长印"可参如下封泥：

| 封 泥 | | | |
|---|---|---|---|
| 著 录 | 《汇编》4582 | 《汇编》4584 | 《汇编》4587 |

其中，《汇编》4582的写法与本条拼缀最为接近。另外，《菁华》259作：

探寻中华文化的基因(一)

从《菁华》所提供的正、背面照片来看,《菁华》259 正面上下有栏,背面为平板,亦当为 B4 型封泥。其写法亦可与本条拼缀相参照。

若此拼缀成立,《汝南》428 的释文当补为"均陵长印"。

### (三) 濯阳长印

《汝南》408 作:

《汝南》523 作:

二者均为汉代封泥,《汝南》分别释为"濯阳□□""□□长印"。按《汝南》408 首字当为"濯"字,第三字据残缺笔画亦可补释为"长"字,可参《汝南》190、304、305、406、407 等封泥。上引两件残缺封泥字体一致,边缘相合,当可拼缀。拼缀后如下图所示:

拼缀后"长"字右下笔画和"印"字起笔均可连接,甚至连左上角断裂缺损的边缘也是连成一线的。类似写法的"濯阳长印"可参如下封泥:

| 封 泥 | | | |
|---|---|---|---|
| 著 录 | 《汇编》6283 | 《汇编》6285 | 《汇编》6303 |
| 型 式 | C1 | C1 | C1 |

将本条拼缀与上引三件封泥相比较,可以发现四者当为同印封泥,尤其是"长"字右下的"己"形、"印"字左上的折笔,写法均完全一致。这可以为本条拼缀提供新的证据。

《汝南》408、523 的释文据此拼缀均当补为"灈阳长印"。

（四）慎丞之印

《汝南》377 作：

《汝南》526 作：

二者均为汉代封泥,《汝南》分别释为"慎丞□□""□□之印"。二者字体一致,边栏形态一致,边缘大致相合,当可拼缀。拼缀后如下图所示：

拼缀后"慎"之"心"旁可以基本补足笔画,左右两件残缺封泥中"丞"字诸残笔均可对齐、遥缀。类似写法的"慎丞之印"可参如下封泥：

| 封　泥 | |
| --- | --- |
| 著　录 | 《汇编》4915 |
| 型　式 | B4 |

将本条拼缀与《汇编》4915 相比较,可以发现二者当为同印封泥,尤其是"慎"字右半、"丞"字右下、"之"字、"印"字上部写法均完全一致。这可以为本条拼缀提

供新的证据。类似写法的 B4 型"慎丞之印"可参如下封泥:

| 封　泥 | | |
|---|---|---|
| 著　录 | 《汇编》4913 | 《汇编》4914 |

其中除了《汇编》4914"慎"右下之"丌"形横笔较长、《汇编》4913 左侧因受到挤压有所变形之外,此二件封泥均与本条拼缀写法十分接近。

《汝南》377、526 的释文据此拼缀均当补为"慎丞之印"。

### (五) 鲖阳侯相(一)

《汝南》252-4(《汇编》6820)作:

《汝南》381 作:

二者均为东汉封泥。《汝南》252-4(《汇编》6820),《汇编》归为 C1 型,二书均释为"鲖阳侯相"。《汝南》381,《汝南》释为"鲖阳□□"。二者字体一致,边缘相合,当可拼缀。拼缀后如下图所示:

拼缀之后"鲖"字左下之"火"、"阳"之"阜"、"相"之"目"等形的笔画均可连接。已公布封泥中似乎尚无可与本条拼缀相对应的同印封泥,不过类似写法的 C1 型"鲖阳侯相"可参如下封泥:

河南平舆出土两汉封泥拼缀十四则

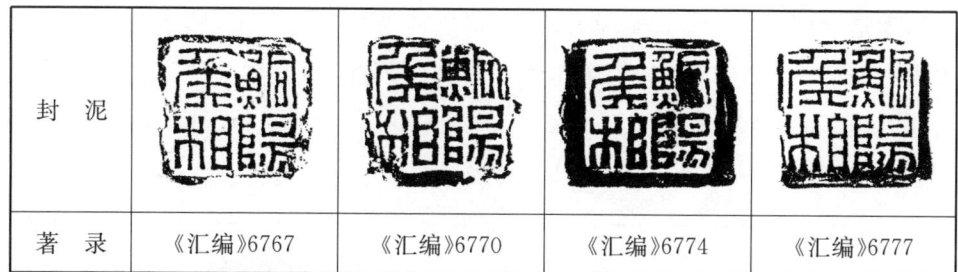

| 封 泥 | | | | |
|---|---|---|---|---|
| 著 录 | 《汇编》6767 | 《汇编》6770 | 《汇编》6774 | 《汇编》6777 |

《汝南》381 的释文据此拼缀当补为"铜阳侯相"。

（六）吴房长印

《汇编》4989 作：

《汝南》383 作：

二者均为汉代封泥。《汇编》4989,《汇编》释为"吴房长印",归为 B4 型。《汝南》383,《汝南》释为"吴房□□"。二者字体一致,边栏形态一致,边缘相合,当可拼缀。拼缀后如下图所示：

拼缀后"吴"字下部偏旁和"房"之"户"旁均可连接。这里需要注意两个问题：其一,两个拓本笔画粗细略有不同。这应该是制作拓本时施墨浓淡和摁压力道的不同所致。①其二,《汇编》4989"房"字所从的"方"左侧尚有一些墨痕,这容易让

---

① 印刷条件、印刷效果的不同,可能也是造成这种情况的原因之一。

人以为是"户"旁之竖笔。实际上,如果将之视为"户"之竖笔,整个"房"字就显得太过细窄,"吴"字残去的笔画也无处着落。因此,这些墨痕应该是封泥残块边缘的拓痕,不是笔画。

类似写法的"吴房长印"可参如下封泥:

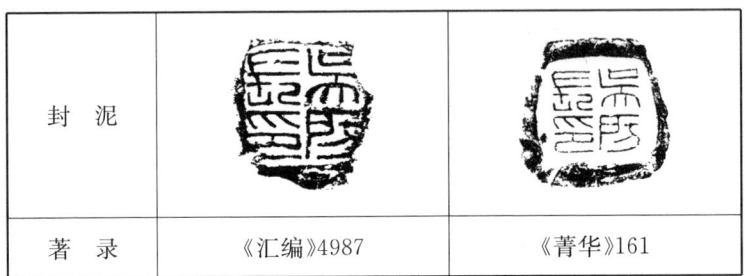

| 封 泥 | | |
|---|---|---|
| 著 录 | 《汇编》4987 | 《菁华》161 |

其中,《汇编》4987 为 B4 型封泥。从《菁华》所提供的正、背面照片来看,《菁华》161 正面上下有栏,背面为平板,亦当为 B4 型封泥。对比可知,《汇编》4987、《菁华》161 与本条拼缀均为同印封泥。这可以为本条拼缀提供新的证据。

《汝南》383 的释文据此拼缀当补为"吴房长印"。

## (七) 西平左尉

《汝南》162(《汇编》5002)作:

《汝南》385 作:

二者均为汉代封泥。《汝南》162《汇编》5002),二书均释为"西平左尉",《汝南》归为西汉封泥,《汇编》归为 B4 型。《汝南》385,《汝南》释为"西平□□"。二者字体一致，边缘相合，当可拼缀。拼缀后如下图所示：

拼缀后"西""平"二字的残笔均可连接，尤其"西"字下部笔势也是一致的。已公布封泥中似乎尚无可与本条拼缀相对应的同印封泥，不过类似写法的"西平"可参照下列"西平左尉"封泥：

| 封　泥 | | |
|---|---|---|
| 著　录 | 《汇编》5001 | 《汇编》6995 |
| 型　式 | B4 | C1 |

又可参照下列"西平右尉"封泥：

| 封　泥 | | | |
|---|---|---|---|
| 著　录 | 《汇编》6987 | 《汇编》6989 | 《汇编》6990 |
| 型　式 | C1 | C2 | C1 |

从上引"西平右尉"封泥来看，"西平"二字比左半二字写法略宽的情况是存在的。这一点可以与本条拼缀相对照。

《汝南》385 的释文据此拼缀当补为"西平左尉"。

## (八) 固始侯相

《汇编》5865 作：

《汇编》5880 作：

二者均为东汉封泥，《汇编》均释为"固始侯相"，均归为 C2 型。二者字体一致，边缘亦大致相合，似可拼缀。试拼缀后如下图所示：

拼缀后"相"之"木"的竖笔和"目"左侧的竖笔均可连接。《汇编》5880 的文字略有弯曲，这应该是变形所致。

已公布封泥中似乎尚无可与《汇编》5865 或《汇编》5880 相对应的同印封泥，不过类似写法的 C2 型"固始侯相"可参如下封泥：

| 封　泥 | | | |
|---|---|---|---|
| 著　录 | 《汇编》5821 | 《汇编》5826 | 《汇编》5830 |
| 封　泥 | | | |
| 著　录 | 《汇编》5831 | 《汇编》5832 | 《汇编》5840 |

本条拼缀与上引 C2 型封泥相比,"侯"字左上、"始"之"女"旁右下的写法都比较接近。这可以为本条拼缀提供一些佐证。

### (九) 富波国丞

《汇编》5740(《汝南》212-2)作:

《汇编》5744(《汝南》212-3)作:

二者均为东汉封泥,二书均释为"富波国丞",《汇编》均归为 C2 型。二者字体一致,边栏形态也比较一致,边缘基本相合,似可拼缀。试拼缀后如下图所示:

拼缀之后"波""丞"的笔画均可对齐、遥缀。现已公布的河南平舆出土"富波国丞"封泥极少,较为完整者如下列 C1 型封泥:

| 封 泥 | | |
|---|---|---|
| 著 录 | 《汇编》5739 | 《汇编》5741 |

可略作参照。另有同属于 C2 型的"富波侯相"如下:

| 封 泥 | | | | |
|---|---|---|---|---|
| 著 录 | 《汇编》5745 | 《汇编》5746 | 《汇编》5747 | 《汇编》5750 |

其中,"波"所从之"皮"左侧一笔亦多有波折,并非一条直线,这与本条拼缀的封泥或可参照。

若此拼缀成立,则可以为这种写法的"富波国丞"提供一件完整的封泥。

### (十) 富波侯相

《汇编》5779(《汝南》213-4)作:

《汇编》5783 作:

二者均为东汉封泥,《汇编》均释为"富波侯相",均归为 C1 型。

《汇编》5749 著录有如下一件同属于 C1 型的"富波侯相"封泥:

仔细比对可以发现,《汇编》5779(《汝南》213-4)、《汇编》5783 分别与《汇编》5749 为同印封泥,尤其是"富"之"畐"旁、"波"之"氵"旁、"相"之"木"旁下部写法完全一致。《汇编》5749 缺少《汇编》5779(《汝南》213-4)"富"之"宀"旁向上的一短笔,这应该是泥面残损的缘故,因为《汇编》5749 中,与"侯"字相比,"富"字在高度上明显短了一截,其上部应该还有笔画。

上引两件残缺封泥字体一致,边栏形态大致相近,似可拼缀。试拼缀后如下图所示:

河南平舆出土两汉封泥拼缀十四则

拼缀之后文字可以对齐，"侯"字笔画在两件残块上也能互相呼应，尤其封泥左侧的边栏正好可以处于同一条略微倾斜的直线上。而且，本条拼缀与《汇编》5749 笔画完全重合，这也可以为本条拼缀提供一点佐证。

（十一）南顿令印

《汇编》6013 作：

《汝南》223-5 作：

二者均为东汉封泥，二书均释为"南顿令印"。《汇编》6013，《汇编》归为 C2 型。二者字体和边栏形态一致，似可拼缀。试拼缀后如下图所示：

拼缀后两件残块中的"顿"字左旁的两竖笔可以连接，"印"的笔画亦可呼应。至于笔画粗细不同，当是施墨浓淡和摁压力道不同所致，《汇编》6013 同一残块上"南""令"二字笔画粗细就有明显不同，可为佐证。类似写法的 C2 型"南顿令印"可参如下封泥：

| 封 泥 | |
|---|---|
| 著 录 | 《汇编》5992 |

探寻中华文化的基因(一)

对比可以发现,本条拼缀与《汇编》5992实为同印封泥,只是《汇编》5992"顿"左旁上部略有些变形倾斜。二者"顿"字左旁的写法与其他同文封泥的"顿"字写法有显著区别:"顿"之"屯"旁上部一般作一横笔,而《汇编》5992与本条拼缀中"顿"之"屯"旁相应的位置则作"U"形曲笔,这应该是受"屯"下部写法影响的类化(参《汇编》5979—6011)。这种特殊写法也可以为本条拼缀提供一点佐证。

**(十二) 期思侯相**

《汇编》6241作: 

《汇编》6237(《汝南》228-5)作: 

二者均为东汉封泥,二书均释为"期思侯相",《汇编》均归为C2型。

《汇编》6227著录有如下一件同属于C2型"期思侯相"封泥:

仔细比对可以发现,《汇编》6241、《汇编》6237(《汝南》228-5)分别与《汇编》6227为同印封泥,尤其是"侯"字顶部和底部、"期"之"其"旁下部、"思"之"心"旁写法完全一致。《汇编》6237(《汝南》228-5)与《汇编》6227的"相"字似有不同,尤其"木"之左下一笔、"目"之左右竖笔粗细略有不同,这应该是《汇编》6237(《汝南》228-5)拓墨不均所致。

上引两件残缺封泥字体一致,边缘大致相合,似可拼缀。试拼缀后如下图所示:

拼缀之后与《汇编》6227笔画基本重合。需要指出的是:"期"之"其"旁上半中部写作"十"形而不是"×"形而且下半写作"収"而不是"丌"是目前公布的"期思侯相"封泥中十分少见的写法。这或许也可以为本条拼缀提供一点佐证。类似写法的"期"字还可参如下C3型"期思侯相"封泥:

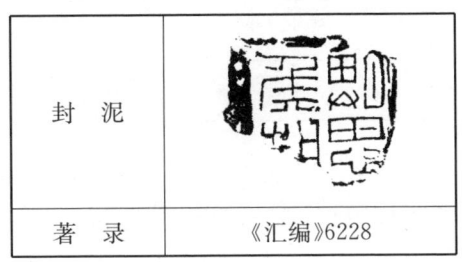

| 封 泥 | |
| --- | --- |
| 著 录 | 《汇编》6228 |

(十三) 铜阳侯相(二)

《汝南》382 作：

《汝南》460 作：

二者均为汉代封泥,《汝南》分别释为"铜□侯□"、"□阳□相"。《汝南》382尚存下部二字的残笔,据"铜阳侯相"封泥(参看《汇编》6762—6811)可补释为"铜阳侯相"。二者字体一致,边栏形态相近,边缘相合,似可拼缀。试拼缀后如下图所示：

拼缀后"阳(陽)"字右上之"日"形可以补足笔画,左旁之"阜"旁亦可连接;"相"字的三笔竖笔也能各自对齐、遥缀。至于拼缀后边缘无法对齐,应该是由于《汝南》382封泥的边栏已残缺,只能拓出封泥的左右边缘。《汇编》著录有如下"铜阳侯相"封泥:

探寻中华文化的基因(一)

| 封　泥 | ![](# ) | ![](# ) |
| --- | --- | --- |
| 著　录 | 《汇编》6775 | 《汇编》6782 |
| 型　式 | C1 | C1 |

本条拼缀与《汇编》6775、6782写法十分接近,例如"侯"之下端、"鲷"之"火"形、"阳"之"阜"旁和右下等皆是如此。这或许可以为本条拼缀提供一些佐证。

若此拼缀成立,《汝南》460的释文当补为"鲷阳侯相"。

### (十四) 宜禄左尉

《汇编》7393(《汝南》289-1)作：

《汇编》7396(《汝南》289-3)作：

二者均为东汉封泥,《汇编》均释为"宜禄左尉",归为C2型。

《汇编》7391著录有如下一件属于C6型的"宜禄左尉"封泥：

仔细比对可以发现,《汇编》7393(《汝南》289-1)、《汇编》7396(《汝南》289-3)分别与《汇编》7391为同印封泥,尤其是"宜"字末笔之上的一笔连接笔画、"左"之"𠂇"旁和"尉"所从之"火""寸"写法均完全一致。

上引两件残缺封泥字体一致,边栏形态一致,边缘大致相合,似可拼缀。试拼缀后如下图所示：

拼缀之后文字和边栏均能对齐，而且与《汇编》7391笔画完全重合。

在此需要讨论的问题是：不同型式的封泥能否是同印封泥？一般情况下不同型式的封泥写法往往不一样，不过确实有少部分封泥存在同印不同型的情况，如上引两件C2型残缺封泥在拼缀之前就可以确定为属于C6型的《汇编》7393的同印封泥。出现这种情况可能是由于如下的原因：有些型式流行时代相同或相近而且不同型式之间的区别较为细微，这些型式很可能同时在使用。例如本条拼缀所涉及的C2型和C6型：前者正面形态为四周有栏，背面形态为竖向木纹、三字型绳纹，主要流行期以东汉为主；而后者正面形态为四周有栏，背面形态为竖向木纹、平板，主要流行期以东汉为主。①C6型背面之所以是平板，可能是因为捆绳位于泥团中间而未达到捆扎起来的竹木简平面，因而未在封泥背面留下痕迹的缘故。②

## 二、谈谈封泥拼缀的主要标准

封泥是古人封护文书和物品的凭证，于秦汉时期尤为盛行，举凡为了防止泄密或失窃之物事，皆可用胶泥封缄、钤印。由于官私保存、传递、运输的需要，秦汉时期封泥使用非常频繁，其数量也十分巨大。在此基础上，与其他出土古代文字材料相比，封泥有一个显著的特点，那就是同文封泥往往比较多。就河

---

① 《汇编》，第329—330页。
② 关于封泥封检方式的具体情况，可参看马骥《秦汉封泥封检方式模拟实验》，载王玉清、傅春喜编著《新出汝南郡秦汉封泥集》，第17—20页。

探寻中华文化的基因(一)

南平舆出土两汉封泥而言,绝大多数封泥都有同文封泥,有的同文封泥还多达数十件。因此,残缺封泥的拼缀工作较为复杂,需要综合各种情况进行尝试和检验。因此,本文接下来就在拼缀实践的基础上,归纳一下封泥拼缀工作所遵循的一些主要标准,供读者参考。

1. 封泥出土地相同

这当然是不言而喻的第一条标准。少部分无法确知出土地的封泥,可据其内容大致判定其所属地区。

2. 封泥文字内容相合

所谓内容相合,主要是指具有其他同文封泥作为参考。同文封泥可以分为两类:一类是同印钤出的封泥。同印封泥之间写法完全一样,可以跟拼缀结果直接进行比照,是检验封泥拼缀极为重要的标准。①本文初稿曾有如下一条试拼缀:

《汇编》7063　　《汇编》7062　　

拼缀之后"细"所从"糸"之底下三笔可以连接,"侯"字末笔亦可呼应,似乎密合无间。后来检得《汇编》7063 的同印封泥《汇编》7017 如下:

《汇编》7063"细"之"糸"旁由于残损缺少了顶上的一笔。而《汇编》7062 虽然"相"字由于挤压有所变形,但"阳"之"阜"旁的三个"口"形以及右下写法皆与

---

① 关于封泥拼缀中同印封泥的重要性蒙施谢捷先生赐告,谨致谢忱。本文据施先生的意见重新检验了初稿中的所有拼缀。

《汇编》7017"阳"字有别,而且拼缀后"侯"字右下两横之间的距离也比《汇编》7017的大许多。因此,上引两件残缺封泥恐怕并非同印封泥,无法拼缀。

当然,泥面挤压等原因难免会导致笔画略微变形、笔画粗细不同的情况出现,但总体上这些情况对于使用同印封泥检验拼缀影响不大。

另一类则是同印封泥之外的同文封泥。这类同文封泥主要是以文字偏旁或笔画写法相同或相似作为参照,也可以用来检验是否误缀。

关于内容相合这一条标准,需要注意以下三种情况:其一,少部分封泥残缺的文字尚存少数笔画,整理者仅以相应数目的"□"表示缺文,未能根据残存的笔画或同文封泥补充释文,如本文"慎丞之印""灈阳长印"等条均根据残笔和同文封泥补释残字,拼缀之后也可以证明这些补释是正确的。对于这类封泥,如果能尽量补足其文字,将大大有利于封泥拼缀。本文附录对《汝南》的释文加以订补,其中包括了不少属于这种情况的补释,可参考。其二,就封泥拼缀而言,原来不属于同一件封泥的同印封泥在同一部位断裂的可能性微乎其微。因此,如果根据其他判断标准可以拼缀的封泥残块,它们属于同一方印钤出的不同封泥的可能性几乎不存在。其三,不排除所拼缀的封泥具有未见于其他同文封泥的新写法,甚至此前未见任何同文封泥的可能性的存在。在这种情况下,如果根据其他标准确实可以拼缀,拼缀后的封泥作为新品种的价值则更大。

3. 残缺封泥字体一致

字体一致有时候很难判断,其主要依据就是与同文封泥在偏旁或笔画写法上的相同或类似。关于这一点,需要注意两个问题:其一,需要考虑到制作拓本时由于施墨浓淡和摁压力道不同等原因而导致笔画粗细不同的情况,如本文"吴房长印"条就是如此。其二,部分封泥由于字体相同可能可以遥缀,《汇编》一书也有遥缀的例子,如《汇编》5449"大守五官掾印"即是如此;但是遥缀由于缺乏其他标准(尤其是下文所说的边缘相合和文字残笔相连这一标准)的检验,很难判断其准确性,需要慎之又慎。本文初稿曾有若干条遥缀,后蒙施谢捷先生告知:由于同印封泥的存在,如果没有直接的笔画相连,很难确定遥缀的两件残块是否属于同一件封泥,因此遥缀实际上对于封泥整理和研究意义不大(2014年6月23日)。因此,本文删去了初稿所有遥缀的例子。

4. 边缘相合和文字残笔相连

边缘相合自然是封泥拼缀的题中应有之义。值得注意的是:残缺封泥的边缘与封泥边栏不尽一致。有的封泥边栏已经残缺,但文字周围的封泥边缘在施拓时会反映在拓本上,这类边缘拓痕不能作为边栏来看待。因此,本文所用的"边栏"与"边缘"含义略有差别。边栏是指原封泥文字四周的泥面,反映在拓本上就是在一般情况下比笔画粗得多的墨迹;边缘则是指封泥现存实物的边缘。边缘包括未残去的封泥边栏,也包括边栏残去之后留下的封泥边缘,本文所谓"边缘相合"的"边缘"主要指可用于拼缀的断裂处的边缘。

文字残笔的相连是封泥拼缀最重要的一条标准。尤为重要的是:多处残笔相连可以使拼缀成功的几率大大增加,如本文"灈阳长印""吴房长印""西平左尉"等条就是如此。由于秦汉封泥的同文封泥一般比较多,在类似位置断裂的封泥往往不止一例,如果只有一处残笔相连,拼缀的准确度也会因此降低许多。另外,这条标准的重要性还体现在:从理论上说,在没有同文封泥参照的情况下,多处残笔相连甚至可以拼缀出具有新的文字内容的封泥来。

文字残笔的相连不仅需要参考其他同型、同文封泥的写法,也要注意区分封泥拓本上的拓痕和残笔,尤其边缘的一些墨拓很容易被误认为笔画。本文初稿曾有如下一条试拼缀:

《汇编》7343 ＋ 《汝南》284 →

以为《汇编》7343"阳"字右下处的墨迹较粗,当为笔画,而且此残笔经拼缀后正好可以补充《汝南》284"安"字横笔之缺。实际上,试拼缀后"阳""安"二字之间的距离太小,几乎紧贴在一起,与其他"阳安长印"(参看《汇编》7304—7346)不类,因此,"阳"字下的墨痕恐怕还是边缘拓痕,不是笔画。即便上引两件残块封泥确实属于同一件封泥,该拼缀也只能是遥缀。

5. 封泥正面形态和背面形态相合

封泥的正面形态除了上文所说字体之外,主要是指正面是否有界格、四周是否有栏(即本文所说的"边栏",边栏与边缘的不同已见上文所述)。界格可以为拼缀提供类似于文字笔画的证据。对于无界格的封泥来说,除了字体和笔画连接之外,也要注意其边栏形态。由于钤印时力道不同、边栏部分残缺等各种因素的存在,每件封泥的边栏大都不尽一致。一般情况下,边栏大都比较规整,但有时由于种种原因,边栏也会出现歪斜、不对称甚至粗细悬殊等特殊情况。无论如何,在利用边栏时,要注意残块边栏的基本一致(如大多数封泥粗细相差不大、拼缀后边栏可以连成直线等)以及文字与边栏之间的距离等情况,这些都可以为封泥的拼缀提供一定的佐证。

封泥的背面形态则主要是指钤盖封泥的竹简背面、捆绳或封泥匣所造成的压痕。有的封泥著录书会提供封泥背面的照片,如《菁华》就是如此,《汝南》中的部分封泥也是如此。这当然是目前封泥著录的最为完善的方式。不过,由于印刷水平、成本限制等原因,目前大部分封泥著录书只著录拓片,对封泥背面未作任何说明。《汇编》则独辟蹊径,在这一问题上做出了创新。《汇编》一书著录了大量封泥,如果一一提供封泥背面照片,篇幅将增加至少一倍。该书则化繁为简,吸收孙慰祖先生、马骥先生的研究成果并有所增益,依据封泥正面形态、背面形态和主要流行时期等标准,将该书所著录之封泥分为四型十九式。[①]这为封泥拼缀提供了很大帮助。本文的拼缀也尽力根据《汇编》的分型分式加以检验。当然,部分《汇编》未著录而又缺乏背面形态信息者则主要依据其他标准检验拼缀。

---

① 参看《汇编》,第 327—330 页。

探寻中华文化的基因(一)

本文所述封泥拼缀标准,主要适用于只利用拓本所进行的拼缀工作。至于收藏者和整理者拼缀封泥,还有其他重要的标准,如两件残缺封泥泥质相同、封泥侧面(不仅仅是拓片的边缘)相合等,但这些就并非本文所能置喙的了。

## 附录:《汝南》释文订补

《汝南》一书所著录的封泥,可大致分成三个部分:1—88号不仅著录拓本,也著录封泥正面和背面的照片,每个编号对应一件封泥,按照时代和释文排序。89—354号也是按照时代和释文排序,同一个时代的同文封泥编为一号;但同一个编号下所著录者则不限于一件封泥:无论是完整封泥还是残缺封泥,只要释文相同,《汝南》皆置于同一个编号之下;而对于其中的残缺封泥,《汝南》多根据其残笔和同文封泥补充释文。355—554号则只著录残缺封泥,每个编号对应一件封泥,其中多有释文相同者。实际上,355—554号的残缺封泥中,也有一些可以根据其残笔和同文封泥补充释文,从而移到89—354号的相应位置。

本附录对《汝南》释文进行订补,主要包括355—554号中据残笔和同文封泥可以释读残笔所在文字的封泥,也包括无残笔但可以根据同印封泥确定其缺文的封泥,但不包括无残笔而只依据非同印封泥的同文封泥可以推断其缺文的封泥;同时,本附录也对少数《汝南》误释、误录或误排的封泥加以勘误。

本附录以列表方式呈现,分《汝南》"编号"、《汝南》"原释文""新释文""说明"四项罗列。其中,加"＊"者均为陈剑先生赐告的意见(2014年7月30日);"说明"一栏主要用来说明订补的依据。①

---

① 《汝南》第2、5页共有五处"数据"一词,据文义均当为"资料";第4页表格最后一行"杨耆"当为"杨著"。这应该都是繁体转简体时自动转换之误。

## 河南平舆出土两汉封泥拼缀十四则

| 编号 | 原释文 | 新释文 | 说　　明 |
|---|---|---|---|
| 033* | 褒信侯相 | 襃信侯相 | 首字笔画清楚,当为"襃"字,《汝南》目录作"裒"①,即"襃"字异体,不误,此处当为误录或误排。 |
| 034* | 褒信长印 | 襃信长印 | 首字笔画清楚,当为"襃"字,《汝南》目录作"裒",即"襃"字异体,不误,此处当为误录或误排。 |
| 084 | 原蘼侯相 | 原鹿侯相 | 第二字上部实为"鹿"上部写法的一部分,并非"艹"旁,可参《汇编》7496—7532"原鹿侯相"封泥。 |
| 123 | 平舆丞印 | 平与丞印 | 第二字当为"与（與）"字,读为"舆",参看《汇编》6216—6217"平与丞印"封泥。 |
| 124 | 平舆左尉 | 平与左尉 | 第二字当为"与（與）"字,读为"舆",参看《汇编》6218—6220"平与左尉"封泥。 |
| 142-3 | 女阴之印 | 女贲之印 | 第二字尚存残笔,作🔲,字实为"贲"字之残。此封泥即《汇编》4663,《汇编》已正确释读。 |
| 176 | 新息长尉 | 新息长印 | 此栏第一件封泥文字清楚,可径释。《汝南》目录不误,此处当为误录或误排。 |
| 190 | 濯阳长印 | 灈阳长印 | 首字笔画清楚,实为"灈"。《汝南》编者所撰《汉汝南郡县考》②一文均作"灈阳"（第34页）,则此处当为误录或误排。 |
| 193 | 太守功曹印 | 太守五官掾印 | 第一、三件封泥文字较为清楚,可径释。《汝南》目录不误,此处当为误录或误排。 |
| 202* | 褒信侯相 | 襃信侯相 | 首字笔画清楚,当为"襃"字,此处当为误录或误排。 |
| 203* | 褒信长印 | 襃信长印 | 首字笔画清楚,当为"襃"字,此处当为误录或误排。③ |
| 295 | 原蘼丞印 | 原鹿丞印 | 第二字上部实为"鹿"上部写法的一部分,并非"艹",可参《汇编》7493—7494"原鹿丞印"封泥。《汝南》295-1即《汇编》7493,《汇编》已正确释读。 |

---

① 下文若未说明《汝南》目录不误者,则目录与原释文同误,不再一一注明。
② 王玉清、傅春喜《汉汝南郡县考》,载王玉清、傅春喜《新出汝南郡秦汉封泥集》,上海书店出版社2009年版,第31—37页。
③ 此外,《汉汝南郡县考》一文中的"襃信"亦均误作"裒信"（见《汉汝南郡县考》一文,第37页）。

探寻中华文化的基因(一)

(续表)

| 编号 | 原释文 | 新释文 | 说　明 |
|---|---|---|---|
| 296 | 原麗侯相 | 原鹿侯相 | 第二字上部实为"鹿"上部写法的一部分,并非"艹",可参《汇编》7496—7532"原鹿侯相"封泥。 |
| 297 | 原麗长印 | 原鹿长印 | 第二字上部实为"鹿"上部写法的一部分,并非"艹",可参《汇编》7534—7561"原鹿长印"封泥。《汝南》297-1即《汇编》7540,《汇编》已正确释读。 |
| 304 | 灈阳丞印 | 瀶阳丞印 | 首字笔画清楚,实为"瀶",《汝南》此处当为误录或误排。 |
| 305 | 灈阳长印 | 瀶阳长印 | 首字笔画清楚,实为"瀶",《汝南》此处当为误录或误排。 |
| 307* | 陈军私印 | 陈军印信 | 此栏第一件封泥末字尚存大部分笔画,当为"信"字,则此封泥当为"陈军印信"。《汝南》目录不误,此处当为误录或误排。 |
| 314* | 段安 | 殷安 | 首字作 ,实为"殷"字。 |
| 316 | 傅□印信 | 傅□印信 | 第二字作 ,笔画清楚,此封泥即《汇编》7695,《汇编》释为"岷"。 |
| 317 | 胡尹印信 | 胡伊印信 | 第二字左旁尚有"人"旁,实为"伊"字。可径释。《汝南》目录不误,此处当为误录或误排。此封泥即《汇编》7696,《汇编》释读正确。 |
| 325* | 康齐私印 | 宁齐私印 | 首字作 ,实为"宁(甯)"字。此封泥即《汇编》7716。《菁华》295号为此封泥之同印封泥。后二书均已正确释读。 |
| 336* | 王始长 | 王始韶 | 末字作 ,其右大半尚有偏旁。右侧下部为"口"之残,字当为"韶","韶"即"髻"字。 |
| 363 | 平舆□□ | 平舆狱臣 | 《汝南》363与《汇编》4781"平舆狱臣"为同印封泥,可据后者补释。"平"字中竖笔两侧两笔写作弯曲的弧形是"平舆狱丞"封泥的特有写法,《汝南》363即属于这一类。其上部左侧"口"形的左竖笔实际上是该残块边缘的拓痕。 |
| 378 | 宋□□□ | 宋公□□ | 第二字尚存"公"字起笔,可据"宋公国丞""宋公国尉""宋公相印"等封泥(参《汇编》6684—6744)补释。 |

(续表)

| 编号 | 原释文 | 新释文 | 说　　明 |
|---|---|---|---|
| 381 | 銅阳□□ | 銅阳□相 | 见本文"銅阳侯相（一）"条。 |
| 382 | 銅□侯□ | 銅阳侯相 | 见本文"銅阳侯相（二）"条。 |
| 384 | 吴房□□ | 吴房□印 | 末字尚存"印"右上的两残笔，可据"吴房尉印"、"吴房长印"等封泥（参《汇编》4984—4990、6868—6908）补释此字。 |
| 387 | 项□之□ | 项长之□ | 第二字尚存一横笔，可据"项长之印"等封泥（参《汇编》7059—7104）补释此字。 |
| 406 | 濯阳□□ | 灌阳□□ | 首字实为"灌"，笔画清楚，《汝南》此处当为误录或误排。第三字尚存一残笔，疑为"长"字。 |
| 407 | 濯阳□□ | 灌阳□□ | 首字实为"灌"，笔画清楚，《汝南》此处当为误录或误排。 |
| 408 | 濯阳□□ | 灌阳长□ | 见本文"灌阳长印"条。 |
| 411 | □蔡侯相 | 新蔡侯相 | 首字尚存一笔短竖笔，可据"新蔡侯相"封泥（参《汇编》7138—7155）补释此字。 |
| 418 | □成□□ | □成□相 | 末字尚存部分笔画，可辨识出右侧竖笔，可据"安成侯相"封泥（参《汇编》5484—5522）补释此字。 |
| 441 | □平□相 | □平侯相 | 第三字尚存少数残笔，可据"西平侯相"封泥（参《汇编》6927—6948）补释此字。 |
| 465 | □阳□相 | 细阳侯相 | 上部尚存第一、第三两字，分别为"细"、"侯"之残，可据"细阳侯相"封泥（参《汇编》7007—7040）补释此字。 |
| 473 | □阳□□ | 安阳□□ | 首字尚存下部的四笔竖笔，字当为"安"字之残，可据含有"安阳"二字的封泥补释此字。 |
| 474 | □长□印 | □□丞印 | 此处指《汝南》第234页的474号，实际上第233页也有编号为474的"□长□印"封泥，此处编号当为475之误。此封泥存左半第三、第四两字。文字清楚，当为"□□丞印"。《汝南》目录与此相对应的是475号"□□丞印"，此处当为误录或误排。 |
| 478 | □□丞印 | 期思丞印 | 第二字尚存残笔，为"思"字之残，首字残笔亦与"期"字相合。参看"期思丞印"封泥（参《汇编》4791—4792）。 |

探寻中华文化的基因(一)

(续表)

| 编号 | 原释文 | 新释文 | 说　　明 |
|---|---|---|---|
| 485 | □□侯相 | □阳侯相 | 据第二字残存笔画可径补释为"阳"。 |
| 488 | □□侯相 | 安□侯相 | 首字左侧尚存一笔长竖笔,仅从这一点判断,此字可能是"安"字或"原"字。不过,"原"字左侧写法大多略带弧度,在靠近上端处尤其如此,此处残笔正接近左侧上端,因此,此字更可能是"安"字。参看"安成侯相"、"安阳侯相"、"原鹿侯相"等封泥(分别见《汇编》5484—5508、5548—5587、7496—7513)。 |
| 490 | □□侯相 | □善侯相 | 第二字尚残存左下笔画,这些残笔贴近泥面底端和纵向的中部且笔画间略呈直角,这应该是"善"字下部"口"之残笔,可据"思善侯相"封泥(参《汇编》6666—6673)补释此字。 |
| 492 | □□侯相 | 朗陵侯相 | 第一、二字残笔仍存部分笔画,可据"朗陵侯相"封泥(参《汇编》5899—5958)补释此二字。 |
| 494 | □□侯相 | 安□侯相 | 首字尚存类似于四笔竖笔的残笔,当为"安"字之残。 |
| 496 | □□侯相 | 安□侯相 | 见本文"安阳侯相"条。 |
| 500 | □□陵印 | □陵丞印 | 第二字尚存残笔,乃"丞"字左下之手形,可据"朗陵丞印"等封泥(见《汇编》5887—5890)补释此字。 |
| 501 | □□令印 | 南□令印 | 首字尚存一竖笔,竖笔中部位置尚有一点残笔,字当为"南"字之残,此印应当是"南顿令印"之残,可参《汇编》5979—6003。 |
| 516 | □□长印 | 吴房长印 | 第二字尚存残笔 ,其上部横笔末端向右凸出,当非"阳""陵"等字之"阜"旁,而是"房"之"户"旁。首字亦存一笔残笔,可据"吴房长印"等补释为"吴"字。参《汇编》4984—4990、6869—6908"吴房长印"封泥。 |
| 519 | □□长印 | 原鹿长印 | 第一、二字各存一笔残笔,可据"原鹿长印"封泥(参《汇编》7534—7561)补释。 |
| 525 | □□之印 | □丞之印 | 第二字尚存"丞"字左下之手形,可据残笔及含有"丞之印"三字的封泥补释。 |
| 526 | □□之印 | 慎丞之印 | 见本文"慎丞之印"条。 |

(续表)

| 编号 | 原释文 | 新释文 | 说　明 |
|---|---|---|---|
| 528 | □□之印 | □丞之印 | 第二字尚存"丞"字左下之手形,可据残笔及含有"丞之印"三字的封泥补释此字。 |
| 536 | □□□相 | □□侯相 | 第三字尚存"侯"最末两笔,可据含有"侯相"的封泥补释。 |
| 543 | □□□印 | □成□印 | 第二字尚存残笔,为"成"字残笔,可补释。 |
| 545 | □□□印 | □阳□印 | 第二字尚存"阜"旁和右边偏旁的一笔残笔,据残笔,此字当为"阳"字。 |
| 549 | □□□印 | □□令印 | 第三字尚存残笔,为"令"字下部所从"卩"之部分笔画,可补释。 |
| 552 | □□□印 | □□安印 | 第三字尚存大约一半笔画,当为"安"字之残。此印读法亦可能是"□安□印"。 |

附识:本文曾蒙刘钊师、施谢捷先生、陈剑先生和熊长云先生审阅,得到了许多宝贵的修改意见,施先生还提供了许多关于封泥拼缀的建议,谨在此一并致谢。本文难免还有错误,一概由本人负责。

本文曾在"纪念容庚教授诞辰120周年学术研讨会暨中国古文字研究会第二十届年会"(2014年10月9日—13日)上宣读。

2014年6月11日初稿
2014年10月20日改定

原载《出土文献与古文字研究》第六辑,上海古籍出版社2015年版

# 六十甲子衰分数术考

程少轩

我们在学习秦汉简帛数术文献的过程中,发现一些图文所反映的数术原理存在相似之处,这些图文中包括引起广泛讨论的艮山图和天牢图。本文尝试解读这些图文,揭示它们蕴含的数术原理,并就相关问题谈谈自己的看法。

## 一、艮 山 图

"艮山图"见于睡虎地秦简和孔家坡汉简,图与说明文字如下①:

睡虎地秦简简47正—简53正:

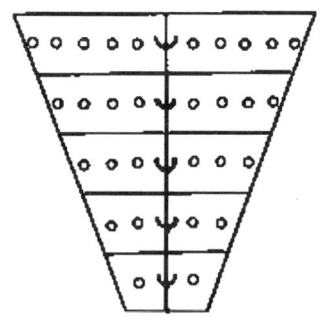

---

① 睡虎地秦墓竹简整理小组《睡虎地秦墓竹简》,文物出版社1990年版。湖北省文物考古研究所、随州市考古队编《随州孔家坡汉墓简牍》,文物出版社2006年版。

此所胃(谓)艮山,禹之离日也。从上右方数,朔之初日及枳(支)各一日,尽①之而复从②上数。【日】与枳(支)刾(夹)③艮山之胃(谓)离日。离日不可以家(嫁)女、取妇及入人民、畜生(牲),唯利以分异。离日不可以行,行不反(返)。

孔家坡汉简简 139—简 145:

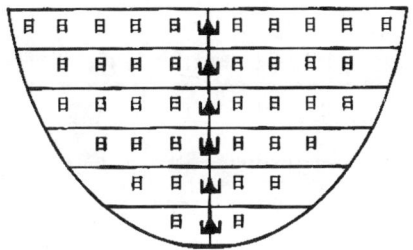

是胃(谓)根山,禹离日也。数,从上右方数,朔初日及字(子)④各居一日,尽,复道上右方数。日与字(子)夹根山是胃(谓)离日。离日不可取妻……及入人、畜生(牲)、货。可分异。

此外,香港中文大学文物馆藏汉简第 34 号⑤是一枚艮山图残简。据残缺的图及文字"此禹之根山,数上道……"可知此简当位于艮山图的最右侧。

多位学者讨论过此图。其中李学勤、陈伟和晏昌贵三位先生各给出了一套释读方案。⑥三套方案的相同之处在于:均认为艮山图是以月中干支在艮山图上

---

① 此字图版模糊。整理者原释"数"。郑刚先生曾据原照片将此字改释为"书"(刘乐贤《睡虎地秦简日书研究》第 93 页引述),说明此字至少轮廓与"书"相似。我们将之与孔家坡汉简合勘,可以确定这个字当释为"尽"。
② 此字孔家坡汉简作"道",颇疑这里也是"道"字。由于图版模糊,难以遽断,暂从整理者释读。
③ "刾"字原释"刺",李学勤先生在《睡虎地秦简中的〈艮山图〉》(《文物天地》1991 年第 4 期)一文中改释读为"夹"。
④ "字"读为"子",指地支。以"子"指称地支亦见于孔家坡汉简"死失图"。
⑤ 陈松长编著《香港中文大学文物馆藏简牍》,香港中文大学文物馆 2001 年版,第 26 页。
⑥ 李学勤《睡虎地秦简中的〈艮山图〉》,《文物天地》1991 年第 4 期;本文以《〈日书〉中的〈艮山图〉》为题,收入其所著《简帛佚籍与学术史》,江西教育出版社 2001 年版,第 145—149 页。陈伟《睡虎地日书〈艮山〉试读》,《中国出土资料研究》第六号,2002 年 3 月,第 145—149 页。晏昌贵《对〈日书〉"艮山"图的一个简单解读》,简帛网,2008 年 3 月 25 日,http://www.bsm.org.cn/show_article.php?id=808。文中引三位先生对艮山图的论述均出于此。

探寻中华文化的基因(一)

的排列进行择日,从"朔之初"即初一日开始排,按某种方法得到的日子称为"离日"。所谓"各一日""各居一日"之"日",是指图中的"〇"或"日"形图案。这些观点均由李学勤先生最先提出,也得到了学界的广泛认同。

三位先生的不同之处在于对干支排列顺序以及对部分文意理解的差异。

李学勤先生认为干支在图中当如下排序:

| 30 | 28 | 25 | 21 | 16 | 山 | 11 | 7 | 4 | 2 | 1 |
|---|---|---|---|---|---|---|---|---|---|---|
|    | 29 | 26 | 22 | 17 | 山 | 12 | 8 | 5 | 3 |   |
|    |    | 27 | 23 | 18 | 山 | 13 | 9 | 6 |   |   |
|    |    |    | 24 | 19 | 山 | 14 | 10 |   |   |   |
|    |    |    |    | 20 | 山 | 15 |   |   |   |   |

李先生认为,择日当与数术文献中所见"反支"相联系,"离日"是与"反支日"夹艮山图的日子。此说得到刘乐贤、森和等先生的支持。①

陈伟先生认为干支在图中当如下排序:

| 11 | 10 | 9 | 8 | 7 | 6 | 5 | 4 | 3 | 2 | 1 |
|---|---|---|---|---|---|---|---|---|---|---|
|    | 20 | 19 | 18 | 17 | 16 | 15 | 14 | 13 | 12 |   |
|    |    | 27 | 26 | 25 | 24 | 23 | 22 | 21 |   |   |
|    |    |    | 32 | 31 | 30 | 29 | 28 |   |   |   |
|    |    |    |    | 35 | 34 | 33 |   |   |   |   |

陈先生认为,"离日"即落在图中"山"形上的日子。陈炫玮先生赞同李先生关于"反支日"的讨论,但认为干支排列顺序当采用陈伟先生的方案。②

晏昌贵先生认为干支在图中当如下排序,每两格安排一组干支:

---

① 刘乐贤《睡虎地秦简日书研究》,文津出版社1994年版,第91—97页。森和《从离日与反支日看〈日书〉的继承关系》,简帛网,2008年8月22日,http://www.bsm.org.cn/show_article.php?id=867。
② 陈炫玮《孔家坡汉简日书研究》,台湾新竹清华大学硕士学位论文,2008年10月,指导教师张永堂教授、刘增贵教授,第105—111页。

| 5 | 5 | 4 | 4 | 3 | 山 | 3 | 2 | 2 | 1 | 1 |
|---|---|---|---|---|---|---|---|---|---|---|
|   | 9 | 9 | 8 | 8 | 山 | 7 | 7 | 6 | 6 |   |
|   |   | 12 | 12 | 11 | 山 | 11 | 10 | 10 |   |   |
|   |   |   | 14 | 14 | 山 | 13 | 13 |   |   |   |
|   |   |   |   | 15 | 山 | 15 |   |   |   |   |

晏先生认为,"离日"即夹"山"形的日子,即 3、11、15 三日,以及可以循环排入表中的 18、26、30 三日,每月有六个"离日"。晏先生同时认为,孔家坡汉简图中较睡虎地秦简多出的部分,当是抄手的误书。

三套方案中,以晏昌贵先生的方案最为简洁明了。我们认为他的思路是正确的。

首先,晏先生对简文的解释最符合文意。简文说:"数从上右方数朔初……尽,复道上右方数。"当是从图之右上角开始自右向左数,数完一行后换到下一行再从右往左数。李学勤先生认为按纵向数,与文义不合,此已经陈伟、陈炫玮两位先生辨明,兹不赘述。简文说"日及支各居一日",可见"日"和"支"是分别占据一个"日"(或"〇")的格子的。按照晏先生的方案,日指天干,支指地支,排出的图正是"干、支各占一格"。如果按照陈伟先生的方案,则干支和地支不是分别占一格。而且,如果按照李先生的解释将"支"解释为"反支",也很难让人享受到此图作为推算日期之辅助工具的简单方便。

再者,黄儒宣先生指出,晏先生的方案与放马滩简乙种《日书》简 318 的一段话吻合:

> 丙寅、甲戌、戊寅、辛丑、己丑、癸巳、丙申、甲辰、戊申、辛亥、己未、癸亥,是谓离日,不可入官。①

晏先生通过排列,得出离日对应的干支是"丙寅""甲戌""戊寅""辛巳""己丑""癸巳"。这六个干支与放马滩简"离日"前六个中的五个完全相同。黄儒宣

---

① 黄儒宣《日书图像研究》,台湾大学博士学位论文,2010 年 1 月,指导教师周凤五教授,第 118—126 页。本文引黄先生对艮山图的论述皆出此文。

## 探寻中华文化的基因(一)

先生认为放马滩简本当作"辛巳","辛丑"是抄手误抄,此说可以信从。所以其实两者本来完全一致。

晏先生只排列了一月之干支。黄先生将六十干支全部排入艮山图,得到下表:

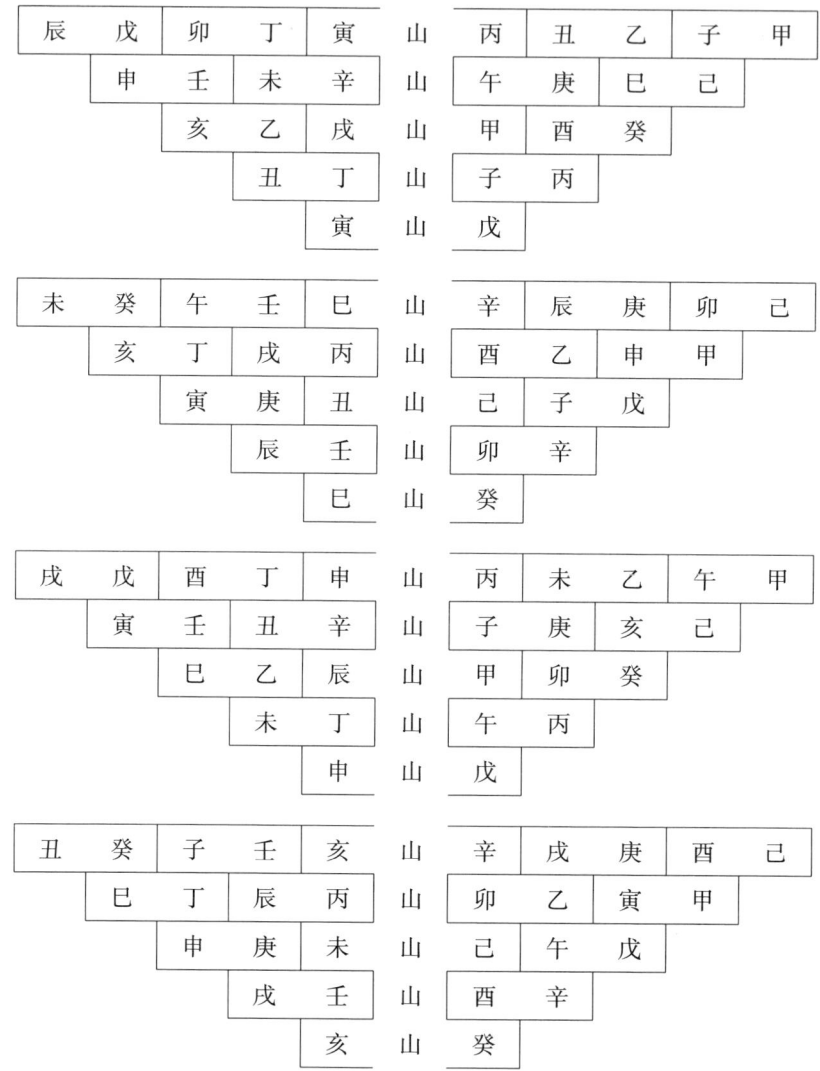

按照晏先生的方案,得出的"离日"正是"丙寅""甲戌""戊寅""辛巳""己丑""癸巳""丙申""甲辰""戊申""辛亥""己未""癸亥"十二个,与放马滩简所列"离日"

干支吻合。黄儒宣先生据此得出结论：

> 综合以上所述，目前所见最早有关"艮山"的材料是放马滩秦简《离日》，虽然没有相应的图形，但是从它记载的具体日期，可知是依据睡虎地秦简艮山图排列，凡是天干与地支恰好位于中轴两侧的日子便是"离日"。放马滩秦简是按照六十甲子的次序，始于"甲子"，终于"癸亥"布列，与睡虎地秦简、孔家坡汉简从每月朔日开始不同。至于睡虎地秦简艮山图为五行，孔家坡汉简艮山图为六行，可能是不同流派造成的差异。

我们完全赞同黄儒宣先生利用放马滩简文对晏先生方案的证明，不过不太同意她对三种材料存在差异的解释。

我们认为，晏昌贵先生"孔家坡汉简图中较睡虎地秦简多出的部分，当是抄手的误书"的推测可以成立。以上所见放马滩简、睡虎地秦简、孔家坡汉简三批选择"离日"的材料，所依据的是同一种按干支择日的数术原理。这种数术原理的典型特征，是将六十个干支分成四等份，每份十五个干支再据5∶4∶3∶2∶1的规则分配后进行择日。这种数术原理，还出现在我们随后将要讨论的相关材料中。倘孔家坡汉简艮山图果真多出一行，就背离了这种数术原理，艮山图便不能起到作用了。我们还推测，带有艮山图的睡虎地秦简、孔家坡汉简明确说据"朔日"占卜，而放马滩简列出的日子是以甲子始而推得，两者存在差异，未必表明数术性质存在本质不同——与之类似的现象也出现在随后将要讨论的天牢图与印台汉简三角形图中，个中原因可能比较复杂。后文将会详细讨论。

## 二、天　牢　图

"天牢图"见于孔家坡汉简352—359号下半栏，整理者将此篇定名为《天牢》，图与说明文字如下[①]：

---

① 湖北省文物考古研究所、随州市考古队《随州孔家坡汉墓简牍》，文物出版社2006年版。释文断句主要依据晏昌贵《孔家坡汉简〈日书〉天牢篇笺证》，《简帛》第2辑，2009年10月，第293—310页。

探寻中华文化的基因(一)

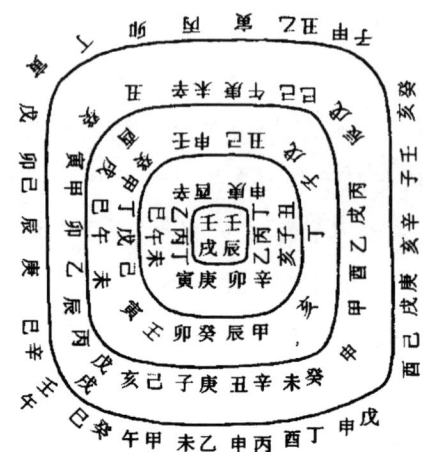

此天牢。

击(系)者:一曰除;二曰贊;三曰耐;四曰刑;五曰死。

居官宦御:一曰进大取;二曰多前毋……句;四曰深入多取;五曰臣代其主。

陈炫玮先生和晏昌贵先生均对此图有很细致的研究。[①]晏昌贵先生指出首句"此天牢"是对这幅图的命名,所以此图可称为"天牢图"。两位先生都指出此图用以占卜"系者"和"居官宦御"两种事情,图中五层干支与"一曰"至"五曰"五层占辞对应。《天牢》的所有信息可整理成下表:

**孔家坡简天牢图信息一览表[②]**

| | 干　　支 | | | | 系者 | 居官宦御 |
|---|---|---|---|---|---|---|
| 第一层<br>一曰<br>20干支 | 癸亥　甲子　乙丑　丙寅　丁卯<br>戊寅　己卯　庚辰　辛巳　壬午<br>癸巳　甲午　乙未　丙申　丁酉<br>戊申　己酉　庚戌　辛亥　壬子 | | | | 除 | 进大取 |

---

① 陈炫玮《孔家坡汉简日书研究》,台湾新竹清华大学硕士学位论文,2008年10月,指导教师张永堂教授、刘增贵教授,第206—211页。晏昌贵《孔家坡汉简〈日书〉天牢篇笺证》,《简帛》第2辑,2009年10月,第293—310页。文中引两位先生对艮山图的论述均出于此。

② 表格据上引陈炫玮、晏昌贵两先生文制作。表中"层数"指自外向内数的层数。

(续表)

| | 干　　　支 | 系者 | 居官宦御 |
|---|---|---|---|
| 第二层<br>二日<br>16干支 | 戊辰　己巳　庚午　辛未<br>癸未　甲申　乙酉　丙戌<br>戊戌　己亥　庚子　辛丑<br>癸丑　甲寅　乙卯　丙辰 | 赀 | 多前勿…… |
| 第三层<br>三日<br>12干支 | 壬申　癸酉　甲戌<br>丁亥　戊子　己丑<br>壬寅　癸卯　甲辰<br>丁巳　戊午　己未 | 耐 | ……句 |
| 第四层<br>四日<br>10干支 | 乙亥　丙子　丁丑<br>庚寅　辛卯<br>乙巳　丙午　丁未<br>庚申　辛酉 | 刑 | 深入多取 |
| 第五层<br>五日<br>2干支 | 壬辰<br>壬戌 | 死 | 臣代其主 |

晏昌贵先生在讨论天牢图时引用了一则睡虎地秦简《娶妻出女》篇的材料（为方便讨论，后文简称这则材料为"娶妻简文"）：

> 月生五日日杵，九日日举，十二日日见莫取，十四日夬（謈）詢，十五日曰臣代主。代主及夬（謈）詢，不可取（娶）妻。（睡虎地秦简《日书》甲种简8背—简9背。）

文中引用这则材料是为了讨论"臣代其主"的含义。似乎并没有学者注意到，不单是语词，这则材料所体现的数术性质与天牢图也是相似的。

上表列出了天牢图五层的干支数量，干支比例为20∶16∶12∶10∶2，约分为5∶4∶3∶2.5∶0.5。上引这则睡虎地秦简的材料，一般理解是取点时间，认为五者分别取五日、九日、十二日、十四日、十五日。可是如果换一种思路，将上引材料看成段时间的话，五段时间分别是5天、4天、3天、2天、1天。假如真是这样理解，天牢图和睡虎地秦简娶妻简文天数的比例就很相似了。而5∶4∶

3∶2∶1这个比例,则与上面讨论的艮山图如出一辙。这不由得让人猜测:它们会不会就是按与艮山图一致的计算方法来择日的呢?我们尝试以天牢图中表示"臣代其主"的"壬辰""壬戌"两个干支作为每月的十五日,将图中的六十个干支按两个连大月对应的日期排序(前后两月的次序可以互换),填入了艮山图:

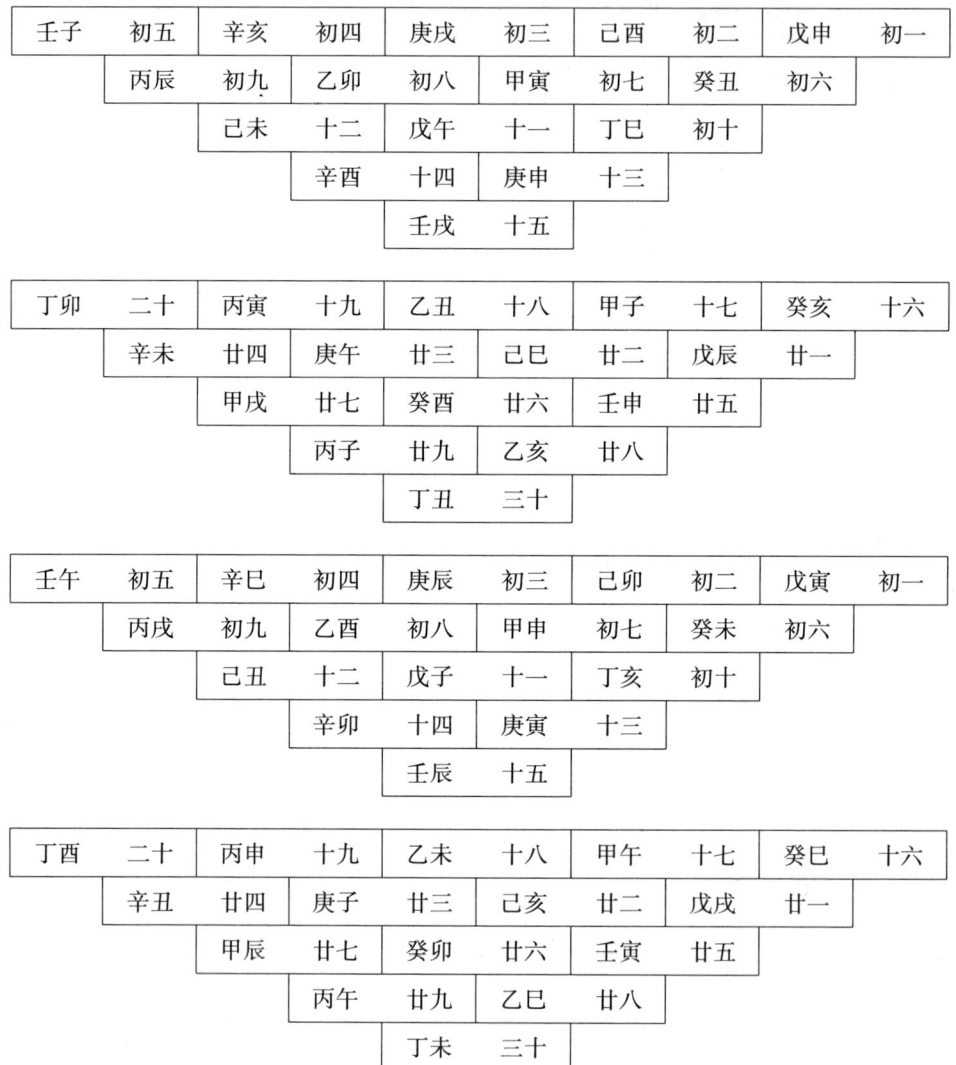

对照前面的"孔家坡简天牢图信息一览表"可以看出,除了每月三十日对应的干支在天牢图中位于第四层而非第五层外,其他所有的日期、干支对应层数均吻合。可见睡虎地秦简娶妻简文与孔家坡汉简天牢图也是使用将六十个干支分成四等份,每份十五个干支再据 5∶4∶3∶2∶1 的规则分配后进行择日的方法。(每月三十日的特殊情况,我们将在后面详细讨论。)

## 三、印台汉简三角形图

《荆州重要考古发现》一书公布了印台汉简部分材料①,其中三支简上半为图,下半为文字(见文末附图)。简上文字释读如下:

三者奊②。(謑)句(詢),奊(謑)句(詢)癸酉、甲戌、乙亥、戊子、己丑、庚寅、癸卯、甲辰、乙巳、戊午、己未、庚申。(简 9)

四者瀘举,瀘与(举)己巳、庚午、辛未、壬申、乙酉、丙戌、丁亥、己亥、庚子、辛丑、壬寅、乙卯、丙辰、丁巳。(简 11)

五月者居处五兑,居处甲子、乙丑、丙寅、丁卯、戊辰、己卯、庚辰、辛巳、壬午、癸未、甲午、乙未、丙申、丁酉、戊戌。(简 12)

刘乐贤先生认为:

由于简文不全,其上部所绘图形的含义一时不易理解。其下部的"奊(謑)句(詢)"见于睡虎地秦简《日书》甲种第八—九号简背:"月生五日日杵,九日日举,十二日日见莫取,十四日奊(謑)詢,十五日曰臣代主。代主及奊(謑)詢,不可取妻。"瀘举,不知是否与睡虎地秦简《日书》甲种第八—九号简背的"举"有关。简文的干支似乎有规律可寻,可惜因为材料尚未全部公布,现在还不能完全明白。③

---

① 郑忠华《印台墓地出土大批西汉简牍》,荆州博物馆编著《荆州重要考古发现》,2009 年 1 月,第 204—208 页。

② "奊"字隶定据郭永秉(署名"大丙")《印台汉简日书释字补说(两条)》,复旦大学出土文献与古文字研究中心网站,2009 年 12 月 23 日,http://www.gwz.fudan.edu.cn/SrcShow.asp? Src_ID=1024。

③ 刘乐贤《印台汉简〈日书〉初探》,《文物》2009 年第 10 期。

探寻中华文化的基因(一)

刘乐贤先生已经察觉到"干支似有规律可寻"。我们认为这里的干支规律仍与前面所论相同。按照前面的方法,将已有干支排列在艮山图中,并按规律补出所缺干支(由于简文不全,表格排列其实有四种可能,即分别以甲子、己卯、甲午、己酉为前月初一日,现仅列出以甲子为前月初一日的方案,其余三种略):

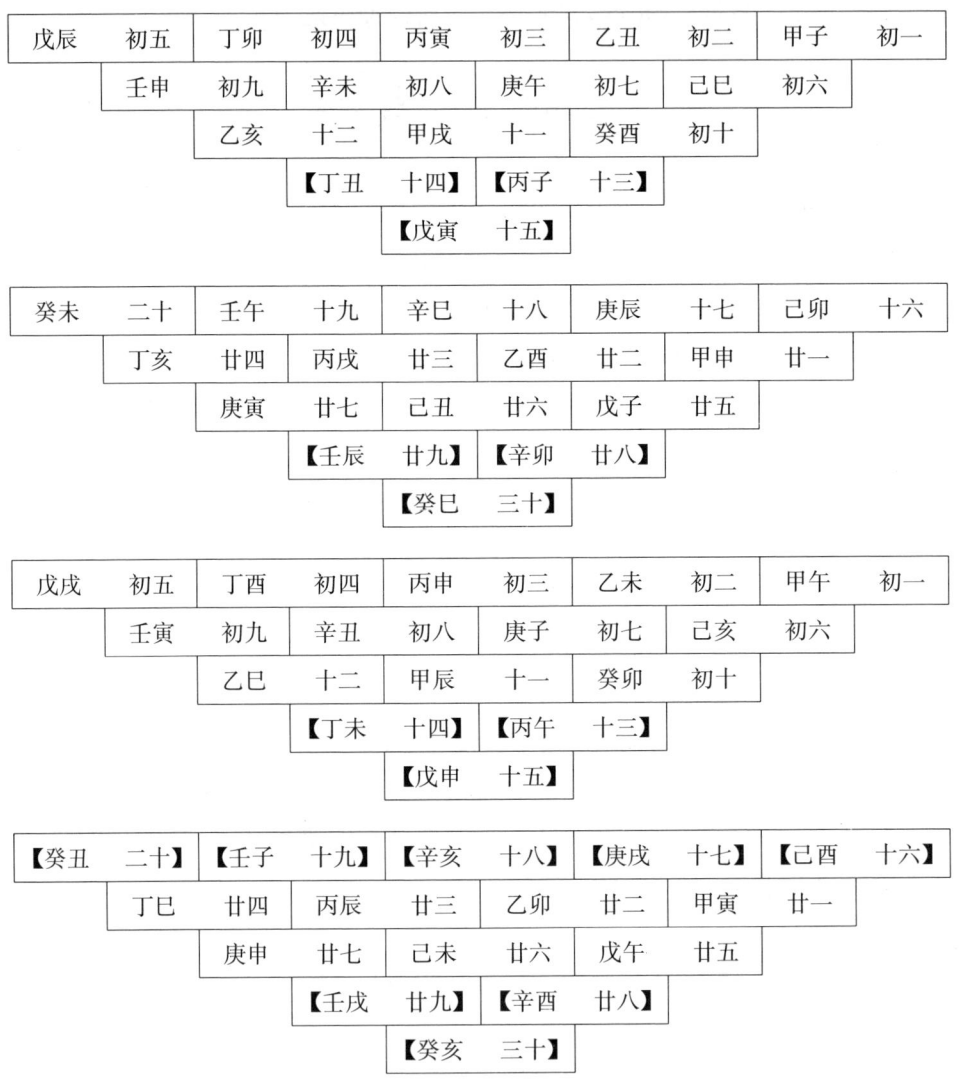

(说明:其中简11漏抄"甲申"和"甲寅"。)

据上图可见,已知干支的层数与简文"三者""四者""五者"也是严格对应的。所以印台汉简的数术原理也与前面讨论的艮山图及天牢图一致。

刘乐贤先生认为印台汉简中的"瀘举"与睡虎地秦简"举"有关,完全正确。孔家坡汉简天牢图、睡虎地秦简娶妻简文和印台汉简这段文字中均有与"居官宦御"相关的占辞,对应关系如下表:

"居官宦御"占辞对应关系表

| 层数 | 孔家坡汉简 | 睡虎地秦简 | 印台汉简 |
|---|---|---|---|
| 一 | 进大取 | 杵 | 居处五兑 |
| 二 | 多前毋…… | 举 | 瀘举 |
| 三 | ……句 | 见莫取 | 臭(謰)句(詯) |
| 四 | 深入多取 | 臭(謰)詯 | …… |
| 五 | 臣代其主 | 代主 | …… |

据上表,印台汉简"瀘举"正与睡虎地秦简"举"对应。另外,还可以确定孔家坡汉简第三层"……句"可以补为"……臭(謰)句(詯)",第四层"多前毋"后似可补"取"字。这些占辞是押韵的。①孔家坡汉简"取""取""詯""取""主"押侯部韵;睡虎地秦简"杵""举"押鱼部韵,"取""詯""主"押侯部韵。疑印台汉简"处""举"亦押鱼部韵②,"詯"与后缺文亦押侯部韵。术语的一致,更进一步说明了三种材料关系密切。

前面已经提到,天牢图中每月三十日对应的干支不在第五层而在第四层,与据艮山图排列应有的结果略不同。为什么会出现这种情况?我们推测存在两种可能:第一种可能是,由于竹简第五层圈内空间狭小,抄手将本该抄写在第五层的两个干支改抄在了第四层;第二种可能是,据占辞可见位于第五层的干支意义最重大,但在实际占卜时会遇到小月没有第三十日的情况,因此将每月三十日对应的干支"降级"到第四层。倘印台汉简全部发表,我们便可进一步判

---

① 此承蔡伟先生向笔者指出。
② "五兑"也许是衍文,或者是表示将前面"五月者"订正为"五者"的注释字。

探寻中华文化的基因(一)

断哪种推测更符合事实了:如果印台汉简"一者"对应四个干支,则应取前一种推测;如果"一者"对应两个干支,则应取后一种推测。

我们可以大致复原出印台汉简的整章文字(假定甲子为前月初一日,一者为臣代其主,二者为深入多取,另假定"一者"对应四个干支,其余方案略):

第一简:一者臣代其主,臣代其主戊寅、戊申、癸巳、癸亥。

第二简:二者深入多取,深入多取丙子、丁丑、辛卯、壬辰、丙午、丁未、辛酉、壬戌。

第三简:三者叀(譨)句(詾),叀(譨)句(詾)癸酉、甲戌、乙亥、戊子、己丑、庚寅、癸卯、甲辰、乙巳、戊午、己未、庚申。

第四简:四者瀍举,瀍与(举)己巳、庚午、辛未、壬申、[甲申]、乙酉、丙戌、丁亥、己亥、庚子、辛丑、壬寅、[甲寅]、乙卯、丙辰、丁巳。

第五简:五{月}者居处{五兑},居处甲子、乙丑、丙寅、丁卯、戊辰、己卯、庚辰、辛巳、壬午、癸未、甲午、乙未、丙申、丁酉、戊戌。

第六简:己酉、庚戌、辛亥、壬子、癸丑。

还可以推知简上端图形的排列(左图据已公布的竹简图案制作,右图为标准模型):

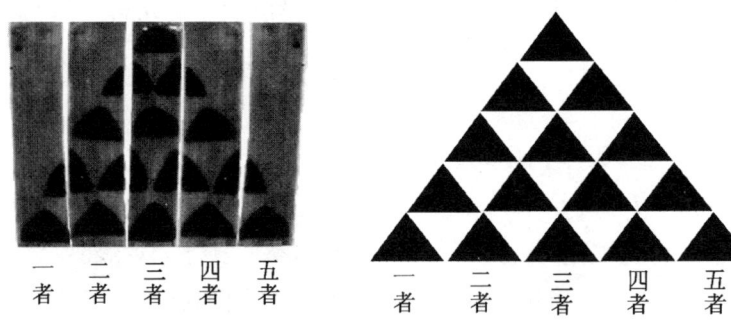

此图显然也是5:4:3:2:1的数术原理的直观反映。值得注意的是,此图与艮山图上下相反,而印台汉简"一曰"到"五曰"的占辞与孔家坡汉简天牢图占辞的顺序也是相反的。图与占辞同时相反,两者应该有所关联。

据图还可知,这段竹简文字是从左向右读的。因为"五者"的内容写在两支竹简上,而"四者""五者"依图相连,第六简必在写有"五者"竹简的右侧。

由于印台汉简尚未完全公布,不知原简上是否有此图的名称。虽然此图与天牢图术语存在关联,但我们也很难断定此图一定与天牢图是一回事情。为方便讨论,我们暂称之为"印台汉简三角形图"。

## 四、对相关材料性质和关系的推测

以上讨论了睡虎地秦简艮山图、孔家坡汉简艮山图、放马滩简离日简文、睡虎地秦简娶妻简文、孔家坡汉简天牢图以及印台汉简三角形图的一些情况。下面将这些材料合观,简单分析它们的性质和异同。

根据前面的讨论,我们可以断定这些材料是基于同一套数术原理的。我们推测:在先秦秦汉数术中,存在一种普遍的数术原理,它们都是将六十个干支分成四等份,每份十五个干支再据5∶4∶3∶2∶1的规则分配后进行择日,基于这套原理的数术均可用符合5∶4∶3∶2∶1比例的一组相似图形构成的图式进行推算。"艮山图"与"天牢图"以及印台汉简中的三角形图均是基于此原理的图式。

这种将干支按5∶4∶3∶2∶1的规则分配的方法,其实就是中国古代算术中的衰分法。"衰分"一作"差分",是"九数"之一。《周礼·地官·保氏》"六曰九数",郑玄注引郑司农云"九数:方田、粟米、差分、少广、商功、均输、方程、赢不足、旁要。"《九章算术·衰分》有如下一题:

> 今有大夫、不更、簪裹、上造、公士,凡五人,共猎得五鹿。欲以爵次分之,问各得几何?答曰:大夫得一鹿、三分鹿之二。不更得一鹿、三分鹿之一。簪裹得一鹿。上造得三分鹿之二。公士得三分鹿之一。术曰:列置爵数,各自为衰,副并为法。以五鹿乘未并者,各自为实。实如法得一鹿。
>
> 刘徽注:爵数者,谓大夫五,不更四,簪裹三,上造二,公士一也。《墨子·号令》篇"以爵级为赐。"然则战国之初有此名也。今有术,列衰各为所求率,副并为所有率,今有鹿数为所有数,而今有之,即得。

此题是依五等爵级,按5∶4∶3∶2∶1的比例分配五头鹿,算法与分配六十甲子相同。①六十甲子可以被整除，较之此题简单许多，可以说是最简单的衰分运算。在没有找到古人的定名前，我们不妨将本文讨论的这类数术统称为"六十甲子衰分数术"。

"六十甲子衰分数术"均可用符合 5∶4∶3∶2∶1 比例的一组相似图形构成的图式进行推算。这类符合 5∶4∶3∶2∶1 比例的图式，传世文献中也可以见到。《尚书·禹贡》描述了一个关于"畿服"的地理模型：

> 五百里甸服：百里赋纳总，二百里纳铚，三百里纳秸服，四百里粟，五百里米。五百里侯服：百里采，二百里男邦，三百里诸侯。五百里绥服：三百里揆文教，二百里奋武卫。五百里要服：三百里夷，二百里蔡。五百里荒服：三百里蛮，二百里流。

把这段话形象化，可得到如下图：

 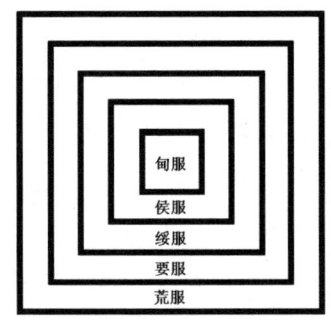

**"甸服五百里"与"五服"示意图**

上图清楚地反映出《禹贡》地理模型的 5∶4∶3∶2∶1 比例关系。与《禹贡》"五服"类似的畿服地理模型还见于《逸周书》和《周礼》，《逸周书·王会》有"三服"，《逸周书·职方》、《周礼·夏官·职方氏》有"九服"，《周礼·夏官·大司马》有"九畿"，《周礼·秋官·大行人》有"六服"。关于"畿服"的记载由来已久，《尚书·酒诰》称商分内外二服，但可以确定有较早来源的文献都没有规

---

① 此承邹大海先生向笔者指出。

定畿服的里程。①这些模型，显然是具有一定数术知识、熟悉这类图像的人创制的。②

由于占卜的不同需要，基于同一数术原理，古人发明了不同的图式。艮山图侧重于3、11、15三个点；天牢图和三角形图则侧重于5、9、12、14、15五个点。目前看来，艮山图的功能集中在选择"离日"，尚不清楚此图是否有其他功能。不过，无论艮山图如何演变，此图的结构恐怕也不会发生太大的改变。睡虎地秦简、孔家坡汉简以及香港中文大学藏残简三种艮山图，除了个别说明文字略有差异外，应该是完全一致的。睡虎地秦简娶妻简文、孔家坡汉简天牢图以及印台汉简三角形图三者占辞的内容近似，但不完全相同。颇疑它们是同一种数术的不同流变。孔家坡汉简天牢图可以用来卜"系囚"和"居官"；印台汉简三角形图已公布的部分只有卜"居官"；睡虎地秦简娶妻简文具体操作时仍有可能取点时间，而且脱离了干支而改用日期，用途是为"娶妻"择日。"六十甲子衰分数术"原理及各类应用的逻辑关系，可用下图表示：

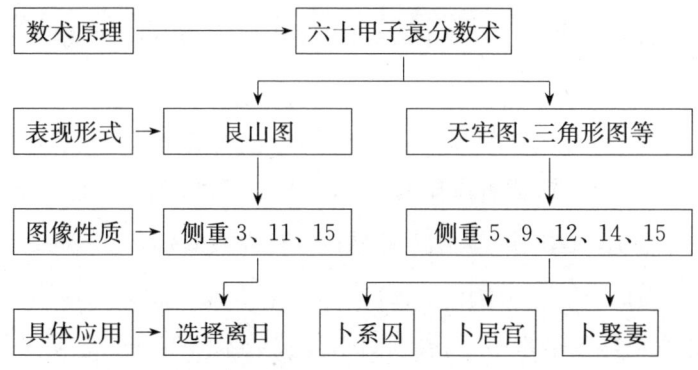

---

① 关于《禹贡》及相关文献"畿服"的讨论，可参看顾颉刚、刘起釪《尚书校释译论》（第二册），中华书局2005年版，第815—817页；顾颉刚《中国疆域沿革史》，《顾颉刚全集》第六卷，中华书局2010年版，第50—52页。

② 先秦秦汉人创造的地理模型，除了"畿服"，还有"九州岛""大九州岛""十二州"等，"九州岛"与九宫图有关，"十二州"与式图有关，"大九州岛"更与五行家邹衍关系紧密，它们都有很强的数术背景，可与《禹贡》"五服"合观。

## 探寻中华文化的基因(一)

睡虎地秦简艮山图、孔家坡汉简艮山图、放马滩简离日简文、睡虎地秦简娶妻简文、孔家坡汉简天牢图以及印台汉简三角形图六批材料干支日期的排序,出现了以下几种情况:

1. 睡虎地秦简、孔家坡汉简的艮山图,均以月朔日开始,以干支排序。

2. 睡虎地秦简娶妻简文,以月朔日开始,不排干支而直接算日期。

3. 孔家坡汉简天牢图,以戊申或者戊寅开始,以干支排序。

4. 放马滩简离日简文,以甲子开始,以干支排序。

5. 印台汉简三角形图,以甲子或己卯或甲午或己酉开始(参照放马滩简离日简文,印台汉简最有可能也是以甲子开始的),以干支排序。

六批材料出现五种情况,可见实际情况很复杂。依常理判断,"六十甲子衰分数术"必须在处理对象合乎 15 的倍数的情况下才能操作,所以以甲子开始排序的方法可能是最早的,之后为了照顾具体日期才出现了从朔日干支开始的排法,抛开干支纯以日期排列的方式应该最晚出现。

印台汉简尚未完全发表,是否一定以甲子开始不好判断。孔家坡汉简天牢图则肯定不是以甲子开始。天牢图为何以戊寅或戊申开始?我们推测,有三种可能:

第一种可能是,有一种与另五种材料都不一样的特殊占卜"天牢占",只要用天牢图,则必须以戊寅或者戊申开始排干支,这是"天牢"固有的特征。

第二种可能是,天牢图与其他五种材料没有太大差别,以戊寅或戊申起头,只是日书制作者随机举的一个例子,并无深意。如果此推测成立,则以甲子起头的几种材料,也有可能仅是举甲子朔的特例,无关数术流变——这便是本文第一部分不太同意黄儒宣先生"放马滩秦简离日简文与艮山图不同"之论断的原因。

第三种可能是,孔家坡简天牢图反映的是一种实占,按照具体的历日来绘制,戊寅与戊申正是当时连续两个月的实际月朔。孔家坡汉简中有一份与《日书》同出的《历谱》,《历谱》十月朔乙亥,整理者据此推定为公元前 142 年,并认为这就是墓主下葬的年份。巧合的是,公元前 143 年五月朔戊寅,六月朔戊申①,这个时间正好在下葬前不久。而且,天牢星与夏季关系密切②,五六月恰在夏季。时间上的诸多吻合,是这一思路的优势。不过,从孔家坡简《日书》乃至先秦两汉其他《日书》材料中很难找到存在专为某一具体时间设计选择项目的证据,倘"天牢图"反映的是实占,则需要重新估计相关《日书》材料的性质。③

以上三种思路,哪一种更与实际情况相合? 期待更多相关材料的发现,彻底揭开谜底。

2011 年 5 月 12 日

附识:本文撰写过程中得到中心诸位师友及彭浩、李零、刘乐贤、晏昌贵、邹大海、董珊、萧灿等先生的指点和帮助,谨致谢忱!

原载《出土文献与古文字研究》第四辑,<br>上海古籍出版社 2011 年版

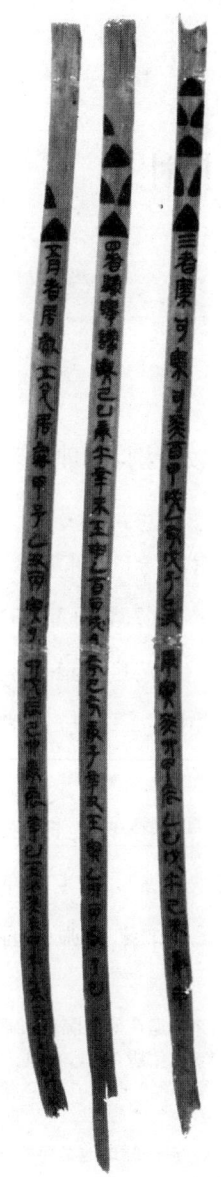

附图:印台汉简中与天牢图相关的竹简

---

① 张培瑜《中国先秦史历表》,齐鲁书社 1987 年版,第 235 页。
② 天牢星赤经在张宿、翼宿之间,其时最适合夏季观测。《史记·天官书》云:"苍帝行德,天门为之开;赤帝行德,天牢为之空;黄帝行德,天矢之起;白帝行德,毕昴为之围;黑帝行德,天关为之动。""天牢"与主夏的"赤帝"对应。
③ 此承刘乐贤先生和董珊先生提示。

# 读肩水金关汉简"马禖祝辞"小札

刘 娇

肩水金关遗址 11 号探方出土的汉简中,有两支简内容比较特别,整理者释文如下:①

不蚤不莫得主君闻微肥□□乳黍饭清酒至主君所主君□方□□□☑

(73EJT11:5)

☑肖强毋予皮毛疾以币□刚毋予胁疾以成☑　　　(73EJT11:23)

王子今先生曾指出,这两支简内容跟睡虎地秦简日书甲种中的《马禖》篇内容相关。②睡虎地秦简日书甲种中有《马禖》篇,内容如下:③

马禖祝曰:"先牧日丙,马禖合神。"……大夫先牧次席④:"今日良日,肥豚清酒美白粱,到主君所。主君笱(苟)屏詷马,敺(驱)其央(殃),去其不羊(祥);令其口耆(嗜)筆(荐)齸=(齸齸),耆(嗜)歙(饮)律=(律律);弗遇自

---

① 甘肃省简牍保护研究中心、甘肃省文物考古研究所、甘肃省博物馆、中国文化遗产研究院古文献研究室、中国社会科学院简帛研究中心合编《肩水金关汉简(贰)》下册,中西书局 2012 年版,第 1、2 页。

② 王子今《河西汉简所见"马禖祝"礼俗与"马医""马下卒"职任》,《秦汉研究》第八辑,2014 年,第 9—17 页。下文所引王子今先生相关诸说而不另出注者,即指此文。

③ 参看陈伟主编《秦简牍合集(壹)》上册,武汉大学出版社 2015 年版,第 507 页;方勇《睡虎地秦简札记二则》,武汉大学"简帛"网,http://www.bsm.org.cn/show_article.php?id=2375,2015 年 11 月 25 日。

④ "次"字系郭永秉先生改释,他还推测"大夫先牧次席"有可能是叙述的话,不应像原释文那样标在引号内。参看郭永秉《睡虎地秦简字词考释两篇·日书〈马禖〉篇"咒"字辨正》,收入氏著《古文字与古文献论集》,上海古籍出版社,第 219—232 页。

## 读肩水金关汉简"马祺祝辞"小札

退,弗敺(驱)自出;令其鼻能糅(嗅)乡(香);令耳悤(聪)目明;令颈为身衡,脟(脊)为身刚,□(胁)为身张,尾善敺(驱)萌(虻),腹为百草囊,四足善行。主君勉歆(饮)勉食,吾岁不敢忘。"

不过,肩水金关简文因其本身不甚清晰,一些文字没有释读出来。参照秦简《马祺》篇及王子今先生的释读,我们对肩水金关简文作了一些改释并试加句读,先列释文如下,再对改释处略作解说。

不蚤(早)不莫(暮),得主君閒假(?——暇)。肥豚□乳、黍饭清酒,至主君所。主君□方□□□　　　　　　　　　　　　　(73EJT11:5)

[毋予□疾,以□]脊强;毋予皮毛疾,以币身刚;毋予胁疾,以成[身张]
　　　　　　　　　　　　　　　　　　　　　　(73EJT11:23)

"不早不暮",指时间刚刚好,与秦简的"今日良日"意思相近。

旧释文"得主君闻微","得"字字形模糊。"主君"下两字字形如下:

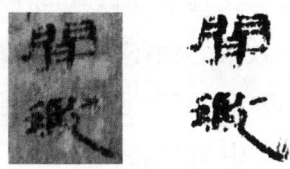

上字似为"閒";下字左半是否"亻"旁难以断定,右半或为"叚",可能是"叚"字之讹①,读为"暇"。"得主君閒暇",意思是不敢随意打扰,只在合适的时机、马神閒暇的时候才来祈祷,是十分恭敬的语气。又"暇"与"所"皆鱼部字,可能押韵。后文祈祷的"[以□]脊强""以币身刚""以成[身张]"句末字皆阳部,也是押韵的(秦简此部分亦押阳部韵)。

"肥豚□乳、黍饭清酒,至主君所",恰与秦简"肥豚清酒美白粱,到主君所"相当。"豚"字右半模糊,轮廓略似。王子今先生已经指出有可能是"豚"。秦汉

---

① 秦汉文字"段""叚"多混,参看刘钰、袁仲一《秦文字通假集释》,陕西人民教育出版社1999年版,第171—175页。

探寻中华文化的基因(一)

祝辞中多有"肥豚""肥牲""清酒"之语,如《太平御览》七百三十六引《礼·外篇》"立社祝"云:"敢用肥豚、嘉蔬、清酒,敬致大神。"又如王子今先生举出的《春秋繁露》所载止雨祝辞:"敬进肥牲清酒,以请社灵,幸为止雨,除民所苦。"简文"黍饭"与秦简"美白粱"相类,唯多出"□乳"一物(因上字模糊难释,不知具体为何种乳),王子今先生认为简文反映"'乳'进入汉代饮食生活的情形"。①

"脊强"之"脊"上半略残,整理者原释"肖",王子今先生改释"脊",当是。

"以币身刚"之"身",原整理者及王子今先生皆以"□"代。细审字形为"身",详下:

| 金关简文"身"字 | 汉简"身"字② |
|---|---|
| [图] | 身、居新EPT56·7、身、居新EPT44·4B、身、居新EPT44·64、身、肩73EJT7:13A、身、肩73EJT7:116A、身、武醫67 |

"币",可读为"敝"或"弊",义为"尽",《素问·上古天真论》"故能寿敝天地",王冰注:"尽也。"《文选·枚乘〈上书谏吴王〉》"弊无穷之极乐",李善注:"犹尽也。"新莽和东汉时期的铜镜铭文中常见的"寿敝金石",沈培先生指出"敝"当解为"尽,极",甚是。③此简祝文中的"以敝身刚"跟下一句的"以成〔身张〕"之"成"对文,"成"一般解为"完成、实现",《玉篇·戊部》:"成,毕也。"《诗·周南·樛木》:"乐只君子,福履成之。"毛传:"成,就也。"祝辞意为祈求马神"成就""实现"马的"脊强""身刚""身张",也就是保护庇佑马不受各种疾病戕害的意思。

又,秦简"胁(肢)为身张"一句中的"胁(肢)"字,原整理者释为"脚",读为

---

① 王子今《肩水金关简所见"主君"祭品:乳黍饭清酒》,收入氏著《秦汉名物训诂》,东方出版社2016年版,第88页。
② 参看李洪财《汉简草字整理与研究》下编《汉代简牍草字汇编》,吉林大学博士学位论文(导师:林沄教授),2014年,第380页。
③ 沈培《"寿敝金石"和"寿敝天地"》,《中国文字研究》2007年1期,第50—59页。

"胠",指胁。《秦简牍合集(壹)》改释为"胑"①,是。陈剑先生在与方勇先生的通信中指出,读为"胑"并训解为胁的做法不如将"胑"字读为"胁"来得直接。②金关简文此处正作"胁",可证陈说之确。

关于秦简"令颈为身衡,脊为身刚,胁为身张"一句的具体含义,王子今先生曾指出马王堆汉墓帛书《相马经》"马有此节也,刚骨强,是谓大良",《齐民要术》卷六相马术所谓"脊为将军,欲得强""脊欲大而抗"与之相关。③这是很有启发性的,《齐民要术》卷六的相关记载的确有助于我们理解这三句话的含义。

据《齐民要术》记载④,"大头小颈"是"三羸"之一,"长颈不折"是"五驽"之一,则马颈可以视为马身平衡的关键部位。

对马脊背的要求则是"欲得平而广,能负重""脊为将军,欲得强""脊欲大而抗";"三羸"中又有"弱脊大腹"一项⑤,可见好马要求脊背强劲,不可软弱乏力。

对马胁的要求是"腹胁为城郭,欲得张","胁肋欲大而洼,名曰'上渠',能久走","季肋欲张";"五驽"之一有"大髂短胁"(腰骨粗大而两胁短小)。又,"从后数其胁肋,得十者良。凡马十一者,二百里;十二者,千里;过十三者,天马,万乃有一耳";都说明好马的标准之一是看上去肋骨数量多、两胁鼓张。

总结起来,"使颈为身衡,脊为身刚,胁为身张"意思就是使马颈成为全身衡正之部位、马脊成为全身刚强的部位、马之两胁成为全身向外鼓张的部位,相当于说"使颈衡,使身刚,使胁张"。

金关简文中与秦简此句相对应的句子要稍微复杂一点。"[毋予□疾,以□]脊强;毋予皮毛疾,以币身刚;毋予胁疾,以成[身张]"意思大概是"请不要让马的□、皮毛、胁等部位染病,使马脊背强劲,身体刚健,两胁鼓张"。与秦简相

---

① 陈伟主编《秦简牍合集(壹)》上册,武汉大学出版社2015年版,第507页。
② 方勇《睡虎地秦简札记二则》,武汉大学"简帛"网,http://www.bsm.org.cn/show_article.php?id=2375,2015年11月25日。
③ 王子今《睡虎地秦简〈日书〉甲种疏证》,湖北教育出版社2003年版,第520页。
④ 参看贾思勰著、石声汉校释《齐民要术今释》上册,中华书局,第496—510页。
⑤ 大腹在这里应是对比弱脊而言,与祝辞"(使)腹为百草囊"并不矛盾。

比,较为笼统的"殃/不祥"更具体化为"□疾""皮毛疾""胁疾"等;而且,"毋予"之语说明这些疾病原本就是马神使马染患的①,可知马神兼有降灾惩戒和庇护保佑的两面性。

此外,我们还注意到《肩水金关汉简(叁)》著录的两支简②:

☑……之央毋予鼻疾　　　　　　　　　　　(73EJT24:976)

☑□英毋予目疾令视□☑　　　　　　　　　(73EJT26:119)

按:73EJT26:119 简首尾皆残,简上所存首字似为"草","草英"指草之精华,其上残去之句或为"毋予口疾,令食(草英)",与前列秦简"令其口嗜荐齬齬"相当。末字残右下半,从字形看当为"精"字;其下残去之字或为"明","精明"为古书常语,形容耳目聪明,如《淮南子·精神》"圣人诚使耳目精明玄达"、《新语·怀虑》"目以精明,耳以主听"等。英、明皆阳部字,从押韵角度看,推测"精"字下可补"明"字也是合理的。

此两简也应是马禖祝辞。"毋予鼻疾""毋予目疾",与 73EJT11:23 简"毋予皮毛疾""毋予胁疾"如出一辙。前面所列秦简马禖祝辞也有"令鼻能嗅香""令耳聪目明"之语;不过秦简是从"庇佑"的角度说的,这两简则是从"降灾"的角度说的。

贺润坤先生曾经指出,祭祀马神要选良日,备办优厚祭品,祭祀者祈求马神祛除马的疾病和灾难,使马匹的主要身体部位达到理想的善马标准。③从这个角度看,肩水金关几段简文虽然残缺,却足以从中窥见祝辞的大致面貌。西北汉简和睡虎地秦简中均出"马禖祝辞",说明这类祝辞流传久远,分布地域较广。金关简文祭品中比秦简多出的"□乳",祝辞中具体化的"皮毛疾""胁疾""鼻疾""目疾"等内容,又表明这类祝辞虽然渊源有自,却可以随时代和地域而变化,具

---

① 王子今先生已经指出"毋予"也作"毋与",是战国秦汉习惯用语。
② 甘肃省简牍保护研究中心、甘肃省文物考古研究所、甘肃省博物馆、中国文化遗产研究院古文献研究室、中国社会科学院简帛研究中心合编《肩水金关汉简(叁)》下册,中西书局 2013 年版,第 29、56 页。
③ 贺润坤《从云梦秦简〈日书〉看秦国的六畜饲养业》,《文博》1989 年第 6 期,第 65 页。

有一定的灵活性。

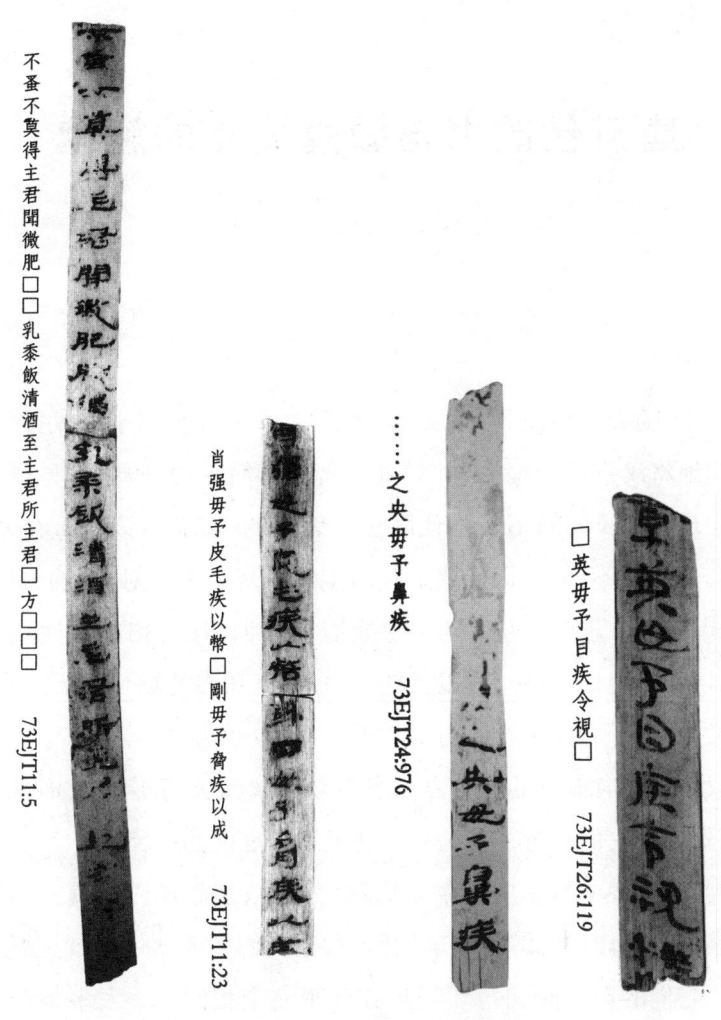

附图：肩水金关汉简"马祺祝辞"简

附识：本文蒙陈剑教授、邬可晶博士批评指正，谨致谢忱。

原载《文汇学人》2016年8月19日，收入本集时有改动。

# 唐五代韵书与敦煌文献的解读

张小艳

魏晋以来,随着反切注音方法的日渐盛行,文人仕子出于诗赋押韵的需求,开始有意识地将汉字按音编排,并对其字义进行简单的训释,于是便出现了所谓的韵书。现存最早的韵书是隋代陆法言编定的《切韵》,该书重在分辨声韵,所收文字和义训并不详备,因此唐五代时期又出现了多种对《切韵》进行增字加训的韵书。①目前所见的唐五代韵书主要有长孙讷言的《切韵笺注》、王仁昫的《刊谬补缺切韵》、孙愐的《唐韵》以及佚名的《大唐刊谬补缺切韵》。这些韵书大多发现于敦煌藏经洞,又主要以写本的形式(极少数为刻本)保存下来。其中不仅真实地收载了当时流行的各种异体俗字,及时地记录了唐五代时期习用的通俗语词,而且还对它们进行了较为详尽的说解和准确的训释。

众所周知,敦煌文献一向因俗字满篇、俗语众多而难以卒读。唐五代韵书中有关俗字俗语的详尽说解与准确训释,对于我们解读敦煌文献无疑就是一剂灵丹妙药。它们的形成时间与表现形式几乎完全相同——大多是唐五代时期留存下来的写本,其中涉及的俗字俗语往往可以彼此核实、相互印证,即韵书中收载的俗字俗语常常可在敦煌文献中找到实际用例,而敦煌文献中那些难以释读的口语词汇又每每可在唐五代韵书中寻得确解。两者结合,互为补充,相得

---

① 周祖谟《唐五代韵书集存》,中华书局1983年版,第11页。

益彰。然而以往人们论及唐五代韵书,首先想到的就是它们在音韵学上的价值,很少注意其在文字训诂上的特殊功效。其实,所谓韵书,就是按照字音分韵编排的一种字典,其中的训解,或以正体解俗字,或以通语释常言,或以时语训古词,或以复词解单字,等等。可以说,几乎每个字头下的注释与说解,都蕴藏有丰富的文字训诂信息。关于唐五代韵书尤其是王仁昫《刊谬补缺切韵》在文字研究方面的价值,张涌泉先生早已标举并充分利用①,从而在敦煌俗字研究方面取得了令人瞩目的成就。

本文拟从词汇语义的角度来观照唐五代韵书的训诂价值,即从考词和明义两方面②,以具体的例证来阐明唐五代韵书对解读敦煌文献的实际意义。

## 一、考　词

接触过敦煌文献的人大都知道,其中运用了不少唐五代时期流行的口语词汇。这些词语或字面生涩而义晦,或字面普通而义别,妨碍人们正确理解和释读敦煌文献。为了扫除这些障碍,从事敦煌文献语词研究的学者,往往花费大量的精力从传世典籍中搜求文献例证来考释这些词语,上溯汉魏六朝,下探宋元明清,有的终于考出了准确的含义,有的却得出了错误的结论,还有大量的词语仍付之阙如。可以说,敦煌文献语词的考释仍是一个亟待攻克的难关,而作为与之同时并蕴藏有丰富释义的唐五代韵书,或许正是攻克这一难关的有力武器。因为敦煌文献中不少疑难词语,大多可在其中直接找到答案。

1. 验证已有的考释

如前所述,敦煌文献中的一些语词,相关学者已进行了考释。对于前贤已

---

① 张涌泉《敦煌俗字研究》,上海教育出版社 1996 年版,第 47—53 页。
② 周祖谟先生在《唐五代韵书集成·序》中曾说过:"韵书的用处有考词、定字、辨音、明义四个方面。"对于唐五代韵书"定字""辨音"的价值,前人已多有论列,笔者受周先生启发,拟从"考词""明义"这两方面来阐述唐五代韵书在解读敦煌文献方面的特殊价值。

探寻中华文化的基因(一)

经考出的准确释义,唐五代韵书中相关字词的训释则可进一步证成其说,增强可信度;对于其考释中结论不确、尚须重新论证的词语,韵书中的解说则可纠其谬误,并为之提供精确的释义。如:

【梛蓠】【芘薙】【枇篱】【毗离】【吡䕩】

① 卯年四月一日悉董萨部落百姓张和子为无种子,今于永康寺常住处取梛蓠价麦壹番驮,断造梛蓠贰拾扇,长玖尺,阔六尺。其梛蓠限四月廿五日已前造了。(S.6829V《卯年四月一日悉董萨部落百姓张和子预取永康寺常住造芘篱价麦契》)

按:原卷第二个"梛蓠"旁有小字侧注"芘薙"二字,蒋礼鸿先生据此认为"梛蓠"就是"芘薙",亦即"芘莉",引《集韵·齐韵》"莉,艸名。一曰芘莉,织荆障"以证之。①此说诚是。然其所引《集韵》释义实承《切韵》系韵书而来,唐五代韵书中即保存有类似可靠的训解。S.2071《切韵笺注·脂韵》房脂反:"芘,藜芘,荆藩。"P.2011《刊谬补缺切韵·齐韵》落稽反:"筣,筣笓,织荆。"由此可知,"芘薙"又作"藜芘""筣笓",都指用荆柳等编织而成的篱笆,主要起屏蔽、遮障的作用,其词义早在唐五代韵书中就已解释得清清楚楚、明明白白。值得注意的是,"藜芘""筣笓"是魏晋时期的用语。如《三国志·魏志·裴潜传》"谥曰贞侯"裴松之注引魏鱼豢《魏略》:"〔裴潜〕妻子贫乏,织藜芘以自供。"晋傅咸《劾夏侯骏事》:"令史张济,案行城东,见有新立屋,间筣笓障二十丈。推问,是少府夏侯骏所作。请免骏官。"是其证。同样的词义在唐宋文献中多用"笓篱"来表示,如唐李筌《太白阴经》卷八"守城具":"笓篱战格,于女墙上挑出,去墙三尺,内着横括,前端安辖。以荆柳编之,长一丈,阔五尺,悬于椽端,用遮矢石。"句中"笓篱战格"乃古代城墙上的防御设施,"笓篱"指用荆柳编成的、用以遮隔矢石的篱障。又苏轼《次韵张十七九日赠子由》诗:"千戈万槊拥笓篱,九日清樽岂复持。"亦其例。"笓篱"在敦煌社会经济文献中又常写作"芘薙""枇篱""毗离""吡䕩"等。如:

---

① 蒋礼鸿《蒋礼鸿集》卷三,浙江教育出版社2001年版,第213页。

② 麦伍斗,支与唐清奴苊籬价用;麦两硕,支与程富子苊籬价用;麦肆斗,支与安谷穗苊籬价用。(P.3763V《布绁褐麦粟入破历》)

③ 粗面二斗,粟面二斗,与宋贤者造苊籬价用。……面三斗,造苊籬博士用。(P.2032 V《净土寺食物等品入破历》)

④ 橡木并檐,中分一间,依数与替。如无替,一任和子坼(拆)其材梁,以充修本分舍,枇篱亦准上。(P.3744《月光日兴兄弟析产契》)

⑤ 同日,出粟壹硕与荣国造圈及毗離手功。(S.6829V《丙戌年正月十一日已后缘修造破用斛斗布等历》)

⑥ 麦壹硕,粟壹硕,于姚小儿处买苉籬用。(P.2846《甲寅年奉处分交割讲下所施麦粟等账》)

上揭例中"苊"为"笓"的俗体("艹""竹"俗写不分),"枇、毗"皆为"笓"的音借字,"苉"则是"苊"的换声旁俗字;而"籬""離"亦皆为"籬"的俗写、借音字。因此,"苊籬""枇篱""毗離""苉籬"等,实皆为"笓篱"的同词异写,都指用荆柳等编织而成的篱障。

【综】

① 廿四日奉教授处分,付都头慈灯柒综布拾匹。(P.2912V《丑年正月已后大众及私偏㒰布入历》)

② 其时用驴一头、布半匹买得车一乘,又麦十䭾、八综布一匹买车毂三只并钏,并入家中。(P.3774《丑年十二月僧龙藏析产牒》)

③ 十综布袈娑(裟)、覆膊、头巾一对,官絁裙衫一对,紫绢衫子一,白锦袜肚一,鞠陈绢二丈,已上物施入合城大众。(P.2583V《十二月廿日比丘尼真意施舍疏》)

按:例中"综",吐鲁番文书或作"纵"。如阿斯塔那三〇五号墓文书《仓曹属为买八緵布事》:"仓曹樊覇、梁斌前属催奸吏买八纵布四匹,竟未得。"句中"纵",唐长孺先生等校作"緵"。①黑维强先生指出唐氏校"纵"为"緵",恐不够审

---

① 唐长孺《吐鲁番出土文书》第一册,文物出版社 1992 年版,第 4 页。

慎,是未得其本字。他认为"纵"是"综"的通假字,80 根经线称为一"综"。"综"的本义是"机缕",即织布机上使经线上下交错以便梭子通过的装置,由此引申即可指经线的单位。①窃以为黑氏释"综"为 80 根经线是对的,但认为"综"为其本字、唐氏所校不够审慎则未谛。唐五代韵书中即有对"综""緵"二字的精确训释。P.3696a《切韵笺注·宋韵》:"综,机缕。□□(子宋)反。"P.2016《大唐刊谬补缺切韵·东韵》祖公反:"緵,缕数。"不难看出,在韵书编者心中,"综""緵"二字的音、义截然不混:综为去声,念 zòng(今北京音读 zèng),指织布机上的某种装置;而"緵"为平声,读 zōng,是计量织物经线密度的单位,80 缕为一"緵"。

那么,上揭敦煌文献中"综"作为量词,用以指称布帛丝缕的密度,其义是从"综"的"机缕"义引申而得呢,还是由"緵"假借而来呢?窃以为,在表示"缕数"这一意义上,"緵"是其本字,而"综"为借字,因为"緵"此义自西汉以来便习用如常了。如《史记·孝景本纪》:"今徒隶衣七緵布。"司马贞索隐:"七緵,盖今七升布,言其粗故令衣之也。"张守节正义:"緵,祖工反,八十缕也,与布相似。七升布用五百六十缕。"《汉书·王莽传中》:"自公卿以下,一月之禄十緵布二匹,或帛一匹。"颜师古注引孟康曰:"緵,八十缕也。"皆其例。《说文》虽未载"緵"字,但却收有此义,只不过用"稯"来表示罢了。《说文解字·禾部》:"稯,布之八十缕为稯。"段玉裁注:"布八十缕为稯者……布缕与禾把皆数也,故同名。"可见,"緵"之此义或源于"稯",由指禾把之数转称布缕之数,因亦改其字从糸旁作"緵"。由此看来,黑氏所谓"综"为本字之说,殊非探本之论。

2. 考定未释的词语

敦煌文献语词的研究发轫于蒋礼鸿先生的《敦煌变文字义通释》,后来他又主编《敦煌文献语言词典》,但所释对象基本局限于变文、王梵志诗、歌辞等通俗文学作品,此外的许多文献都未得到应有的重视,如数量相当丰富的社会经济

---

① 黑维强《吐鲁番出土文书词语疏证三则》,《西北方言与民俗研究论丛》,中国社会科学出版社 2004 年版,第 224—232 页。

文书及敦煌文献中特有的疑伪经等。阅读这些文献,会发现其中仍有大量词语不得其解,有待进一步考释。唐五代韵书中对相关词语的训解,则有助于我们考定敦煌文献中这些未释词语的含义。如:

【僾俙】【悠俙】

① 缁流顾恋,恨师擗逝他乡;听众白衣,不忍法梁早坠。僾俙玉皃(貌),古(故)召良工,预写生前之仪,绵帐丹青绘影。(P.3718《唐河西释门范和尚写真赞并序》)

② 立召缁徒,俨然化毕。遂则门人伤悼,泪双垂之悲;俗眷哀荒,双林变切。僾俙顾攀(盼),邈影遗[容];粉绘咸棱,丹青仿佛。(P.3718《和尚程政信邈真赞并序》)

按:上揭二例皆援自邈真赞,句中"僾俙"为邈真赞的习用语词,其义为何?检现行各种字典辞书,皆付之阙如;查唐五代韵书,却为我们提供了该词的确切含义。P.2011《刊谬补缺切韵·尾韵》依岂反:"僾,僾俙,见不了皃。""了"者,清楚也。"见不了皃"即看不真切、依稀仿佛的样子。将此释义还原语境,文意顺适无碍,谓师主奄然弃世后,门徒们依然沉浸在对他的深切怀念之中,顾盼之际,其音容"依稀"如在,遂召画师绘影纪念。敦煌邈真赞中,"僾俙"或又写作"悠俙"。如:

③ 四邻伤悼,哀嗟赵璧垂江;九族疲莘(辛),长叹随(隋)珠坠水。悠俙顾盼,预恋生前。工召丹青,昌(图)形绵帐。(P.3718《唐故河西张府君邈真赞》)

句中"悠俙"义同"僾俙",指隐约、看不清的样子。"悠"本指哀痛声,《说文·心部》:"悠,痛声也。《孝经》曰:'哭不悠。'"在此用为"僾"的借字。①《说文·人部》:"僾,仿佛也。"《礼记·祭义》:"祭之日,入室,僾然必有见乎其位。"陆德明释文:"僾,微见貌。"汉刘向《说苑·修文》:"祭之日,将入户,僾然若有见乎其容。"此皆谓生人奠祭亡人时,隐隐约约如见其形容。句中"僾然"的词义、用法与邈真赞中的"僾俙"极为相似,或许它们的词义皆由"僾"衍生而来。"僾俙"在

---

① "僾""悠"在 P.2011《刊谬补缺切韵·尾韵》中皆音"依岂反",可得通借。

探寻中华文化的基因(一)

唐五代文献中较为习用,当时的俗语词典《碎金》中也收录了它,P.3906《碎金·上声》:"倚俙,音希。"从读音看,"倚俙"当即"僾俙"。

【𮧵】

① 今月四日支榆林𮧵灰人面三斗。[S.2474《油面破历(太平兴国五年至七年)》]

② 准旧,写匠𮧵甘灯油五升。(同上)

按:例中"𮧵"字面生涩而义晦,《汉语大字典》虽有收载,然释义颇为笼统。其"𮧵"条云:囊;连囊。《广雅·释器》:"𮧵,囊也。"王念孙疏证:"《玉篇》:'𮧵,马上连囊也。'今俗语亦谓马上连囊曰𮧵。"《广韵·歌韵》:"𮧵,𮧵负。"①不难看出,《大字典》在释义时,将"𮧵"的名、动两义不加区分地杂糅在一块,令人疑惑不解。②唐五代韵书却为我们提供了准确的释义。S.2071《切韵笺注·歌韵》徒何反:"𮧵,𮧵负。"此后的韵书字典稍见收载,如裴务齐《正字本刊谬补缺切韵·歌韵》:"𮧵,𮧵负。"《龙龛手镜·束部》:"𮧵,音陏,𮧵负。"由以上注音及释义,我们可以获知:"𮧵"音 tuó,在唐宋时期常用为动词,指"𮧵负",即驮负、运载之义。那么,"𮧵"此义由何而得呢?考《广雅·释器》:"𮧵,𮧵囊也。"王念孙疏证:"《玉篇》:'𮧵,马上连囊也。'今俗语亦谓马上连囊曰𮧵。"原来"𮧵"本指口袋,或特指搭在马背上用以负物的连囊。由此转引,"𮧵"便有"驮负、运载"之义了。"𮧵"从束、它声,训"驮负",其义与形符"束"看似无涉(实则相关,"束"者,扎缚也,故有"连囊"之训),故或有将其改从车旁并换声符作"𨊚"者,如故宫博物院藏王仁昫《刊谬补缺切韵·歌韵》:"𨊚,负𨊚。"正因为唐五代韵书中首次揭载了"𮧵"作为动词用的音义,才使我们真正释读了敦煌文献中的"𮧵"字;也正由于敦煌文献中"𮧵"的用例,人们才真切地理解了字典辞书中"𮧵负"义的内涵。

【狼傍】

① 其黄门送犊子心肝往至宫里,二后闻之,甚大欢喜,狼傍皆起。夫人

---

① 徐中舒《汉语大字典》,湖北辞书出版社、四川辞书出版社1992年版,第942页。
② 周志锋先生也有类似的观点,参氏著《大字典论稿》,浙江教育出版社1998年版,第19—20页。

下床,身自往就黄门手中生啖心肝,不由汤火煮炙,生即食讫。[北 8300 号(玉 64)《佛说孝顺子修行成佛经》]

② 尔时太子母闻道"大王",寻声走来,欲以投诉。殿前行过,太子遥见其母,狼傍下殿,走抱母头,捉臂啮指,称天大哭:"阿娘,由子五逆不孝,致使阿婆如许辛苦! 阿婆! 阿婆!"(同上)

按:例中"狼傍"较之上条"㧳"字,字面可谓极其普通,然其义却颇难寻绎。从语音结构看,"狼傍"为叠韵联绵词,然则索解其义当求之于"音",而不应寻之于"形",即以"声音"为枢纽,"引申触类、不限形体"。唐五代韵书正是按韵编排的字典,这于我们考释"狼傍"的词义尤为便捷,可谓最佳路径。"狼""傍"皆属"唐"韵,检唐五代韵书中"唐"韵所收字词,发现其中收有"䟪踜"。P.2011《刊谬补缺切韵·唐韵》鲁当反:"䟪,䟪踜。"又步光反:"踜,䟪踜,急行。"也就是"迅速、急忙(快走)"的意思①。将此释义还原到上揭敦煌文献用例中,词义和语境密合无间。例①谓二后听说黄门(宦官)已将犊子(太子所变)心肝送进宫来,非常高兴,便迅速起身,前往迎取;例②言太子远远地看见其母后走来,急忙跑下殿去,手抱其头,哭着说:"由于儿子的不孝,致使母后遭受如此辛苦。"其中"狼傍"皆用于形容"起""走"的迅速、急忙。由此可见,"狼傍"即"䟪踜",二者音义皆同,实为同词异写。"狼傍"此义也见于传世文献,如《太平广记》卷二五五"傅岩"条引《御史台记》云:"唐傅岩,魏州人,本名佛庆,尝在左台监察中溜。而中溜小祠,无牺牲之礼。比回,怅望曰:'初以为大祠,乃全疏薄。'殿中梁载言咏之曰:'闻道监中溜,初言是大祠。狼傍索传马,怱动出安徽。卫司无帝幕,供膳乏鲜肥。形容消瘦尽,空往复空归。'"句中"狼傍"亦为"急忙、迅速"义。另"䟪踜"又可作"狼忙",如五代王定保《唐摭言·通榜》:"夜艾,寿儿以一蜡弹丸进颢,即榜也。颢得之大喜,狼忙札之,一无更易。"《续传灯录》卷一二《杭州佛日山智才

---

① 日本齐藤隆信先生也认为"狼傍"为迭韵连语,义同"狼忙",指慌忙、匆忙、急忙。参梁晓虹《从〈佛说孝顺子修行成佛经〉看"伪疑经"在汉语史研究中的作用》,载《佛教与汉语词汇》,台北佛光文化事业有限公司 2001 年版,第 452 页。

禅师法嗣》："五千余卷诠不尽,三世诸佛赞不及。令人却忆卖油翁,<u>狼忙</u>走下绳床立。"例中"狼忙"与"狼蒡"乃一声之转,其义皆指匆遽、急忙。正是借助于唐五代韵书中贮存的"踉蒡"及其释义,通过语音的系联,我们才实现了对敦煌及传世文献中"狼傍"与"狼忙"的准确释读。

由上举例证可以看出,敦煌文献中的一些疑难字词,往往可通过唐五代韵书中贮存的有关音义方面的信息,考定出它们的确切含义。换句话说,唐五代韵书是我们解读敦煌文献必不可少的重要参考资料。

## 二、明　　义

熟悉敦煌文献的人大多知道,敦煌遗书中有两类特别重要的俗语词典,一是《碎金》(或曰《字宝》),一是《俗务要名林》。《碎金》按四声编排,共收词语四百余条,主要辑录"不在经典史籍之内",而"闻于万人理论之言"的民间口头语词,是一部唐人自编的俗语词典。其中保存了大量唐代的俗字俗语,是我们今天研治敦煌民间文献的重要参考资料。[①]《俗务要名林》是一部分类辑录当时日常用语并加注释的通俗字书,所收语词按义分部,并标明部类,如竹部、木部。[②]每条下或注反切,或注直音,有的也兼注词义。书中记载事物的名称有单音词,也有复音词。如属于器用部分的,在罐、桶、筐、箩之外,又有扫帚、簸箕、箔帘之类。这不仅对于研究汉语词汇发展的历史有用,而且对于了解唐代社会的经济、生活、风习等也大有帮助,这是一份很重要的资料。[③]

如前所述,《碎金》《俗务要名林》是两部别具特色的俗语词典,是今人解读敦煌文献、研究汉语词汇、了解唐代社会生活的重要资料。然而美中不足的是,这两部书中所收语词,多注音而少释义,此虽是当时俗语字书的特色。但是,时有古

---

① 张涌泉《敦煌俗字研究》,上海教育出版社1996年版,第45—46页。
② 张金泉、许建平《敦煌音义汇考》,杭州大学出版社1996年版,第645页。
③ 周祖谟《敦煌唐本字书叙录》,《周祖谟语言学论文集》,商务印书馆2001年版,第479页。

今,语有转移,当时听音便明其义的俗语词,到了千余年后的今天,却成了一大难题。① 幸而在唐五代韵书中,也收录有与之内容相当的许多俗语词。其中不仅有注音,还有准确的释义。笔者近日将唐五代韵书与《碎金》《俗务要名林》两部俗字书进行对勘阅读,发现俗字书中那些有音无义的语词条目,每每可在唐五代韵书中找到确切的训释;同时,唐五代韵书中有音无义或释义不明的语词,又可在《碎金》《俗务要名林》等俗字书中搜寻到相关的解说,有的甚至还可在敦煌文献中检到实际用例。此即本文所谓"明义",即通过韵书的训释,阐明俗字书所收语词的含义;或通过字书的注释或说明,补充韵书的训解,二者互相发明,彼此印证。

1. 以韵书明字书

【偟】

① 相偟倚,乌皆反,又挨。(P.3906《碎金》)

按:《碎金》中"偟",P.2058 作"偓"。"偟(偓)"究竟为何字,"相偟(偓)倚"又是什么意思?据《碎金》,我们仅知其形与音,难解其义。检唐五代韵书,其中恰有一字与之形近音同,即"偨"。P.2015《大唐刊谬补缺切韵·皆韵》:"偨,偨讬。乌皆反。"就字形、读音看,"偟(偓)""偨"显为同词异写,皆音 āi,或与"倚"并举,或与"讬"连用,而"倚""讬"皆为依傍、靠近义,加之近代汉语词汇中每多同义复词。由此不难推知,"偟(偓)""偨"即今之"挨"字②,故《碎金》又作"挨"。"偟(偓)倚""偨讬"皆为同义连用,指依傍、靠近。

由上揭字书韵书中贮存的"偟(偓)""偨"的形音义可知,至迟在唐五代时期,今天习用如常的表"依靠"义的"挨"这个词就已出现。只不过因其为口语词,时人仅知其音、义,而不知其字当如何写,因而记录该词的字形往往不固定,或作"偟""偓""偨"(例见上),或借"依"为之。如白居易《岁除对酒》诗:"醉依乌皆反香枕卧,慵傍暖炉眠。"句中"依"即"挨"。借"依"为"挨",说明当时口语中已

---

① 张金泉《论敦煌本字宝》,敦煌研究 1993 年第 2 期,第 96 页。
② 关于"偟"即"挨"字,张涌泉先生在《敦煌俗字研究》(上海教育出版社 1996 年版,第 45 页)、朱凤玉先生在《敦煌写本碎金研究》(台北文津出版社 1997 年版,第 201 页)都已论及。

有一个念"āi"、表依靠义的词,只因不明其字,白居易便借用了一个词义与之相近的"依"来表示,同时又注音以正其读。"挨"或又借"捱"表示,如金董解元《西厢记诸宫调》卷六:"小生客寄,没个人捱靠。"是其例。尽管字书、韵书中已记录了该词的典正写法"偕""偓""偓"①诸形,时人还是喜用本为"打、击"义的"挨"来表示。如蜀贯休《览姚合〈极玄集〉》诗:"好鸟挨花落,清风出院迟。"宋王禹偁《新秋即事》诗之二:"石挨苦竹旁抽笋,雨打戎葵卧放花。"后来,由于词义的发展兴替,"挨"的"打、击"义渐渐蜕去,而主要用来记录"依傍"义了。

【誚】

② 相誚诱,吉典反。(P.3906《碎金》)

按:《碎金》中"誚",朱凤玉先生录作"诮"②,恐未确。从字形看,"誚"实为"誸"的俗字(俗写方口与尖口不分)。而"誸",《汉语大字典》云同"涓"③,将"涓"置于"相誚诱"的语境中,其音义龃龉不合。那么,"誚"究竟是什么字呢?窃以为乃"譞"的换声旁俗字。从字形看,"玄""𥄂"读音相近,从"𥄂"之字俗写往往可换旁作"玄",如 S.6204《碎金》:"皮鞙,縣带,亦鞙。"此谓"鞙"本义为大车上悬缚轭的皮带,或作鞙。此"鞙"字实为"鞙"的换旁俗写,《广韵·铣韵》:"鞙,同鞙。"因此,"誚"当即"譞"的俗字。从字义看,"譞"者,诱也。唐五代韵书中,"譞""诱"二字常互训,P.3693《切韵笺注·铣韵》:"譞,诱。"S.2071《切韵笺注·有韵》:"诱,譞。"由此可见,"相誚诱"即"相譞诱","譞诱"为同义复词,指哄骗引诱,习见于魏晋以迄唐宋文献。如《魏书·清河王怿传》:"有张角者,亦以此术荧惑当时。论其所行,与今不异。遂能譞诱生人,致黄巾之祸。"S.705《开蒙要

---

① 颇疑"偕""偓""偓"三字右旁所从"屋""屋""屋"诸形皆为"匚"的形讹,而"偕""偓""偓"或都是"偃"字的俗写讹字。"偃",从亻、匚声,或是时人比照"依、倚"(取其形符"亻")、"捱"(取其声符"匚")等字,而为表"依傍、靠近"义的"āi"这个词造的专门用字。也就是说,当时或许曾经以"偃"为该词的典正写法,经过手写俗书,"偃"却讹成了"偕""偓""偓"诸形,今人遂不知有"偃"字了。而"偕""偓""偓"即当时俗字书、韵书中记录的表"依靠"义的"挨"字。

② 朱凤玉《敦煌写本碎金研究》,文津出版社 1997 年版,第 244 页。

③ 徐中舒《汉语大字典》,湖北辞书出版社、四川辞书出版社 1992 年版,第 1655 页。

训》:"诈伪诳惑,<u>詃诱</u>夸张。"P.3078《散颁刑部格卷》:"<u>詃诱</u>官奴婢及藏隐并替换者,并配流岭南。"S.813《立成孔子马坐卜占法》:"失财难得,奴婢逃亡,为人<u>詃诱</u>。"皆其例。正是韵书中贮存的"詃""诱"二字的训释,才使我们实现了对俗字书中"誚诱"一词的正确解读。

2. 以字书证韵书

【甴曱】

① 曱,甴曱。(P.2015《大唐刊谬补缺切韵·洽韵》女洽反)

按:"甴曱",由韵书所揭,我们仅明其形与音,难晓其义。检敦煌俗字书《碎金》,其中亦收有"甴曱"一词。P.2717《碎金》:"人劄剳,知角反,知讫反,甴曱,同上。"由此可知,上揭韵书中字头"曱"当校为"曱",即当作"甴,甴曱"。从字形看,"甴曱"似为"劄剳"的会意俗字,然其所会之意为何呢?对此我们或可从敦煌文献的实际用例中求得其解。P.3155《孔子备问书》:"世上略有十种劄剳之事:见人着新衣强问他色目是一,见他鞍乘好强逞解乘骑是二,见人书籍擅把披辱(寻)是三,见他弓失(矢)擅拈张挽是四,见他所作强道是非是五,见人书踪强生弹剥是六,见他斗打出热助拳是七,见他争论傍说道理是八,卖买之处假会鄽谈是九,不执一文强諰物价是十。已上十事并须削除。"例中"劄剳"即"劄剳",主要用来形容那种不达时务、不明事理、好触忤人的举止行为,故"须削除"。"甴曱"作为"劄剳"的会意俗字,则通过字形生动形象地展示了"劄剳"一词的内在含义,即"甴""曱"从曰、从丨,表示"丨"在"曰"中,不上也不下,谓不会说话做事,常常冒犯他人。"劄剳"在传世文献中,又写作"偣偨"。《广韵·洽韵》:"偣,偣偨,忽触人也。"又:"偨,偣偨,爱触忤人也。"《集韵·质韵》:"偨,偣偨,觗牾也。一曰不循理。"《龙龛手镜·爪部》:"偨,陟栗反,偣偨。偣音陟甲反。"《改併五音类聚四声篇海》卷二"瓜部":"偨,陟栗切,偣偨,爱触忤人也。"正因为"偣偨"常用来描述不明事理、好冲撞人的行为,故当某人行此"偣偨"之事时,人们便会以"偣偨"来批评指责他,此或即赵叔向在《肯綮录·俚俗字义》中所谓"骂人曰偣偨(音劄剳)"的由来。不难看出,"偣偨"一词不仅频繁地出现于唐宋时期的词典、韵书中,而且时人还为之造了专用的会意俗字"甴早",由此可想见其习用程度,亦可晓知唐五代韵书、敦煌俗字书收词不避"俚俗"的特点。

**【羊腔】**

① 腔,羊腔。(S.2055《切韵笺注·江韵》)

按:韵书以"羊腔"释"腔",说明"羊腔"在唐五代时期较为习用。无论是敦煌文献,还是同时期的传世典籍中,都有其用例。如S.1519《某寺油面破历》:"又面壹斗,牧羊人纳羊腔,与用。"P.2040V《净土寺食物等品入破历》:"麦壹硕贰斗,先都知羊腔价用。"韩愈《病中赠张十八》诗:"雌声吐款要,酒壶缀羊腔。"后例中"羊腔",《汉语大词典》释为"指羊的肋肉"①,此解恐不确,因为文献中"腔"未见有表"肋肉"义者。检敦煌俗字书,其中即有对"羊腔"一词的解释。P.2609《俗务要名林·肉食部》:"羊腔,全羊也。告(苦)江反。"又宋人王伯大编的《别本韩文考异》对上举韩诗中"羊腔"有明白的解释——肫羊。"肫"者,纯也,表"整体"之义,如《仪礼·士昏礼》:"腊一,肫。"郑玄注:"腊,兔腊也。肫,或作纯。纯,全也。"然则"肫羊"即"纯羊",亦即"全羊"。古代典籍中,"腔"通常用来指人体或牲体内空的部分,《说文新附·肉部》:"腔,内空也。"北魏贾思勰《齐民要术·养牛马驴骡》:"〔相马〕腹欲充,腔欲小。"然则唐五代文献中所谓"羊腔",殆指羊宰杀后除掉内脏部分的整只羊,而不单单指"羊的肋肉"。

由此可见,唐五代韵书与《碎金》《俗务要名林》等俗字书以及敦煌文献中的实际用例,大都可以相互发明、彼此印证,三者完美结合,即可实现对敦煌文献的正确解读。本文仅是举例论证,借以抛砖引玉,其中或有更多有价值的东西,待博雅之士发之。

原载《敦煌研究》2008年第5期

---

① 罗竹风《汉语大词典》(卷九),汉语大词典出版社1992年版,第156页。

# 魏晋南北朝石刻俗字考释

梁春胜

魏晋南北朝是汉字由隶书向楷书过渡的时期,由此造成我国俗文字流行的第一个高峰期。这一时期的石刻文献中,异体俗字随处可见,因此整理者就要善于辨识异体俗字。石刻异体俗字的辨识,清代以来的金石学者已经取得了很大成绩,现代俗文字学兴起后,这方面的研究又有进一步深化。毛远明先生的新著《汉魏六朝碑刻校注》(下文简称《校注》),比较充分地吸收了俗文字研究的成果,在石刻异体俗字的辨识方面达到了较高水平,但也难免存在一些不识或误释的情况。以下列举数例并作考释。

1. 陼(陏)

晋爨宝子碑:"山岳吐精,海诞陼光。穆穆君侯,震响璘璘。"(《校注》3/41①)

按:"陼"拓本稍残,剔除泐痕其字作"陼",当是"陏"字俗写。汉郙阁颂"陏"作"陏"②,《可洪音义》"陏"或作"陼"(60/470A③),俗书"月"与"日"相混,"陼"即由"陏"一类写法变来。同碑下文"馨随风烈"之"随"作"随",又将"月"写作

---

① 毛远明《汉魏六朝碑刻校注》,线装书局 2008 年版。斜线前面的数字表册数,斜线后面的数字表页数。下同。
② 〔清〕顾蔼吉《隶辨》,中华书局 1986 年影印清玉渊堂刻本,第 107 页上栏。
③ 〔五代〕释可洪《新集藏经音义随函录》,《中华大藏经》第 59—60 册影印高丽藏本,中华书局 1993 年版。本文所用《可洪音义》字形皆取自韩小荆《〈可洪音义〉研究——以文字为中心》下编"《可洪音义》异体字表"。

"目"(亦为俗书通例),上部写法则相同,可以比勘。隋侯之珠,光彩照人,"隋光"即指此。

2. 尌(尌)

南齐吕超墓志:"风猷日新,而修尌有[业]。"(《校注》3/141)

按:"尌"拓本作"尌",据文意当是"短"字俗写。如《玉篇残卷·可部》"奇"字下释文"短"作"尌"①,《篆隶万象名义·竹部》"簪"字下释文"短"作"尌"②,《可洪音义》"短"或作"尌"(59/750B),《龙龛手镜·豆部》:"尌,俗,短断二音。"(359③)姚永铭先生指出音短的"尌"即是"短"字④,皆其例。"修短有□",盖谓人的寿命长短有定数,《校注》将缺字补作"业",亦不可信。《艺文类聚》卷七七温子昇《印山寺碑》:"是以修短有命,子夏论之而未详;报施在天,史迁言之而未悟。"据此,缺字有可能是"命"字。

3. 禩(禩)

魏郭定兴墓志:"已孔怀之,情深悲结。乃为以礼送终,坟茔旐禩,葬祭之仪,不奢不俭。"(《校注》5/153)

按:"已"拓本如此,《洛阳新获墓志续编》录作"已"(311⑤),是,其字通"以"。《校注》云:"'禩'字不识,待考。""禩"拓本作"禩",右旁显然是"翌",《洛阳新获墓志续编》录作"禩",准确反映字形原貌。其字当是"翠"的类化增旁俗字(受上"旐"作"旐"类化,"翠"又省作"翌")。"旐翠"指丧葬时用的铭旌和翠柳,"孔怀"则代指兄弟。此处当点作:"已(以)孔怀之情深悲结,乃为以礼送终坟茔。旐翠葬祭之仪,不奢不俭。"如此方文意通畅。

---

① 〔梁〕顾野王《玉篇(残卷)》,《续修四库全书》228册影印本,上海古籍出版社1996年版,第302页。
② 〔日〕空海《篆隶万象名义》,中华书局1995年影印本,141页上栏。
③ 〔辽〕释行均《龙龛手镜》,中华书局1985年影印高丽本。
④ 姚永铭《俗字研究的几个问题》,《古汉语研究》2003年第3期,第84页。
⑤ 乔栋、李献齐、史家珍编《洛阳新获墓志续编》,科学出版社2008年版。

4. 柿（祔）、音（音）

魏元道隆墓志："属明皇短祚，乾纲中祔，音阳始义，王途尚岨（阻）。奉迎乘舆，道遇乱兵，春秋卅，以建义元年四月十三日卒于北邙行次。"（《校注》6/245）

按："祔"《校注》无说。其字拓本作"柿"，字书无此字，《洛阳新获墓志续编》亦照录原形而无说（313）。此形一般是"斾"字俗写，如魏元遥墓志"龙旌返斾"之"斾"作"柿"（《北图》4/47①），即其例。赵阳阳《洛阳出土北魏墓志丛札》就将此字录作"斾"②，然"中斾"无法理解，故其释非是。今谓其字当是"褫"字俗写。魏王珵奴墓志"恐褫风规"之"褫"作"㭊"（《校注》4/107），魏李超墓志"饰辕褫带"作"㭊"（《北图》4/179），"柿"即从此类字形讹变而来。孝明帝十九岁时为母胡太后所鸩杀，朝政陷入混乱，"明皇短祚，乾纲中褫"即指此。东魏慧光墓志："业也难留，迁光掩辉。缁林摧柯，法网柿维。"（《校注》7/202）"柿"《校注》以爲"摭"俗字。今按其字亦当是"褫"，左旁作"木"，乃是"衤"省作"礻"，讹作"木"。类似的如魏孝文帝吊比干文"溣沦阴以神气分"之"神"作"枈"（《北图》3/21），魏穆子岩墓志"九皋初响"之"初"作"朷"（《北图》6/176），北周若干云墓志"伪主奔逃，俄而肉袒"之"袒"作"桓"（《校注》10/304），皆其例。

"音"拓本作"音"，《洛阳新获墓志续编》亦照录原形。但"音阳"不可解。今谓其字当是"晋"之讹俗字。楼兰出土文书孔纸 27.8 "乃还晋昌道"之"晋"作"音"③，隋裴逸墓志"吏部之翼晋朝"作"晋"④，字形皆与"音"相近。孝明帝死后，尔朱荣以替孝明帝复仇为名，于晋阳起兵，所谓"晋阳始义"即指此。魏元恭墓志："属值羯胡吐万儿肆逆，径袭京都。主上蒙尘，暴崩汾音。"（《校注》6/400）《校注》疑"音"当是"晋"字之讹，是也，与此正可互证。

---

① 北京图书馆金石组编《北京图书馆藏中国历代石刻拓本汇编》（简称《北图》），中州古籍出版社 1989 年版。
② 赵阳阳《洛阳出土北魏墓志丛札》，南京师范大学 2007 年硕士学位论文，第 37 页。
③ 侯灿、杨代欣《楼兰汉文简纸文书集成》，天地出版社 1999 年版，第 256 页。
④ 王其祎、周晓薇《隋代墓志铭汇考》第 4 册，线装书局 2007 年版，第 248 页。

5. 刉(刉)

北齐张世宝等造塔记："是以清信士张世宝合邑卅余人,刉减家珍,敬造砖天宫一区。"(《校注》8/272)

按:"刉"拓本作"刉",《校注》就此字提出两种意见:一是"竭"的简笔俗字,一是读为"刉",通"割"。今按后说近是。"刉"甲金文作"㓤""㓤"等形,从刀、亡,汉隶作"刉"①,"刀"与"亡"共用一笔,"刉"即由此形演变而来。《可洪音义》"刉"或作"刉"(59/572A),《龙龛手镜·刂部》"刉"作"刉"(140),亦其例。"刉"古或读如"割",如《可洪音义》即指出"刉"有"盖割二音"(59/689A),所以"刉"可通"割"②。

6. 乖(乖)

北齐姜纂造像记："直登净境,独步虚空,逍遥天服,乖出六尘。"(《校注》9/217)

按:"乖"《校注》承旧说以为"飞"字,不可从。今谓其字当是"永"字。北齐静明等修塔造像碑"邑子左永康"之"永"作"乖"(《北图》7/66),隋李则墓志"长埋璧月,永掩珠星"作"乖"(《北图》9/81),隋王光墓志"永传不朽"作"乖"(《北图》10/96),字形皆相近,可以比勘。"飞"则没有这样的写法。"六尘"指佛教所说色、声、香、味、触、法等六境,以其污染真性,故名。"永出六尘",就是永远摆脱六尘之污染,正符合佛教宗旨。《金石文字辨异》《增订碑别字》《碑别字新编》等皆误以此字为"飞",《中华字海》③和台湾"教育部"网络版《异体字字典》④沿误,皆当正。

7. 臽(臽)

北齐裴子诞墓志："乃除征虏将军,加中散大夫。昔周泰以武艺为之,牟生

---

① 汉语大字典字形组编《秦汉魏晋篆隶字形表》,四川辞书出版社1985年版,第904页。
② 杨宝忠老师向我指出:"刉""割"通用古书未见,"刉"可能应按其本义理解。此说甚有理,录此备考。
③ 冷玉龙等编《中华字海》,中华书局、中国友谊出版公司1994年版,第132页左栏。
④ 网址 http://dict.variants.moe.edu.tw/yitia/fra/fra04580.htm。

因负杖蒙受。今古相望,遂兼二子。"(《校注》9/360)

按:"负"拓本作"㕇",当是"函"字俗讹。《可洪音义》"函"或作"㕇"(59/580C),是其比。"函杖"又作"函丈",指讲学的坐席,《汉语大词典》已收此词。"牟生"指后汉名儒牟长,以讲学位至河内太守、中散大夫,故志文引以为比。

8. 裵(卷)

北周李府君妻祖氏墓志:"贞淑在躬,柔惠为质。内怀琬琰,外苞火日。忧(优)游仁义,栖止图裵。展如之何?谓同尹姞。"(《校注》10/359)

按:"裵"《校注》以为"襻"字,这里为"卷"字俗写,其说非是。今按其字当是"裵"字,如《可洪音义》"裵"或作"㚒"(60/554C),是其比。此处"裵"与"质""日""姞"押韵,作"襻"则失韵。"图裵"即图籍。

附识:本文初稿承复旦大学张小艳博士审阅,《中国语文》匿名评审专家亦提出宝贵意见,一并致谢。文中疏误概由作者本人负责。

原载《中国语文》2013 年第 4 期

# 编　后　记

　　从1917年到2017年,复旦大学中文学科走过了一个世纪的历程,今年恰逢百年。百年历程,名师辈出,成果丰硕,桃李芬芳。《复旦中文学科建设丛书》正是我们为纪念这一百年历程献上的一个礼物。

　　复旦大学出土文献与古文字研究中心成立于2005年,既是学校的重点研究机构之一,也是复旦大学中文学科的重要组成部分。中心成立12年来,在科研、教学等方面取得了不小的成绩。本卷《探寻中华文化的基因》一书所编选的论文,多为中心师生在复旦工作或求学期间所作,其中不少为各位的代表性作品,是中心师生多年来研究成果的一次比较集中的展示。

　　2016年5月17日,习近平总书记在哲学社会科学工作座谈会上的讲话中强调:"要重视发展具有重要文化价值和传承意义的'绝学'、冷门学科。这些学科看上去同现实距离较远,但养兵千日、用兵一时,需要时也要拿得出来、用得上。还有一些学科事关文化传承的问题,如甲骨文等古文字研究等,要重视这些学科,确保有人做、有传承。"两年前的2014年5月30日,习近平总书记在北京市海淀区民族小学看望少年儿童时指出:"中国字是中国文化传承的标志。殷墟甲骨文距离现在3000多年,3000多年来,汉字结构没有变,这种传承是真正的中华基因。"总书记的两次讲话,都提到甲骨文等古文字研究对于中华文化传承的重要性,令人振奋。这也是我们将本卷命名为《探寻中华文化的基因》的缘由。

## 编 后 记

当前以中国传统文化为核心的中华文明的传承与发展,成为日益迫切的历史任务,也得到国家和社会的高度重视,这是本学科及本中心发展的良好机遇。在复旦中文学科成立百年这一重要时刻,借《复旦中文学科建设丛书》推出之际,中心全体师生决心不忘初心,踵武前贤,砥砺前进,再创辉煌!

本卷《探寻中华文化的基因》的顺利出版,离不开复旦大学中文系领导陈引驰教授、朱刚教授等的策划和支持,同时要感谢中文系孙晓虹老师和中心师生的大力协助,也要感谢商务印书馆编辑的辛勤付出。

编选者

2017 年 10 月